唐 太 宗 传

赵克尧 许道勋 著

人 民 出 版 社

唐 太 宗 传

赵克尧　许道勋 著

人 民 出 版 社

目　　录

4

第一章　青少年生活

我国历史悠久,古代曾产生过许多的政治家与军事家,但是,像唐太宗这样杰出的代表人物,在历代帝王中还是不多的。他的言行事迹与文治武功,至今仍然引人瞩目。本书作为历史著作,将通过史实的考核与分析,力求对唐太宗的功过是非,作出恰如其分的评价。

第一节　从隋末到唐初的历史时代

唐太宗姓李,讳世民。因为死后庙号"太宗",谥曰"文皇帝",所以史书上通常称"唐太宗",有时也叫作"文皇帝"。他生活的时代,恰恰是从隋末丧乱到唐初"大治"的历史转变时期。时代的需要,造就了这位杰出的封建地主阶级的政治家和军事家。

隋朝的兴亡过程,自公元五八一年隋文帝创建隋朝起,至公元六一八年隋炀帝被杀止,仅仅三十七年。唐初编撰《隋书》时,史臣曾把隋朝和秦朝作过比较,说:"其隋之得失存亡,大较与秦相类。始皇并吞六国,高祖(隋文帝)统一九州;二世虐用威刑,炀帝肆行猜毒,皆祸起于群盗,而身殒于匹夫。原始要终,若合符契矣。"①这里道出了历史的某些相似之处。

————————

① 《隋书》卷七〇,《史臣曰》。

当然，隋文帝的政绩，不能跟秦始皇的暴政同日而语。隋文帝称帝后，进行了一系列的改革。开皇元年，颁布均田新令，注意发展农业生产。同时，大规模地检括户口，使封建国家的财政收入大为增加，出现了相当富庶的局面。开皇九年，出兵灭陈，统一全国，结束了魏晋南北朝的几百年分裂状况。这无疑地具有重大的历史意义。紧接着，"帝以江表初定，给复十年。自余诸州，并免当年租赋。"[1]以后，又多次颁布减免赋役的诏令。可见，隋文帝勤劳思政，务在节俭；平徭赋，仓廪实。唐初公认他是"励精之主"。[2]

但是，隋朝不是经历农民大起义之后建立的新王朝，隋文帝原是以外戚的身份"入宫辅政"而取得帝位的。"古来得天下之易，未有如隋文帝者。"[3]由于这种历史特点，决定了隋初政策措施的自我调整是有限度的，其广度与深度远远不及唐初。隋文帝体会不到"安天下"必须先存百姓的道理，正如唐太宗所批评的："隋文不怜百姓，而惜仓库。"[4]所以，隋王朝尽管是富饶的，但不可能得到"长治久安"。此外，隋文帝独断于上，听不进臣下的意见，施政未能尽于合理。尤其是暮年，持法严酷，喜怒无常，过于杀戮，加深了封建统治阶级内部的矛盾。因此，可以说，隋朝的灭亡不仅仅在于炀帝，而和文帝也是有关系的。"迹其衰怠之源，稽其乱亡之兆，起自高祖（文帝），成于炀帝，所由来远矣，非一朝一夕。"[5]

当然，隋炀帝即位后，残暴的统治大大地加速了隋亡的过程。隋炀帝作为历史上著名的暴君，不只是个人的荒淫无耻，而是集中

---

① 《隋书·食货志》。
② 《旧唐书·太宗本纪》。
③ 赵翼：《廿二史札记》卷一五。
④ 《贞观政要》卷八，《辩兴亡》篇。
⑤ 《隋书·高祖纪·史臣曰》。

地反映了黑暗腐朽势力的贪婪本性。他凭借隋朝的巨量财富，大兴土木，造宫苑、修长城、开运河、筑驰道，加上对外用兵，结果是"徭役无时，干戈不戢"，"民不堪命，率土分崩"。① 隋炀帝的倒行逆施，严重地破坏了社会生产力，致使"父母不保其赤子，夫妻相弃于匡床，万户则城郭空虚，千里则烟火断灭。"②既然百姓大众到了无法生存的地步，那就只有铤而走险，去推翻腐朽的隋王朝。

大业七年，山东邹平王薄起义，揭开了隋末农民大起义的序幕。接着，各地农民军纷纷响应。大业九年，隋朝贵族杨玄感趁机起兵，声称"为天下解倒悬之急，救黎元之命耳。"③这话虽然是煽动之词，但说明百姓确实处于水深火热之中。杨玄感起兵属于封建统治者内部的争斗，不过，客观上却为农民大起义起了推波助澜的作用。据统计，在隋炀帝被杀前，从京畿到山东，从东南到岭南，群雄蜂起，共计百余起。④ 其中有些是隋朝官吏起兵，多数则是农民军。无数支农民军汇合成了三股巨大力量，即瓦岗军、江淮义军和河北义军，从根本上打垮了隋炀帝的反动政权，显示了伟大的历史作用。可见，隋末大乱是极其深刻的。回顾一下历史，就会知道，秦末、西汉末年和东汉末年，农民起义的广泛性，都比不上隋朝末年的情况。唐太宗曾跟魏征议论过这个问题，说："古来虽复时遭丧乱，未有如隋日者。"⑤张玄素也向唐太宗说过："臣观自古以来，未有如隋室丧乱之甚。"⑥

凡是农民大起义后建立的统一的新王朝，总要在政策措施方

---

① 《贞观政要》卷一，《君道》篇。
② 《旧唐书·李密传》。
③ 《隋书·杨玄感传》。
④ 参见岑仲勉：《隋唐史》上册。
⑤ 《魏郑公谏录》卷三。
⑥ 《旧唐书·张玄素传》。

面作出较大的调整或革新。农民革命力量打击了封建统治者的反动气焰，不允许再出现秦始皇和隋炀帝那样的暴君。这是为当时阶级斗争所制约的必然结果。所以，秦之后即为汉，出现过"文景之治"。隋之后即为唐，也会出现新的太平盛世。而且，由于隋末农民起义如此广泛而深刻，所以唐初封建政策措施的调整，取得了更大的成效。李世民正是顺乎历史潮流的需要，才能成为大有作为的封建帝王。

第二节 贵族世家的子弟

公元五九九年一月二十三日，即开皇十八年十二月二十二日，李世民"生于武功之别馆"。[①] 武功别馆是李氏家族的旧宅之一，在武功县南十八里，南临渭水。武德六年，改称庆善宫，所以史籍上又说："太宗生于武功庆善宫。"[②]

（一）出身于关陇贵族高门

据陈寅恪先生考证，李唐先世若不是赵郡李氏之"破落户"，就是赵郡李氏之"假冒牌"，至宇文泰入关后，才改为陇西郡望。[③]这可能是事实。然而，对于李世民的性格与生活道路有所影响的，只是关陇集团的家世。

曾祖父李虎，西魏时赐姓大野氏，官至太尉；追随宇文泰开创关中政权，因佐周代魏有功，成为著名的八柱国之一，位极荣贵，死

---

① 《旧唐书·太宗本纪》。世民生日，或作十二月七日，或作十二月二十五日。岑仲勉：《通鉴隋唐纪比事质疑》第七六页"太宗生日"条，可以参考。

② 《旧唐书·音乐志》。

③ 参见陈寅恪：《唐代政治史述论稿》。

后追封唐国公。祖父李昞，袭封唐公，曾任北周安州总管，柱国大将军。父亲李渊，年幼时袭封唐公，而且是隋文帝独孤皇后的姨侄。在隋朝时，他历任谯、陇、岐等州刺史，荥阳、楼烦等郡太守，以及殿内少监、卫尉少卿等职务。可见，"李氏昔在陇西，富有龟玉。降及祖祢，姻娅帝王。"①这就清楚地说明了李氏家族是关陇贵族集团之一。

李世民的母亲窦氏，即纥豆陵氏，是隋朝贵族神武公窦毅的女儿，其先世源于西北少数民族。她聪明能干，善于书法，学李渊的笔法，竟使别人不能辨别。"工为篇章规诫，文有雅体。"②可惜，过早地于大业九年在涿郡去世。李世民孩提时较多地受到母亲的教诲，其爱好书法可能与母教有关。因此，武德年间，"世民每侍宴宫中，对诸妃嫔，思太穆皇后（窦氏）早终，不得见上（李渊）有天下，或歔欷流涕"，③表达了对母亲的深切怀念。

李世民有一个哥哥，名叫建成。还有几个弟弟，即玄霸、元吉、智云。兄弟之间，建成老大，世民老二，当时人们习惯地称之为"大郎"、"二郎"。玄霸早年夭折。智云不是窦氏所生，在晋阳起兵后被隋朝官吏杀害，年仅十四。李渊称帝后，颁布《皇子玄霸智云追封王制》，追封玄霸为卫王，智云为楚王。④

至于为什么取名"世民"呢？据说，四岁那年，有个看相的书生说他是"龙凤之姿，天日之表，年将二十，必能济世安民矣。"⑤这当然不足为信。古代往往以为"龙种自与常人殊"，李世民既然做

---

① 《旧唐书·裴寂传》。
② 《新唐书·后妃传》。
③ 《资治通鉴》卷一九〇。
④ 《全唐文》卷一，《皇子玄霸智云追封王制》。
⑤ 《旧唐书·太宗本纪》。

了皇帝,必属"龙凤之姿",所以编造了那个离奇的故事。但是,"世民"名字,不管是谁起的,确实有"济世安民"的寓意。

李氏祖祖辈辈为武将,跟西北少数民族关系密切,始终保持着尚武的习俗,家庭传统教育也是骑射征战。据李世民后来回忆说:"朕小好弓矢,自谓能尽其妙";①"朕少尚威武,不精学业,先王之道,茫若涉海。"②透过这些自我表白,可以看到,少年时代的李世民不是彬彬有礼的文弱书生,而是强悍骁勇的贵族子弟。读书甚少,善于骑马,好弄弓矢;性格豪放,意志倔强。武德年间,陈叔达曾说秦王世民"且性刚烈。"③这是从小就培养成的性格特点。

(二)娶长孙氏为妻

大约在大业九年,李世民十六岁时,与长孙氏结婚。长孙氏,河南洛阳人,其先世源于北魏皇族拓跋氏,因担任过宗室长,故改姓长孙氏。祖父长孙兕,曾任北周左将军。父亲长孙晟,则为隋朝右骁卫将军。可见,长孙氏家族与李氏家族一样,都是军事贵族高门。长孙氏"年十三,嫔于太宗。"④他们之间的婚姻关系,确实是门当户对。

但是,长孙氏和世民有所不同。如果说李世民尚武,那么长孙氏就是爱文的了。原来,长孙晟病故后,长孙氏和哥哥长孙无忌,境遇孤单,被舅父高士廉收留抚养。高氏是渤海著名的衣冠右姓,从曾祖到父辈历任北魏、北齐、隋朝显官。士廉素有才望,颇涉文

---

① 《贞观政要》卷一,《政体》篇。
② 《全唐文》卷九,《答魏征上群书理要手诏》。
③ 《资治通鉴》卷一九一。
④ 《旧唐书·后妃传》。

史。在这个家庭教育下，长孙无忌"好学，该博文史"；①妹妹长孙氏"少好读书，造次必循礼则。"②这种风气跟原来的武俗迥然有别。通过长孙氏与李世民的婚姻关系，渤海士族高氏就被牵入关陇集团之中。③

第三节　初露头角

李世民初露头角是在解雁门之围的战役中，后来又随父亲李渊到太原，镇压过甄翟儿等起义军，开始显露出他那勇敢机智的军事才能。

（一）解雁门之围

大业十一年四月，李渊调任山西、河东抚慰大使，携家眷至河东。八月，隋炀帝巡视北方边塞，突然遭到突厥始毕可汗数十万骑兵的袭击。雁门一带四十一座城，竟被突厥攻占了三十九座。隋炀帝龟缩于雁门，城中兵民十五万，粮食仅只够供应二旬。面临万分危急的形势，隋炀帝根据臣下的"坚城挫锐"建议，把诏书系在木头上，投入滚滚的汾水，顺流南下，命令各地募兵前来援救。这时，李世民年已十八岁，应募入伍，隶属于屯卫将军云定兴部下。他向将军说："始毕敢举兵围天子，必谓我仓猝不能赴援故也。宜昼则旌旗数十里不绝，夜则钲鼓相应，虏必谓救兵大至，望风遁去。不然，彼众我寡，若悉军来战，必不能支。"④看来，李世民还是善于

---

①　《旧唐书·长孙无忌传》。
②　《旧唐书·后妃传》。
③　参见《汪籛隋唐史论稿》。
④　《资治通鉴》卷一八二。

分析敌我双方的力量对比。提出"多齎旗鼓为疑兵"的策略,真是有点初生之犊不怕虎的气概。

据旧、新《唐书·太宗本纪》记载,云定兴采纳此计,作了部署,突厥果真以为"救兵大至",便引兵北还。把解雁门之围,描绘成李世民的功劳,这显然是史官的溢美之辞。[1] 事实上,当时齐王暕以后军保于崞县,而云定兴军隶于其下,仅能自保,未能赴援。由于其他的原因,加上东都及诸郡援兵到达忻口,突厥始毕可汗于九月间撤兵后退了。这次战役中,李世民没有什么功劳,但他初次从军,展现了机智灵活的才华。

(二)镇压甄翟儿起义军

李渊为山西、河东抚慰大使,一个重要的任务就是"发河东兵讨捕群盗",[2]镇压地方上起义军。李渊行至龙门时,击溃了毋端儿起义军数千人。李世民是否参加镇压,史籍上没有提及,但当时他随同父亲至河东,可能经历此事。

大业十二年,李渊奉诏为太原道安抚大使,以后又升为太原留守。大概因为李世民有点战争阅历,喜谈兵事,又好弓矢,所以,李渊把他带到太原,留在身边。而把建成和元吉等安置在河东,托给河东县户曹任瓌照顾。

李世民来到太原后,参与了镇压甄翟儿起义军。甄翟儿是魏刀儿起义军的将领。大业十一年二月,魏刀儿在上谷自称历山飞,拥众十余万,北连突厥,南寇燕、赵。次年四月,别将甄翟儿率众骚扰太原,隋朝将领潘长文被打死。李渊既为太原留守,就率兵前往

---

① 参见吕思勉:《读史札记》下册。
② 《资治通鉴》卷一八二。

征讨。至西河郡永安县雀鼠谷,双方发生了激烈的遭遇战。起义军甄翟儿在这里的部众多达二万余人,李渊所率的步骑只有五六千而已。据《大唐创业起居注》卷一记载,李渊"乃分所将兵为二阵,以羸兵居中,多张幡帜,尽以辎重继后,从旌旗鼓角,以为大阵。"这跟前面说到的"多赍旗鼓为疑兵"是何等的相似!是否出于李世民的建议,不得而知,或许是李渊父子精通的战术之一。接着,李渊率领精骑数百,在李世民的配合下,冲破义军的包围,化险为夷,取得了胜利。据《旧唐书·太宗本纪》记载,"太宗以轻骑突围而进,射之,所向皆披靡,拔高祖于万众之中。适会步兵至,高祖与太宗又奋击,大破之。"这里盛赞世民骁勇超众,自有夸大之处。但是,李世民善于骑射,大有"所向披靡"的气魄,并且跟李渊一样,善用骑兵战术,以少胜多,也是事实。

李世民作为贵族子弟,站在镇压农民起义军的立场上,那是必然的,也可说是他生平经历中的污点。然而,由此他领悟到单靠镇压的办法是不行的,曾对父亲李渊说:"今盗贼日繁,遍于天下,大人受诏讨贼,贼可尽乎!要之,终不免罪。"①这种认识正是李世民后来参与起兵密谋的思想基础。

李世民在太原约近一年,后来回忆当时的生活情况说:"朕少在太原,喜群聚博戏。"②在"群聚博戏"之中,李世民结交了一批豪友。例如,岳父长孙晟的族弟长孙顺德,因逃避辽东之役,躲在太原,李世民跟他相亲善。刘弘基是个"少落拓,交通轻侠,不事产业"的人,亡命至太原,李世民和他结成好友,"出则连骑,入同卧起。"③还有个名叫窦琮的,也亡命在太原,本来和世民有过矛盾,

---

① 《资治通鉴》卷一八三。

② 《旧唐书·太宗本纪》。

③ 《旧唐书·刘弘基传》。

心怀疑惧。而世民心胸坦然,以礼待之,出入卧内,彼此成了好友。李世民的声望,引起了晋阳令刘文静的注意,他们互相访问,议论形势,谈得十分投机。总之,年近二十的李世民在政治上逐渐成熟了,他"见隋室方乱,阴有安天下之志,倾身下士,散财结客,咸得其欢心。"①一条新的生活道路,已经展现在他的面前。

---

① 《资治通鉴》卷一八三。

第二章　晋阳起兵

李世民正式登上政治舞台,是在大业十三年晋阳起兵时。晋阳是古老的重镇,李渊、李世民父子由此发难,"起义晋阳,遂登皇极,经纶天下",①开创了我国历史上著名的唐王朝。

第一节　起兵的酝酿过程

晋阳起兵如同任何的历史事变一样,都不是英雄豪杰随心所欲的活动。它是隋末阶级斗争和统治阶级内部矛盾的长期发展的结果。

(一)涿郡密论天下事

由于官修史籍的不真实,晋阳起兵的内幕几乎被掩盖了。突出地颂扬李世民,而其他人则黯然失色,或者被埋没,或者被歪曲。后晋刘昫等依据唐初实录而修的《旧唐书》,把李世民说成是"首谋"、"劝举义兵"的人物。② 宋代欧阳修等撰的《新唐书》干脆就说:"高祖起太原,非其本意,而事出太宗。"③司马光主编的《资治通鉴》也说:"起兵晋阳也,皆秦王世民之谋";"高祖所以有天下,

---

① 《唐会要》卷四五。
② 《旧唐书·高祖本纪》。
③ 《新唐书·太宗本纪》。

皆太宗之功。"①两个"皆"字,把一切功劳都归于李世民。同时,旧史籍里还塞进了一些虚构的情节,渲染李渊的荒淫无能,以衬托李世民的功德兼隆。

其实,历史的真相并非如此。李渊作为隋朝统治集团的一翼代表人物,早就有叛隋起兵的念头,只是在正式起兵前几年里,一直处于隐蔽状态罢了。

大业七年,隋末农民大起义的序幕揭开以后,统治阶级内部必将分崩离析,各谋出路。李渊目睹天下动荡的局面,开始产生了叛隋的想法。据《旧唐书·宇文士及传》载,渊与士及"住在涿郡,尝夜中密论时事。"在涿郡是何年何月呢?《资治通鉴》卷一八二记载,大业九年正月,"诏征天下兵集涿郡。始募民为骁果,修辽东古城以贮军粮。"这年,李渊任卫尉少卿,督运于怀远镇,路过涿郡,与宇文士及有过密谈。所谈的"时事",即起兵反隋之事。这可由李渊称帝后笑谓裴寂的话中得到证明:"此人(宇文士及)与我言天下事,至今已六七年矣,公辈皆在其后。"②就是说,起兵前四年,即大业九年上半年,李渊与宇文士及密谈过取天下之事。大约与此同时,李渊根据窦氏生前的建议,特向隋炀帝进献"鹰犬",作为"自安之计",③用这种策略手段来掩盖自己叛隋、取天下的意图。这些活动不仅是李渊的个人政治抱负的表现,更重要的是反映了隋末统治集团内部策划起兵的新动向。

不久,大贵族杨素的儿子、礼部尚书杨玄感就于大业九年六月

---

① 《资治通鉴》卷一九〇、一九一。

② 《旧唐书·宇文士及传》。按:宇文士及原为隋朝大臣。武德二年二月,宇文士及自济北来降唐,李渊与之相见,后笑谓裴寂"言天下事"。由此往上推算,当在大业九年上半年。

③ 《旧唐书·后妃传》。

公开起兵,许多封建官僚的子弟奔赴依附之,可见上层分子中反隋的念头相当普遍。但是,李渊善察时变,他不但没有贸然行动,反而因告密有功,被隋炀帝任命为弘化郡留守。另一方面,鉴于"天下大乱,炀帝多以猜忌杀戮大臣",因而"纵酒纳赂以自晦。"[1]其实,纵酒即"沉湎",就是装糊涂;自晦即"混其迹",就是掩盖自己。李渊以"纵酒"作为"自晦"之计,是一种防护性的策略,这正是他老谋深算的表现。如果以此而不加分析地把他说成昏庸的酒徒,是不公正的。

李渊到陇右后,一直在不断地窥测方向。当时,他身为弘化郡(治所在今甘肃庆阳县)留守,兼管关右十三郡军事,妻兄窦抗曾跑来劝说:"玄感抑为发踪耳!李氏有名图箓,可乘其便,天之所启也。"[2]但是,李渊认为时机未成熟,"为祸始不祥",叫窦抗别乱说。因为杨玄感起兵两个月后即遭到失败,闯这种"祸",弄不好就会满门抄斩,李渊心里一清二楚,准备不好是不能行动的。

(二)夏侯端劝说起兵

过了近两年,即大业十一年四月,李渊又任山西河东黜陟讨捕大使,奉命前往镇压农民起义军。他推荐好友夏侯端为副帅,夏侯端颇知"玄象",说:"金玉床摇动,此帝座不安。……天下方乱,能安之者,其在明公。但主上晓察,情多猜忍;切忌诸李,强者先诛,金才既死,明公岂非其次? 若早为计,则应天福,不然者,则诛矣。"[3]这番话是对当时形势和李渊处境的精辟分析。的确,杨玄感起兵客观上推动了全国范围的农民大起义。隋炀帝的宝座金玉

---

① 《新唐书·高祖本纪》。

② 《旧唐书·窦抗传》。

③ 《旧唐书·夏侯端传》。

床动摇了,更加猜忌左右宿将。民间传诵歌谣《桃李章》,"炀帝疑李氏有受命之符,故诛李金才。"①李金才原为右骁卫大将军,竟一门三十余人被杀。像李渊这样名望高、兵力强的宿将,不能不感到处境的险恶。因此,对于夏侯端的劝说,李渊"深然其言",完全赞同。李渊称帝后,特地颁布诏令,追赠李金才为"上柱国",说:"李氏将兴,天祚有应"。② 这说明李金才事件跟李渊起兵决心的加强,是有一定的联系的。

(三)起兵的决心化为行动

第二年,即大业十二年,李渊为右骁卫大将军,奉诏为太原道安抚大使。③ 他"以太原黎庶,陶唐旧民,奉使安抚,不踰本封,因私喜此行,以为天授。"④所谓"天授之意",指的是叛隋起兵的时机快到了。当时的形势,李渊很清楚:各地农民起义军逐渐由分散趋向联合。"盗贼遍海内,陷没郡县,(隋炀)帝皆弗之知也。"⑤同时,太原是军事重镇,兵源充足,而且"食支十年",⑥饷粮丰沛。因此,"私喜此行"。他把长子建成留在河东,命其"于河东潜结英俊";而把世民带到太原,命其"于晋阳密招豪友"。兄弟俩"倾财赈施,卑身下士,逮乎鬻僧博徒,监门厮养,一技可称,一艺可取,与

① 《旧唐书·五行志》。
② 《全唐文》卷一,《赠李金才李敏官爵诏》。
③ 大业十一年四月,李渊以卫尉少卿,任为山西河东抚慰大使(或作黜陟讨捕大使)。据《大唐创业起居注》卷一记载,大业十二年,李渊迁右骁卫将军,奉诏为太原道安抚大使。前后两次"大使",当为不同职位。或谓《创业注》之"十二"年,系传写讹误,应为十一年。此说欠妥。岑仲勉:《通鉴隋唐纪比事质疑》第一九页可供参考。
④ 《大唐创业起居注》卷一。
⑤ 《资治通鉴》卷一八三。
⑥ 《旧唐书·巢王元吉传》。

之抗礼,未尝云倦,故得士庶之心,无不至者。"①这是为起兵作组织上的准备。所谓"得士庶之心",反映了河东、晋阳一带地主豪强的心愿。

特别是在李渊升任太原留守以后,晋阳一带官僚、地主、豪商,如晋阳令刘文静、鹰扬府司马许世绪以及崔善为、唐俭、武士彟等,都看到李渊有"四方之志",纷纷劝说起兵。有的"见隋政日紊,密劝高祖图天下";②有的提出"首建义旗,为天下唱,此帝王业也";③有的建议"北招戎狄,南收豪杰,以取天下,此汤、武之举也";④有的甚至献上属于"禁物"的兵书及符瑞,"阴劝高祖举兵"。⑤ 如此等等,清楚地说明李渊是众望所归的人物,而密谋起兵则反映了关陇地主包括河东、晋阳地主的共同意向。

当时,拥护起兵的官僚地主所寄予希望的是李渊。例如晋阳长姜謩,觉察到李渊的动静,私下对自己的亲信说:"隋祚将亡,必有命世大才,以应图箓,唐公有霸王之度,以吾观之,必为拨乱之主。"⑥于是,"深自结纳",投靠李渊。可见,李渊的"命世大才"及"霸王"地位,是人们所公认的。

综上所述,晋阳起兵是李渊长期酝酿叛隋的必然结果。它最早萌发于大业九年,后因杨玄感起兵的惨败,暂时有所压抑。及至大业十一、二年,随着形势的急骤变化,李渊很快地就把反隋决心化为实际行动。这长达四年的酝酿过程,并不是李渊个人的任意

---

① 《大唐创业起居注》卷一。
② 《新唐书·崔善为传》。
③ 《旧唐书·许世绪传》。
④ 《资治通鉴》卷一八三。
⑤ 《旧唐书·武士彟传》。
⑥ 《旧唐书·姜謩传》

活动,而是由隋末阶级斗争和统治阶级内部矛盾所制约的。正是错综复杂的客观形势,把李渊推上了历史舞台,使他导演了一场有声有色的活剧。

第二节　起兵内幕

晋阳起兵的主要策划者,首推李渊。年仅二十岁的李世民,从年资、阅历或者实际的政治、军事经验来说,虽然都够不上"首谋"人物,但是他在密谋活动中起了极其重要的作用。除了李氏父子外,还有一些杰出人物,包括刘文静、裴寂等等,组成了领导起兵的决策集团。从大业十二年底开始部署,到大业十三年五月正式发难,在这风云变幻的半年里,李渊、李世民父子及其决策集团,镇静谨慎,很有策略思想与灵活手段。

(一)"以远祸而徼福"

首先,他们善于择取有利时机。原来,隋炀帝的如意算盘是:派李渊守太原,既可利用他镇压农民军与抵御突厥,又可防止他走上杨玄感兵变的道路。而李渊却乘机握五郡之兵,当四战之地,把太原作为起兵的根据地。正如王夫之在《读通鉴论》中指出:"群起以亡隋,唐且安于臣服,为之守太原、御突厥而弗动。"大业十二年十二月,突厥数寇北边,隋炀帝命令李渊和马邑太守王仁恭并力抗击。结果战事不利,炀帝诏遣使者执李渊和王仁恭送江都治罪。这时,李渊一方面托辞不赴,故意纵情酒色,装出一副无所作为的假象,以解除隋炀帝对他的猜忌。另一方面,加紧策划,接受了李世民和刘文静的"克日举兵"的建议。李世民又秘密地对父亲说:"今主上无道,百姓困穷,晋阳城外皆为战场;大人若守小节,下有寇盗,上有严刑,危亡无日。不若顺民心,兴义兵,转祸为福,此天授之时也。"①这说明年轻的世民颇有卓识,善察时变,提出了"转祸为福"的方针。不久,隋炀帝颁令不再追究李渊,"克日举兵"的动议也就停下来了。李渊说:"天其以使促吾,吾当见机而作。"②李渊父子沉着应付,"不贪天方动之几,不乘人妄动之气",是十分机智的。王夫之评论得好:"高祖处至危之地,视天下之分崩,有可乘之机,以远祸而徼福。"③

(二)暗中积聚军事力量

身为太原留守的李渊,虽然重兵在握,但要密谋起义,还必须有一支私自指挥的基干队伍。李渊父子善于招兵买马,军事上自有一套。大业十三年初,当获悉隋炀帝的忌杀态度稍有改变时,就指使刘文静假造诏令:"发太原、西河、雁门、马邑人年二十已上五十已下悉为兵,期以岁暮集涿郡,将伐辽东。"于是,"人情大扰,思乱者益众。"④打着皇帝的合法旗号,名为"伐辽东",实际上是在鼓动人心,结集队伍。到了二月,马邑人刘武周起兵,杀太守王仁恭,三月又引突厥直逼太原。这时,李世民催促父亲快快起兵,说:"不早建大计,祸今至矣!"李渊以讨伐刘武周为辞,召集诸将佐商议,提出自行募兵。原负有监视李渊行动使命的副留守王威和高君雅,迫于非常形势,只好同意,说:"公地兼亲贵,同国休戚,若俟奏报,岂及事机;要在平贼,专之可也。"这话显然是提醒李渊,募兵仅仅是为了对付刘武周,要跟隋王朝休戚与共,决不可另有图

① 《资治通鉴》卷一八三。
② 《大唐创业起居注》卷一。
③ 《读通鉴论》卷二〇。
④ 《旧唐书·刘文静传》。

谋。既已同意，李渊就放手地叫世民及其亲信刘文静、长孙顺德、刘弘基等等，召募新兵，"远近赴集，旬日间近万人。"①这支队伍是李渊、李世民父子私自控制和直接指挥的，成为晋阳起兵的主力军。

大业十三年初，李渊曾对世民说过："隋历将尽，吾家继膺符命，不早起兵者，顾尔兄弟未集耳。今遭羑里之厄，尔昆季须会盟津之师，不得同受孥戮，家破身亡，为英雄所笑。"②其实，主要是军事上还没有部署好，担心过早起兵会落得家破身亡的结局。而当基干队伍筹建以后，李渊就派遣使者到河东与长安，叫建成、元吉以及女婿柴绍等急赴太原。同时，派李思行到京城"观觇动静，及还，具论机变，深称旨。"③掌握情况，以便作出起兵的抉择。

（三）先发制人，坐享胜利成果

就在李渊、李世民父子加快军事部署的步伐时，副留守王威和高君雅眼看募兵云集，怀疑李渊有异志，便暗中策划晋祠祈雨大会。晋祠位于今太原市西南二十五公里的悬瓮山下，北齐天保年间为晋国开国君主唐叔虞而建。王威、高君雅想把李渊诱骗至此地，加以杀害。然被经常出入于王、高家的晋阳乡长刘世龙探得此事，立即报告给李渊父子。李渊和世民、刘文静等商量后，决定先发制人。五月癸亥夜，李世民伏兵于晋阳宫城外，严密封锁。次日清晨，李渊和王、高等在晋阳宫同坐视事，刘文静引开阳府司马刘政会至庭中，说"有密状，知人欲反"。李渊故意叫王威先看，刘政

---

① 《资治通鉴》卷一八三。
② 《大唐创业起居注》卷一。
③ 《旧唐书·李思行传》。

会却不给,说:"所告是副留守事,唯唐公得看之耳。"①李渊接过一看,原是控告王、高等潜引突厥入寇。高君雅正想申辩,刘文静一声令,埋伏在后面的长孙顺德、刘弘基等一跃而出,把王、高囚捕起来。这一天,李世民布兵于交通衢道,以备非常。又一天,恰逢突厥数万骑兵入侵太原,李渊命晋阳宫监裴寂等勒兵应战。民众们都以为王、高确实是引突厥入边,李渊便名正言顺地把他俩杀掉了。这就是著名的晋阳宫事变,它标志着李渊、世民父子公开起兵了。

(四)李氏父子的各自作用

从以上事实来看,李渊决不是昏庸无能之辈,而是一"素怀济世之略,有经纶天下之心"的人,②是一个老成持重、富于策略手段的人。晋阳起兵是在他主持下进行的,所谓"皆世民之谋"则不足信。王夫之评论说:"人谓唐之有天下也,秦王之勇略志大而功成,不知高祖慎重之心,持之固,养之深,……非秦王之所可及也。"③

就某些细节而论,李渊态度似乎不如李世民干脆。其实,这与他的身份有关,不能视为没有足够的勇气。在隋末动乱的年代里,李渊却官运亨通,直至任太原留守,掌握军事重镇兵权。隋炀帝重用他,证明他不是无能之徒。正因如此,炀帝对他很不放心,特地安插王威和高君雅监视他,想除掉后患。李渊深知炀帝的两面手法,也采取阳为效劳、阴为反叛的两手对付之。所以,在公开场合,

---

① 《旧唐书·刘文静传》。
② 《大唐创业起居注》卷一。
③ 《读通鉴论》卷二〇。

总是不摆出坚决起兵的架势，装出稀里糊涂的模样。不能像李世民那样结交豪杰，毫无掩饰地鼓吹"举兵"。实际上，李渊时时处处在窥测方向，密商策划。及至大业十三年春夏间，隋王朝面临最后垮台的局面：杜伏威据历阳，自称总管；窦建德自称长乐王；梁师都据郡起兵；刘武周进取汾阳宫；薛举自称西秦霸王；李密攻下兴洛仓，以逼东都。……李渊看准时机，利落地干掉了王威与高君雅，公开起兵了。正如王夫之指出："高祖犹慎之又慎，迟回而不迫起，故秦王之阴结豪杰，高祖不知也，非不知也，王勇于有为，而高祖坚忍自持，姑且听之而以静镇之也。"①李渊的坚忍镇静，李世民的勇于有为，真是交相辉映，保证了晋阳起兵的胜利。

当然，李世民也扮演了重要的角色。他年轻有为，无所畏惧，善于募兵，擅长计谋，交结和收罗了不少英豪人物。早在大业十二年，他跟随李渊来到太原，奉父命"密招豪友"。当时，长孙顺德和刘弘基亡命在晋阳，李世民以优礼待之。这两个人在策划起兵中，协助世民募兵，起了重要作用。此外，世民和晋阳令刘文静交谊甚笃。他们初次见面，②就谈得十分投机。对于刘文静提出的"取天下"策略，李世民笑道："君言正合吾意。"及至大业十三年上半年，李世民善于"观天时人事"，多次地向李渊提出起兵的具体建议，表现了"聪明勇决，识量过人"的才智。③

---

① 《读通鉴论》卷二〇。
② 据《资治通鉴》卷一八三记载，"刘文静坐与李密连昏，系太原狱。"世民入狱探视，密谈起兵。这初次见面，究竟是在何年何月呢？似应在大业十二年底李渊守太原不久。大业十三年初，李渊命刘文静假造诏令，征兵伐辽东。系狱之事，无疑在此之前。至于文静与世民初晤中所说的"李密围逼东都"一语，似为史记所误入。因李密围逼东都洛阳是在大业十三年四月，故他们会面时不可能提及此事。参见徐连达等：《唐太宗首谋晋阳起兵吗？》一文。
③ 《资治通鉴》卷一八三。

至于李建成与李元吉,则没有来得及参加"首义"壮举。他俩在河东接到父亲的紧急"追书"后,急忙地奔赴太原。路途上碰见柴绍,"入雀鼠谷,知已起义,于是相贺。"①六月初,他们才到达晋阳。因此,论"首义"之功,他们自然不能与世民相比较。

第三节 直驱长安

晋阳发难后,究竟如何行动呢? 李渊、李世民父子及其决策集团是很明确的。目标就是乘虚入关,直取长安,以便号令天下,建立新王朝。

(一)西河首捷

大业十三年六月,李渊传檄诸郡,称"义兵"。因为西河郡表示不服从,于是第一个战役就是"命大郎、二郎率众取之。"②临行前,李渊对太原令温大有说:"士马尚少,要资经略,以卿参谋军事,其善建功名也! 事之成败,当以此行卜之。若克西河,帝业成矣。"③的确,首战是个关键,胜败关系到李唐王朝的帝业。在温大有的参谋下,李世民从此开始了征战生涯。果然,他和哥哥建成出色地完成了使命。他们用兵严明,率众直捣西河。抓住郡丞高德儒后,世民怒斥这个贪官的罪行,宣称"吾兴义兵,正为诛佞人耳!"遂斩之,表现了正义无畏的气概。西河首捷,往返仅只九天。李渊高兴地说:"以此行兵,虽横行天下可也。"④李渊集团南下入

---

① 《旧唐书·柴绍传》。
② 《大唐创业起居注》卷二。
③ 《旧唐书·温大有传》。
④ 《资治通鉴》卷一八四。

关的决心更加坚定了。于是,建置大将军府,分为三军。李建成为陇西公、左领军大都督,指挥左三军;李世民为敦煌公、右领军大都督,指挥右三军。裴寂为长史,刘文静为司马,唐俭和温大雅为记室,温大有也参与机密,长孙顺德和刘弘基等为统军。这样,"取天下"的军事、政治机构就组成了。

(二)霍邑之役

七月,李渊誓师于野,留元吉守太原,亲自率领建成、世民从太原出发,拥兵三万。南下至贾胡堡,离霍邑五十余里。隋朝虎牙郎将宋老生屯霍邑,以精兵二万拒"义师"。适逢久雨粮尽,又流言突厥乘虚掩袭太原,李渊召集诸将佐商量对策。裴寂认为各方面的形势都不利,霍邑未易猝下;"太原一方都会,且义兵家属在焉,不如还救根本,更图后举。"李渊同意此议,而李世民反对说:"今禾菽被野,何忧乏粮,老生轻躁,一战可擒。李密顾恋仓粟,未遑远略。武周与突厥外虽相附,内实相猜。"[1]在这种形势下,"当须先入咸阳,号令天下;遇小敌即班师,将恐从义之徒一朝解体。"李渊一时听不进,促令班师。李世民不禁号泣于外,声闻帐中。李渊问其故,世民说:"今兵以义动,进战则必克,退还则必散。众散于前,敌乘于后,死亡须臾而至,是以悲耳。"[2]同时,李建成也反对退回太原。这是第一次军事策略上的分歧。

应当说,班师回太原,并不纯粹是出于怯懦。晋阳确是"根本"之地,即后方供养的中心。如果突厥和刘武周相勾结,掩袭太原,那么南下入关也是很难的。但是,当时的形势,如李世民所分

---

① 《资治通鉴》卷一八四。
② 《旧唐书·太宗本纪》。

李渊父子进军长安图
(大业13年6月-11月)

李渊父子进军路线
李建成作战路线
李世民作战路线
围而未克
平阳公主起兵
李世民与平阳公主"娘子军"会合

太原郡
(6月)
(7月)晋阳
离石郡
雕阴郡
西河郡 (6月) (7月)
汾
龙泉郡
(7月)雀鼠谷
贾胡堡 (8月)
霍邑
沁源
黄
河
文城郡
临汾郡 (8月)
冀氏
王屋
延安郡
云阳
醴泉 泾阳
泾 水
(9月)
长安故城 (9月)
(9月)
新丰
(9月) 渭
司竹园
阿城 长安 春明门
鄠县 大兴 (9月) (10月)
盩厔 蓝田
绛郡
(8月)
龙门 曲沃
(8月) (8月)
汾阴 (8月)
安邑
河
华原
(9月)(9月)
冯翊郡 朝邑 (9月)
河东郡
醴泉 云阳 (9月)
泾阳 渭 水
武功 始平 大兴 (9月)
司竹园 新丰
盩厔 鄠县 长安 (11月)
(9月) 蓝田
渭关
永丰仓
(9月)
黄
弘农郡
水
洛南

23

析的:突厥与刘武周之间,"外虽相附,内实相猜",并未构成对晋阳的严重威胁。只有"先入咸阳",才能"号令天下"。退回太原,士气大溃,就会有失败的危险。显然,世民的进军意见要比裴寂的退兵之计高明些。至于李渊,本来就想"西图关中",①这个根本性的方针当然不会改变;但又慑于突厥,同意班师,说明他在用兵上过于谨慎,以至失误。这与李世民"勇于有为"的作风有所不同。不过,李渊毕竟还有卓识,"乃悟而止",②命令世民和建成追回已经后撤的部分队伍。

八月,霖雨停歇,太原运粮也到了。李渊率军直趋霍邑。柴绍先至城下观察敌情,报告说有胜利的把握。大军到后,世民和建成各率精骑数十,行视战地,向敌挑战。勇而无谋的宋老生,果然开门出兵,背城而阵。世民、建成以及将领殷开山发挥骑兵的优势,力挫宋老生之众。接着,世民等又以轻骑飞快地插入敌军的阵后。宋老生遭到腹背夹攻,士卒哗然溃散,只得往城里逃窜。可是城门已为世民、建成的部队所控制,宋老生欲进不能,结果被斩死。霍邑之役是李渊父子骑兵对隋朝步兵的重大胜利。③

(三)军围河东

平霍邑后,接连攻取临汾郡和绛郡。八月癸巳,李渊至龙门,原在河东照料过建成等的任瓌,前来谒见。李渊问:"卿将家子,深有智谋,观吾此举,将为济否?"说明他一直在盘算着自己的事业是否会胜利,那老成持重、慎之又慎的神态跃然纸上。任瓌长期在河东、冯翊一带任职,颇知关中豪杰的意愿,说:"关中所在蜂

---

① 《旧唐书·高祖本纪》。
② 《旧唐书·太宗本纪》。
③ 参见汪篯:《唐初之骑兵》。

起,惟待义兵,仗大顺,从众欲,何忧不济。"①劝李渊渡河入关。

九月,李渊父子率军围河东。河东是战略要地,宛如关中之门户。隋朝骁卫大将军屈突通婴城自守,攻之不克。这时发生了军事策略上的第二次分歧。裴寂主张先解决屈突通而后入关,认为"今(屈突)通据蒲关,若不先平,前有京城之守,后有屈突之援,此乃腹背受敌,败之道也。"李世民则认为兵贵神速,应立即入关,说:"宜乘机早渡,以骇其心。我若迟留,彼则生计。……屈突通自守贼耳,不足为虞。若失入关之机,则事未可知矣。"看来,两种意见各有各的道理。李渊采取"两从之"的办法,②分兵两路,大军渡河入关,重点攻取长安,同时留相当兵力对付屈突通。这着棋走得妙,考虑较全面,反映了宿将的用兵稳重。后来事实证明,长安攻陷后,屈突通眼看大势已去,只得投降。如果不采取"两从之"的战术,或者倾全力攻长安,确会有背后受敌之患,或者重点放在打屈突通,那长安就不可能唾手而得了。

(四)攻克长安

李渊父子率主力部队渡河后,建成和刘文静等屯守永丰仓和潼关,防备来自东方的敌兵;世民率统军刘弘基、长孙顺德等数万人定渭北,包括泾阳、云阳、武功、盩厔、鄠诸县。值得一提的是,李渊女儿平阳公主在晋阳起兵后,于鄠县庄园,散家财,招引亡命之徒,得数百人,起兵响应。同时,联合聚众于司竹园的何潘仁,攻陷鄠县,发展成为一支七万人的队伍。"公主引精兵万余,与太宗军

---

① 《旧唐书·任瓌传》。
② 《旧唐书·裴寂传》。

会于渭北,与(柴)绍各置幕府,俱围京城,营中号曰'娘子军'。"①

李世民自渭北徇三辅,所至皆下,甚得人心。"三辅吏民及诸豪猾诣军门自效者,日以数千,扶老携幼,满于麾下。收纳英俊,以备僚列,远近闻者,咸自托焉。"②例如,隰城尉房玄龄杖策谒于军门,世民一见,便如故旧,任命他为记室参军,引为谋主。玄龄亦自以为遇知己,竭尽全力,知无不为。

不久,刘弘基等南渡渭水,屯长安故城。李世民则引兵赴司竹园,收编了李仲文、何潘仁、向善志等所率徒众,驻扎在原秦阿房宫城,号称胜兵十三万,军令严整。接着,派人告诉父亲,请即赴长安。李渊同意了,命建成率精兵赴长乐宫,世民率新附诸军北屯长安故城。

冬十月,李渊至长安,营于春明门之西北。二十余万大军围困京城。李世民屯兵金城坊,从西北方面发动进攻,而李建成则从东南方面发动进攻。十一月,建成的部下军头雷永吉首先登上城墙,京城终于被攻陷了。

(五)建立新王朝

大业十三年十一月,李渊立隋代王侑为皇帝,即隋恭帝,改元为隋义宁元年。李渊为假黄钺、使持节、大都督内外诸军事、尚书令、大丞相,进封唐王,以武德殿为丞相府,独揽军国机务。又以建成为唐世子,世民为京兆尹、秦公,元吉为齐公;以裴寂为丞相府长史,刘文静为司马。

义宁二年三月,李世民改封赵公。五月,隋恭帝禅位,李渊即

---

① 《旧唐书·平阳公主传》。
② 《旧唐书·太宗本纪》。

26

皇帝位于太极殿,国号唐,改元武德,都长安,推五运为土德,色尚黄。这样,李渊在关中重建了地主阶级的封建王朝。武德元年六月,李世民为尚书令,裴寂为右仆射、知政事,刘文静为纳言。不久,又立建成为皇太子,世民为秦王,元吉为齐王。由于秦王李世民参预"首义",军功显赫,故在新王朝里占据重要的地位。

第四节　胜利的客观条件与内在因素

为什么短短的一年里就能如此顺利起兵并建立了新王朝呢?千百年来,大多把这一切归功于唐太宗李世民。这是前面提及的那种历史编纂学的臆造。反过来若把全部功劳归于李渊,也同样是夸大了个人在历史上的作用。当然,李渊、李世民父子各有其不可磨灭的功勋。

(一)唐朝建立的客观条件

任何重大的历史事变,从根本上说,都是由政治和经济诸因素所决定的。在这些客观条件的基础上,杰出人物才能有所作为。唐王朝之所以能够建立,是隋末阶级斗争的客观形势所造成的。

首先,决定大局的还是农民群众的力量。唐朝是继隋朝而兴起的,然而,推翻隋王朝的则是隋末农民大起义。大业十二年以后,"盗贼遍海内,陷没郡县,(炀)帝皆弗之知也。"各地农民军逐渐汇合成为三支强大的力量,即河北义军、瓦岗军和江淮义军。为了对付农民军,隋朝的反动军队集中在东都和江都,隋炀帝本人也坐镇江都。从晋阳到关中,恰恰是隋朝军事势力较薄弱的环节,也是隋炀帝认为不会出事的地方。所以,刘文静曾对李世民说:"当此之际,有真主驱驾而用之,取天下如反掌耳。……以此乘虚入关,号令天下,不过半年,帝业成矣。"①

　　事态的发展确是如此。大业十三年五月,隋炀帝命庞玉和霍世举率关内兵援东都,客观上为晋阳起兵减轻了压力。同时,李密为首的瓦岗军虽然处于全盛时期,但被隋朝军队所阻,无法攻取东都,更不能西入关中。李渊曾致书简给李密,与之连和。七月,当李渊军至贾胡堡时,收到李密的回信,阅后笑道:"密夸诞不达天命,适所以为吾拒东都之兵,守成皋之厄,更觅韩彭,莫如用密。……使其不虞于我,得入关,据蒲津而屯永丰,阻崤函而临伊洛,东看群贼鹬蚌之势,吾然后为秦人之渔父矣。"于是,李渊叫温大雅代笔写信,卑辞推奖,以骄其志,结果,李密"遂注意东都,无心外略。"②而隋炀帝把瓦岗军当作最主要的危险,诏左御卫大将军、涿郡留守薛世雄以精兵三万讨李密,根本没有注意到起兵叛隋的李渊父子。这就给"乘虚入关"创造了有利条件。

　　至于关中地区,隋炀帝曾委托代王侑镇守京师长安,实际上代王控制不了局面。"时关中群盗,孙华最强"。李渊就利用了孙华的力量,很快地渡过黄河入关中。以后,又收编了许多支起义军,史称"群盗归之如流",③李渊父子的军事实力因而得到了加强。

　　由上可见,李渊、李世民父子顺利入关,是利用了瓦岗军和关中义军的力量及其所造成的形势。从这种意义上说,唐王朝是窃取了隋末农民大起义的成果而建立起来的。王夫之指出:"唐之为余民争生死,以规取天下者,夺之于群'盗',非夺之于隋也。"④这是颇有见地的。

---

① 《资治通鉴》卷一八三。
② 《大唐创业起居注》卷二。
③ 《资治通鉴》卷一八四。
④ 《读通鉴论》卷二〇。

其次,隋末封建统治阶级内部裂缝甚深,趁机起兵者为数甚多。除了李渊父子外,还有梁师都、刘武周、薛举、萧铣等等。值得注意的是,由于李渊出身于关陇集团,在关中地区有广泛的社会联系与影响。一旦起兵晋阳,南下入关,支持与响应者为数众多。除了平阳公主的"娘子军"外,还有李渊从父弟李神通,他联合京师大侠史万宝、河东裴勔、柳崇礼等"举兵以应义师,遣使与司竹贼帅何潘仁连结。潘仁奉平阳公主而至,神通与之合势,进下鄠县,众逾一万。"①李渊的另一个女婿段纶,聚众万余人于蓝田,以迎李渊入关。李渊妻子窦氏的亲戚窦轨、李孝常,曾以永丰仓粮应接李渊兵马。后来,窦轨又"聚众千余人,迎谒于长春宫,高祖见之大悦,降席握手,语及平生"。② 关中地主和官僚的拥护,是李渊父子顺利地建立唐王朝的原因之一。

(二)正确的策略与战术

赢得起兵胜利的客观条件固然是决定性的因素,但是,李渊、世民父子作为杰出的发起者和组织者,也起了重要作用。在那戎马倥偬的一年里,他们的策略手段和战略措施显得十分高明,保障了唐王朝的顺利建立。下面,举几点来谈谈。

第一,他们很注意策略口号。晋阳起兵明明是反隋的军事行动,但不是打出"反隋"旗号,而是在"尊隋"的名义下进行,避免了大臣犯上谋反的恶名。大业十三年六月,裴寂等建议"请尊天子为太上皇,立代王为帝,以安隋室。"李渊准许了这种"掩耳盗铃"的做法。七月,誓师太原,李渊"移檄郡县,谕以尊立代王之意"。

---

① 《旧唐书·淮安王神通传》。
② 《旧唐书·窦轨传》。

军至贾胡堡,李渊致李密的书中云:"所以大会义兵,和亲北狄,共匡天下,志在尊隋。"冬十月,李渊至长安,"屡遣使至城下谕卫文升等以欲尊隋之意。"十一月,攻克京城,迎立代王,"遥尊炀帝为太上皇"。① 这一系列史实表明,从晋阳起兵到攻取长安,始终打着"尊隋"的旗号。这样就可以拉拢隋朝的各种官僚势力,减少阻力,尽快地夺取关中,以便站稳阵脚,最后建立唐王朝。可是,在史学界的很多论著中,几乎都说李渊起兵打出"反隋"旗号,似不恰当。

第二,李渊父子较重视争取民心,具体的措施是赈赡穷乏,废隋苛政。大业十三年六月,首战西河后,"开仓库以赈穷乏,远近响应。"②七月李渊至西河郡,慰劳吏民,赈济穷困。九月,军至河东,李世民提出:"进师入关,取永丰仓以赈穷乏,收群盗以图京师"。③ 不久,李渊率军渡河入关,至永丰,开仓赈饥民。接着,继续前进,途中凡是隋朝离宫园苑皆罢弃,"其宫人等,并放还亲属。"④据《旧唐书·刑法志》记载:"高祖初起义师于太原,即布宽大之令。百姓苦隋苛政,竞来归附。"武德元年五月,颁布《改元大赦诏》,声称"义师所行之处,给复三年;自余给复一年。"⑤实行这些争取人心的措施,是李渊父子军事上迅速胜利的一个重要原因。

第三,他们善于用人,论功行赏,赢得河东、关中地区地主的欢迎。起兵以前,李渊收罗了大批人才,李世民更是广结豪杰。起兵后,军至西河郡,"民年七十以上,皆除散官,其余豪杰,随才授

① 《资治通鉴》卷一八四。
② 《旧唐书·高祖本纪》。
③ 《旧唐书·太宗本纪》。
④ 《全唐文》卷一,《罢放栎阳离宫女教》。
⑤ 《全唐文》卷一,《改元大赦诏》。

任。"①八月平定霍邑,论功行赏时,有些军吏认为奴隶应募从军者不能和良人一样奖赏。李渊说:"岂有矢石之间,不辨贵贱,庸勋之次,便有等差?"此时此地,李渊不囿于贵族偏见,决定"诸部曲及徒隶征战有功勋者,并从本色勋授。"②渡河入渭北三辅地区后,三秦士庶,衣冠子弟,郡县长吏,纷纷归附。李渊在《授三秦豪杰等官教》中,对这些人表示了热烈的欢迎。当然,授予"散官"之类,是极其廉价的许诺,但对于争取人心和稳定政局却起了重要作用。

第四,纪律严明,将兵同甘苦,战斗力较强。李渊父子从太原誓师时,就沿用府兵制,建立大将军府,分置三军,军事组织比较健全,而且将士们大多是愿意效忠者。西河首战,就打出了一个好作风。史称:"时军士新集,咸未阅习,建成、世民与之同甘苦,遇敌则以身先之。近道菜果,非买不食,军士有窃之者,辄求其主偿之,亦不诘窃者,军士及民皆感悦。"斩郡丞高德儒后,"自余不戮一人,秋毫无犯,各尉抚使复业,远近闻之大悦。"③后来,平霍邑,克临汾,取绛郡,至龙门,征途上一直保持与发扬了那种良好的战斗作风。正如任瓌对李渊所说:"所下城邑,秋毫无犯,军令严明,将士用命。"④李世民自渭北徇三辅,父老们"劳而遣之,一无所受。军令严肃,秋毫无所犯。"⑤当二十余万大军围困京城时,李渊命令军队"各依壁垒,毋得入村落侵暴。"⑥这些旧史的记载自有溢美之

---

① 《资治通鉴》卷一八四。
② 《全唐文》卷一,《徒隶等准从本色授官教》。
③ 《资治通鉴》卷一八四。
④ 《旧唐书·任瓌传》。
⑤ 《旧唐书·太宗本纪》。
⑥ 《资治通鉴》卷一八四。

处,但组织性纪律性较好毕竟是事实,这也是李渊父子军事上胜利的又一个原因。

综上所述,从晋阳起兵到唐朝建立,李渊无疑是最主要的历史人物。"高皇创图,势若摧枯。"①李渊作为唐王朝的创立者,具有不可抹煞的历史功绩。王夫之说:"唐之取天下,迟回以起,若不足以争天下之先,而天时人事适与之应,以底于成。高祖意念之深,诚不可及也。"②的确,在隋末群雄争霸的时代,李渊起兵较晚,但顺应"天时人事"的历史潮流,最终建立了唐王朝。当然,还有一批杰出人物都起了重要作用。李世民参与晋阳密谋,奋勇有为;起义后率右三军,治军严明,身先士卒,战功显著。他很有战略头脑,善察形势,捕捉战机,在两次战略分歧的争论中敢于陈述并坚持自己的意见,初步显示出军事家的才华。他还以豪迈的气概,收罗人才,发展和壮大自己的力量;直驱长安时,他整编的新附诸军达十三万,占军队总人数的一半以上。至于李建成,虽然谈不到"首义"之功,但参加首战西河,率领左三军,反对班师太原,战功也多。李元吉留守太原,对后勤供给出过力气。刘文静和裴寂曾提出不少好主意,劝举起兵尤力。刘文静还肩负连和突厥的使命,保证了南下入关时无北顾之忧。唐俭、温大雅、长孙顺德以及刘弘基等也都是出色的文官武将。正如唐高祖武德元年八月六日诏曰:"朕起义晋阳,遂登皇极,经纶天下,实仗群才。……或合契元谋,或同心运始,并蹈义轻生。"③自策划起兵至建立唐朝,许多重大决策都是共同商讨的,一旦决定后,就各自全力以赴。"实仗群才",这确是李渊父子晋阳起兵赢得完全胜利的内在因素。

---

① 《旧唐书·高祖本纪·赞曰》。
② 《读通鉴论》卷二〇。
③ 《全唐文》卷一,《褒勋臣诏》。

第三章 统一战争

李渊称帝时,仅据关中一隅。直到武德七年,经过七年的统一战争,先后凡六大战役,唐王朝才重新统一中国,建成了庞大的中央集权的专制主义的封建国家。

如果说,从"创图"全局来看,李世民虽有大功,但毕竟处于次要地位;那么,在唐初统一战争中作出了最重要的贡献,建立了特殊的功勋,则没有人可与之相匹敌了。军事上的胜利,为李世民夺取帝位奠定了坚实的基础。

第一节 讨伐薛举、薛仁杲

对薛举、薛仁杲战争,是唐初统一战争的第一个大战役。李世民挂帅亲征,经历了"胜利——失败——胜利"的曲折过程,表现了他在军事指挥艺术上的日渐成熟。

(一)前哨战的胜利

薛举是隋金城郡(治所在今甘肃兰州)的富豪,家产钜万,交结豪猾,雄于边朔。大业十三年四月,据郡起兵,开仓赈贫,自称西秦霸王,建元秦兴,封儿子仁杲为齐公,很快就占有陇右之地,众至十三万。秋七月称秦帝,克秦州,又夺得唐弼众十万,因此史称

"举势益张,军号三十万,将图京师。"①薛氏父子起兵是陇右豪强地主叛隋的行动,其性质与李渊起兵一样,而且进军目标也都是指向关中。唐、秦之间的战争,实质上是争夺关中的斗争。

大业十三年十一月,李渊、李世民父子抢先攻占长安。十二月,薛举父子获悉此事,便以十万兵力进逼渭水之滨,包围了扶风郡城,构成了对李渊势力的严重威胁。这时,李世民挺身而出,率众大破薛仁杲于扶风,并乘胜追至陇坻而还。薛举从未遭到挫败,不禁发出了"自古天子有降事乎?"的感叹。而对李渊父子来说,前哨战的胜利不仅鼓舞了士气,并且在关中站稳了阵脚,便于向外发展。同月,平凉留守张隆、河池太守萧瑀及扶风、汉阳郡"相继来降。"②接着,又取得了巴、蜀之地。

(二)高墌之役

薛举不甘于失败,企图勾结突厥,重新"谋取京师"。武德元年五月,李渊称帝。六月,薛举就入侵泾州,纵兵掳掠,直至豳州、岐州一带。刚被封为秦王的李世民,以西讨元帅的名义,和刘文静、殷开山等率八总管兵前往抗击。七月,双方对垒于高墌(今陕西长武县北)。据说,世民这时正患疟疾,卧于军营,把指挥大权交给刘与殷两人,并曾告诫:"贼众远来,利在急战,难与争锋。且宜持久,待粮尽,然后可图。"③可是,刘、殷以为如不出战反而会被敌军所轻视,就陈兵于高墌西南,耀武扬威,"恃众不设备。"④结果,薛举以精锐的轻骑从背后包抄掩袭,唐军八总管皆败,士卒死者十五六,大将军慕容

① 《旧唐书·薛举传》。《新唐书·薛举传》作"二十万",疑误。
② 《资治通鉴》卷一八四。
③ 《旧唐书·殷峤传》。
④ 《旧唐书·薛举传》。

讨伐薛举、薛仁杲战争图
（大业13年11月–武德元年12月）

薛举、薛仁杲入侵路线
李世民讨伐路线

北地郡◎
阴盘◎
华亭◎
清水◎
秦岭
陇山
汧山
汧源
汧阳
南由◎
河池郡◎
两当◎
薛举等败逃方向
安定郡（泾州）
折墌城
浅水原◎高墌
朝那◎
扶风郡◎（岐州）
汧
汧水
渭
岐山◎
雍县◎
武功◎
盩厔◎
始平◎
鄠县◎
阿城
长安故城
京师◎长安
高陵◎
富平◎
新丰◎
蓝田◎
泾阳◎
云阳◎
新平◎
醴泉◎
泾水
泾
渭水
35

罗睺、李安远、刘弘基等被俘,高墌城也陷落了。李世民和残军退回长安,"京师骚动",惶然不安。这次失败,旧史记载都归罪于刘、殷两人。其实,李世民虽然患病,但仍在军营,刘、殷指挥上的轻率行动,恐怕也是知道的。作为军事统帅,不能不负有责任。

失利的原因,一方面是薛举军拥有精骑,行动急速,"难与争锋";另一方面,更重要的是唐军恃众轻敌,没有发挥出自己的战斗力。年轻的秦王世民,自晋阳起兵后,几乎是每战皆捷,尚未经受过如此的惨败。所以,这次因骄而败的教训是极其深刻的,使他在以后历次战争中能够保持冷静的头脑。

(三)浅水原决战

武德元年八月,薛举获胜后,有人建议"今唐兵新破,将帅并擒,京师骚动,可乘胜直取长安。"大军出发前,薛举病死了,薛仁杲继位。这时,秦王世民亲为元帅,再次领兵讨伐。九月,唐军临近高墌,就"坚壁不动"。一些将领请战出击,李世民吸取失败的教训,坚决不同意,说:"我士卒新败,锐气犹少。贼以胜自骄,必轻敌好斗,故且闭壁以折之。待其气衰而后奋击,可一战而破,此万全计也。"甚至下令:"敢言战者斩!"①这样,对垒相持六十余日。到十一月,敌军粮尽,军心动摇,其将领梁胡郎等降唐。李世民看到敌军气衰,正是进击的时候,于是派遣行军总管梁实营于浅水原,引诱敌军。敌军将领宗罗睺大喜,全力攻击。梁实守险不出,人马好几天喝不上水,仍然顽强地抵抗。宗罗睺攻之不下,军士颇感疲乏。李世民捕捉战机,令右武侯大将军庞玉到浅水原南面布阵,宗罗睺并军迎战。正当双方酣战之际,李世民亲率大军突然地

① 《旧唐书·薛举传》。

从原北出击,宗罗睺回师相拒,世民又带领骁骑数十冲进敌军。于是,唐军表里奋击,呼声动地,敌军大溃,死者数千。紧接着,李世民率二千余骑,直追至折墌城下,扼守住泾水南岸。薛仁杲害怕了,引兵入城拒守。这天傍晚,唐军各路队伍纷纷赶到,四面包围了折墌城。夜半,守城者乘黑夜下来投降。陷于"计穷"的薛仁杲也只好于次日早晨率官属投降,唐军俘获精兵万余人,男女五万口,取得了巨大的胜利。同月,秦王世民凯旋回长安,薛仁杲被斩于市。十二月,世民拜为太尉、使持节、陕东道大行台,镇长春宫,蒲州、河北诸府兵马并受节度。

对薛举、薛仁杲的战争,前后近一年,李世民先是小胜,继而大败,最后大胜。这次战争的胜利,解除了唐王朝来自西北方面的威胁,消灭了争夺关中政权的对手。当时,从军事上说,薛举父子军号三十万,因地居陇右,掠得隋朝大量官马,而且将骁卒悍,兵锋锐盛,利于速决战。李渊、世民父子攻长安时,号称二十万大军,尤少马匹。但关中地区仓库丰足,物力和财力远远超过秦军,所以利于持久战。秦王李世民正是凭借这种客观条件,扬长避短,以卓越的指挥赢得了最后的胜利。

第二节　对刘武周的战争

李世民指挥的第二个大战役,就是平定刘武周。从武德二年十一月出征,至次年四月获得全胜。

（一）刘武周军陷晋阳

前章说过,大业十三年二月,刘武周杀马邑太守王仁恭,起兵依附突厥。三月,袭破楼烦郡,进取汾阳宫。突厥封武周为"定杨可汗",给以狼头纛。据赵翼《陔余丛考》卷一五载:"'定杨'、'平杨',皆取平定杨氏(隋帝)之义。"刘还自称帝,改元天兴。至武德二年三月,在突厥的支持下,刘武周南侵并州(治晋阳)。四月,接受了大将宋金刚的建议,"入图晋阳,南向以争天下。"宋金刚率兵二万,"又引突厥之众,兵锋甚盛"。① 唐并州总管、齐王李元吉抵挡不住,榆次县被攻陷,太原处于危急之中。五月,刘武周军陷平遥。六月又攻取介州,李渊派右仆射裴寂督军抗击。九月,裴寂和宋金刚战于度索原,结果几乎全军覆没,只身逃回晋州。刘武周进逼太原,齐王元吉夜间带着妻妾逃离,奔还长安。李唐王朝的发迹地竟然旦夕之间陷落了。李渊惊呼:"晋阳强兵数万,食支十年,兴王之基,一旦弃之。"十月,宋金刚攻陷浍州与晋州。由于裴寂的怯懦,实行焚烧政策,"民惊扰愁怨,皆思为盗。"②夏县民吕崇茂起义,原隋将王行本据蒲坂,与刘武周相呼应。这样,关中大震,"人情崩骇,莫有固志。"③

就在这种十分险恶的形势下,李渊慌忙地颁发手敕:"贼势如此,难与争锋,宜弃河东之地,谨守关西而已。"秦王李世民坚决不同意,上表说:"太原王业所基,国之根本,河东殷实,京邑所资。若举而弃之,臣窃愤恨。愿假精兵三万,必能平殄武周,克复汾、晋。"④于是,李世民再次挂帅,前往讨伐,李渊亲自到长春宫送行。

(二)对垒相持于柏壁

十一月,正值隆冬季节,李世民率军自龙门乘坚冰渡河,扎营

---

① 《旧唐书·刘武周传》。
② 《资治通鉴》卷一八七。
③ 《旧唐书·刘弘基传》。
④ 《旧唐书·太宗本纪》。

平定刘武周战争图
(武德2年11月 - 武德3年4月)

刘武周入侵路线
宋金刚南下路线
李世民出征路线
吕崇茂起义

绥州
石州
太原(并州)
晋阳(并州)
榆次
太谷
浩州(汾州)
汾 平遥
介休
庆索原
黄
永和
隰州
延州
延安
汾川
河
吕州(霍邑)
沁州
慈州
晋州水
冀氏
鄜州
龙门关
龙门
绛州
翼城
浍水
绛县
韩城
柏壁
澄城水
美良川
夏县
安邑
垣县
济源
同官
白水
华原
蒲州河东
黄
陕州
洛阳 河南
云阳
水
泾阳 渭
华阴
潼关
虢州
新丰
陆浑
长安
洛南

于柏壁（绛州西南），与宋金刚对垒相持。到河东后，首先改变过去裴寂那一套扰民的做法，竭力安抚人心。"发教谕民，民闻世民为帅而来，莫不归附，自近及远，至者日多，然后渐收其粮食，军食以充。"①同时，在军事上坚持"坚壁不战"的方针，休兵秣马，仅仅命令偏将乘间抄掠敌军。有一次，世民和年仅十七岁的堂弟李道宗观察敌情，问："贼恃其众来邀我战，汝谓如何？"道宗答："群贼锋不可当，易以计屈，难与力竞。今深壁高垒以挫其锋，乌合之徒莫能持久，粮运致竭，自当离散，可不战而擒。"②世民高兴地说，你的意见和我不谋而合。可见，这种"坚壁挫锐"的战略战术为世民军中不少将领们所熟悉。

十二月，秦王将领殷开山、秦叔宝等，在美良川大破刘武周将领尉迟敬德、寻相等。接着，李世民又亲率步骑三千袭击之，"悉虏其众，复归柏壁"。这时，诸将纷纷请战，李世民沉着地说："金刚悬军千里，深入吾地，精兵骁将，皆在于此。武周据太原，专倚金刚以为捍。"③面对强敌不宜"速战"，应当"坚壁"以挫其锐。由于继续坚持"坚壁挫锐"之计，秦王率领的唐军才一步一步地夺得了胜利。

（三）收复并、汾旧地

经过长达五个月的对垒相持，敌军气势日衰，供养日蹙。唐将李仲文坚守浩州，多次打败刘武周的进攻，切断了敌军的运粮通道。武德三年二月，宋金刚以军粮困乏，部众大馁，不得不后撤，秦王尾追至介州。四月，又大破寻相于吕州，乘胜逐北，一昼夜行军二百余里，战斗数十回合。进至高壁岭，由于连续作战，士卒饥疲，

---

① 《资治通鉴》卷一八八。

② 《通典》卷一五五。

③ 《旧唐书·太宗本纪》。

但李世民坚持乘胜追击，策马扬鞭，身先士卒，将士们谁也不敢说肚皮饿了。追至雀鼠谷，一日八战，俘斩敌军数万人。夜宿雀鼠谷西原，李世民两天没吃上饭，三天不解甲睡觉，表现了英勇战斗的作风。接着，李世民又引兵赴介休城。当时宋金刚尚有二万部队，出西门，背城而阵，南北七里，欲决死战。秦王命李世勣、程咬金、秦叔宝当其北，翟长孙、秦武通当其南，本人则亲率三千精骑冲其阵后，结果宋金刚大败而逃，李世民追至张难堡。敌军将领尉迟敬德、寻相等率余部八千来降。敬德籍属朔州，其先似当胡人，武勇善骑，确是一位杰出的精骑将领。李世民慧眼识敬德，赐以曲宴，引为右一府统军。有人担心，敬德会叛变。可是，李世民说："昔萧王推赤心置人腹中，并能毕命，今委任敬德，又何疑也。"[1]擢用敬德，显然是出于对骑兵的重视。

刘武周得知全军溃败，便带了百余骑弃太原北走，亡奔突厥。秦王世民进驻晋阳，并、汾旧地统统收复了。为了防止刘武周的继续捣乱，李世民留将领李仲文守并州，自己则引军回长安。

第三节　对王世充、窦建德的战争

第三次大战役，是对王世充包括窦建德的战争。论规模，它是最大的一次，历时十个月。前八个月是对王世充的战争，后两个月主要是镇压窦建德的势力。

（一）伏兵三王陵

李渊父子攻占西都长安后，也是想进一步谋图东都洛阳的。

---

① 《旧唐书·太宗本纪》。

武德元年正月,命李建成为左元帅,李世民为右元帅,督诸军十余万人,徇地东都。四月,进军至东都,扎营于芳华苑,无法入城。李世民认为"吾新定关中,根本未固,虽得东都,不能守也。"[1]于是,引军而还,估计敌军会追击,故在三王陵设置了伏兵。果然,隋将段达率兵万余追之,遇上伏兵,被打得大败。后来,唐王朝为了对付主要的危险薛举父子,调秦王世民到陇右抗击,无暇东顾了。直到打败刘武周,解除了东北侧面的威胁,巩固了关中后方,才腾出手来剪除关东群雄。

(二)唐郑相争

至于东都的情况,武德元年五月,隋炀帝被杀的消息传来,留守官奉越王侗为皇帝,改元皇泰。九月,著名守将王世充击溃李密的瓦岗军,成为这个地区的强大集团。武德二年四月,王世充篡夺帝位,国号郑,改元开明。以后,又乘刘武周南下的机会,夺取了唐在河南的部分土地,扩大了势力。但是,王世充政权内部矛盾重重,派系勾斗,不得人心。将领秦叔宝、程知节等先后降唐,成为李世民讨伐刘武周的骨干力量。因此,王世充只能坚守东都,不可能大有作为。

武德三年七月,即第二次战役后不久,唐王朝就把战争的重点转移到关东地区,以对付并消灭王世充势力。秦王世民再次挂帅,大军直驱河南,发动攻坚战,以步骑五万夺取了东都西线的主要据点慈涧。王世充的守兵退回洛阳,一些州城也纷纷降唐。紧接着,李世民作了重要的部署:派遣行军总管史万宝自宜阳南据东都伊阙之"龙门";将军刘德威自太行东围河内;上谷公王君廓自洛口

---

① 《资治通鉴》卷一八五。

切断东都粮道;怀州总管黄君汉自河阴攻回洛城。同时,李世民亲率主力大军屯于洛阳以北的北邙山,连营以逼之。这样,筑成了对东都的包围圈,断绝其粮饷供应,使王世充陷于孤立挨打的地位。

八月,王世充陈兵于洛阳城西北的青城宫,李世民也旗鼓相当地摆开阵势。王世充隔水传话,约以割城,建议"相与息兵讲好"。李世民严辞拒绝,说:"奉诏取东都,不令讲好也。"九月,唐军陆续控制了东都外围的大多数军事据点,"河南郡县相继来降。"①但是,唐、郑相争依旧很激烈。有一次,李世民率五百骑巡行战地,登上北邙山的魏宣武陵,突然被王世充的万余步骑所包围。敌将单雄信引槊直趋李世民,唐将尉迟敬德跃马大呼,横刺单雄信落马,保护世民突围而出。这次遭遇战说明王世充还是有相当的战斗力的。

及至武德四年二月,王世充的儿子率兵数千,自虎牢运粮入洛阳,结果遭到唐军毁灭性的打击。困于供养,王世充只好婴城自守,不复敢出。但是,洛阳城中守御极严,李世民率军四面围攻,昼夜不停,还是无法攻克。唐军将士"皆疲弊思归",连总管刘弘基也请求班师。李世民则认为:"今大举而来,当一劳永逸。东方诸州已望风款服,唯洛阳孤城,势不能久,功在垂成,奈何弃之而去!"②他坚持继续围攻,表现了军事家的胆识。至此,唐、郑相争,历时八个月,未分胜负。这是第三大战役的前阶段。

(三)虎牢之战

正当围困洛阳将下而未下的时候,河北农民军窦建德以十余

---

① 《资治通鉴》卷一八八。
② 《资治通鉴》卷一八八。

唐郑相争与虎牢之战图
（武德3年7月-武德4年5月）

图例：
李世民进军路线
窦将领进军路线
窦建德据郑进军路线
李世民牧马河北

44

万之众，号称三十万，突然地出现在唐军的背后。这是怎么一回事呢？原来，陷于困境的王世充，曾多次向窦建德求援，企图利用农民军击退李世民，以解东都之围。当时，窦建德自称夏王，在河北、山东地区颇得人心，众多势大。对王世充的呼救，先是不加理睬，坐观唐、郑相斗。至武德三年十一月，唐强郑衰几乎成了定局，部下刘彬建议："今唐有关内，郑有河南，夏居河北，此乃鼎足相持之势也。……唐强郑弱，其势必破郑，郑破则夏有齿寒之忧。为大王计者，莫若救郑。"①为着农民军的自身利益，窦建德接受了郑的求援，率军渡河南下。次年二月，攻克周桥（今山东菏泽附近）；三月率众西向，以救洛阳。当攻陷荥阳后，水陆并进，很快就抵达成皋（今河南汜水）的东原，拥众十余万。窦建德致书李世民，提出要唐军退至潼关，复修前好。

面对这种新局势，怎么办呢？李世民的部下出现了意见分歧。记室薛收等认为，王世充困守东都，唯缺粮草。如果夏、郑相连，以河北之粟供应东都，那么战斗将延续不已，统一事业就遥遥无期了。因此，建议留部分兵力围洛阳，深沟壁垒，慎勿出兵；秦王则亲率精兵，抢先占住成皋的险要武牢，击败窦建德，王世充的东都自然会不攻而下。但是，萧瑀、屈突通、封德彝等认为，王世充坚城固守，难以攻克；窦建德锋锐气盛，不易抵挡；若东去武牢，必将背腹受敌；妥当的办法是退保新安，据险而守，伺机再战。秦王世民比较两种主张，权衡利弊，说："世充粮尽，内外离心，我当不劳攻击，坐收其弊。建德新破孟海公，将骄卒惰，吾当进据武牢，扼其襟要。贼若冒险与我争锋，破之必矣。如其不战，旬日间世充当自溃。若

---

① 《旧唐书·窦建德传》。

不速进,贼入武牢,诸城新附,必不能守。"①世民采用前一派的主张,命令屈突通等协助齐王元吉围东都,他自己率精骑三千五百余,急奔武牢,阻挡窦建德的西进。

于是,著名的虎牢之战发生了。武德四年三月,李世民军至武牢,并亲自东出二十余里,侦察敌情。窦建德无法挺进,筑垒于板渚。四月,建德军队数战不利,将士思归,军心有所涣散。运粮道遭到唐将王君廓抄袭,大将军张青特也被俘了。这时,部下凌敬建议:渡河攻取怀州、河阳,再跨越太行山,乘虚入上党,徇汾、晋,趣蒲津。如此,既可以占领河东之地,拓土得众;又将威胁关中,逼使秦王军队后撤,以解东都之围。可是,这条计谋被讥为"书生"之见②。窦建德一心"决战",听不得其他人包括妻子曹氏的劝告。五月一日,李世民渡河,牧马于河北,留下千余匹,伪装粮草已尽,以惑建德,而本人则当晚返回武牢。第二天早晨,建德果然以全军出击,陈兵汜水,长达二十里,鼓行而进,声势显赫。世民登高瞭望,对诸将说:建德"今度险而嚣,是无纪律,逼城而陈,有轻我心;我按甲不出,彼勇气自衰,陈久卒饥,势将自退,追而击之,无不克者。"③及至中午,建德军队士卒饥倦,互争饮水,席地而坐,已无斗志。李世民看准战机,下令攻击。这时,放牧河北的群马已经调回,唐军主力部队东涉汜水,直冲敌阵。建德军队迅速被击溃,建德本人中枪,退至牛口渚被俘。

---

① 《旧唐书·太宗本纪》。

② 凌敬建议,自有高明之处。倘若窦建德采纳之,不可能失败得如此之快。但从当时历史条件来看,最后失败也是必然的。至于"郑围自解",似属书生之见。胡三省在《资治通鉴》卷一八九注曰:"凌敬之策善矣。当是时,洛城危急,秦王定计而坚守之,盖计日而收功;吾恐建德未得至蒲州,洛城已破矣。"

③ 《资治通鉴》卷一八九。

虎牢之战后,困守东都的王世充惊惶不已,准备突围南走襄阳。但是,诸将领一致反对,王世充只得投降。历时两个月的第三战役后阶段至此结束,唐初统一战争取得了决定性的胜利。

第四节　平定刘黑闼

对刘黑闼的战争,是李世民在唐初统一战争中指挥的最后一战。窦建德失败后,唐王朝未能有效地控制河北地区。唐朝的官吏实施严厉惩处的办法,激起了新的不满与抵抗。建德的原来部将范愿、高雅贤等认为:"唐家今得夏王,即加杀害,我辈残命,若不起兵报仇,实亦耻见于天下人物。"于是商量"反叛",于武德四年七月在漳南拥戴刘黑闼起兵反唐。可见,黑闼起兵原因是农民军为了"报仇",具有正义性的一面,不可把它跟反动的割据势力等同;另一方面,在唐初统一的历史潮流面前,起兵反唐,犹如一块绊脚石,又有不合理乃至必然失败的因素。所以,事情的发展就是这样的矛盾:一方面,起兵后,"建德将士往往杀官吏以应",势如破竹,"半岁悉复建德故地";"设法行政,皆师建德",① 获得了河北地区广大人民群众的拥护。另一方面,一旦唐军前往讨伐,又很快地偃旗息鼓,再也没有出现如前三次战役那样的规模。

武德四年十二月,秦王世民和齐王元吉总戎东讨。次年正月,刘黑闼自称汉东王,改元天造,定都洺州。李世民则率军收复相州,进至肥乡,扎营于洺水之上,构成了对刘黑闼的严重威胁。二月,刘黑闼引兵攻洺水,唐将秦叔宝击破之。接着,李世民收复邢州。三月,世民移营于洺水之南,分兵屯守攻北。黑闼数次挑战,

---

① 《旧唐书·刘黑闼传》。

乐平

高邑

冀州

和顺

柏仁

巨鹿

漳南

邢州

贝州

洺州
回

洺水

清平

涉县

邯郸

肥乡

武水

邺县

魏州

昌乐

朝城

林虑

相州

内黄

汤阴

河

濮州

卫州

滑州

濮阳

修武 获嘉

灵昌

回洺州 农民起义军刘黑闼的都城

平定刘黑闼第一次起兵的进军路线图
(武德4年12月－武德5年3月)

48

世民则坚壁不应,另派奇兵切断义军运粮道。黑闼因粮尽便作殊死决战,最后大败,率二百余骑北奔突厥。

李世民虽然在军事上镇压了刘黑闼的第一次起兵,但没有从政治上解决河北的社会问题。过了两个月,即武德五年六月,刘黑闼又回来了,第二次起兵同样是迅猛异常。"时山东州县多为黑闼所守,所在杀长吏以应之。"①仅只四个月,重新恢复故地。十月,齐王元吉前往讨伐,行军总管李道玄为刘黑闼所杀。十一月,皇太子李建成亲征,根据魏征的建议,改变了过去的"悬民处死"做法,实行安抚政策,争取人心,安定社会,刘黑闼部众终于溃散。武德六年正月,刘黑闼被杀。

第五节　统一战争胜利的历史原因

上述四大战役,主要是李世民指挥的,取得了显赫的战功。此外,还有两大战役,一是平定以杜伏威、辅公祏为首的江淮义军,二是平定以江陵为根据地的萧铣的梁政权,都与李世民无关,而是李孝恭指挥的。史称:"自大业末,群雄竞起,皆为太宗所平,谋臣猛将并在麾下,罕有别立勋庸者,唯孝恭著方面之功,声名甚盛。"②武德七年春,辅公祏被斩,江南皆平,唐王朝最后统一了中国。

(一)人心"厌乱"思定

为什么李世民能够在唐初统一战争中作出重大的贡献呢? 任何英雄人物,都不能离开赖以发挥其才能的历史舞台。没有历史

---

① 《旧唐书·高祖本纪》。
② 《旧唐书·宗室传》。

的必然性，本领最大的英雄人物，也无法演出壮丽威武的历史活剧。我们知道，经历隋末"丧乱"，摧毁隋炀帝暴政后，重建新王朝并实现全国统一，是历史发展的必然趋势，谁也阻挡不住。李世民之所以成为英雄人物，首先是顺应了时代的潮流。

在隋末"群雄竞起"的时代，人民群众的伟大历史作用不仅表现在推翻残暴专制的隋王朝，而且还反映为向往国家统一和社会安定。据史籍记载，这种民意呼声，可谓比比皆是。先看北方农民军的情况吧。以窦建德为首的河北起义军，曾经在推翻隋王朝的斗争中建立了不朽的功绩。那时，农民群众奋起抗击，出生入死，英勇战斗。但是，随着国内统一战争的进展，绝大多数人希望结束无休止的战乱，代之以安定的局面。武德四年五月，虎牢战役后不久，建德余众败退至洺州，准备拥戴建德养子为主，起兵拒唐。建德的故将齐善行劝阻说："夏王平定河朔，士马精强，一朝被擒如此，岂非天命有所归也？不如委心请命，无为涂炭生人。"①他妥善地把部众士卒疏散回乡，然后和裴矩、曹旦及建德妻子曹氏等，"举山东之地（洺、相、魏等州）"归附于唐。这个例子说明农民群众不愿意使战事继续下去。又如，范愿、高雅贤等拥戴刘黑闼起兵前，曾建议建德故将刘雅起兵。刘雅直言谢绝，说："天下已平，乐在丘园为农夫耳。起兵之事，非所愿也。"②这朴实而爽朗的语言，深刻地反映了农民群众关心小农经济的物质利益，盼望改变长期的离乱生活。再如，刘黑闼起兵后，高开道起而响应，"然将士多山东人，思归，众益厌乱。"③由于"时天下大定，……其将士多山东

---

① 《旧唐书·窦建德传》。
② 《旧唐书·刘黑闼传》。
③ 《新唐书·高开道传》。

人,思还本土,人心颇离。"①及至武德六年春正月,刘黑闼被俘牺牲前,不胜感慨地说:"我幸在家锄菜,为高雅贤辈所误至此!"②最后对自己的起兵表示忏悔。

至于江淮地区,也有类似的情况。本来,在隋末漫天烽火的战争岁月里,以杜伏威为首的江淮起义军,威震南方,"薄赋敛,除殉葬法",打击贪官污吏,作出了重大的历史贡献。然而,随着唐初全国的逐渐统一,大多数民众也同样希望社会安宁,不愿意再有战事了。例如,杜伏威入朝长安,被唐王朝封为吴王后,留守江淮的辅公祏却乘机起兵。这时,原农民军将领王雄诞坚决不同意,说:"今天下方平,吴王又在京师,大唐兵威,所向无敌,奈何无故自求族灭乎! ……今从公为逆,不过延百日之命耳,大丈夫安能爱斯须之死而自陷于不义乎!"当他被辅公祏杀害那一天,"江南军中及民间皆为之流涕。"③这也说明农民军和民间士庶把天下统一看成是正义的事业。④

由上可见,经历隋末战乱后,无论是北方还是南方,大多数人的共同意向就是"厌乱"思定。

(二)顺应统一的历史潮流

"群雄竞起",自有各种各样的势力或集团。摧毁旧王朝的反动统治,农民义军无疑是最根本的力量。而就"天下"重新统一来说,情况就很复杂了。李渊、世民父子,薛举、仁杲父子,刘武周,王世充等都想图谋帝业。即使是农民军领袖窦建德也不断地封建

---

① 《旧唐书·高开道传》。
② 《资治通鉴》卷一九〇。
③ 《资治通鉴》卷一九〇。
④ 参见徐连达:《论"贞观之治"》,《学术月刊》一九七九年十月号。

化,企图联合王世充,参与了争夺帝业的活动。谁的军事行动和政策措施能较好地适应统一潮流的需要,同时在实力对比上占优势,谁将是最后的胜利者。

薛举父子行吗？不行。他们的根据地陇右地区原是隋朝牧监场所,拥有众多的精骑骁将。起兵不久,号称三十万,"将图京师",兵锋甚锐。强大的军事力量,显然超过了李渊父子。但是,陇右经济上落后,供养远不及晋阳、河东和关中那样富足。薛举不过是隋金城府校尉,在关中的社会影响微乎其微。起兵后非但不注意安抚人心,反而"每破阵,所获士卒皆杀之,杀人多断舌、割鼻或碓捣之……由是人心不附"。儿子仁杲更加残暴,专门搞以醋灌鼻、猛火烧人之类苛刑。嗣位后,因与诸将帅矛盾,"众咸猜惧",内部很不团结,"自此兵势日衰"。《旧唐书》史臣评论说:"薛举父子勇悍绝伦,性皆好杀,仁杲尤甚,无恩众叛,虽猛何为？"①的确,如此不得人心,他们的失败下场也就是必然的了。

刘武周呢？也不行。他的起兵比薛举父子、李渊父子都早,依附突厥,军锋尤盛。他还会用人,如部将宋金刚、尉迟敬德等都是擅长骑兵战术的。他率军"南向以争天下",占据了粮仓富裕的晋阳和河东地区,威逼关中。然而,如李世民所分析:"武周据太原,倚金刚为捍蔽。军无蓄积,以虏掠为资";②"金刚虽众,内实空虚,虏掠为资,意在速战。"③所谓"虏掠为资",确实是刘武周的致命弱点。因为刘武周在并、汾一带得不到地主阶级的拥护,就"以虏掠为资";而推行这种政策的结果,又使他更加不得人心。所以,等

---

① 《旧唐书·薛举传》。

② 《资治通鉴》卷一八八。

③ 《通典》卷一五五。

待着刘武周和宋金刚的决不是胜利的桂冠。一旦折败，"人莫之从"，①只好投奔突厥去了。

王世充更加不行。他"僭即皇帝位"，固守东都。建元名曰"开明"，其实政治上腐败无能。"世充见众心日离，乃严刑峻制，家一人逃者，无少长皆坐为戮，……世充屯兵不散，仓粟日尽，城中人相食。或握土置瓮中，用水淘汰，沙石沉下，取其上浮泥，投以米屑，作饼饵而食之，人皆体肿而脚弱，枕倚于道路"。② 请看，弄到如此地步，其失败自不待言。李世民正是看准这种"内外离心"的局势，故采取围困的战略方针，"坐收其弊"。

至于窦建德建立的夏政权，从"未有文物法度"到"定朝仪，制律令"，说明它已经逐渐地封建化了。不过，窦建德始终保持着朴实而勤俭的本色，"每战胜克城，所得资财，悉以分将士，身无所取。"③武德三年二月，建德至洺州，"劝课农桑，境内无盗，商旅野宿。"④可见，他颇得人心。甚至他被杀害后，据殷侔《窦建德碑》记载，山东、河北之人"或尚谈其事，且为之祀"。⑤ 由于民众的拥护，窦建德军队很有战斗力，往往势如破竹。但是，他过分地朴实了，局限性也大。听"谗言"杀了大将王伏宝，"后用兵多不利"。又信"谗言"杀了"好直谏"的宋正本，"是后人以为诫，无复进言者，由此政教益衰"。同时，战略上无远见，不听部下凌敬建议，不纳妻子曹氏劝阻，且又中世民"牧马"之计，所以也失败了。《旧唐书》史臣评曰："建德义伏乡闾，盗据河朔，抚驭士卒，招集贤良。……

① 《旧唐书·刘武周传》。
② 《旧唐书·王世充传》。
③ 《资治通鉴》卷一八七。
④ 《资治通鉴》卷一八八。
⑤ 《全唐文》卷七四四。

及宋正本、王伏宝被谗见害,凌敬、曹氏陈谋不行,遂至亡灭,鲜克有终矣。"①这是有些道理的。

总之,一个个都失败了,统一中国的历史任务自然地落到李渊父子身上,特别是李世民身上。武德二年春正月,原隋朝步兵总管崔孝仁针对当时形势说:"唐起晋阳,奄有关内,兵不留行,英雄景附。且坦怀待物,举善责功,不念旧恶,据胜势以争天下,谁能敌之!"②这是有识之见。武德三年八月,李世民率军围攻东都,传话给王世充说:"四海之人,皆承唐正朔,独公迷不复。东都士民来请师,陛下重违,我是以来。"③这话不免有点自我吹嘘,但"四海"由李唐王朝来统一,确实是当时的历史趋势。李世民清醒地意识到自己的责任,并自觉地出色地担负起这个历史任务。

从各种势力或集团的力量对比来看,李渊、世民父子无疑地具有优越性。因关陇集团的广泛的社会联系,使他们得到了各地士庶地主的拥护。唐的统治区包括关中、晋阳、河东及巴蜀,人力、物力与财力都较充沛,后方稳固,社会安定。就军事力量而言,李渊重视骑兵的建置。讨伐薛举时,从突厥颉利可汗那里得到一批精骑,充实了李世民统率的军队。武德二年,李渊派人至并州,"与齐王诱市边马以备军。"④武德三年七月,"初置十二军,分关内诸府以隶焉,皆取天星为名,以车骑府统之。每军将、副各一人,取威名素重者为之,督以耕战之务。由是士马精强,所向无敌。"⑤经此改革,军队士气更加旺盛,后方供养更加充足,从而保证了唐初统

---

① 《旧唐书·窦建德传》。
② 《资治通鉴》卷一八七。
③ 《新唐书·王世充传》。
④ 《新唐书·赵文恪传》。
⑤ 《资治通鉴》卷一八七。据《唐会要》卷七二《京城诸军》,初置十二军是在武德三年七月。参见《汪篯隋唐史论稿》第八五页。

一战争的顺利进行。

此外，争取人心，"英雄景附"，这也是李渊、李世民父子的取胜之道。唐初在解决各种敌对势力的斗争中，十分注意收罗将才，尤其是骁勇的骑兵将领，并使之在新的战斗中发挥作用。例如，平定薛仁杲后，"世民所得降卒，悉使仁杲兄弟及宗罗睺、翟长孙等将之，与之射猎，无所疑间。贼畏威衔恩，皆愿效死。"①后来，翟长孙便成为唐军骑将。又如，武德二年闰二月，原李密的骑将秦叔宝和程知节，"并晓世充之猜贰，识唐代之霸图"，②毅然地脱离王世充集团，归附于唐。李世民厚礼之，以叔宝为马军总管，知节为秦王府左三统军。同年底，叔宝跟随李世民出征，在消灭刘武周集团的战斗中起了重要作用；后又在虎牢之战中，以精骑数十先陷敌阵，被封为翼国公，赐"黄金"百斤、帛七千段。再如尉迟敬德，他原是刘武周的将领，勇猛善战，曾多次袭破唐军。投降后，李世民特别高兴，赐以曲宴，引为右一府统军。秦府"诸将疑敬德必叛，因于军中"。李世民则命令立即释放，并亲自接见，说："丈夫以意气相期，勿以小疑介意。寡人终不听谗言以害忠良，公宜体之。"③敬德感恩不尽，竭忠效劳。后来，在讨伐王世充、窦建德和刘黑闼的战斗中，屡建功勋，被授为秦王府左二副护军。史称："太宗经纶，实赖虎臣。"④的确，如果李世民不善于识别与使用大批猛将，不善于处理旧、新将领之间的猜疑，要在唐初统一战争中取得如此辉煌的胜利，那是不可能的。

---

① 《资治通鉴》卷一八六。
② 《旧唐书》卷六八，《史臣曰》。
③ 《旧唐书·尉迟敬德传》。
④ 《旧唐书》卷六八，《赞曰》。

（三）从镇压到安抚的政策转变

当然，李世民的统一事业决不是一曲温情脉脉的牧歌，而是伴随着血与火，不可避免地要对农民军或者起义群众进行镇压甚至屠杀。武德三年五月，平定刘武周后，"秦王世民引军自晋州还攻夏县，壬午，屠之。"①夏县民吕崇茂迫于官府的焚烧政策，曾起兵以应刘武周。吕崇茂被杀后，余众继续据县拒守。李世民以大军屠杀之，无论怎么说，这总是一桩罪过，反映了封建统治者的残暴一面。据《高祖实录》记载，李渊认为"平薛举之初，不杀奴贼，致生叛乱，若不尽诛，必为后患。"所以下诏："胜兵者悉斩之。"这恐怕是把唐太宗的罪过推诿于唐高祖吧！

第三次大战役结束后，唐王朝对王世充和窦建德的处置明显不同，一个赦免徙蜀，一个则惨遭杀害。这充分地表现了李渊父子的封建统治者立场是何等鲜明。李世民虽然把被俘的建德部众五万人"即日散遣之，使还乡里"，但对河北地区并未作出妥善安置。"唐官吏以法绳之，或加捶挞，建德故将皆惊惧不安。"②于是，刘黑闼起兵"报仇"。李世民为了平定刘黑闼起兵，在决战时，竟先派人堰塞洺水上流，待黑闼部众渡水而阵，决堰助战，大水深丈余，淹死数千人，斩首万余级，真是残忍！皇太子的幕僚魏征指出："黑闼虽败，杀伤太甚，其魁党皆悬名处死，妻子系房，欲降无繇，虽有赦令，获者必戮，不大荡宥，恐残贼啸结，民未可安。"③由于实行高压政策，又惹起了刘黑闼的第二次起兵。据说，这时李渊大怒，"命太子建成取山东男子十五以上悉坑之，驱其小弱妇女以实关

---

① 《资治通鉴》卷一八八。
② 《资治通鉴》卷一八九。
③ 《新唐书·隐太子建成传》。

中。太宗切谏,以为不可,遂已。"①此事可靠与否,不得而知,②但透露了这样的事实:李世民、李建成包括李渊已经意识到"杀不能止乱",而必须改变对河北地区的杀伤政策。所以,李建成到达河北地区后,魏征建议"今宜悉解其囚俘,慰谕遣之,则可坐视离散!"③果然是个好办法。因为随着全国统一局面的形成,农民群众也都想过安定的生活,恢复农业生产,所以,"建成至,获俘皆抚遣之,百姓欣悦。"当时刘黑闼部众犹盛,但在安抚政策的感召下,"众乃散,或缚其渠长降,遂擒黑闼。"④这样,河北社会秩序终于安定下来了。

第六节　李世民的军事才能与战略战术

李世民不仅是卓越的政治家,而且是杰出的军事家。自晋阳起兵后,他就开始了征伐生涯。在攻克长安前的一年里,他是在李渊指挥下作战的;而在武德年间,他独立地进行了四大战役。粗略统计一下:从武德元年六月抗击薛举,至武德五年三月平定刘黑闼第一次起兵,前后总计四十六个月,而李世民亲自驰骋于战场就达二十七个月,战役之间的休整仅只十九个月。激烈的战争实践大

---

① 《新唐书·太宗本纪》。
② 《太宗实录》云:"黑闼重反,高祖谓太宗曰:'前破黑闼,欲令尽杀其党,使空山东,不用吾言,致有今日'。及隐太子征闼,平之,将遣唐俭往,使男子年十五已上悉坑之,小弱及妇女总驱入关,以实京邑。太宗谏曰:'臣闻唯德动天,唯恩容众。山东人物之所,河北蚕绵之乡,而天府委输,待以成绩。今一旦见其反复,尽戮无辜,流离寡弱,恐以杀不能止乱,非行吊伐之道'。其事遂寝。"按:或谓"高祖虽不仁,亦不至有'欲空山东'之理。史臣专欲归美太宗,其于高祖亦太诬矣。"参见《资治通鉴》卷一九〇。
③ 《资治通鉴》卷一九〇。
④ 《新唐书·隐太子建成传》。

大地增长了他的军事才能。

武德九年九月，唐太宗即位不久，曾经总结了自己的战略战术，说："吾自少经略四方，颇知用兵之要，每观敌阵，则知其强弱，常以吾弱当其强，强当其弱。彼乘吾弱，逐奔不过数十百步，吾乘其弱，必出其阵后反击之，无不溃败，所以取胜，多在此也。"①这确实是经验之谈。具体地说，李世民的"用兵之要"有以下几点。

（一）坚壁挫锐，敌饥以持久弊之

当敌强我弱的时候，李世民善于"持久"战，坚壁对垒，拖住敌军，磨耗其兵锋和粮饷，竭力改变双方的力量对比，然后捕捉反攻制胜的战机。这一方略，唐代杜佑的《通典》卷一五五《兵典》八概括为"坚壁挫锐"、"敌饥以持久弊之"，是十分恰当的。

"坚壁挫锐"的战略方针，是在第一次大战役后期形成的。当时，薛仁杲乘胜欲图长安，兵锋甚锐。唐军刚吃了败仗，虽经整顿，仍处于劣势；如果轻易决战，不仅没有取胜的把握，而且会被敌人吃掉。李世民清醒地分析了形势，指出："我士卒新败，锐气犹少。贼以胜自骄，必轻敌好斗，故且闭壁以折之。待其气衰，而后奋击，可一战而破，此万全之计也。"②命令军队坚壁不出，固守阵地。敌将宗罗睺多次挑战，李世民也不急于应战。这样，"相持于折墌城，深沟高垒者六十余日。"待到敌军粮尽将降之时，世民说："彼气衰矣，吾当取之。"迅速地调兵布阵，取得了浅水原决战的胜利。战斗结束后，诸将奉贺，总结取胜原因，李世民得意地说："此以权道迫之，使其计不暇发，以故克也。罗睺恃往年之胜，兼复养锐日

① 《资治通鉴》卷一九二。
② 《旧唐书·薛仁杲传》。

久,见吾不出,意在相轻。今喜吾出,悉兵来战,虽击破之,擒杀盖少。若不急蹑,还走投城,仁杲收而抚之,则便未可得矣。且其兵众皆陇西人,一败披退,不及回顾,败归陇外,则折墌自虚,我军随而迫之,所以惧而降也。此可谓成算,诸君尽不见耶?"众将领赞誉道:"此非凡人所能及也"。① 的确,高明的"成算"表现了李世民非凡的军事才能。

元代史学家胡三省指出:"秦王之破刘武周、宋金刚,与破薛仁杲、宗罗睺方略一也。"②在第二次大战役中,李世民运用"坚壁挫锐"方略更是得心应手了。当时,刘武周军陷晋阳,深入并、汾,威逼关中。因纵深千里,后方力量空虚,运输粮道过长,故急于速战速决。而唐军接连败溃,士气低沉,军事上处于劣势。李世民率军屯于柏壁,与敌将宋金刚相持。他冷静地估量彼此强弱对比,指出:"金刚悬军千里,深入吾地,精兵骁将,皆在于此。……我坚营蓄锐以挫其锋,分兵汾、隰冲其心腹。彼粮尽计穷,自当遁走。当待此机,未宜速战。"③于是,李世民派遣刘弘基等分兵汾、隰一带,以切断敌军粮道;避免主力决战,"唯令偏裨乘间抄掠,大军坚壁不战,由是贼势日衰。"④经过长达五个月的相持,至敌军粮尽后撤之际,李世民乘机反攻,稳操胜券。

如果说,"坚壁挫锐"是在"吾弱当其强"的情况下采取的方略,那么,面临着"吾强当其弱"的新形势,就不能囿于过去的以守为攻的打法,而必须进行主动的大胆的攻坚战,以期尽量地消灭敌人。例如,第三次大战役开始后,由于唐王朝已经消灭了薛举父

---

① 《旧唐书·太宗本纪》。
② 《资治通鉴》卷一八八注。
③ 《通典》卷一五五。
④ 《资治通鉴》卷一八八。

子、刘武周两个集团势力,军事上占据明显的优势,士气高昂,后方巩固,兵粮充足,李世民就及时地改变战略方针,以攻坚战为主。很快地攻陷东都西线的战略要地慈涧,拒绝王世充的"割地"求和,"分遣诸将攻其城镇,所至辄下",①使东都陷于困境。

(二)乘胜追穷寇

在反攻中,具有连续作战的精神,不停顿地打击敌军,不给以喘息机会,这是李世民在战略战术方面的重大特点。

例如,当乘胜追击薛仁杲的部将宗罗睺时,窦轨叩马苦谏说:"仁杲犹据坚城,虽破罗睺,未可轻进,请且按兵以观之。"李世民不答应,说:"吾虑之久矣,破竹之势,不可失也,舅勿复言!"世民确实是深思熟虑的,"若缓之,则皆入城,仁杲抚而用之,未易克也。"②事实证明,只有不停顿地追击穷寇,才能迫使薛仁杲投降。

又如,据《通典》卷一六二《兵典》一五《乘胜》记载,当乘胜追击宋金刚至高壁岭时,总管刘弘基执马而谏曰:"糇粮已竭,士卒疲顿,愿且停营,待兵粮咸集而后决战。"鉴于日夜行军二百余里,士卒疲敝,停顿休整一下,似乎也对。但是,李世民说:"功者,难成易败;机者,难得易失。金刚走到汾州,众心已沮。我反其未定,当乘其势逐之,此破竹之义也。如更迟留,贼必生计,此失机之道。"这里,把成败、难易、得失之间的关系说得颇透彻,简明地阐述了乘胜追穷寇的重要意义。于是,李世民"策马而去,诸军乃进,莫敢以饥乏为辞",最后"直驱金刚,贼众大溃"。

很清楚,如果听从了窦轨和刘弘基的意见,不是乘破竹之势而

---

① 《旧唐书·王世充传》。
② 《资治通鉴》卷一八六。

取之,而是遗留给敌人以喘息之机,那么,第一、二次战役的胜利就有可能被延误。

(三)骑兵阵后反击战术

李世民不仅本人善于骑射,而且深得运用骑兵之妙。当敌、我双方处于"对垒"相持阶段,他督军"坚壁不动",分遣精骑抄掠敌人或切断粮道,使自己由弱转强。一旦主力决战来临,他又亲率精骑出其不意地冲入敌阵,或者迂回敌后,给敌人以致命打击。在敌人溃退时,他运用精骑的高速度,穷追猛打,力求全歼敌人。① 可见,骑兵的妙用是多方面的。这里仅分析一下以骑兵"阵后反击"战术,因为李世民讲自己所以取胜,多在此计。

武德元年十一月,在浅水原决战中,唐将庞玉和敌将宗罗睺战于原南,"既而太宗率御大军,奄自原北,出其不意。罗睺望见,复回师相拒。太宗将骁骑数十入贼阵,于是王师表里齐奋,罗睺大溃"。② 所谓"奄自原北,出其不意",显然是李世民所总结的"吾乘其弱,必出其阵后反击之"战术。而首先冲入敌阵的,就是骁勇的数十精骑。骑兵阵后反击战术,第一次取得了成功的经验。

武德三年四月,在乘胜追击宋金刚的战斗中,李世民追至介州,金刚尚有士卒二万,出西门,背城布阵,南北七里。世民遣总管李世勣、程知节、秦叔宝当其北,翟长孙、秦武通当其南。"诸军战小却,为贼所乘。太宗率精骑击之,冲其阵后,贼众大败,追奔数十里。"③ 又一次以精骑"冲其阵后",这是反击战术的新胜利。

武德四年五月,在虎牢之战中,正当"诸军大战,尘埃涨天"的

---

① 参见《汪篯隋唐史论稿》第九〇页。
② 《旧唐书·太宗本纪》。
③ 《旧唐书·太宗本纪》。

时候，"世民帅史大奈、程知节、秦叔宝、宇文歆等卷旗而入，出其阵后，张唐旗帜，建德将士顾见之，大溃。"①建德虽有骑兵，但远不及唐军精锐。世民亲率轻骑，从阵后袭击之，取得了决定性的胜利。

（四）战地侦察，知己知彼

李世民在军事上能判断正确、决心坚定、战术灵活、善于捕捉战机，这是跟他深入侦察、知己知彼分不开的。他不仅对自己军队的将领与士卒了如指掌，而且每次战斗中都要亲率精骑，深入敌人营垒附近，作细致的调查研究。

例如，李世民和宋金刚相垒于柏壁时，"尝自帅轻骑觇敌。"②有一次，他和一个士兵登上小丘侦察，疲劳了就地而寝。敌兵包围了他们。幸好那个士兵被野鼠惊醒，叫起世民，一道上马逃回。李世民还和李道宗"登玉壁城望贼"，通过调查研究，共同制定了"持久"战的方针。③ 又如，武德三年七月，"秦王将轻骑前觇世充，猝与之遇，众寡不敌，道路险阨，为世充所围。……世民还营，尘埃覆面，军不复识，欲拒之，世民免胄自言，乃得入。"④这副狼狈相，真有点可笑。但他深入前线"觇敌"的精神，颇为可嘉！再如，武德四年五月，"世民北济河，南临广武，察敌形势，因留马千余匹，牧于河渚以诱之，夕还武牢。"⑤著名的牧马之计就是"察敌形势"而制定的。总之，由于调查细致而具体，掌握的情况也就全面而准

---

① 《资治通鉴》卷一八九。
② 《资治通鉴》卷一八八。
③ 《旧唐书·宗室传》。
④ 《资治通鉴》卷一八八。
⑤ 《资治通鉴》卷一八九。

确。诚如李世民所说:"每观战阵,则知其强弱。"

(五)身先士卒,鼓舞士气

李世民身先士卒,以自己奋勇作战的榜样力量,鼓舞士气,这是他用兵的可贵之处,也是秦王府军队能够打硬仗的原因之一。

唐军和宗罗睺决战于浅水原,李世民亲率骁骑先陷敌阵,"于是王师表里齐奋",激发了士卒们奋勇杀敌的精神,取得了胜利。当追击宋金刚时,"夜宿于雀鼠谷之西原,太宗不食二日,不解甲三日。军中苦饥。此夕唯有一羊,太宗抚将士,与之同食。三军感恩皆饱而思奋。"①由于李世民作出了榜样,将士们虽然饥饿,仍旧英勇作战,直至胜利。在围困东都的一次战斗中,"世民引骑南下,身先士卒,与(屈突)通合势力战。世民欲知世充陈厚薄,与精骑数十冲之,直出其背,众皆披靡。"在虎牢之战中,这种"身先士卒"的精神也同样得到了体现。"世民帅轻骑先进,大军继之,东涉汜水,直薄其陈。"②由上可见,几乎在每次战役中,李世民总是率轻骑冲锋在前,所向披靡。

---

① 《通典》卷一六二。
② 《资治通鉴》卷一八八、一八九。

第四章　玄武门之变

随着唐初统一战争的节节胜利，以李渊为首的封建统治集团内部的矛盾日益加剧，终于导致了玄武门之变。这场"喋血禁门"的事变，是唐太宗政治生涯的转折点。此后，他取得了皇位的继承权，铺平了登上皇帝宝座的道路。

第一节　唐初统治集团内部的争斗

从晋阳起兵到唐朝建立，短短的一年里，李渊父子及其决策集团"同心运始"，还是比较团结的。建成与世民共同首战西河，分别统率左、右三军，紧密配合，直取长安。然而，在取得政权的大胜利之后，以李渊为首的贵族集团内部发生了分裂。武德年间，最突出的矛盾是李世民与李建成之间抢夺皇位继承权，而这种争斗则经历了由隐到显的长期发展过程。

（一）诛功臣刘文静

唐初封建统治集团内部矛盾的第一次大暴露，就是刘文静被杀事件。文静最早参与起兵密谋，联络突厥，击败隋将屈突通，屡建军功。唐王朝建立后，地位却排在裴寂之下，意甚不平；每次廷议时，总与裴寂互相勾斗。唐高祖李渊偏信裴寂，借故给文静扣上谋反的罪名。文静申辩说："起义之初，忝为司马，计与长史（指裴寂)位望略同。今寂为仆射,据甲第,臣官赏不异众人,东西征讨,家口无托,实有觖望之心。"①对此,李渊根本听不进去,反而轻信裴寂的谗言,于武德二年九月将文静处死。

上述事件实质上是刘文静与裴寂之间的争权夺利。但是,在这场争斗的背后,还包藏着李渊、裴寂与世民、萧瑀之间的意见分歧。萧瑀曾奉命调查此案,结果他与大臣李纲都证明文静无罪。至于世民,更是极力佑助文静。因为文静是他在晋阳起兵前结交的好友,共同讨伐过薛举父子,彼此都很了解。武德元年十二月,秦王世民拜太尉、陕东道行台尚书令。身为民部尚书的文静则领陕东道行台左仆射,武德二年又跟随世民镇守长春宫,怎么会有图谋不轨之事呢? 所以李世民亲自向父亲说情:"昔在晋阳,文静先定非常之策,始告寂知,及克京城,任遇悬隔,令文静觖望则有之,非敢谋反。"②可是,李渊宁信裴寂谗言,不听世民劝告,他袒护的立场是一清二楚的。

"高鸟逝,良弓藏,故不虚也。"③刘文静临刑时的悲叹,道出了唐高祖的刑赏倒错。唐王朝创建之初,在新形势下碰到许多人事关系问题,尤其是功臣们的奖赏厚薄问题。李渊却不善于处理,往往使一些矛盾激化。他过分地重用裴寂一人,"视朝,必引与同坐,入阁则延之卧内,言无不从,呼为裴监而不名。当朝贵戚,亲礼莫与为比。"④刘文静同样是功臣,"任遇悬隔",因在高墌之战中吃败仗,遭到了"除名"的处分。裴寂讨伐刘武周时,惨败于度索原,丢掉晋州以北城镇;而李渊却多方安慰,还叫他镇抚河东。

① 《旧唐书·刘文静传》。
② 《资治通鉴》卷一八七。
③ 《旧唐书·刘文静传》。
④ 《旧唐书裴寂传》。

元代史学家胡三省有感于此,评论说:"刘文静浅水原之败,贬落不偶以至于诛;裴寂度索原之败,位任如故。唐高祖以赏罚驭臣,上下其手矣。"①李渊赏罚不明,势必加深了封建统治集团内部的矛盾。

(二)太子与秦王"相猜忌"

唐高祖碰到的最棘手的事,则是儿子们围绕着皇位继承权而展开的争斗。李渊同样是处置失当,以至酿成一场他不愿意看到的而又无法避免的宫廷流血事变。

那么,这场斗争究竟是从什么时候开始的呢?据旧史记载,晋阳起兵时,李渊就对世民说:"若事成,则天下皆汝所致,当以汝为太子。"世民拜且辞。攻克长安后,李渊为唐王,"将佐亦请以世民为世子,上将立之,世民固辞而止。"②这类说法,恐怕是贞观史臣的虚构,而不可能是实录。

试想,在太原密谋起兵时,连胜利的前景还是尚难预卜,哪里会把所谓太子废立问题提到议事日程上来呢?其实,李渊完全按照通常的伦理原则,即先兄后弟次序,安排建成和世民的职务。例如,建成统率左三军,世民统率右三军。李渊进封唐王后,建成为唐国世子,而世民和元吉分别为秦公、齐公。这也是顺理成章的事。及至李渊称帝,根据"立嫡以长"的惯例,皇太子自然是长子建成。李渊没有也不可能随便地许诺世民为太子,而被封为秦王兼尚书令的李世民决不会有什么怨言。何况,当时面临着急迫的形势,就在立皇太子和封秦王、齐王的同时(武德元年六月),薛举

---

① 《资治通鉴》卷一八七注。
② 《资治通鉴》卷一九〇。

发动进攻,秦王世民作为"元帅",率军抗击去了,而建成则在京城协助父亲处理政务,兄弟之间还不至于势不两立。

但是,随着李世民的军功显赫,一方面他本人逐渐地产生觊觎皇位的政治野心,另一方面必然引起李建成的妒忌。自晋阳起兵至攻克长安,建成的战功几乎和世民一样;而在统一战争的过程中,李世民则显得突出了。武德元年十一月,讨平薛举父子,唐高祖派李密到豳州迎接秦王,李密"自恃智略功名,见上(李渊)犹有傲色;及见世民,不觉惊服",私下对秦府将领殷开山说:"真英主也,不如是,何以定祸乱乎!"①可见,第一战役的胜利极大地提高了李世民的声望,在某些人眼里他俨然是"真英主"了。此事李世民本人是否知道,史无记载。但是,它透露了一个事实:拥护秦王为皇太子的,大有人在。

武德二年,太子建成"疾秦王世民功高,颇相猜忌。"九月,礼部尚书兼太子詹事李纲"复上书谏太子饮酒无节,及信谗慝,疏骨肉,太子不怿,而所为如故。纲郁郁不得志,是岁,固称老病辞职。"②这里所谓"疏骨肉",是有关建成与世民之间勾心斗角的活动的最早记载。值得注意的是,兄弟"颇相猜忌",恰恰与诛刘文静事件同时,实在不是偶然的。李纲为刘文静辩护,心是向着李世民的;而裴寂则一直是站在李建成一边。这种复杂的现象,反映了封建统治集团内部矛盾的深化。不过,由于刘武周南下,进逼并州,齐王元吉丢了太原,裴寂又吃了败仗,关中震骇。秦王世民请战,李渊调发关中兵归他指挥,并亲自送行。在唐王朝面临严重威胁的形势下,内部争斗不得不有所克制。

---

① 《资治通鉴》卷一八六及《旧唐书·太宗本纪》。
② 《资治通鉴》卷一八七。

（三）封天策上将的前后

武德三年，李世民平定刘武周，收复并、汾旧地。接着，武德四年又消灭了窦建德与王世充两大势力。政治野心随着战功而增长：就在平王世充时，李世民和秦府记室房玄龄"微服"拜访一位名叫王远知的道士。远知迎谓曰："此中有圣人，得非秦王乎？"世民据实相告，道士又说："方作太平天子，愿自惜也。"世民听了，一直记在心里，"眷言风范，无忘寤寐。"①可见，这时已经萌生了想当"天子"的念头了。李元吉后来揭发说："秦王常违诏敕。初平东都之日，偃蹇顾望，不急还京，分散钱帛，以树私惠。违戾如此，岂非反逆？"②扣上"反逆"罪名，完全是诬陷之辞。"分散钱帛"也是根据高祖的指令执行的。武德四年二月，世民派宇文士及到京师，奏请进围东都，李渊对士及说："归语尔王，今取洛阳，止于息兵，克城之日，乘舆法物，图籍器械，非私家所须者，委汝收之；其余子女玉帛，并以分赐将士。"③但是，攻占东都后，李世民确实也有"树私惠"的表现。他委派亲信房玄龄接收隋朝图籍制诏，罗致人物；命令萧瑀等封府库，收其金帛，颁赐将士，竭力扩大秦王府队伍。

由于唐初统一战争业已取得决定性的胜利，秦王世民威望骤增。武德四年七月，当他返回长安时，身披黄金甲，后面跟随着二十五名大将，铁骑万匹，前后部军乐鼓吹，真是红极一时。冬十月，"高祖以自古旧官不称殊功，乃别表徽号，用旌勋德"，就给世民"加号天策上将、陕东道大行台，位在王公上。"④天策府可置官属，

① 《旧唐书·王远知传》。
② 《旧唐书·巢王元吉传》。
③ 《资治通鉴》卷一八八。
④ 《旧唐书·太宗本纪》。

计有长史、司马各一人;从事中郎二人;军咨祭酒二人;典签四人;主簿二人;录事二人;记室参军事二人;功、仓、兵、骑、铠、士六曹参军各二人,参军事六人。天策府实际上是秦王世民军事上的顾问决策机构。

李世民又以"海内浸平",设立"文学馆",收罗四方文士。著名的"十八学士"是:杜如晦、房玄龄、于志宁、苏世长、薛收、褚亮、姚思廉、陆德明、孔颖达、李玄道、李守素、虞世南、蔡允恭、颜相时、许敬宗、薛元敬、盖文达、苏勖。"诸学士并给珍膳,分为三番,更直宿于阁下,每军国务静,参谒归休,即便引见,讨论坟籍,商略前载。预入馆者,时所倾慕,谓之登瀛洲。"①文学馆实际上是李世民政治上的顾问决策机构。

李世民从各方面发展自己的私人势力,他所招罗的将佐文士都有一个特点,就是为他尽死力,听从他一人指挥。所以,秦王的教命能够迅速地贯彻,而高祖的诏敕有时可以置之不理。对此,李渊曾在裴寂等面前发牢骚:"此儿典兵既久,在外专制,为读书汉所教,非复我昔日子也。"当然是和从前大不相同了!试想,在秦王威震四海、人心所向的情况下,怎么会安于原先的地位呢?正如大臣封德彝指出:"秦王恃有大勋,不服居太子之下。"②这是事实。李世民争夺皇位继承权的图谋变得更加强烈了。

以太子建成为首的东宫集团不能不感到严重的威胁。武德五年十一月,刘黑闼第二次起兵,太子中允王珪、洗马魏征建议说:"秦王功盖天下,中外归心;殿下但以年长位居东宫,无大功以镇服海内。今刘黑闼散亡之余,众不满万,资粮匮乏,以大军临之,势

---

①　《旧唐书·褚亮传》。
②　《旧唐书·隐太子建成传》。

如拉朽，殿下宜自击之以取功名，因结纳山东豪杰，庶可自安。"①
这就表明，原来掩盖的一层面纱被揭开了。建成只是位居嫡长，而
就其功绩与声望来说，远不及世民。唯有通过创立军功，深自封
植，才能维持太子的地位。因此，建成立刻同意此议，李渊也马上
批准建成出征。过去，每次重大战役都是李世民挂帅的；现在改换
李建成，陕东道大行台及山东道行军元帅，河南、河北诸州并受建
成处分，得以便宜从事，目的是想压抑日益强大的秦王府，以加强
东宫的实力地位。

第二节　夺位斗争的公开化

自武德五年十二月讨伐刘黑闼第二次起兵后，唐王朝封建统
治集团内部矛盾日趋尖锐化。李世民与李建成之间，水火不容，从
互相告发的暗斗演变为一系列的公开争斗。

（一）"不为兄弟所容"

据《旧唐书》卷六四记载，平定东都后，"太宗功业日盛，高祖
私许立为太子，建成密知之，乃与齐王元吉潜谋作乱。"看来，这未
必是事实。那时，秦王世民虽然勋业克隆，但是唐高祖并没有改变
"立嫡以长"的原则。李渊别出心裁地搞了个"天策上将"封号，正
是为了满足世民的欲望，使他不至于争夺皇太子地位。而当李渊
发现世民的一些"专制"行为时，又流露出强烈的不满情绪，所以
武德五年十一月很快就同意建成出兵征讨刘黑闼。武德六年七
月，为了防备突厥入侵，派遣建成将兵屯北边，备原州之寇；世民屯

---

① 《资治通鉴》卷一九〇。

并州,备朔州之寇。九月,建成班师;十月,诏世民引兵还。李渊这样部署,显然是要表明他一视同仁的态度,力求把太子与秦王之间摆摆平。检阅史实,这一年也没有私许立世民为太子的事。

唐太宗曾经回忆说:"武德六年已后,太上皇(李渊)有废立之心,我当此日,不为兄弟所容,实有功高不赏之惧。"①这里,所谓"废立",恐怕是自我吹嘘而已。但是,李世民不为兄建成和弟元吉所容,遭到种种倾轧,则完全是事实。须知,李渊的三个儿子,各自拥兵,构成三大集团势力,即太子东宫、秦王府和齐王府。在建成与世民的争斗中,元吉倒向谁,就会加强谁的力量,将呈现二比一的形势。东宫与齐府的联合势力,"共倾世民",②对秦府造成了严重的威胁。

那么,齐王元吉是怎样倒向建成一边去的呢?

事情的原委是这样的:武德二年九月,刘武周进逼晋阳,元吉弃城逃回长安。李渊大怒,但还是原谅"元吉幼小,未习时事。"③武德三年七月,秦王世民平定刘武周后,又奉诏督军攻东都。元吉随同出征,④这显然是李渊的有意安排,让他学习战事。武德四年三月,世民率骁勇三千五百人东趣虎牢,对付窦建德;留大将屈突通等协助齐王元吉围困东都,可见世民对元吉的器重。秋七月,凯旋归来,跟随秦王世民后面的二十五位大将,领头的就是齐王元吉。冬十月,世民为天策上将、领司徒,元吉则为司空,几乎是并驾

① 《贞观政要》卷五,《忠义》篇。
② 《资治通鉴》卷一九〇。
③ 《旧唐书·巢王元吉传》。
④ 武德三年七月,李世民奉诏督军取东都,元吉是否随同出征? 据《资治通鉴》卷一八八记载,武德三年九月,李世民在军营中请尉迟敬德和元吉比武,"元吉操槊跃马,志在刺之,敬德须臾三夺其槊;元吉虽面相叹异,内甚耻之。"可见,元吉已在军营,理当随同世民出征。

齐驱。十二月，因刘黑闼起兵，李渊命令世民与元吉共同前往讨伐。次年四月，平定刘黑闼后，世民接到李渊的命令，"使驰传入朝，乃以兵属齐王元吉。"①综观上述事实，世民和元吉之间友好共事，并无矛盾。如果说，这时元吉已经勾结建成，"潜谋作乱"，恐怕不是信史。

变化的关键在于武德五年底，元吉跟随李建成讨伐刘黑闼，很快就被拉拢过去了。元吉其人，勇猛有力，在统一战争中也立过战功，这是不能否认的。然而，他骄逸放纵，名声欠佳。当他目睹兄长们争斗的公开化，就不能不考虑自己的地位。他也企图取得皇位的继承权，如果继续跟随李世民，显然不能实现自己的政治野心。而投靠李建成或许有利些，因为在他看来，"但除秦王，取东宫如反掌耳。"一旦建成得志，元吉"终亦不事其兄"。② 这就是元吉被建成拉了过去的原因所在。

由于东宫与齐府的联合，秦府必然处于不利的地位。武德六年下半年，世民屯守并州，再也没有从前那样显赫的军功了。年底回来后，直至武德七年六月，又遭到了冷落与排挤。元吉曾经劝建成除掉世民，甚至说："当为兄手刃之！"还有一次，世民随李渊来到齐王府第，元吉竟派刺客暗杀，经建成制止没有得逞，元吉恼怒地说："为兄计耳，于我何有！"③面对这一连串的阴谋活动，李世民发出了"不为兄弟所容"的感叹。

（二）粉碎杨文幹兵变

武德七年三月，平定江南。随着唐初统一战争的全部结束，争

① 《资治通鉴》卷一九〇。
② 《旧唐书·巢王元吉传》。
③ 《资治通鉴》卷一九一。

夺皇位继承权的矛盾更加突出了。同年六月,庆州都督杨文幹起兵,就是一个典型的例子。

原来,李建成为了对付秦府势力,私自招募各地和长安骁勇二千余人为卫士,分别屯守东宫左右长林门,号称"长林兵"。杨文幹曾经宿卫东宫,与建成关系密切。武德七年六月,李渊到宜君县仁智宫去避暑。建成留守长安,私下叫杨文幹"募健儿送京师,欲以为变。"此事被揭发后,杨文幹就举兵反叛,攻陷宁州。消息传来,李渊既怒且惊,召世民商量。世民从内心深处倾泻出极大的蔑视,说只须遣一将领就可以抓住文幹这个小子。李渊却说:"文幹事连建成,恐应之者众,汝宜自行,还,立汝为太子。吾不能效隋文帝诛杀骨肉,废建成封作蜀王,地既僻小易制。若不能事汝,亦易取耳。"①这是第一次许诺立世民为太子。

李渊历来采取平衡的办法,力求使三个儿子各安其所,最不愿意看到骨肉相残的局面。他既不准许世民夺取皇位继承权,也不支持建成与元吉所采取的谋杀勾当。"观汝兄弟,终是不和,同在京邑,必有忿竞。"②为了避免儿子们的"忿竞",李渊采取过一些调节措施。例如,到仁智宫避暑,就带了世民与元吉,仅留建成在京城,以免三兄弟闹事。出乎意料的是,在建成的怂恿下,竟发生杨文幹起兵。这件事,已经超出了"兄弟不和"的范围。弄得不好,异姓起兵会直接危害着李唐王朝的安全。因此,李渊确实对建成发火了,就想废立皇太子,以换取世民的亲征平叛。同时提出不准"诛杀骨肉",仅仅贬建成为蜀王。这无非是一种新的平衡方法。

但是,李渊终究不能放弃"立嫡以长"的原则。当世民率军出

① 《旧唐书·隐太子建成传》。
② 《旧唐书·隐太子建成传》。

发后，元吉和妃嫔为建成说情，加上大臣封德彝的劝说，李渊又改变主意，仍以建成为太子，遣还京师居守。最后，把"兄弟不能相容"，归罪于东宫官属王珪、韦挺以及天策府官属杜淹，把他们流放到嶲州。

（三）迁都之争

风波并没有平静下来。武德七年七月，秦王世民军至宁州，迅速地击溃杨文幹叛乱部队。就在这时，突厥入侵并州，李渊连忙从仁智宫返回京城。有人建议说，突厥所以屡次入侵，是因为子女玉帛都在长安的缘故；如果焚毁掉长安，突厥自然不会来了。这是何等荒唐的意见啊！李渊却以为然，准备迁都至樊、邓一带。建成、元吉和裴寂也纷纷赞同。萧瑀认为不行但又不敢说，唯独秦王世民进谏："戎狄为患，自古有之。陛下以圣武龙兴，光宅中夏，精兵百万，所征无敌，奈何以胡寇扰边，遽迁都以避之，贻四海之羞，为百世之笑乎！彼霍去病汉廷一将，犹志灭匈奴；况臣忝备藩维，愿假数年之期，请系颉利之颈，致之阙下。"豪言壮语，颇有志气！而建成却举出汉初樊哙的例子加以嘲笑，世民驳斥说："形势各异，用兵不同，樊哙小竖，何足道乎！不出十年，必定漠北，非虚言也！"①

其实，在这场迁都之争的背后，还包藏着争夺皇位继承权的内容。建成与妃嫔挑拨说："秦王外托御寇之名，内欲总兵权，成其篡夺之谋耳！"②原来，他们出于私利，害怕秦王世民趁机独揽兵权，因而主张对突厥退让。这当然是不对的。至于世民主张坚决

---

① 《资治通鉴》卷一九一。
② 《资治通鉴》卷一九一。

抗击,踏平漠北,无疑是正义的。但是,不可否认,李世民也有他的私人打算。因为当他遭到建成、元吉、裴寂及妃嫔的联合倾轧时,只有通过对外战争的胜利,才能重振军威,增强秦府势力。

最后,李渊还算是明智的,停止迁都之议,委派世民和元吉共同督军出豳州,抵抗突厥。这样部署仍然是摆平儿子们的关系,既采纳了抗战的主张,又防止秦王独揽兵权。

据说,出征突厥前不久,李渊和三个儿子在城南打猎。建成故意要世民骑一匹"肥壮而喜蹶"的胡马,世民对宇文士及说:"彼欲以此见杀,死生有命,庸何伤乎!"建成听到后,叫妃嫔告诉李渊:"秦王自言,我有天命,方为天下主,岂有浪死!"李渊大怒,责备世民说:"天子自有天命,非智力可求;汝求之一何急耶!"世民免冠请罪。恰好有关官吏报告突厥入寇的消息,李渊便"改容劳勉世民,命之冠带,与谋突厥。"①这个故事未必可信,不过却反映了李氏三兄弟之间"猜嫌益甚",已经到了你死我活的地步。

第三节　东宫与秦府对垒的复杂形势

以李世民为首的秦府和以李建成为首的东宫之间的明争暗夺,构成了武德后期政治舞台上的主要矛盾。彼此采取种种手段,打击对方,壮大自己。其影响波及后宫、外廷和地方等三个方面,呈现了错综复杂的形势。

（一）后宫勾斗

唐高祖晚年多内宠,妃嫔成群。建成长期留守京城,与后宫关

---

① 《资治通鉴》卷一九一。

系密切，"内结妃御以自固"。特别是张婕妤、尹德妃，因为跟世民产生过矛盾，就到处为建成游说。她们在李渊面前说："使陛下万岁后，（秦）王得志，妾属无遗类。东宫慈爱，必能全养。"①把赌注押在未来的君王——太子身上，而对秦王进行恶意中伤。武德七年，高祖曾一度想废建成，但在她们的阻挠下，很快就改变了主意。由于张、尹是高祖最宠爱的妃嫔，而且他们的亲戚分事宫府，所以在后宫，建成势力占了上风。

至于李世民，是否像《高祖实录》所说的"参请妃媛，素所不行"呢？不。武德四年平洛阳时，"贵妃等私从世民求宝货及为亲属求官"，看来，世民与妃嫔们的关系还是不错的，彼此并无宿怨。后来，世民将宝货与官职主要给予秦府中有军功的人，未能满足贵妃们的私请，"由是益怨"。② 例如，李世民赐给淮安王李神通几十顷良田，而张婕妤的父亲凭借裙带关系，硬要李渊下敕给他。李神通认为秦府的"教"比高祖的"手敕"早，应当照前者办，所以坚决不同意退出田产。因分赃的不均，引起了新的矛盾。武德五年以后，张婕妤、尹德妃等完全倒向建成一边，而世民也从妃嫔群中寻找支持力量。武德七年六月，建成对元吉说："秦王且遍见诸妃，彼金宝多，有以赂遗之也。"③这大概是事实。世民连年用兵，攻城略地，必获众多金宝，用来贿赂宫掖，曲事妃嫔。他的妻子长孙氏，更是亲自出面活动，"孝事高祖，恭顺妃嫔，尽力弥缝，以存内助"，④努力争取高祖和某些妃嫔的同情与谅解。可见，后宫两派斗争相当激烈。

---

① 《新唐书·隐太子建成传》。

② 《资治通鉴》卷一九〇。

③ 《新唐书·隐太子建成传》。

④ 《旧唐书·后妃传》。

（二）外廷相争

在外廷，支持太子和支持秦王的两派，也是壁垒分明的。裴寂作为武德年间的主要执政大臣，公开祖护太子。大臣封德彝则是一个看风驶舵的人，"潜持两端，阴附建成。"原先，看到秦王军功显赫，曾献计以对付东宫。后来，"高祖将行废立，犹豫未决，谋之于伦，伦固谏而止。然所为秘隐，时人莫知"①。直到封伦死后数年，唐太宗方才知道此事。封伦之"阴附建成"，反映了当时东宫势力的强大。

支持李世民的有萧瑀、陈叔达等大臣。武德六年以后，李世民不为兄弟所容，处于备受猜忌的逆境中，萧瑀给予支持确是难能可贵的。所以，唐太宗即位后称赞说："萧瑀不可以厚利诱之，不可以刑戮惧之，真社稷臣也。"特地赋诗赠送："疾风知劲草，板荡识诚臣。"②陈叔达也同样如此。"建成、元吉嫉害太宗，阴行潜毁，高祖惑其言，将有贬责，叔达固谏乃止。"③当时叔达阐述了秦王有克定天下的大功，不可黜退，这就有力地支持了李世民。

李建成和李世民，除了在大臣中各自寻找支持者外，还千方百计地打击或者收买对方的官属。例如，武德七年，建成企图剪除秦府猛将程知节，暗中通过李渊，把他调为康州刺史。知节对世民说："大王手臂今并剪除，身必不久。知节以死不去，愿速自全。"④武德九年，建成用金银器帛等收买秦府将领尉迟敬德、段志玄、李安远等，但都遭到了拒绝。此计不成，又生一计。建成对元吉说：

<hr />

① 《旧唐书·封伦传》。
② 《贞观政要》卷五，《忠义》篇。
③ 《旧唐书·陈叔达传》。
④ 《旧唐书·程知节传》。

"秦府智略之士,可惮者独房玄龄、杜如晦耳。"①于是,又在李渊面前揭发,把房、杜逐出秦王府。同样,李世民也积极地在东宫官属中进行策反工作,先后把建成手下的将领常何、太子率更丞王晊等拉了过来。

(三)培植地方势力

武德五年冬,根据魏征的建议,李建成采取了"结纳山东豪杰"的方针,注意在地方上培植私人势力。除了勾结庆州都督杨文幹外,还秘密地派遣将领可达志跟燕王李艺联络,从那里征发幽州突骑三百,增补东宫诸坊的屯守部队。他利用燕王李艺以及幽州都督李瑗的关系,在河北发展自己的支持力量。

李世民也是如此。因为他担任过陕东道行台尚书令,所以在河南一带聚集地方势力。他以形胜险要的洛阳作为据点,"一朝有变,将出保之。"委派将领张亮到洛阳,"统左右王保等千余人,阴引山东豪杰以俟变,多出金帛,恣其所用。"②又命令温大雅坐镇洛阳,"大雅数陈秘策,甚蒙嘉赏。"③李世民"阴引山东豪杰"的工作,同样取得了效果。所谓"秦王左右多是东人",此话虽属夸大之辞,但也有某种根据。有一次,李渊为了避免三个儿子在京城内发生冲突,曾要世民到洛阳去居住,"自陕已东,悉宜主之"。建成和元吉知道后,商量说:"秦王今往洛阳,既得土地甲兵,必为后患。"④于是,暗中指使一些人上封事,李渊就改变了原来的主意。可见,洛阳是秦府对付东宫的重要基地。

---

① 《资治通鉴》卷一九一。
② 《旧唐书·张亮传》。
③ 《旧唐书·温大雅传》。
④ 《旧唐书·隐太子建成传》。

综上所述，无论是在后宫、外朝还是在地方上，几乎都分为两派：一派支持李建成，一派支持李世民。至于唐高祖李渊的态度呢？既然坚持嫡长制，那就要维护建成的皇太子地位，不准许世民染指。所以，旧史籍上关于"废立"的种种说法，大多是失实的。李渊完全倒向建成一边吗？也不是。如果真的那样做，唯建成意愿办，那么，秦府的势力早就被铲除了。李渊试图摆平三个儿子之间的关系，对于建成与元吉的某些暗算世民的不轨行为，知道了还是加以制止的。例如，"元吉因密请加害太宗，……高祖不对，元吉遂退。"①但是，李渊总的态度和做法，不可能协调双方的矛盾，结果反而使互相对垒的形势更加复杂化。

第四节　流血事变的经过与性质

东宫与秦府之间，经历长期的激烈的对垒，最后导致了"玄武门之变"。李渊所不希望看到的"骨肉相残"的场面，终于成了血淋淋的事实。

（一）处于劣势的密谋

武德五年以前，因李世民的军功卓著，秦府远比东宫和齐府神气。但是，在以后的三年多时间里，世民既无新的战功，又屡遭兄弟的倾轧，秦府逐渐地处于劣势了。就军事实力而言，东宫加上齐府要比秦府强大。建成与元吉私募骁勇，多达数千人，而李世民"素所畜养勇士八百余人。"②从政治影响来看，建成是皇太子，每

---

① 《旧唐书·巢王元吉传》。
② 《资治通鉴》卷一九一。

当李渊外出时,总是由他留守京师。妃嫔、大臣以及各地都督,依附于东宫的相对多些。杨文幹起兵时,李渊"恐应之者众",说明建成一派势力之雄厚。建成扬言:让秦王"留在京师制之,一匹夫耳"。① 这话难免有点自我吹嘘,但是,世民在京师处于不利的地位,则是事实。

因此,在上述情况下,李世民及其秦府僚属都深怀忧惧。李世民提出了一个严重的问题:"阽危之兆,其迹已见,将若之何?"②房玄龄对答以策动政变,完全迎合李世民的心意。据说,李世民曾与灵州大都督李靖商量,李靖表示不愿干。和行军总管李世勣商量,也不愿干。为什么呢? 显然是他两只看到秦王府的劣势,未能预料到事变的胜利。而房玄龄、长孙无忌和杜如晦等认为,只有果断地先发制人,才能转危为安。他们三人密谋策划,"共劝世民诛建成、元吉。"后来,房、杜被逐出了秦府,长孙无忌就和舅父高士廉以及秦府将领侯君集、尉迟敬德等继续进行策划,"日夜劝世民诛建成、元吉。"③

武德九年夏,突厥数万骑兵入塞侵边。按过去的惯例,大多由李世民督军抵御。这次,建成提议李元吉和李艺出征,目的在于防止世民掌握兵权。元吉故意要秦府将领尉迟敬德、程知节、段志玄和秦叔宝等一道去,想借此机会把秦府精兵转到自己手里。然后,进一步谋杀李世民。这个密谋被太子率更丞王晊知道,偷偷地告诉了李世民。

世民立即跟长孙无忌、高士廉、尉迟敬德、侯君集、张公谨等商量。大家一致认为,形势危急,祸在朝夕,唯一的出路是先下手为

---

① 《旧唐书·隐太子建成传》。
② 《旧唐书·房玄龄传》。
③ 《资治通鉴》卷一九一。

强,没有任何犹豫的余地了。尉迟敬德鼓动说:"王今处事有疑,非智;临难不决,非勇。"李世民面对即将发生的"骨肉相残"的局面,考虑的当然要比别人多些。他并不是犹豫未决,而恰恰是深思熟虑。他找了不少府僚商量,还秘密地召回房玄龄和杜如晦,共计事宜。据说,房、杜开始"不敢奉命"。李世民竟勃然大怒,要尉迟敬德拿佩刀"斩其首持来"。① 可见,李世民发动政变的决心是何等的坚决!细察密谋的全过程,秦王世民是主持者。司马光认为,太宗"既而为群下所迫,遂至蹀血禁门",②这是不符合历史事实的。

(二)六月四日事件

经过周密的策划,最后决定在玄武门伏杀建成和元吉。玄武门即宫城北门,地位重要,是中央禁卫部队屯守之所。当时负责门卫的将领是常何。据常何墓志铭记载,此人在武德五年底跟随建成讨平河北,即平定刘黑闼第二次起兵。武德七年,常何已被秦王世民所收买,担负玄武门的守卫之事。很可能是暗中拉拢,所以李建成还误以为常何是自己的旧属,京城军事要地是属于他的势力,没有什么疑虑。此外,李世民还收买了玄武门的其他一些将领,如敬君弘、吕世衡等。应当说,在京师处于劣势的李世民,在玄武门将领身上打主意,这确实是老谋深算。

六月三日,当李世民完成了政变的部署之后,密奏建成与元吉"淫乱"后宫,并且陈述说:"臣于兄弟无丝毫所负,今欲杀臣,似为世充、建德报仇。臣今枉死,永违君亲,魂归地下,实亦耻见诸

① 《旧唐书·尉迟敬德传》。
② 《资治通鉴》卷一九一。

贼。"①为什么说建成"似为世充、建德报仇"呢？世民无非是表白自己只是因平叛之功而被猜忌,这样就可以把相互残杀的责任全部推到建成与元吉的身上了。李渊一听,不禁愕然,决定第二天问个清楚。

六月四日,李渊先召集裴寂、萧瑀、陈叔达等商量。三个儿子来到之前,李渊和大臣们一直在太极宫中"泛舟海池"。② 他们没有预料到事态的严重性,也许以为这回跟过去的"不和"与"忿竞"差不多。当然,他们更不清楚李世民已经通过常何的关系,率领长孙无忌、尉迟敬德、侯君集、张公谨、刘师立、公孙武达、独孤彦云、杜君绰、郑仁泰、李孟尝等十人伏兵于玄武门。③

后宫张婕妤探知世民的动静,立刻向建成报告。建成找元吉商量,元吉提出:"宜勒宫府兵,托疾不朝,以观形势。"而建成却认为:"兵备已严,当与弟入参,自问消息。"④看来,"兵备已严"是事实,建成早就对京城的军事力量私自作了准备,而且以为旧属常何在玄武门,不会发生什么问题。所以,建成没有采取必要的应急措施,就和元吉一道入朝。行至临湖殿,觉得有点反常,正想拨马东归宫府,李世民随而呼喊,一箭射死李建成。尉迟敬德带领七十骑奔驰而来,射杀了李元吉。

---

① 《旧唐书·隐太子建成传》。
② 《资治通鉴》卷一九一。
③ 《旧唐书·隐太子建成传》云:"四日,太宗将左右九人至玄武门自卫。"究竟哪九人？无记载。《旧唐书·长孙无忌传》记载是:长孙无忌、尉迟敬德、侯君集、张公谨、刘师立、公孙武达、独孤彦云、杜君绰、郑仁泰、李孟尝等十人。《新唐书·隐太子建成传》云:"以勇士九人自卫。"所谓"勇士九人",当不包括长孙无忌在内,是指敬德以下九人。不过,长孙无忌也在玄武门指挥。故《资治通鉴》卷一九一作"世民帅长孙无忌等入,伏兵于玄武门。"不提"九人"。
④ 《资治通鉴》卷一九一。

过一会,东宫与齐府精兵二千人结阵猛攻玄武门,由于张公谨闭关以拒之,不得而入。原来屯守玄武门的一些将士采取观望的态度,认为"事未可知,当且观变。"①但是,玄武门屯营将领敬君弘早已被李世民所收买,这时奋不顾身,英勇作战,甚至献出了生命。正当战斗激烈进行的时候,李世民的妻子长孙氏,"方引将士入宫授甲,后亲慰勉之,左右莫不感激。"②同时,长孙氏的舅舅高士廉,"率吏卒释系囚,授以兵甲,驰至芳林门,备与太宗合势。"③总之,在秦府僚属的全力抗击下,玄武门始终掌握在李世民手里。这是取得胜利的一个重要因素。

接着,东宫、齐府的部队"鼓噪欲入秦府,(秦府)将士大惧。"④因为就兵力而言,李世民"兵不振",⑤寡难敌众;而且将领大多集中在玄武门,秦府处虽有房玄龄、杜如晦等在,毕竟力量单薄,万一失守,也是关系到全局的成败。所以,秦府将士们惊恐不已。这时,尉迟敬德出了个好主意,他提着建成和元吉的首级,展现在东宫、齐府将士面前。那些将士看到自己的主子已经人头落地,便无斗志,纷纷溃散。

战斗临近尾声,李世民就叫尉迟敬德向李渊报告情况。敬德一身戎衣,擐甲持矛,李渊一看就知道已经出了乱子,便问裴寂等怎么办。萧瑀、陈叔达进言:"建成、元吉本不预义谋,又无功于天下,疾秦王功高望重,共为奸谋。今秦王已讨而诛之,秦王功盖宇宙,率土归心,陛下若处以元良(太子),委之国事,无复事矣!"⑥李

① 《旧唐书·敬君弘传》。
② 《旧唐书·后妃传》。
③ 《旧唐书·高士廉传》。
④ 《旧唐书·薛万彻传》。
⑤ 《旧唐书·谢叔方传》。
⑥ 《资治通鉴》卷一九一。

渊只好同意，并写了"手敕"，命令所有的军队一律听秦王的处置。同时，派黄门侍郎裴矩到东宫晓谕诸将卒，事变最终平息下来了。

（三）如何看待玄武门之变

事变前夕，房玄龄就把策划诛杀说成是"遵周公之事，外宁区夏，内安宗社，申孝养之礼。"①事隔十几年，唐太宗读国史，"见六月四日事，语多微文。"对房玄龄说："昔周公诛管、蔡而周室安，……朕之所为，义同此类，盖所以安社稷，利万民耳。史官执笔，何烦有隐？宜即改削浮词，直书其事。"②这里无非证明伏杀兄弟是正义的事情，而不是出于争权夺利。因此，唐朝官修史书总是把建成与元吉加以丑化，而对世民则尽量粉饰。直至五代，刘昫等编撰《旧唐书》，也持相同的观点。史臣赞曰："建成、元吉，实为二凶。中外交构，人神不容。用晦而明，殷忧启圣。运属文皇（唐太宗），攻成守正。善恶既分，社稷乃定。"③所谓"直书其事"，则未必能做到实事求是。

宋代以后，由于封建伦理道德和忠孝观念的加强，对玄武门之变持否定态度的多起来了。例如，司马光编撰《资治通鉴》卷一九一，特地加了按语："立嫡以长，礼之正也。"认为唐太宗"推刃同气"实在是"贻讥千古"的事，表示了惋惜。范祖禹也说："建成虽无功，太子也。太宗虽有功，藩王也。……立子以长不以功。"④明末清初王夫之，更是痛骂唐太宗"不可复列于人类"，说什么"太宗亲执弓以射杀其兄，疾呼以加刃其弟，斯时也，穷凶极惨，而人之心

---

① 《旧唐书·房玄龄传》。
② 《贞观政要》卷七，《文史》篇。
③ 《旧唐书·高祖二十二子传》。
④ 《唐鉴》卷二。

无毫发之存者也。……而太宗命直书其事,无畏于天,无惮于人而不掩,乃以自信其大恶之可以昭示万世。"①这些评论从封建伦理出发,从兄弟人情出发,不懂得封建统治集团内部争斗的残酷性,不可能正确地阐述玄武门之变的性质及其意义。

事实上,历代宫廷内"推刃同气"的事件,屡见不鲜,它们恰恰是封建专制主义包括皇位终身制、继位嫡长制的必然产物。玄武门之变就是唐初武德年间抢夺皇位继承权的最后一场公开厮杀。正如陈寅恪先生指出:"唐自开国时建成即号为皇太子,太宗以功业声望卓越之故,实有夺嫡之图谋,卒酿成武德九年六月四日玄武门之事变。"②李世民参与晋阳起兵的密谋,特别在唐初统一战争中功勋卓著,因而不能不产生夺嫡的贪欲。房玄龄曾献计:"大王功盖天地,当承大业。"③有个道士名叫薛颐,也对秦王世民说:"德星守秦分,王当有天下,愿王自爱。"④正是在这种强烈的夺嫡图谋的驱使下,李世民及其府僚发动了玄武门之变。

然而,对封建统治集团内部争权夺利的斗争,应当作历史的具体的分析,不能笼统地加以完全否定。其实,玄武门之变还具有立嫡以长还是以功继位的意义。嫡长制所确定的人选,往往不是贤才,未必有治理国家的能力。当然,李建成决不是旧史记载的那种残忍昏庸之徒,也不是无功勋无才能之辈。他为人宽简仁厚,善于物色人物,既信任一些士族出身的人,也启用一些庶族出身的人。东宫僚属如王珪、魏征、韦挺、薛万彻、冯立等,都是杰出的能臣武将。在唐初统一战争中,也建立了一定的军功。但是,与李世民相

---

① 《读通鉴论》卷二十。
② 参见《唐代政治史述论稿》。
③ 《资治通鉴》卷一九一。
④ 《旧唐书·薛颐传》。

比较,无论是才能还是战功,都是相差一段距离的。建成长期留守京师,囿于宫廷生活,缺乏远见与进取精神。他自以为京城"兵备已严",而恰恰在玄武门守卫问题上出了大漏洞。他自以为皇太子地位牢固,秦王不过是"一匹夫",而最后恰恰死在李世民的弓箭下。

至于李世民,固然是野心勃勃,但那种雄心奋发、积极向上的气概为其兄弟所没有。他长期转战各地,驰骋沙场,深入民间,接触下层,学会了一套老谋深算的本领。他战功显赫,凭借天策府和文学馆,尽力扩大政治影响。前面已经提到魏征在武德五年底说的:"秦王功盖天下,中外归心。"一个东宫谋士的分析,确实反映了李世民在人们心目中的地位。如果根据立贤的原则,太子由世民来当,无疑是更加理想。但是,在李渊坚持嫡长制的情况下,在建成与元吉的竭力反对下,只能通过宫廷政变来解决。因此,玄武门之变一方面是剥削阶级自私本性的暴露;另一方面,客观上也是对传统的嫡长制的挑战。秦王世民的胜利,对于唐初社会历史的发展起了积极的作用。

第五章　正式即位

玄武门事变后,李世民取得了皇位的继承权,不久又正式即位。唐太宗刚执政时,形势十分复杂,问题堆积成山,他妥善地处理了政变后的遗留问题,稳定了山东地区的政治局势,调整了最高决策集团,从而为"贞观之治"的实现奠定了坚实的基础。

第一节　高祖让位

唐高祖李渊本来是不想更立太子的,但是在六月四日的事变中,李建成既已被杀,就只好同意萧瑀和陈叔达的建议。六月七日,下诏立世民为皇太子。诏文说:"皇太子世民夙禀生知,识量明允,文德武功,平一宇内,九官惟序,四门以穆。朕付托得人,义同释负,遐迩宁泰,嘉慰良深。自今后军机兵仗仓粮,凡厥庶政,事无大小,悉委皇太子断决,然后闻奏。"①这里,所谓"义同释负",未必是由衷之言。充分肯定秦王世民的"文德武功",倒是体现了立贤的原则。至于规定今后军国庶事,不分大小,一律先由皇太子处决,也就是表明李世民实际上开始执政了。

过了几天,李渊又提出:"朕当加尊号为太上皇。"②表示了要

①　《册府元龟》卷二五九。
②　《资治通鉴》卷一九一。

早些退位的意愿。八月癸亥,制传位于太子。甲子,李世民正式即位于东宫显德殿。次年正月,改元"贞观",开创了"贞观之治"的新时期。

对于唐太宗来说,玄武门之变的胜利虽然带有某种偶然性,但是,皇位要由他来继承却是唐初政治发展的必然趋势。众所周知,李渊称帝后,在百废待举、万事草创的困境中,他尚能拨乱反正,承袭隋朝典章制度,制定"与民休息"的经济政策,重新颁布均田制与租庸调法,努力恢复农业生产。同时,依靠李世民的雄才大略,次第削平各地割据势力,完成统一大业。武德前期,他尚能以亡隋为戒,虚心求谏。正如他自己所说:"隋为无道,主骄于上,臣谄于下,上下蔽蒙,至身死匹夫手,宁不痛哉! 我今不然,平乱责武臣,守成责儒臣,程能付事,以佐不逮,虚心尽下,冀闻嘉言。"①但是,很快就不行了,生活上贪图享乐,政治上暮气上升。李渊晚年几乎被众多妃嫔所包围,轻信宠妃谗言,政事诿之裴寂。他曾令贵妃们携带珍馔、宝器,来到裴寂宅第,"宴乐极欢,经宿而去"。武德六年,任命裴寂为尚书左仆射,赐宴于含章殿。李渊对裴寂说:"公为台司,我为太上,逍遥一代,岂不快哉!"②可见,李渊已经丧失了当年的锐气,只想做个逍遥享乐的太上皇。这样的精神状态,当然是不可能继续地处理好军国庶事了。

特别严重的是,李渊没有妥善地解决武德后期的主要矛盾,即皇位的争夺问题。他明明知道世民有"削平海内"之功,能力超过建成,决不会居于建成之下,但是,一直站在嫡长制的传统立场上,认为"建成年长,为嗣日久,吾不忍夺也。"他妄图使太子、秦王和

① 《新唐书·孙伏伽传》。
② 《旧唐书·裴寂传》。

齐王各谋其位,相安无事,其结果反而加剧了儿子们之间的互相争斗。直到发生事变那一天,他惊恐地说:"不图今日乃见此事。"①这恰恰反映了李渊晚年的昏暗与失察,诚如萧瑀和陈叔达所批评的:"当断不断,反受其乱。"②

然而,李渊还算是有自知之明的。玄武门之变后,李世民既已执政,李渊就很快地把皇位让给他,自己则退出了政治舞台。这个决策是果断的,也是积极的。此后至贞观九年五月逝世,基本上不干预政治,没有造成新的纠葛。这样做也是十分明智的。至于年仅二十九岁的唐太宗,精力旺盛,奋发有为,励精图治,这对唐王朝的巩固与发展具有深远的历史意义。

第二节　处理政变后的遗留问题

唐太宗执政之初,原东宫、齐府的敌对势力仍然存在,各地都有一些不安定的因素。如果不加以妥善地处理,就无法保证政局的稳定。

(一)实行宽大政策

前面说过,玄武门之变前,东宫联合齐府,居于优势。京城里拥有众多党羽精兵,地方上还有不少支持力量。六月四日以后,东宫、齐府余党纷纷逃亡。约过二十天,幽州大都督庐江王李瑗举兵叛乱。李瑗是李渊的从父兄子,"建成将有异图,外结于瑗。"③建成被杀后,派使者召李瑗入朝。李瑗恐惧,竟囚禁使者,拥众谋反。

① 《资治通鉴》卷一九一。
② 《旧唐书·隐太子建成传》。
③ 《旧唐书·宗室传》。

可见，此事是玄武门之变的余波。虽然很快地被镇压下去，但是类似的事件却不断地发生。如贞观元年正月，曾与建成相勾结的燕郡王李艺，据泾州反叛。后被部下所斩，传首京师。此外，还有些人利用当时的非常形势，阴谋作乱。如贞观元年四月，长乐王李幼良在凉州阴养死士，交通境外，图谋不轨。同年十二月，利州都督义安王李孝常、右武卫将军刘德裕等，企图策动宿卫兵作乱。

对于东宫和齐府的敌对势力，李世民开始是实行高压政策的。建成的五个儿子和元吉的五个儿子，株连被杀，绝其属籍，似亦太过分了。当时，"诸将欲尽诛建成、元吉左右百余人，籍没其家。"看来，这也是迎合了李世民的心向。惟独尉迟敬德坚决不赞成，争辩说："罪在二凶，既伏其诛；若及支党，非所以求安也！"不扩大打击面，确实是安定政局的重要策略。李世民同意了，"下诏赦天下。凶逆之罪，止于建成、元吉，自余党与，一无所问。"可是，一些地方并没有认真执行上述规定，"太子建成、齐王元吉之党散亡在民间，虽更赦令，犹不自安，徼幸者争告捕以邀赏"。针对这种情况，李世民根据谏议大夫王珪的建议，于七月下令重申："六月四日以前，事连东宫及齐王，十七日前连李瑗者，并不得相告言，违者反坐。"①采取这些宽大政策，消除了敌对情绪，争取了多数，稳定了人心。

（二）信用原东宫僚属

唐太宗还对东宫府属中杰出人才大胆地加以信任与拔用。建成曾收罗了一批骁勇的武将，这些人出身事主，往往很讲义气。如

---

① 《资治通鉴》卷一九一。

将领薛万彻,带兵攻玄武门和秦王府,失败后与数十骑逃亡于终南山。唐太宗派人请他回来,"以其忠于所事,不之罪也。"①又如东宫翊卫车骑将军冯立,六月四日建成被杀后,他叹曰:"岂有生受其恩而死逃其难!"于是,率兵攻玄武门,杀死屯营将军敬君弘,又声称"微以报太子矣!"足以说明此人是建成的"心膂",一个愚忠于主子的党羽。六月五日,他前来请罪,李世民斥责说:"汝在东宫,潜为间构,阻我骨肉,汝罪一也。昨日复出兵来战,杀伤我将士,汝罪二也。"但是,一旦冯立表示悔改,李世民就"慰勉之",授以左屯卫中郎将。冯立激动地说:"逢莫大之恩,幸而获济,终当以死奉答。"②可见,李世民的政策取得了成效,有利于东宫党羽的转化。

对于东宫府属中的能臣,李世民同样加以重用,甚至引为知己。例如,召回流放于巂州的东宫官属王珪、韦挺,授以谏议大夫之职,留作身边的顾问。原太子洗马魏征的例子尤其突出。玄武门之变不久,太子党人士纷纷逃亡,魏征却依然故我。有一天,李世民严厉责问:你为什么要离间我们兄弟关系呢?在场官员个个危惧不已。魏征慷慨自若,从容对答:"皇太子若从臣言,必无今日之祸。"李世民一听,转怒为喜,倍加器重,封他为詹事主簿,后改任谏议大夫,步步高升。贞观六年,在九成宫丹霄楼的赏月夜宴上,唐太宗满怀喜悦的心情说:"魏征往者实我所雠,但其尽心所事,有足嘉者。朕能擢而用之,何惭古烈?"③这是何等的"弃怨用才"的雄豪器度。

① 《旧唐书·薛万彻传》。
② 《旧唐书·冯立传》。
③ 《贞观政要》卷二,《任贤》篇。

（三）礼葬隐太子建成

　　李世民杀兄夺嫡，这在封建社会里难免要遭到道德上的谴责。六月六日，李渊立秦王为皇太子的诏文上说什么"孝惟德本，周于百行，仁为重任，以安万物"，①竭力为李世民涂脂抹粉。冬十月，唐太宗即位不久，为了消除玄武门之变在封建伦理道德方面的不良影响，特地追封建成为息王，谥曰"隐"；元吉为海陵王，谥曰"剌"。按照《谥法》，"隐拂不成曰隐。不思忘爱曰剌；暴戾无亲曰剌。"这样做法，既可以申明玄武门之变的正义性，又能表白唐太宗的仁爱之心。所以，以礼改葬那一天，唐太宗在千秋殿西边宜秋门痛哭志哀，并以皇子赵王李福为建成后嗣。

　　礼葬建成前夕，魏征从山东返回京城，迁尚书右丞兼谏议大夫；王珪似也升为黄门侍郎。他们联名"上表"说："臣等昔受命太上，委质东宫，出入龙楼，垂将一纪。前宫结衅宗社，得罪人神，臣等不能死亡，甘从夷戮，负其罪庆，实录周行，徒竭生涯，将何上报？陛下德光四海，道冠前王，陟冈有感，追怀棠棣，明社稷之大义，申骨肉之深恩，卜葬二王，远期有日。臣等永惟畴昔，忝曰旧臣，丧君有君，虽展事君之礼；宿草将列，未申送往之哀。瞻望九原，义深凡百，望于葬日，送至墓所。"②这是一篇感情真切而富于策略的奏章。首先肯定建成"结衅宗社，得罪人神"，他的被杀是理所当然的。同时颂扬唐太宗"明社稷之大义，申骨肉之深恩"，以礼改葬

　　① 《册府元龟》卷二五七。
　　② 《贞观政要》卷五，《忠义》篇。据《资治通鉴》卷一九二载，礼葬隐太子建成，事在武德九年十月。《考异》曰："唯《唐历》在此年十月。《贞观政要》此表在二年。……今且从《唐历》。"又《魏文贞公拾遗》卷一摘录《贞观政要》卷五《忠义》篇有关内容，王先恭注曰："《通鉴》百九十二系武德九年十月是，此作二年误。"《魏文贞公年谱》也系此事于武德九年十月。

二王。接着,从封建礼仪上陈述了送葬的道理。很清楚,这里丝毫没有煽动东宫旧属的怨恨情绪,反而从道义上弥补了骨肉相残所留下的伤痕。因此,唐太宗乐而答应,命令原东宫、齐府僚属统统前往送葬。通过隆重的礼葬活动,原来十分激烈的秦府与东宫、齐府之间的矛盾,基本上消除了。及至贞观十六年六月,唐太宗"诏息隐王可追复皇太子,海陵剌王元吉追封巢王,谥并依旧。"①旧事重提,也是出于维护封建伦理道德的需要。

综上所述,唐太宗以其杰出政治家的风度与气魄,妥善地处理"蹀血禁门"所留下的问题。史称:"初,息隐、海陵之党,同谋害太宗者数百千人,事宁,复引居左右近侍,心术豁然,不有疑阻。"②这样就缓和了封建统治集团内部的矛盾,巩固了李唐王朝。

第三节　稳定山东地区的局势

山东、河北地区是隋末农民起义风暴的策源地,也是隋末唐初各种社会矛盾的集中点。唐太宗即位之初,如何稳定这一地区的局势,显然是巩固唐王朝封建统治的关键问题。

(一)严重的隐患

李世民和李建成为了争夺皇位,各自都推行结纳山东豪杰的方针。建成开始得早,收效也大些。平定刘黑闼第二次起兵时,根据魏征的建议,"获俘皆抚遣之,百姓欣悦。"③对比一下李世民平定黑闼第一次起兵时的残酷镇压,人们自然对建成有所好感。此

---

① 《资治通鉴》卷一九六。
② 《贞观政要》卷一,《政体》篇。
③ 《新唐书·隐太子建成传》。

后,建成利用自己在河北地区的威望,积极地培植地方势力。建成与元吉被杀的消息传来,"河北州县素事隐、巢者不自安,往往曹伏思乱。"①幽州都督李瑗叛乱,即其一例。李瑗的部下利涉就当时形势指出:"山东之地,先从窦建德,酋豪首领皆是伪官,今并黜之,退居匹庶,此人思乱,若旱苗之望雨。"②最后两句是煽动之辞,似有夸大之处。但是,在山东豪杰中,试图趁唐廷内讧,兴兵作乱,大有人在。还有一些分裂势力进行谋叛活动,如贞观元年九月幽州都督王君廓叛乱。再加上太子党羽逃至关东,倘若互相勾结,势必构成严重的隐患。

至于李世民"阴引山东豪杰",不能说他根本没有收到什么效果。洛阳就是一个重要据点。玄武门之变后几天,就派有相当影响的大将屈突通为陕东道行台左仆射,"驰镇洛阳"。③ 这显然是估计到关东地区的形势而作出的紧急部署,以防止可能发生的叛乱。至贞观元年,行台废,仍授屈突通为洛州都督。次年通死,唐太宗十分悲痛,特地赶到洛阳宫,表彰屈突通的忠节。可见,屈突通在稳定关东政局方面作出了一定的贡献。

然而,山东、河北局势毕竟是很棘手的,仅仅依靠洛阳重镇,远远不能解决问题。如果不慎重地、全面地去处理,就会引起一连串的动荡。

(二)魏征等宣慰山东

鉴于上述情况,唐太宗及时地选派魏征宣慰山东。魏征本来

---

① 《新唐书·魏征传》。
② 《旧唐书·宗室传》。
③ 《旧唐书·屈突通传》。

是山东人,周静帝大象二年生于襄国郡巨鹿县。① 家境孤贫,通晓书术。"隋乱,诡为道士。"②汹涌澎湃的农民起义怒涛,把这位属意纵横之士卷了进去。正如魏征在《述怀》诗中所说:"中原初逐鹿,投笔事戎轩。"③他在李密的瓦岗军里典掌过书记,十次向李密献计,表现了他的"奇谋深策"。后随李密降唐,"至京师,久不见知,自请安辑山东";致书徐世勣归附。不久被窦建德河北义军所俘虏,被拜为起居舍人。建德失败,魏征投奔于李建成,很受器重,曾提出"结纳山东豪杰"的方针。可见,魏征和山东、河北地区各种社会势力有着密切的联系。玄武门之变后一个月,即武德九年七月,唐太宗封魏征为谏议大夫,"使安辑河北,许以便宜从事"。当魏征到达磁州时,恰好遇着州县官把前东宫、齐府官属李志安、李思行"锢送诣京师"。原来,建成与元吉的亲信已经逃往河北了。魏征跟副使商量说:"东宫、齐府左右,皆令赦原不问。今复送思行,此外谁不自疑?徒遣使往,彼必不信,此乃差之毫厘,失之千里。……今若释遣思行,不问其罪,则信义所感,无远不臻"。④接着,就自行把思行等释放了。这个措施,不仅是体现了唐太宗的宽大政策,有利于消除逃亡者的疑虑,更重要的是使唐太宗在河北地区树立起"信义"来,以争取山东豪杰的广泛支持。所以,唐太宗知道后,十分高兴,对魏征更加信任。

武德九年八月,唐太宗诏免关东赋税一年。"老幼相欢,或歌且舞。"不久又变卦,重新颁布敕令,说"已役已纳,并遣输纳,明年总为准折。"关东地区百姓们大失所望。这时,正在宣慰山

---

① 参见王先恭:《魏文贞公年谱》。《新唐书·魏征传》误作"魏州曲城人"。
② 《新唐书·魏征传》。
③ 引自王先恭:《魏文贞公故事拾遗》。
④ 《旧唐书·魏征传》。

东的魏征立即上书，强调指出："今陛下初膺大宝，亿兆观德。始发大号，便有二言。生八表之疑心，失四时之大信。纵国家有倒悬之急，犹必不可。况以泰山之安，而辄行此事！为陛下为此计者，于财利小益，于德义大损。臣诚智识浅短，窃为陛下惜之。"①魏征的慷慨陈词，显然是要唐太宗注意自己的政策在关东地区的影响，切不可贪图小利，重新惹起山东人对李唐王朝的嫌忌与不信任。

由于魏征的积极"宣慰"，妥善地处理各种关系，山东、河北局势逐渐地平静下来。武德九年冬，返回长安。次年即贞观元年七月，山东地区大旱，唐太宗诏所在赈恤，无出今年租赋。九月，又下诏说："河北燕、赵之际，山西并、潞所管，及蒲、虞之郊，幽延以北，或春逢亢旱，秋遇霖淫，或蝱贼成灾，严凝早降，有致饥馑，惭惕无忘，特宜矜恤，救其疾苦"。因此，令中书侍郎温彦博、尚书右丞魏征、治书侍御史孙伏伽、检校中书舍人辛谓等"分往诸州，驰驿检行"，做好"赈济"工作。② 就在这一年，青州发生"谋反"事件，唐太宗派殿中侍御史崔仁师前往处理。仁师采取"宽慰"的办法，很快地平息了动乱。③ 从现有史料记载来看，此后再也没有发生类似的"谋反"事件了。可见，经过唐王朝君臣们的一系列努力，基本上巩固了对山东、河北地区的统治。

---

① 《贞观政要》卷二，《纳谏》篇。据《旧唐书·太宗本纪》和《新唐书·太宗本纪》，蠲免租税的诏令发布于武德九年八月。《贞观政要》误作"贞观三年"。又，《魏郑公谏录》卷一《谏诏免租税又令输纳》篇曰："太宗初即位，诏免关中二年租赋，关东给复一年。"魏征上书所谓"今陛下初膺大宝"、"始发大号"，亦当在唐太宗即位之初，不可能是在贞观三年。《资治通鉴》卷一九一系此事于武德九年，较为确切。

② 《唐大诏令集》卷一一一，《温彦博等检行诸州苗稼诏》。

③ 《资治通鉴》卷一九二。

（三）拔擢山东人士

李唐皇室出于关陇地主集团,而要实现全国范围的统治,不能不任用山东人士。广大的山东地区既是人才荟萃之地,又是当时财政命脉所在。武德六年初,秦王李世民敏锐地注意到:"山东人物之所,河北蚕绵之乡,而天府委输,待以成绩。"①可见,山东、河北地位是何等的重要。玄武门之变后,唐太宗一直留心物色山东人,用来稳定山东局势,魏征与崔仁师就是其中杰出的代表。

然而,唐太宗有时囿于地域的偏见,未能公平地对待关中与山东人士。魏征宣慰山东前夕,曾向太宗指出:"不示至公,祸不可解"。也就是说,如果失之"至公",山东人就会产生怨恨,甚至结群思乱,天下就难以太平。对此,唐太宗是心领神会的,因此立即请魏征"安喻河北"。②贞观元年,"太宗尝言及山东、关中人,意有同异",殿中侍御史张行成跪奏说:"臣闻天子以四海为家,不当以东西为限;若如是,则示人以隘陿"。这话深深地打动了太宗的心弦。张行成是定州义丰人,少师事著名经学家刘炫,后在王世充那里当过度支尚书,与山东各种势力联系广泛。唐太宗说过:"观古今用人,必因媒介,若行成者,朕自举之,无先容也"。③为什么如此器重,让他预议大政呢?原因就在于张行成的意见反映了山东豪杰的愿望。

值得注意的是,唐太宗所拔擢的山东人士,往往不是士族高门,而是普通的微族寒门。例如,魏征是小族之家,境况孤贫;崔仁师似系高门中的破落户;张行成的先世无名望,当为卑微寒族。此

---

① 《资治通鉴》卷一九〇,《考异》引《太宗实录》。
② 《新唐书·魏征传》。
③ 《旧唐书·张行成传》。

外,受唐太宗重用的还有:张亮以农为业,家境寒贱;戴胄出身低微;马周是个寒士,等等。因为这些人大多经历隋末战乱,跟关东普通地主联系密切,熟悉民间的情况,所以,唐太宗利用他们,迅速地稳定了山东、河北地区的政治局势。

第四节　调整最高决策集团

玄武门之变后,李世民亲自执政,当然不能完全依靠武德时期的原班人马来进行统治。如何整顿最高决策集团?这是亟待解决的重要问题。

(一)贬流裴寂

唐高祖时先后有十二位宰相,几乎都是皇亲元勋或者是贵族、士族。其中最受重用的,首推裴寂。裴寂是蒲州桑泉人,据说系"世胄名家,历职清显"。其实,在隋朝时"家贫无以自业",仅捞了个晋阳宫副监的职务。由于他与李渊友谊颇深,参与起兵密谋,拥有"佐命之勋",故在武德之朝崇贵无比。可是,李世民却和他历来有矛盾。晋阳起兵后,发生多次的战略分歧。武德二年,在刘文静事件上又出现过严重的争执。后来,在皇位的激烈争夺中,裴寂公开袒护李建成。因此,唐太宗曾当面斥责他说:"武德之时,政刑纰缪,官方弛紊,职公之由。"①当然,把武德朝一切谬误都归咎于裴寂,亦欠公平。但是,裴寂贪于酒色,荒于政事,挑拨离间,制造纠葛,确是事实。

唐太宗处理裴寂问题是很讲究策略的。从形式上看,裴寂还

---

① 《旧唐书·裴寂传》。

是受到尊重的,贞观元年,食封一千五百户,比所有的功臣都多,居位第一,实际上被剥夺了预议政事的实权。贞观三年,发生沙门法雅案件。据侦查,裴寂和那个心怀"怨望"的法雅有牵连,就被免官,削食邑之半,放归本乡。"寂表乞住京师,久而不去。太宗大怒。长安令王文楷坐不发遣令,笞三十"。① 不久,有人扬言"裴公有天分"。裴寂惶惧,竟然唆使他人杀人灭口。唐太宗知道后,愤怒地宣布裴寂的四大罪状:第一条,"位为三公而与妖人法雅亲密"。第二条,"负气愤怒,称国家有天下,是我所谋"。第三条,"妖人言其有天分,匿而不奏"。第四条,"阴行杀戮以灭口"。最后说:"我杀之非无辞矣。议者多言流配,朕其从众乎。"②于是贬流于静州。

(二)罢陈叔达、萧瑀等相职

武德时宰相中也有支持李世民的,如陈叔达、萧瑀和宇文士及等。这三位分别出身于陈朝皇族、梁朝皇族及北周宗室,思想上比较守旧,缺乏进取精神。因此,唐太宗即位后,就逐渐地把他们从宰相的职位上调换下来,另作妥善的安置。武德九年七月,罢免出身于隋朝宗室的中书令杨恭仁,由宇文士及接替。同时任萧瑀为尚书左仆射,封德彝为尚书右仆射。十月,萧瑀和封德彝发生矛盾,愤愤不平。接着又跟陈叔达在殿廷上争吵,声色俱厉。"瑀、叔达皆坐不敬,免官。"贞观元年六月,封德彝去世,又以太子少师萧瑀为左仆射。九月,中书令宇文士及罢为殿中监。十二月,"左仆射萧瑀坐事免。"③总之,萧瑀等重臣已经不能适应新形势的需

---

① 《魏郑公谏录》卷一。
② 《旧唐书·裴寂传》。
③ 《资治通鉴》卷一九二。

要,很难胜任宰相的职务了。"与宰臣参议朝政,瑀多辞辩,每有评议,玄龄等不能抗,然心知其是,不用其言,瑀弥怏怏。玄龄、魏征、温彦博尝有微过,瑀劾之,而罪竟不问,因此自失。"①

唐太宗虽然罢免了陈叔达、萧瑀等相职,但仍旧把他们当作德高望重的名臣,以礼待之。例如,时常慰劳叔达,重温旧谊。"后坐闺庭不理,为宪司所劾,朝廷惜其名臣,不欲彰其罪,听以散秩归第。"②宇文士及"疾笃,太宗亲问,抚之流涕",③死后陪葬昭陵。至于萧瑀,唐太宗称赞他"守道耿介",④后来图形于凌烟阁,拜为太子太保。总之,这些处置,有利于封建统治集团内部的一致。

(三)以房、杜为相

唐太宗整顿决策集团的关键,在于把秦王府旧属和亲信包括从东宫争取过来的杰出人才,提拔到最重要的岗位上,并鼓励他们积极地去处理国事。

武德九年六月,李世民刚立为皇太子,就以宇文士及为太子詹事,长孙无忌、杜如晦为左庶子,高士廉、房玄龄为右庶子,尉迟敬德为左卫率,程知节为右卫率,虞世南为中舍人,褚亮为舍人,姚思廉为洗马。这样就组成了以太子世民为首的决策机构。除宇文士及外,无忌和士廉是亲戚,其他都是秦府武将或者"十八学士";而且大多在玄武门事变中作出过贡献。

同年七月,以高士廉为侍中,宇文士及为中书令,萧瑀为左仆射,封德彝为右仆射,长孙无忌为吏部尚书,杜如晦为兵部尚书。

---

① 《旧唐书·萧瑀传》。
② 《旧唐书·陈叔达传》。
③ 《旧唐书·宇文士及传》。
④ 《旧唐书·萧瑀传》。

这就为李世民正式即位作了组织上的必要准备。贞观元年,封德彝死后,由长孙无忌补为右仆射。贞观二年正月,无忌自动辞职。杜如晦检校侍中,摄吏部尚书。李靖检校中书令。同年十二月,又把原东宫旧属王珪提拔到相位上来,守侍中。贞观三年二月,以房玄龄为尚书左仆射,杜如晦为尚书右仆射,李靖为兵部尚书,魏征守秘书监,参预朝政。经过几年的调整,至此,唐太宗完成了最高决策集团的重建工作。①

贞观时期,尚书令因唐太宗从前担任过,故再也无人拜为此职。尚书左、右仆射就是尚书省最高长官,即左、右宰相。左仆射房玄龄明达政事,右仆射杜如晦引拔士类。"至于台阁规模,皆二人所定。……盖玄龄善谋,如晦能断故也。二人深相得,同心徇国,故唐世称贤相,推房、杜焉。"②房、杜为相,共掌朝政,为实现"贞观之治"作出了贡献。

---

① 参见《汪篯隋唐史论稿》第九六页。
② 《资治通鉴》卷一九三。

第六章　抚民以静

唐太宗在位二十三年，政绩卓著，因为年号"贞观"，所以史称"贞观之治"。这是我国封建社会里最为突出的太平盛世。如果和汉初"文景之治"相比较，可说是"恭俭不若孝文，而功烈过之矣。"①唐初"贞观之治"的首要内容，就是经济上休养生息，抚民以静。

第一节　贞观前夕的辩论与决策

武德年间，唐王朝的主要历史任务是"削平区宇"，进行统一全国的战争，不可能把重点放在如何治理国家上。玄武门之变后，李世民为皇太子，开始执政，就令百官"备陈安人理国之要。"②正式即位后，"安人理国"更成为一个极端紧迫的任务。

武德九年十月，唐太宗亲自主持关于"自古理政得失"的辩论，力图找到一条实现"天下大治"的途径。当时面临着百废待举、百乱待治的局面，大乱之后究竟能否大治？"人皆异论"，③持怀疑态度的不少。连求治心切的唐太宗，也发出了"今大乱之后，其难治乎？"④的感叹，对于唐初"致治"缺乏信心。唯独魏征满怀

---

① 《唐鉴》卷六。
② 《旧唐书·太宗本纪》。
③ 《贞观政要》卷一，《政体》篇。
④ 《新唐书·魏征传》。

信心地说:"乱后易教,犹饥人易食也","若圣哲施化,上下同心,人应如响,不疾而速,期月而可,信不为过,三年成功,犹谓其晚。"这是很有见地的。

可是,大臣封德彝等大不以为然,引证历史,说什么夏、商、周三代以后,人心渐渐地浇薄,所以秦朝专用法律,汉朝杂用霸道,它们是想教化而不能,不是能教化而不想。甚至当着唐太宗的面,厉声指责:"魏征书生,不识时务,若信其虚论,必败乱国家。"①刚直的魏征也不客气,援古引今,考之史籍,反复说明乱后致"太平"的事例多得很,强调指出:"若言人渐浇讹,不及纯朴,至今应悉为鬼魅,宁可复得而教化耶?"②驳得封德彝哑口无言。

最后,唐太宗摈弃了封德彝的陈腐论调,采纳了魏征的建议,作出了"大治"天下的决策。经过数年的不倦努力,取得了"华夏安宁,远戎宾服"的局面。唐太宗情不自禁地赞叹说:"使我遂至于此,皆魏征之力也。"可见,这场辩论,对于唐初"贞观之治"产生了何等深远的影响!③

唐太宗和魏征之所以比封德彝高明,是因为他们看到了人心思治的历史趋势。魏征说:"凡人在危困,则忧死亡。忧死亡,则思化。思化,则易教。"④从这种逻辑推理得出"致化"的结论,当然不可能科学地解释历史现象。须知,隋末动乱造成了州县萧条的景象:"黄

---

① 《魏郑公谏录》卷三。
② 《贞观政要》卷一,《政体》篇。
③ 关于"理政得失"的辩论,《贞观政要》卷一《政体》篇作"贞观七年",误。封德彝死于贞观元年六月,辩论当在此前。《新唐书·魏征传》和《资治通鉴》卷一九三,记述此事均指在唐太宗初即位。王先恭《魏文贞公年谱》系于武德九年即位不久,符合历史实际。查魏征经历,武德九年七月至九月,"宣慰"关东,不在京城,大约冬十月返回长安,与封德彝就"理政得失"进行辩论。
④ 《贞观政要》卷一,《政体》篇。

河之北,则千里无烟;江淮之间,则鞠为茂草。"①"率土之众,百不存一。干戈未静,桑农咸废,凋弊之后,饥寒重切。"②直至贞观初期,社会经济凋敝尤其,"自伊洛之东,暨乎海岱,崔莽巨泽,茫茫千里,人烟断绝,鸡犬不闻,道路萧条,进退艰阻。"③既然无数饱尝丧乱的人们,生活在"危困"之中,挣扎在"死亡"线上,那就更加渴望有休养生息的机会了。"百姓凋弊"的现实几乎随处可见,任何人都容易感受到。但是,要了解"百姓欲静"的愿望,就非有远见的政治家不可了。唐太宗和魏征恰恰对这股历史潮流深有所感,所以在关于"理政得失"的辩论中,能够及时地作出"大治天下"的决策。

第二节　抚民以静的施政方略

那么,天下怎样才能"大治"呢？唐太宗和魏征的回答是抚民以静。所谓"静者,为化之本",④这就是"安人理国"的根本方针。

（一）"为国者要在安静"

任何的施政方略都是不断完善的。

唐高祖李渊早就提出了"安人静俗"的方针,⑤不久又强调:"新附之民,特蠲徭赋,欲其休息,更无烦扰,使获安静,自修产业。"⑥但是,在武德七年以前,统一战争频繁,就全国范围来说,百

---

①　《隋书·杨玄感传》。
②　《全唐文》卷二,《申禁差科诏》。
③　《贞观政要》卷二,《纳谏》篇。
④　《魏郑公谏录》卷三。
⑤　《全唐文》卷一,《阅武诏》。
⑥　《全唐文》卷二,《申禁差科诏》。

姓尚未获得"休息"的机会。以后三年里,封建统治集团内部争斗激烈,"安静"方针贯彻很不得力。

及至武德九年八月,唐太宗即位,北方突厥扬言以"将兵百万"相威胁,颉利可汗侵犯至渭水之北。唐太宗挺身而出,订立了"便桥之盟",突厥才撤退回去。事后,唐太宗对大臣们说:"我新即位,为国者要在安静。"①因为"国家未安,百姓未富,且当静以抚之。"②可见,唐太宗所谓"安静",最初主要是指不进行对外战争,使百姓减少兵役的负担。

不久,经过"理政得失"的讨论,所谓"安静"又包括了新的内容。武德九年十一月,唐太宗和群臣商议"止盗"对策,提出了"安人理国"的四项措施:一是"去奢省费",二是"轻徭薄赋",三是"选用廉吏",四是"使民衣食有余"。同年同月,唐太宗强调指出:"君依于国,国依于民。刻民以奉君,犹割肉以充腹,腹满而身毙,君富而国亡。"③这个比喻,形象地表明了治国必先安民的远见卓识。贞观元年,唐太宗重申"为君之道,必须先存百姓";④次年进一步阐明治国在于"人君简静乃可致耳。"⑤这样,以"存百姓"为宗旨、以"简静"为特征的治国方略,就被明确地规定下来了。此后,唐太宗"夙夜孜孜,惟欲清静,使天下无事。"⑥

总结历史经验也是制定方针政策的重要根据。鉴于隋炀帝的倒行逆施,唐初君臣们痛感到非"静"不可了。魏征向唐太宗说:

---

① 《新唐书·突厥传》。
② 《资治通鉴》卷一九一。
③ 《资治通鉴》卷一九二。
④ 《贞观政要》卷一,《君道》篇。
⑤ 《贞观政要》卷八,《务农》篇。
⑥ 《贞观政要》卷一,《政体》篇。

"百姓欲静而徭役不休,百姓凋残而务务不息,国之衰弊,恒由此起。"①为了避免重蹈隋亡的覆辙,唐太宗坚决地实行"安静"的政策。后来,魏征在论时政第三疏中,总结了隋末、唐初的两种不同方针和两种不同效果,指出:"隋氏以富强而丧败,动之也。我以贫穷而安宁,静之也。静之则安,动之则乱,人皆知之,非隐而难见也,非微而难察也。"②这个鲜明的对比,说明隋末唐初封建统治者在策略上的变换。

(二)民为邦本与静为农本

唐太宗的抚民以静的治国方略,是跟一定的政治思想与经济思想相联系的。贞观二年,他对大臣们说:"凡事皆须务本。国以人为本、人以衣食为本,凡营衣食,以不失时为本。"③这段话简要地揭示了他的民为邦本与静为农本的思想内容。

民为邦本,原是儒家传统的政治思想,也是历来所谓"治国"大义。儒家能认识到国家与人民之间存在着既对立又依存的关系,是开明君民观的表现。不少帝王在口头上或者官样文书上叫喊过,但像唐太宗那样切实地加以推行,却是寥寥可数。他鉴于隋亡于虐民的教训,把"存百姓"当作"为君之道"的先决条件,同时又把"存百姓"跟帝王"正其身"相联系。他的思想逻辑可归结为:封建王朝的长治久安是取决于百姓的能否生存,而百姓的存亡又取决于君主自身能否克己寡欲。他把国治、民存、君贤三者有机地联系起来,反复强调民存取决于君贤。这种观点虽然夸大了君主

---

① 《贞观政要》卷一,《君道》篇。
② 《贞观政要》卷八,《刑法》篇。
③ 《贞观政要》卷八,《务农》篇。

个人的作用,但它承认君主的安危、王朝的兴亡取决于百姓的生活状况,毕竟是开明的君道观。他的一句名言云:"有道则人推而为主,无道则人弃而不用。"①就是君主的安危还受到人民力量制约的思想流露。

从民为邦本的政治思想出发,必然要引申出农本论的经济思想。"国以民为本,人以食为命,若禾黍不登,则兆庶非国家所有。既属丰稔若斯,朕为亿兆人父母。"②人离不开衣食,"营衣食"就是要搞农业。诚然,小农经济是封建社会的物质基础,重视农业的思想应是封建社会普遍的历史现象。然而,隋末统治者却践踏了农本思想,而唐太宗则维护了农本思想。他清醒地知道,要想在政治上"大治",就必须在经济上不夺农时;如果不留意农业这个根本问题,新王朝的统治就会有得而复失的危险。所以,他"唯思稼穑之艰,不以珠玑为宝。"③重视农业是唐太宗施政的一条基本原则。

唐太宗的农本论并非抽象的概念,它的表现形式就是静为农本的观点。具体地说,一方面要让农民休养生息,另一方面统治者征役要不违农时。两者比较而言,与民休息是静为农本的核心内容,而不夺农时则是休养生息的必要条件。贞观二年,唐太宗在慰劳刺史陈君宾时说:"是以日昃忘食,未明求衣,晓夜孜孜,惟以安养为虑。"④贞观三年四月,在《赐孝义高年粟帛诏》中说:"自登九五,不许横役一人,唯冀遐迩休息,得相存养。"⑤贞观八年,又指出:"朕有天下以来,存心抚养,无有所科差,人人皆得营生,守其

---

①　《贞观政要》卷一,《政体》篇。
②　《贞观政要》卷八,《务农》篇。
③　《旧唐书·良吏传》序。
④　《旧唐书·陈君宾传》。
⑤　《唐大诏令集》卷八〇,《赐孝义高年粟帛诏》。

资财,即朕所赐。"①诸如此类,尽管有溢美之辞,仍然可以窥见唐太宗是注意贯彻静为农本思想的。在社会经济萧条的境况下,要恢复与发展农业生产,"惟以安养为虑",与民休息,不违农时,舍此别无其他办法。

唐太宗及其臣僚在强调休养生息的作用时,还多次用养病来比喻。贞观五年十二月,他说:"治国与养病无异也。病人觉愈,弥须将护,若有触犯,必至殒命。"②的确,对于经历隋末丧乱而创建的国家,犹如久病初愈的人,只有悉心护养,才能兴盛起来。贞观六年正月,魏征也生动地讲过:"今有人十年长患,疗治且愈,此人应皮骨仅存,便欲使负米一石,日行百里,必不可得。隋氏之乱,非止十年,陛下为之良医,除其疾苦,虽已乂安,未甚充实。"③上述比喻把休养生息提高到治国方略的高度,足见静为农本在唐太宗经济思想中占有极其重要的地位。

第三节　重农政策的具体措施

唐太宗不仅规定了以"静"为特征的施政方针,而且采取具体措施加以落实。唐初,在政治上经济上努力创造各种条件,以便恢复与发展农业生产,为封建国家提供富裕的财源。具体地说,重农政策包括以下几点:

（一）推行均田,奖励垦荒

要使百姓"安静",首先要有田可种。经历隋末丧乱,州县萧

---

① 《贞观政要》卷一,《政体》篇。
② 《魏郑公谏续录》。
③ 《唐会要》卷七。

条,人口稀少,大量空荒地的存在是唐初实行均田制的前提。武德七年四月,唐高祖颁布均田令,规定:"丁男、中男给(田)一顷,……所授之田,十分之二为世业,八为口分。世业之田,身死则承户者便授之;口分,则收入官,更以给人。"①这种计口授田的土地分配法,是在唐初地广人稀的特殊历史条件下产生的,也是继承北魏、隋朝的均田制而稍加损益。它在一定程度上限制了士族、豪强对土地的垄断。

但是,武德七、八、九年间,皇室内争激烈,均田令并未认真贯彻。唐太宗即位后,才开始切实地推行。贞观初,长孙顺德为泽州刺史,发现"前刺史张长贵、赵士达并占境内膏腴之田数十顷,顺德并劾而追夺,分给贫户。"②贞观十一年七月二十日,因暴雨成灾,唐太宗"诏废明德宫及飞山宫之玄圃院,分给河南、洛阳遭水户。"③这些例子说明,当时确实分配过土地,而分配原则无疑是均田令。

当然,在地主土地私有制的情况下,所谓"均天下之田"是根本不可能的。诚如元代马端临所说:"似所种者皆荒闲无主之田,……固非尽夺富者之田,以予贫人也。"④所以,在空荒地较少的地区即"狭乡",农民群众往往得不到法定的百亩。贞观十八年二月,唐太宗"幸灵口,村落偪侧,向其受田,丁三十亩。遂夜分而寝,忧其不给。"⑤对于受田不足的情况,深感忧虑。

如何解决这个矛盾呢? 唐太宗极力鼓励农民迁往空荒地较多

---

① 《旧唐书·食货志》。
② 《旧唐书·长孙顺德传》。
③ 《旧唐书·五行志》。
④ 《文献通考》卷二,《田赋》二。
⑤ 《册府元龟》卷一〇五,《惠民》。

的地区即"宽乡"，以便给足田数。贞观元年，"朝廷立议，户殷之处，得徙宽乡"①。当时，陕州刺史崔善为上表反对说，关中地狭户殷，丁男全充府兵，如果任令迁移，都到关外去，关中空虚，很不方便。唐太宗一听，出乎军事上考虑，就停止议迁移事。其实，这里议的仅仅是府兵。至于一般农户特别是饥民，还是鼓励他们从狭乡迁往宽乡的。贞观元年，关内旱灾，粮食歉收，组织饥民到关外"分房就食"。贞观二年，唐太宗提出："安置客口，官人支配得所，并令考司录为功最"。希望地方官"善相劝勉"。②所谓"客口"，就是迁居客地附籍的客户。其中有灾民、流民，也有部分自耕农，他们迁居的地方主要是宽乡。贞观十一年，新颁布的《唐律》规定，宽乡占田逾限不作违反律令论处，移民垦荒可以得到减免租税的优待。据后来编纂的《唐律疏议》卷十三解释："若占于宽闲之处不坐。谓计口受足以外，仍有剩田，务从垦辟，庶尽地利，故所占虽多，律不与罪。"如果"人居狭乡，乐迁就宽乡"的，可以免除赋役负担："去本居千里外，复三年。五百里外，复二年。三百里外，复一年之类。"官员不按赋役令执行，要受"徒二年"的刑律处分。这些清楚地反映了唐初统治者鼓励农民移居宽乡垦荒的意志。贞观十八年二月，唐太宗巡视灵口后，"诏雍州录尤少田者，给复移之宽乡。"③由上可见，推行均田制的重点在于宽乡占田，奖励垦荒。

（二）租庸调法与"轻徭薄赋"

唐初赋役称为租庸调法，它初定于武德二年二月，修订于武德七年四月。受田户每年纳粟二石，叫作租。服役二十日，如不服役

---

① 《旧唐书·崔善为传》。
② 《旧唐书·陈君宾传》。
③ 《册府元龟》卷四二。

110

可用绢代役,一天折绢三尺,二十天共计六丈,叫作庸。纳绢二丈,另加丝绵三两;或者纳麻布二丈五尺,另加麻三斤,叫作调。由于经受隋末农民战争的打击,唐初比隋代放宽了直接生产者徭役折色的年龄,严格了服庸时间的计算方法。唐太宗即位以后,基本上照章办理,对租庸调法没有作过重大的更改或调整。

通常都说唐太宗"轻徭薄赋",其实对此应当作具体分析。综观"贞观之治"二十三年,只有一次正式颁诏减免全国赋役。那还是在武德九年八月,唐太宗即位之时,诏"免关内及蒲、芮、虞、泰、陕、鼎六州二岁租,给复天下一年。"[①]此后,有关减免租赋的记载都是局部地区的,或者是临时的救灾,或者是特殊的赏赐。据统计,共有十二次,兹录如下:

贞观元年夏,山东诸州大旱,免当年赋租。四年十月,陇、岐二州给复一年。十一年正月,免雍州当年租赋;同年三月,免洛州租调一年。十二年二月,免朝邑当年租赋。十三年正月,免三原县租赋一年。十四年正月,免雍州长安县延康里当年租赋。十五年四月,免洛州租一年,迁户故给复者加给一年。十七年三月,给复齐州一年。二十年正月,赦并州,起义时编户给复三年,后附者一年。二十二年二月,慰劳京城父老,蠲免当年半租,畿县三分之一;同年三月,给复宜君县人自玉华宫苑中迁者三年。

如果跟隋初"给复"、"免赋"记载相比较,可谓少矣。这是为什么呢?因为新王朝推行"轻徭薄赋"政策,除了与阶级斗争形势有关外,还取决于拥有社会财富的丰裕程度。隋初因"承平日久"而"库藏皆满";[②]而唐初"武德以后,国家包库犹虚"。[③] 没有丰裕

---

① 《新唐书·太宗本纪》。
② 《隋书·食货志》。
③ 《唐会要》卷九一。

的物质条件，也就无法侈谈什么薄赋于民。

"贞观之治"的主要内容不是减免租赋，而是在于防止滥征民力，反对劳役无时。唐初统治者亲眼目睹隋亡的全过程："驱天下以从欲，罄万物而自奉，采域中之子女，求远方之奇异。宫苑是饰，台榭是崇，徭役无时，干戈不戢"，结果是"民不堪命，率土分崩。"①鉴于此，唐太宗十分强调去奢省费，躬行节俭。例如，贞观元年，他想营造一座宫殿，材料都准备好了，但一想到秦亡的教训，就不再兴建了。贞观二年八月，群臣再三建议营造一座高燥的台阁，以改善"宫中卑湿"的条件，但是唐太宗坚决不允许。贞观四年，又对大臣们说："崇饰宫宇，游赏池台，帝王之所欲，百姓之所不欲。……劳弊之事，诚不可施于百姓。"②既然农民群众减少了"劳弊之事"的负担，也就意味着他们用于自己土地上的劳动时间相对地增多，势必提高了生产积极性。

至于限制役使民工，唐太宗还运用《唐律》，从刑法上加以约束。《唐律疏议》卷十六规定："修城郭、筑堤防，兴起人功，有所营造，依《营缮令》，计人功多少，申尚书省，听报始合役功。或不言上及不待报，各计所役人庸，坐赃论减一等。"《唐律》对违令者予以刑事处分，显然意在防止滥用人力。

（三）劝课农桑，不夺农时

为了劝课农桑，唐太宗恢复了被废弃达数百年之久的藉田仪式。特地颁布《藉田诏》，预作准备。施行之日，盛况空前。据《旧唐书·礼仪志》载："太宗贞观三年正月，亲祭先农，躬御耒耜，藉

---

① 《贞观政要》卷一，《君道》篇。
② 《贞观政要》卷六，《俭约》篇。

于千亩之甸。……此礼久废，而今始行之，观者莫不骇跃。"天子亲耕藉田原是古代仪式而已，不足为奇。自东晋以后，由于中原分裂，战争纷纭，加上北方少数民族的风俗不同，连藉田仪式也被废弃了。唐太宗鉴于前代不重农事的教训，采取"躬御耒耜"的举措，而且收到了"观者骇跃"的效果，显然具有提倡举国上下尽力农耕的含义与作用。

唐太宗还采取抑怠惰的做法，鼓励人尽其力，地尽其利。贞观初，某些地方官吏深体太宗旨意，曾于任内予以贯彻。如"洛阳因隋末丧乱，人多浮伪"，洛州都督窦轨"并遣务农，各令属县有游手怠惰者皆按之。"①结果收到了效果。贞观十六年，唐太宗对大臣说："朕常欲赐天下之人，皆使富贵，……使比屋之人，恣其耕稼。"②前一句话，无疑是空想。而后一句话，则表达了奖励农耕的思想。

唐太宗经常派遣使臣到各地巡视，劝课农桑。贞观四年，他跟诸州考使谈了一番"劝农"的道理，颇为生动。首先，强调"国以人为本，人以食为命，若禾谷不登，恐由朕不躬亲所致也。"接着，说他自己在园苑里种了几亩庄稼，有时锄草不到半亩，就感到很疲乏。"以此思之，劳可知矣。农夫实甚辛苦。"一个帝王能体会到农民的"辛苦"，这正是唐太宗的开明之处。因此，他要求诸位使者到州县时，"遣官人就田陇间劝励，不得令有送迎。若迎送往还，多废农业，若此劝农，不如不去。"③

当然，劝课农桑的关键在于不违农时。唐太宗从农本思想出发，十分强调"农时甚要，不可暂失。"例如，贞观五年，曾发生过举

---

① 《旧唐书·窦轨传》。
② 《贞观政要》卷八，《务农》篇。
③ 《贞观政要》佚篇（罗振玉校录）。

行礼仪与农时冲突的事件。当时礼部官员援引阴阳家择用吉日的建议说:"皇太子将行冠礼,宜用二月为吉,请追兵以备仪注。"二月正是春耕大忙季节,唐太宗宁愿屈礼而贵农,说:"今东作方兴,恐妨农事,今改用十月。"①皇太子的冠礼是国之大事,唐太宗不顾阴阳家的说教,将日期改为秋后农闲的十月,足见他对不失农时的重视。再如,唐太宗喜欢狩猎活动,以示不忘武备。为了不妨碍农时,尽量选择农闲时间进行。据《旧唐书·太宗本纪》载,贞观年间他有过七次田猎,都是选在当年的十、十一、十二月。

唐太宗还运用法律手段来保证这项措施的贯彻。《唐律》有《非法兴造》条文,指出"诸非法兴造及杂徭役,十庸以上坐赃论。"《疏议》解释:"非法兴造,谓法令无文。虽则有文,非时兴造亦是。若作池亭宾馆之属及杂徭役,谓非时科唤丁夫,驱使十庸以上,坐赃论。"②这里,所谓"非时兴造",就是农忙动工,违反农时,故被视为"非法",体现了唐太宗"不夺农时"的与民休息思想。

(四)设置义仓,救灾备荒

以藏粮备荒为宗旨的仓储制度,古已有之。隋文帝开皇年间尤其盛行。唐承隋制,唐太宗对此又作了新的改进。贞观二年春,尚书左丞戴胄援引《礼经》上的古训,联系隋末唐初的现状说:"今丧乱之后,户口凋残,每岁租米,不实仓廪。随即出给,才供当年,若遇凶灾,将何赈恤?"于是,他根据隋文帝办社仓的经验,提出建议:每年秋熟时,计算田亩,抽取一定数量的粮食,"各纳所在,为立义仓。若年谷不登,百姓饥馑,当所州县,随便取给。"③唐太宗

---

① 《贞观政要》卷八,《务农》篇。
② 《唐律疏议》卷一六,《擅兴律》。
③ 《通典》卷七。

认为此议是利人之事，就交由户部制定条例。同年四月，"初诏天下州县，并置义仓。"①唐太宗的诏文说：

"亩税二升，粟、麦、粳稻，随土地所宜。宽乡欲以所种，狭乡据青苗簿而督之。田耗十四者免其半，耗十七者皆免之。商贾无田者，以其户为九等，出粟自五石至于五斗为差。下下户及夷獠不取焉。岁不登，则以赈民；或贷为种子，则至秋而偿。"②

可见，所谓"亩税二升"，实质上是一种土地税。义仓是官办的机构，征收土地税当然是强制性的。不过，唐太宗声明说："既为百姓，先作储贮；官为举掌，以备凶年，非朕所须，横生赋敛；利人之事，深是可嘉。"③由地方官员"举掌"的义仓，取之于民，用之于民，目的在于救灾度荒。至于后来义仓成为官吏"横生赋敛"的途径，显然不是唐太宗的本意。

唐初，仓储种类颇多。有些是沿袭前代的，如京师有太仓，诸州县各有社仓。武德元年九月，诏"置常平监官，以均天下之货。"④武德五年十二月，又废常平监官。贞观十三年十二月，唐太宗下令在洛、相、幽、徐、齐、并、秦、蒲等州并置常平仓，规定粟藏九年、米藏五年；下湿之地，粟藏五年，米藏三年。这样，仓储制度更加完备了。

由于贞观时期水旱频繁，自然灾害严重，储粮救灾也就具有不可忽视的重要意义。据《册府元龟》卷一〇五《惠民》部等记载，唐太宗非常重视救灾工作，经常派遣重臣前往各地"慰抚"，开仓赈贷。在位二十三年中，除了贞观五年、六年、十三年、十四年及十六

---

① 《旧唐书·太宗本纪》。
② 《新唐书·食货志》。
③ 《通典》卷七。
④ 《唐会要》卷八八。

年外,其他十八个年头每年都有"赈恤"的任务。贞观九年、十一年、十五年、十七年、十八年、十九年、二十年、二十一年及二十二年,都是"开义仓赈贷"的。唐代史学家杜佑在评论"义仓"的作用时,指出:"自是天下州县,始置义仓。每有饥馑,则开仓振给。"①

(五)增殖人口,发展生产

隋末战乱,人口疾减。武德年间仅有二百余万户,不及隋朝最多时的户数四分之一。唐太宗即位后,十分关心户籍的变动情况。因为发展农业生产,必须有足够的劳动力,而当时人口稀少则是不利的条件。所以,贞观时期采取了以下两个措施。

首先,赎回外流人口。

史称:"隋末,中国人多没于突厥。"②一方面,突厥内扰俘掠汉民;另一方面,汉民避乱而入北。贞观三年,张公谨建议攻取突厥时,特别提到:"华人在北者甚众,比闻屯聚,保据山险,王师之出,当有应者。"③可见,当时在突厥的汉人数目巨大,这也是唐初户口耗减的原因之一。

唐太宗即位初,立刻注意到归还人口问题。武德九年九月,突厥颉利可汗献马三千匹、羊万口,作为两国交好的礼物。唐太宗尽管急需马匹、牲口,但不接受马、羊,只"令颉利归所掠中国户口"。由于采取鼓励人口回流的措施,贞观三年,仅户部统计,"中国人自塞外来归及突厥前后内附、开四夷为州县者,男女一百二十余万口。"其中当有不少陷没突厥而归附的人。贞观四年,颉利降唐,次年四月,唐太宗"以金帛购中国人因隋乱没突厥者男女八万人,

---

① 《通典》卷十二。
② 《资治通鉴》卷一九三。
③ 《新唐书·张公谨传》。

尽还其家属";同年,"党项羌前后内属者三十万口。"①贞观二十一年六月,因铁勒诸部内附为州县,唐太宗下诏曰:"隋末丧乱,边民多为戎狄所掠,今铁勒归化,宜遣使诣燕然等州,与都督相知,访求没落之人,赎以货财,给粮递还本贯;其室韦、乌罗护、靺鞨三部人为薛延陀所掠者,亦令赎还。"②综上所述,前后赎回外流人口约近二百万人。这对于解决中原地区劳动力缺乏,起了一定的作用。

其次,奖励嫁婚,生育人口。

贞观元年,唐太宗颁布"劝勉民间嫁娶诏",规定以男年二十、女年十五作为法定的婚龄,"任其同类相求,不得抑取"。凡是鳏夫、寡妇丧期已过的,"并须申以媒媾,令其好合。"为了保证育龄期内男女的婚配,诏令还责成乡里亲戚或"富有之家"对贫乏不能嫁娶者,采取"资送"办法:"贫窭之徒,将迎匮乏者,仰于其亲近及乡里富有之家,哀多益寡,使得资送以济"。③

唐太宗还把婚姻及时与户口增加,作为地方官员的职责,明确规定:"刺史、县令以下官人,若能使婚姻及时,鳏寡数少量,准户口增多,以进考第。如其劝导乖方,失于配偶,准户减少,以附殿失。"④这说明唐太宗以婚数与户口增减作为考核官员、决定升降的重要依据。此外,还以物质鼓励男口的生育。如贞观三年,颁布《赐孝义高年粟帛诏》,规定:"妇人正月以来生男者,粟一石。"⑤

总之,由于唐太宗采取了一些措施,人口迅速增长。贞观二十三年,全国户数接近三百八十万户,虽然还不到隋朝最多时户数的

①　《旧唐书·太宗本纪》。
②　《资治通鉴》卷一九八。
③　《全唐文》卷四,《令有司劝勉民间嫁娶诏》。
④　《全唐文》卷四,《令有司劝勉民间嫁娶诏》。
⑤　《全唐文》卷五,《赐孝义高年粟帛诏》。

一半,但比武德年间净增了一百八十万户。

(六)释放宫女

唐太宗即位后,曾两次释放过宫女:一次是在武德九年八月,因整顿宫殿,放还宫女三千余人。另一次是在贞观二年九月,派遣戴胄、杜正伦等于掖庭西门释放宫女,数字不详。但是,前后两次释放的总数,如唐太宗本人所说:"数年来又放宫人三五千人出。"①

为什么大规模地释放宫女呢? 唐太宗曾对大臣们说:"妇人幽闭深宫,情实可愍。隋氏末年,求采无已,至于离宫别馆,非幸御之所,多聚宫人。此皆竭人财力,朕所不取。且洒扫之余,更何所用? 今将出之,任求伉俪,非独以省费,兼以息人,亦各所遂其情性。"②这里,开头两句话,不过是官样文章而已。最主要的原因是鉴于隋亡的教训,贯彻去奢省费的原则,反对滥用人力财力。这也正是唐太宗重农思想的反映。当时,社会经济凋敝,唐王朝财政匮乏,而掖廷宫人"无用者尚多","虚费衣食",③所以就有裁减的必要了。

值得注意的是,释放宫女"非独以省费"而已,还有"兼以息人"的目的。唐太宗在《放宫女诏》中说:"恐兹幽闭,久离亲族。

---

① 《魏郑公谏录》卷四。王先恭校注云:"《新(唐)书·太宗纪》武德九年八月放宫女三千余人。《旧(唐)书》同。白居易诗:'怨女三千放出宫,死囚四百来归狱。'他书亦不云有放至五千人之事。……《通鉴》于武德九年不书放出之数,至此(贞观二年九月)总称前后所出三千余人,殊为失实。此云数年来放宫女三五千人,是其后陆续放出。史不详书,此文乃可补阙。"

② 《贞观政要》卷六,《仁恻》篇。

③ 《资治通鉴》卷一九三。

118

一时减省,各从罢散,归其戚属,任从婚娶。"①就是让宫女返回民间,"任从婚娶",以便建立家庭,生男育女。显然,这种做法跟奖励婚娶的指导思想相联系。

(七)兴修水利

水利是发展农业的根本。唐太宗既然以农为本,那就必然要重视水利工程建设。特别是贞观年间,水旱连年不绝,治水更成为一项紧迫的任务。例如,贞观十一年七月,洛水暴涨,淹没六百余家。唐太宗下诏自责,说:"暴雨成灾,大水泛滥,静思厥咎,朕甚惧焉。"②同年九月,黄河泛滥,毁坏很多地方,唐太宗亲自到白司马坂巡视,足见他对水利设施的关注。

为了有效地治水,唐初对治水的专门机构加以整顿。据《唐六典》卷七载,工部设有水部郎中和员外郎,职责是"掌天下川渎陂池之政令,以导达沟洫,堰决河渠,凡舟楫灌溉之利,咸总而举之。"京师设有都水监,掌管京师河渠疏浚与灌溉事宜。此外,还制定出水利与水运的专门立法,即所谓《水部式》,以刑律保护河水与堤防的合理使用。唐太宗执法较严,凡是违反《水部式》规定的失职官员,务必惩处。如贞观十八年,太常卿韦挺负责水运粮食至辽东,事先没有视察河道,致使六百余艘粮船因河道"浅塞不能进"。次年正月,"韦挺坐不先行视漕渠"的刑律,被"械送洛阳",遭到"除名"的处分。③

在唐太宗的倡导下,各地兴修水利成效显著。例如,贞观十八

---

① 《全唐文》卷四,《放宫女诏》。
② 《旧唐书·五行志》。
③ 《资治通鉴》卷一九七。

年，扬州大都督府长史李袭誉，因江都俗好商贾，不事农业，"乃引雷陂水，又筑勾城塘，溉田八百余顷，百姓获其利。"①又如，沧州刺史薛大鼎，针对州内无棣河淤塞、不便通航与灌溉的情况，上疏建议开河。经批准后，在百姓的辛勤劳动下，终于疏通了。百姓为之作歌曰："新河得通舟楫利，直达沧海鱼盐至。昔日徒行今骋驷，美哉薛公德滂被。"接着，他又疏通了长芦河、漳河及衡河，使地势低下的沧州免除了"夏潦"的威胁，"境内无复水害"。② 总之，贞观一代，约兴修了二十余处的水利工程，现列表如下：

贞观年间兴修水利表

州（郡）县名	渠名	兴修年代	主持者	渠　位	资料来源
虢州弘农郡弘农县	弘农渠	贞观元年	元伯武	县南七里	《新唐书·地理志》二
福州长乐郡连江县	材　塘	贞观元年		县东北十八里	《新唐书·地理志》五
绵州巴西郡神泉县	折脚塘	贞观元年		县北二十里	《新唐书·地理志》六
绵州巴西郡龙安县	云门堰	贞观元年		县东南二十三里	同上
太原府太原郡文水县	栅城渠	贞观三年		县西北二十里	《新唐书·地理志》三
资州资阳郡盘石县	百枝池	贞观六年	将军薛万彻	县北七十里	《新唐书·地理志》六
绵州巴西郡魏城县	洛水堰	贞观六年		县北五里	同上
河中府河东郡龙门县	瓜谷堰	贞观十年		县北三十里	《新唐书·地理志》三

---

① 《唐会要》卷八九及《通典》卷二。
② 《旧唐书·薛大鼎传》。

州(郡)县名	渠名	兴修年代	主持者	渠 位	资料来源
冀州信都郡信都县	葛荣渠	贞观十一年	刺史李兴公	县东二里	同上
陕州陕郡陕县	利人渠	贞观十一年	武侯将军丘行恭	县南	《新唐书·地理志》二
杭州余杭郡富阳县	阳陂湖	贞观十二年	县令郝某	县北十四里	《新唐书·地理志》五
河中府河东郡虞乡县	涑水渠	贞观十七年	刺史薛万彻	县北十五里	《新唐书·地理志》三
扬州广陵郡江都县	雷塘勾城塘	贞观十八年	长史李袭誉	县东十一里	《新唐书·地理志》五
瀛州河间郡河间县	长丰渠	贞观二十一年	刺史朱潭	县北百里	《新唐书·地理志》三
河中府河东郡龙门县	十石垆渠	贞观二十三年	县令长孙恕	县东南二十三里	同上
泉州清源郡莆田县	诸泉塘	贞观中		县西一里	《新唐书·地理志》五
同上	沥浔塘永丰塘	同上		县南二十里县西南二里	同上
同上	横塘	同上		县南五里	同上
同上	颉洋塘	同上		县东北四十里	同上
同上	回清塘	同上		县东南二十里	同上
太原府太原郡太原县	晋渠	同上	长史李勣	县东	《新唐书·地理志》三
沧州景城郡无棣县	无棣渠	同上	刺史薛大鼎		新、旧《唐书·薛大鼎传》①

---

① 旧、新《唐书·薛大鼎传》皆云开于太宗贞观中,惟《新唐书·地理志》三云开于高宗永徽元年,今从本传。

州(郡)县名	渠名	兴修年代	主持者	渠　位	资料来源
沂州琅邪郡临沂县	有陂十三处	贞观以来			《新唐书·地理志》二
瀛州境内	滹沱堰	贞观末	刺　史贾敦颐		新、旧《唐书》本传

第四节　"天下大治"的实现

唐太宗从各个方面推行重农政策,其结果是显见的。随着国家政治局面的日益安定,社会经济也得到恢复与发展。正如唐太宗所说:"贞观以来,手不释卷,知风化之本,见理政之源。行之数年,天下大治而风移俗变。"①

(一)经济的恢复与发展

贞观时期,要扭转社会凋敝的局面、克服自然灾害所带来的困难,并不是轻而易举的。只有经过多年的不倦的努力,才慢慢地呈现繁荣的景况。

关中地区是唐王朝的京畿之地,首先得到了恢复与发展。至贞观三、四年,关中农业丰收,流散人口纷纷回乡。但就全国范围来说,如魏征指出,从伊、洛以东,直至泰山,还是"人烟断绝,鸡犬不闻"的荒凉状况。旧史称:"至四年,米斗四五钱,外户不闭者数

---

① 《贞观政要》卷十,《慎终》篇。

月,马牛被野,人行数千里不赍粮,民物蕃息。"①这显然是言过其实的。当时山东地区尚未富庶,然而,社会秩序已趋安定,农业生产日益复苏,也是不可否认的事实。

贞观六、七年是关键的年份。这两年,风顺雨调,连续丰稔。广大的山东地区改变了昔日残破的面貌:"行旅自京师至于岭表,自山东至于沧海,皆不赍粮,取给于路。入山东村落,行客经过者,必厚加供待,或发时有赠遗。此皆古昔未有也。"②贞观七年,唐太宗面对"海内康宁"的显赫政绩,回想起从前那场关于"理政得失"的辩论,风趣地说:"唯惜不得使封德彝见之。"③封德彝死于贞观元年六月,倘若健在的话,不知会有何等的感想! 历史事实证明,"败乱国家"者不是魏征,而"不识时务"者却是封德彝。

接着,贞观八年、九年、十三年、十四年、十五年、十六年,又是丰收年成。唐代史学家杜佑描绘说:"自贞观以后,太宗励精为理。至八年、九年,频至丰稔,米斗四、五钱,马牛布野,外户动则数月不闭。至十五年,米每斗值两钱。"④所谓"夜不闭户",纯属歌功颂德之辞。在私有制的社会里,哪里有睡觉不关门的呢! 但是,粮价从斗米一匹绢,跌至斗米四五钱,再跌至斗米两三钱,确是农业生产迅速恢复与发展的标志。

"太平盛世"的出现,有着深刻的社会根源。从客观条件来说,由于农民战争沉重地打击了隋王朝的反动统治,起义军"得隋官及士族子弟皆杀之。"⑤土地关系和人身依附关系都发生了某些

---

① 《新唐书·食货志》。

② 《贞观政要》卷一,《政体》篇。

③ 《魏郑公谏录》卷三。

④ 《通典》卷七。

⑤ 《资治通鉴》卷一八三。

变化与松动,自耕农数量相对地有所增加。在空荒地大量存在和生产条件改善的基础上,广大农民群众重新回到小农经济的简单再生产中去,以自己辛勤的同时是沉重的劳动,直接地推动着社会经济的发展,创造了巨大的物质财富。这就是造成唐初封建社会"太平盛世"的根本原因,充分地显示了农民战争的伟大历史作用。如果没有农民群众的生产斗争,也就没有"贞观之治"的盛世景况。从主观条件来说,唐初封建统治者主动调整了土地关系。唐太宗及其臣僚们亲眼看到了民众力量如同洪水覆没封建王朝之"舟",看到了隋朝覆灭的前车之鉴,因而带着畏惧覆舟的心情,把恢复与发展小农经济提到"国本"的高度,制定了抚民以静的方针。各种各样的经济措施,如推行均田、奖励垦荒、轻徭薄赋、劝课农桑、设置义仓、救灾备荒、兴修水利等等,都有力地促进了农业生产的复苏。上述措施,历代封建王朝以前也曾执行,为什么唐初收效尤其显著呢? 这就不能不说到唐太宗的历史功绩。他以隋亡于抚民废业为鉴,警惕自己务必"抚民以静"。他曾在《金镜》这篇诏文中说:"多营池观,远求异宝,民不得耕耘,女不得蚕织,田荒业废,兆庶凋残,见其饥寒不为之哀,睹其劳苦不为之感,苦民之君也,非治民之主也。"①决心不做殷纣之类"苦民之君",而要做"治民之主"。因此,唐太宗能切实地推行重农政策,终于取得了"贞观之治"的成就。

(二)"贞观之治"的阶级实质

以静为特征的政策措施,实质上是地主阶级的阶级政策。尽管唐太宗声称什么"养百姓"、什么"惟以安养为虑",但丝毫掩盖

---

① 《全唐文》卷十,《金镜》。

不了它的剥削阶级的本性。魏征说了一个形象的比喻："臣闻竭泽取鱼,非不得鱼,明年无鱼。"①原来,唐初君臣们反对的是"竭泽而渔"的横征暴敛,为的是年年有鱼罢了。唐太宗也对大臣们说:"不敢轻用人力,惟令百姓安静,不有怨叛而已。"②又说:"朕终日孜孜,非但忧怜百姓,亦欲使卿等长守富贵。"③可见,"忧怜百姓"是要农民群众永远供封建统治者驱使,不至于反叛,从而保证地主阶级"长守富贵"。也就是说,实行"安静"方针的根本目的在于维护封建王朝的长治久安,保障地主阶级的长远利益。如果忽略了这一点,迷惑于唐太宗所说的"养百姓"之类冠冕堂皇的话,把他奉为超阶级的圣君,显然是不对的。

还必须指出,"贞观之治"只不过是地主阶级的"太平盛世"。所谓"马牛布野,外户不闭"等,往往是溢美之辞。其实,在贞观时期里,农民群众的生活还是相当困苦的。例如,贞观四年十二月,唐太宗"猎狩于鹿苑,见野人多蓝缕,遣侍中王珪赈赐贫人焉。"④京畿之地,时逢丰年,农民尚且蓝缕;至于其他地区"贫人"处于如何的困境,便可想而知了。尤其是在自然灾害频繁的情况下,唐王朝"振恤"的记载史不绝书,足见那时决非歌舞升平的"天堂"。

当然,揭露"贞观之治"的阶级实质,也不能得出否定"贞观之治"的结论。我们不能判断一下封建统治者及其政策的阶级性就算了事,还必须研究它在历史上所起的作用,是属于进步的还是反动的。这里,区别的标志在于:它对社会生产力的发展起着如何的影响。隋炀帝的倒行逆施,引起了社会的大动乱,造成了生产力的

---

① 《魏郑公谏录》卷一。
② 《贞观政要》卷十,《行幸》篇。
③ 《贞观政要》卷六,《贪鄙》篇。
④ 《册府元龟》卷一一五。

大破坏。而唐太宗的抚民以静,医治了社会的创伤,带来了经济的复苏,无疑地具有进步作用。

第五节　贞观后期不如前期

"贞观之治"二十三年,明显的有前期、后期之分,大约以贞观十一年为界。随着"大治"的实现和功业的隆盛,唐太宗在推行抚民以静的方针上,出现了后期不如前期的景况。

(一)"渐不克终"

所谓"后期不如前期",并不是指经济文化发展的水平而言。事实上,贞观后期,国力的强大,经济的发展,人口的增加,农田的垦辟,文化的昌盛,中外交流的密切,都是超过前十年的。唐太宗在"遗诏"中说:"至于比屋黎元,关河遗老,或赢金帛,或赉仓储。"①此番情景与初年"千里无烟"的凋敝困境,自然不可同日而语。但是,就"安静"方针的实施情况来说,出现了"渐不克终"的现象。

贞观之初,唐太宗励精图治,据说,"每夜恒思百姓间事,或至夜半不寝。唯恐都督、刺史堪养百姓以否。"②那副兢兢业业的神态不是跃然纸上吗? 至贞观六年略有所变化:当时,文武官员以为天下太平,年谷丰登,建议唐太宗到泰山举行"封禅"大礼。虽经魏征反对,没有去成,但唐太宗满以为自己"功高"、"德厚",有点飘飘然了。此后,据马周"访问"结果,"百姓颇有怨嗟之言,以陛

---

① 《唐大诏令集》卷一一。
② 《贞观政要》卷三,《择官》篇。

下不存养之。"①不过,总的来说,前期还算是谨慎施政的,唐太宗也清醒地记住骄逸必至丧败的历史教训。

贞观十一年,由于太宗的变化,许多大臣连接不断地上书切谏,给唐太宗敲警钟。魏征四次上《论时政疏》,批评陛下"虽有善始之勤,未睹克终之美。"②马周上疏指出:"今比年丰穰,匹绢得粟十余斛,而百姓怨咨者,知陛下不复念之,多营不急之务故也。"③岑文本也上封事,希望唐太宗居安思危,善始善终。

过了一年,魏征尖锐地指出:"若恩威所加,远夷朝贡,比于贞观之始,不可等级而言。若德义潜通,民心悦服,比于贞观之初,相去又甚远。""所以,功业虽盛,终不如初。"④

又过一年,因唐太宗近来颇好奢纵,魏征特上著名的《十渐疏》,强调说:"顷年以来,稍乖曩志,敦朴之理,渐不克终。"接着,列举了十种表现,例如:贞观之初,无为无欲,清静之化,远被遐荒;今则其风渐坠,远求骏马珍奇。过去,每存简约,无所营为;顷年以来,意在奢纵,忽忘卑俭,轻用人力。以往,损己以利物,今则纵欲以劳人,卑俭之迹岁改,骄侈之情日异。⑤ 请看,这些淋漓尽致的对比,不正是后期不如前期的反映吗?

(二)从"清静"到"奢纵"

唐太宗的"渐不克终",集中地表现在从清静简约到骄奢纵欲的变化上。

---

① 《贞观政要》卷六,《奢纵》篇。
② 《贞观政要》卷五,《诚信》篇。
③ 《资治通鉴》卷一九五。
④ 《贞观政要》卷二,《纳谏篇》。
⑤ 《全唐文》卷一四〇,《十渐疏》。

远在武德四年五月，秦王李世民攻克隋朝东部（洛阳）后，看到富丽堂皇的宫殿，不禁感叹道："逞侈心，穷人欲，无亡得乎！"①鉴于隋亡的教训，唐太宗即位初，是比较注意"躬行节俭"的。贞观二年，他对大臣说："夫安人宁国，惟在于君，君无为则人乐，君多欲则人苦，朕所以抑情损欲，克己自励耳。"②作为封建帝王，没有私欲，那是不可能的。唐太宗只是在特殊的历史条件下，对自己的私欲有所压抑与节制罢了。随着时间的推移和环境的改善，他就醉心于"崇饰宫宇，游赏池台"那一套玩意了。贞观五年九月，修仁寿宫，更命为九成宫。接着，又修洛阳宫，凿池筑山，雕饰华靡。贞观八年十月，营造大明宫。不过，前期造宫殿往往遭到谏臣们的反对，唐太宗尚能予以克制。

　　及至贞观后期，情况就不同了。唐太宗修建飞山宫等，放出话说："若不为此，不便我身。"③以杜塞谏官之口，叫别人提不得意见。贞观十五年十二月，宰相房玄龄和高士廉，在路上碰见少府少监窦德素，顺便询问宫城北门近来营造些什么？唐太宗知道后，大发脾气："君但知南衙事，我北门少有营造，何须君事！"④这种蛮横的态度，说明唐太宗已经放手地大兴土木了。到了贞观末期，更是宫室互兴，"北阙初建，南营翠微（宫名），曾未逾时，玉华（宫名）创制，非惟构架之劳，颇有工力之费。"⑤宋代史学家范祖禹评论说：唐太宗"恭俭不及汉文（帝）。"这是有事实根据的。

　　骄奢纵欲的结果，必然加重了人民的徭役负担。贞观十一年，

　　① 《资治通鉴》卷一八九。
　　② 《贞观政要》卷八，《务农》篇。
　　③ 《贞观政要》卷十，《慎终》篇。
　　④ 《魏郑公谏录》卷二。
　　⑤ 《贞观政要》卷九，《征伐》篇。

马周上疏指出:"供官徭役,道路相继,兄去弟还,首尾不绝,远者往来五六千里,春秋冬夏,略无休时。"①唐太宗竟然为自己辩护,说什么"百姓无事则骄逸,劳役则易使。"魏征有感于此,贞观十三年上疏切谏,认为这"恐非兴邦之至言,岂安人之长算?"同时,尖锐地指出:"顷年以来,疲于徭役,关中之人,劳弊尤甚。杂匠之徒,下日悉留和雇;正兵之辈,上番多别驱使,和市之物不绝于乡间,递送之夫相继于道路。既有所弊,易为惊扰,脱因水旱,谷麦不收,恐百姓之心,不能如前日之宁帖。"②

　　的确,赋役的加重,又造成了新的社会问题。贞观前期,史称"流散者咸归乡里。"③如今,百姓为了逃避徭役负担,又纷纷逃亡了。贞观十六年正月,唐太宗"敕天下括浮游无籍者,限来年末附毕"。所谓"附"者,就是"附籍",说明当时逃户问题相当严重。同年七月,唐太宗下令:"自今有自伤残者,据法加罪,仍从赋役。"原来,隋朝末年因赋役繁重,不愿服役者往往砍断自己的手或脚,叫作"福手"或"福足"。"至是遗风犹存,故禁之。"④

　　既然百姓难以安宁度日,也就会有"骚动"的可能。贞观晚年,为了对外用兵,唐太宗下令蜀地赶造战船。"蜀人苦造船之役",不仅要运出"山谷已伐之木",而且要加工成船,只得"乞输直雇潭州人造船"。而大船一艘庸绢二千二百三十六匹,十分昂贵。州县官府催征甚急,迫使蜀民"卖田宅,鬻子女",几乎造成百姓们骚动。⑤ 可见,阶级矛盾已经日益尖锐了。

----

① 《旧唐书·马周传》。
② 《全唐文》卷一四〇,《十渐疏》。
③ 《资治通鉴》卷一九三。
④ 《资治通鉴》卷一九六。
⑤ 《资治通鉴》卷一九九。

(三)"功大过微,故业不堕"

尽管贞观后期不如前期,社会问题日益严重,但从大局来看,并没有出现败亡的危机。大局之所以未坏,原因是多方面的,其中之一就是跟唐太宗对守成艰难的认识分不开的。

贞观十二年九月,唐太宗问:"帝王之业,草创与守成孰难?"房玄龄认为打天下难,魏征则认为守天下难。唐太宗比较了两种意见,总结说:"玄龄昔从我定天下,备尝艰苦,出万死而遇一生,所以见草创之难也。魏征与我安天下,虑生骄逸之端,必践危亡之地,所以见守成之难也。今草创之难,既已往矣,守成之难者,当思与公等慎之。"①这场讨论表明,魏征目睹太宗日渐骄逸,后不如初,所以特别强调"守成"的艰难。而唐太宗也还算是清醒的,尚能注意到守业比创业更不容易,表示要谨慎对待。

过了三年,即贞观十五年,唐太宗和大臣们再次讨论"守天下难易"问题。他认为,只要任用贤能之人,虚心听取谏诤,就可以守天下了,似乎没有什么"难"的了。魏征郑重地说:"观自古帝王,在于忧危之间,则任贤受谏。及至安乐必怀宽怠,言事者惟令兢惧,日陵月替,以至危亡。圣人所以居安思危,正为此也。安而能惧,岂不为难?"②这番话又一次打动唐太宗的心弦,使他那"安乐宽怠"的思想情绪有所克制。

正是由于唐太宗重视"守成难易"问题的讨论,所以后期虽然

①《贞观政要》卷一《君道》篇记述此事作"贞观十年",疑误。《旧唐书》有关列传,均无记载。《魏郑公谏录》卷四《对守文创业》篇和《新唐书·房玄龄传》,虽记其事,但无年月。《册府元龟》卷一○四作"贞观十二年九月",《资治通鉴》卷一九五亦系于贞观十二年九月。据此,王先恭《魏文贞公年谱》断为贞观十二年,似较确切。

②《贞观政要》卷一,《君道》篇。

骄奢纵欲,犯了各种各样的过错,但还是能够听进些臣下的意见,避免了不少失误,始终没有朝着"危亡"的道路滑下去。

及至贞观二十二年,唐太宗对自己作了这样的评价:"吾居位以来,不善多矣,锦绣珠玉不绝于前,宫室台榭屡有兴作,犬马鹰隼无远不致,行游四方,供顿烦劳,此皆吾之深过,勿以为是而法之。顾我弘济苍生,其益多;肇造区夏,其功大。益多损少,故人不怨;功大过微,故业不堕;然比之尽美尽善,固多愧矣。"①可见,唐太宗直到晚年还是有自知之明的,既不掩饰自己的过错,更不把自己当作"尽美尽善"的完人,这是难能可贵的。用"功大过微,故业不堕"来评价"贞观之治"的业绩,也是十分恰当的。

---

① 《资治通鉴》卷一九八。

第七章　任贤致治

所谓"贞观之治"，从某种意义上说，也就是任贤致治。王船山说："唐多能臣，前有汉，后有宋，皆所不逮"。[①] 高度评价了贞观时期人才济济的盛况。贞观能臣为"贞观之治"贡献了自己的聪明才智，其中唐太宗的卓越人才观与用人政策起了重大的作用。

第一节　兼明善恶，舍短取长

人才能否得以施展才能，关键在于选用者的识拔能力，世称唐太宗明于知人，善于用人，征诸史实，殆非虚语。贞观晚年，他总结了自己的用人经验，指出："用人之道，尤为未易。己之所谓贤，未必尽善；众之所谓毁，未必全恶。知能不举，则为失材；知恶不黜，则为祸始。又人才有长短，不必兼通。是以公绰优于大国之老，子产善为小邦之相。绛侯木讷卒安刘氏之宗，啬夫利口不任上林之令。舍短取长，然后为美。"[②] 唐太宗的"用人之道"归纳起来主要是：知人要兼明善恶，用人要舍短取长。世谓知人难，用人尤难。但唐太宗却能知人善任，主要在于他的用人政策具有辩证思想。

---

① 《读通鉴论》卷二十。
② 《全唐文》卷十，《金镜》。

（一）知人要兼明善恶

知人难，难在不易尽知。"己之所谓贤，未必尽善；众之所谓毁，未必全恶"，指出了主观认识与客观实际之间的矛盾。好坏善恶自有客观标准，本人与他人的看法难免掺杂主观的成分，故处理好知人问题上主观与客观的矛盾，要有辩证思想，对人言要区别对待，既不可不信，又不可全信。作为罗致人才的君主也要全面分析，唐太宗正是如此。他对辅佐大臣的才干得失，总是区分优劣、全面衡量的。如他评价长孙无忌"善避嫌疑，应对敏速，……而总兵攻战，非所长也。"品评高士廉"涉猎古今，心术聪悟，临难既不改节，为官亦无朋党；所少者骨鲠规谏耳。"①这些品议无不恰到、中肯，正是唐太宗明辨长短、兼知优劣的表现。

在唐太宗看来，兼明优劣仅仅是知人的一个方面；知人的另一方面则是"知能不举，则为失材；知恶不黜，则为祸始。"人有才能，就得举用；举用之后，发现劣迹，不得姑息，必须斥退。可见，唐太宗的知人之明是包括了解人才两个阶段的全过程的，而且两者之间存在着辩证关系。即在了解的前提下使用，在使用的过程中通过考察加深了解。为什么说使用是了解人才的第二阶段呢？其原因正如唐太宗所说的"公等既不知贤，朕又不可偏识"的认识限度所致。还因被举之士"厚貌饰词，不可知悉"，以伪装惑人，制造贤才的假象，遂造成了知人之难。所以，使用过程中的考察，实为补救主观上了解人才难免片面的举措。对此，魏征十分强调："知人之事，自古为难，故考绩黜陟，察其善恶。"②

---

① 《旧唐书·长孙无忌传》。
② 《贞观政要》卷三，《择官》篇。

唐太宗不仅具有知人的两个互相联系的阶段的辩证认识,而且还认真付之实现。即位初,他就指示尚书右仆射封德彝举荐贤才,几月未见动静。他掩饰不住求贤的急切心情,斥责封德彝失职。封德彝辩解:"非不尽心,但于今未有奇才耳!"唐太宗驳道:"古之致治者,岂借才于异代乎?正患己不能知,安可诬一世之人!"[1]他认为人才不会没有,关键在于物色,如果不去发掘人才,也就不能发现人才,必不知人。另一方面,唐太宗十分重视在使用中考察官员的才行,以加强了解,加深知人。他曾对魏征说起:"用得正人,为善者皆劝;误用恶人,不善者竞进。"贤才能起表率作用,不肖则败坏吏治,故他对"在官如有善事"的良吏,具列姓名于屏风之上,对"百姓已受其弊"的"恶迹始彰"的官员,则决不宽贷,必加"刑戮"[2]。

(二)用人要"舍短取长"

知人固难,而用人更难,难在善任。如果说知人是善任的前提,那么善任则是知人的结果。要使任人各得其所,必须理解"人才有长短,不必兼通"的道理。对此,唐太宗深有认识。贞观元年,他驳斥封德彝"于今未有奇才"时说:"君子用人如器,各取所长。"[3]贞观二十一年,他再次重申:"人之行能,不能兼备。朕常弃其所短,取其所长。"[4]几乎与此同时,又在《金镜》里总结了"舍短取长,然后为美"的用人经验。唐太宗解释用人必须"舍短取长"时,作了"用人如器"的比喻,是十分贴切的。正如器物不能兼具

---

① 《资治通鉴》卷一九二。
② 《贞观政要》卷三,《择官》篇。
③ 《资治通鉴》卷一九二。
④ 《资治通鉴》卷一九八。

各种用途一样,人也不可能兼备全才。金无足赤,人无完人。所谓人才,自然会有自己的短处与毛病,如果用求全责备的目光看人,就会有眼不识人才。唐太宗在用人过程中,遵循"舍短取长"的方针是十分成功的,他任用房玄龄、杜如晦、戴胄等人,就是舍短取长的范例。房、杜的短处是不善于理狱与处置杂务琐事,长处是多谋善断,唐太宗扬长避短,充分发挥其相才。史载玄龄"不以求备取人,不以己长格物,随能收叙,无隔疏贱。论者称为良相焉。"杜如晦则发挥其"剖断如流"的长处,与房玄龄贴然配合,共掌朝政,"至于台阁规模,典章文物,皆二人所定,甚获当时之誉,时称房、杜焉。"①戴胄的短处是"无学术"、不通经史,唐太宗不让他担任学馆儒林之职。基于他忠直、秉公办事的长处,一度被任为大理少卿。戴胄处事干练,案无滞留,敢于犯颜执法,能拯太宗量刑过失,使太宗发出了"法有所失,公能正之,朕何忧也"的赞语。②这既是对戴胄的好评,也是对唐太宗"舍短取长"的"用人之道"的赞许。

由于唐太宗懂得人无完人的道理,故能充分发挥各人所长,出现了贞观一代"茂绩殊勋,冠冕列辟"的盛况。有的"材推栋梁,谋猷经远,绸缪帷帐,经纶霸图";有的"学综经籍,德范光茂,隐犯同致,忠谠日闻";有的"竭力义旗,委质藩邸,一心表节,百战标奇"。③ 各种各样的人才,从政治、文化、军事等各个方面效力唐室,这正是唐太宗"用人如器"、"舍短取长"的方针收到实效的生动体现。

---

① 《贞观政要》卷二,《任贤》篇。
② 《旧唐书·戴胄传》。
③ 《旧唐书·长孙无忌传》。

（三）驭人要人尽其才

知人难，难在未易尽知；用人难，难在才非所用。但将用人难与尽其才之难相比，前者还是显得难度小些。故欧阳修认为："王者用人非难，尽其才之为难。观太宗之责任也，谋斯从，言斯听，才斯奋……"①就是说，唐太宗不仅知人善任，而且能"尽其才"。"尽其才"或者说"才斯奋"的前提是"谋斯从，言斯听"，对贤才们的优谋、嘉言能够言听计从，也就是事臣以礼之意，这对贤臣施展才能将是最大的鞭策和保证。正如魏征所说的："陛下导臣使言，臣所以敢言"。②指出了唐太宗的"谋斯从，言斯听"是促使他"才斯奋"即"尽其才"的保证。正如欧阳修所说的，贞观能臣"始皆奋亡命布衣，嫔然列置上兖。薛收虽早夭，帝本以中书令待之。御臣之方，顾不善哉！"③

由于唐太宗知人善任与言听计从，这就充分调动了大臣"尽其才"的积极性。贞观能臣无不竭其智、尽其能、毕其力。例如，房玄龄"既任总百司，虔恭夙夜，尽心竭节，不欲一物失所。"甚至病危之际，还卧床作表谏止远征，唐太宗深受感动，对其儿媳合浦公主说："此人危惙如此，尚能忧我国家。"④真是鞠躬尽瘁，死而后已。自谦"滥荷宠荣"的岑文本，被唐太宗任为中书令后，"夙夜勤力，躬自料配，筹、笔不去手，精神耗竭"，直到最后"遇暴疾而薨"。⑤被唐太宗破格提拔的马周，因得重用，大显身手而"尽其

---

① 《新唐书·王珪·薛收·马周·韦挺传·赞》。
② 《贞观政要》卷二，《任贤》篇。
③ 《新唐书·王珪·薛收·马周·韦挺传·赞》。
④ 《旧唐书·房玄龄传》。
⑤ 《资治通鉴》卷一九七。

才"。① 魏征"亦喜逢知己之主,竭其力用"。② 对此,唐太宗赞扬道:"朕能任公,公能称所任,则其功岂独在朕乎!"③这虽是称誉魏征的话,扩而大之,也是对所有大臣"尽其才"的礼赞。

唐初拨乱反正的实现,是君臣们共同努力的结果。欧阳修曾以马周的发迹为例说:"迹夫帝锐于立事,而周所建皆切一时,以明佐圣,故君宰间不胶漆而固,恨相得晚,宜矣。"④贞观十一年,唐太宗面对隆盛的功业,缅怀过去,无限感慨地说:"于兹十有余年,斯盖股肱馨帏幄之谋,爪牙竭熊罴之力,协德同心,以致于此。"⑤由于贞观能臣具有与太宗一致的政治抱负,所以才会"负志业则咸尽其才"。

第二节 广开才路 善于驱驾

唐太宗有句名言,叫做"为人君者,驱驾英材,推心待士"。⑥"驱驾英材",是唐太宗用人政策又一成功的经验,它包括广开才路与善于驱驾人才两个方面。

(一)广开才路

"不以卑而不用,不以辱而不尊",⑦是唐太宗扩大用人范围的思想基础。为了广开才路,他采取了以下几项措施。

---

① 《大唐新语》卷六,《孝悌》篇引玄宗朝张嘉贞语。
② 《贞观政要》卷二,《任贤》篇。
③ 《资治通鉴》卷一九三。
④ 《新唐书·马周传·赞》。
⑤ 《贞观政要》卷五,《公平》篇。
⑥ 《旧唐书·萧瑀传》。
⑦ 《帝范》卷一,《求贤》。

1.士庶并举

君主选用士族地主,魏晋以来殊为多见,甚至形成士族垄断政权的局面,以致成为禁锢人才发掘的一项弊政。唐太宗力拯前朝用人之失,匡正为得,把眼光转向广大的庶族地主,同时也不放过有才能的士族地主,采取了士庶并举的方针。如他早在藩府时,就注意物色有才能的庶族地主房玄龄、张亮、侯君集等人;同时也信用士族地主高士廉、长孙无忌、杜如晦等人。即位后,罗致士庶地主的条件更为优越了,王珪、韦挺;魏征、马周均是他们的杰出代表。此外,唐太宗还扩大科举制,让更多有才能的庶族地主进入仕途,同时也不排斥使用有才能的士族地主,包括山东士族地主。如崔敦礼源出博陵崔氏第二房,"世为山东著姓",唐太宗按才频加超擢,由左卫郎将、中书舍人、兵部侍郎、灵州都督直至兵部尚书。由于他"深悉蕃情,凡所奏请,事多允会。"①卢承庆源出范阳卢氏,父、祖均任隋官,本人参与晋阳首义,贞观中任民部侍郎与兵部侍郎并兼选举,承庆自辞"越局"。太宗不允曰:"朕今信卿,卿何不自信也。"②李玄道源出后魏陇西李宝家族,后"世居郑州","遂为山东冠族",贞观年间擢为常州刺史,"在职常简,百姓安之,太宗下诏褒美。"③以上说明,唐太宗是既选用庶族地主,也选用士族地主的。

2.官民同申

帝王从官中选官,并不罕见,但把网罗人才转向民间,则为数不多,唐太宗就是其中的佼佼者之一。贞观三年四月,他下诏说:"白屋之内,闾阎之人,但有文武材能,灼然可取;或言行忠谨,堪

① 《旧唐书·崔敦礼传》。
② 《旧唐书·卢承庆传》。
③ 《旧唐书·李玄道传》。

理时务,……亦录名状与官人同申。"①马周的选拔虽非官府从民间录状而进,但他是唐太宗从布衣中超擢的奇士。贞观三年,唐太宗鼓励百官上书直言政事得失,中郎将常何不善文墨,乃请家客马周代草奏事二十余条,常何上奏后,竟条条默合旨意。太宗感到蹊跷,因常何乃一介武夫、不通文墨,何至神来之笔及如许卓识,遂追问原委,常何据实相告。太宗感到这是一个才士,随即宣旨召见,虚怀以待,当马周迟迟未至时,他又"四度遣使催促"②,显示了他对这个素未谋面的落魄文人是何等的思贤若渴。接见交谈后,深为满意,马上授官门下省,最后累官至中书令。马周的发迹可谓奇矣,他既无裙带关系可资攀附,又无资荫关系可籍恩赐,全由唐太宗求贤心切、慧眼识英,才发现了一代奇才。若无太宗自任伯乐,像马周这匹良骥也就湮没无闻。欧阳修对此议论道:"周之于太宗,顾不异哉!由一介草茅言天下事,若素宦对朝、明习宪章者,非王佐才,畴以及兹?"③粗粗一看,似乎马周的发迹显得奇特、偶然,然而仔细推敲,由于他有"王佐"之才,适逢"驱驾英材"的唐太宗,故马周由"一介草茅"而一鸣惊人有其必然性。

3.新故同进

帝王使用故旧,不足为奇,能兼而信用新进则为数不多。唐太宗信用新进才士不亚于心腹故旧,尤难能可贵,其中被历代史家传为美谈的是用"昔仇"魏征。魏征早年落魄,隋末风云变幻,曾数易其主,后为建成收用,献过早除秦王的秘策。玄武门之变,魏征成为阶下之囚。唐太宗慕其出众的才华,不报私怨,出以公心,从

---

① 《唐大诏令集》卷八〇,《赐孝义高年粟帛诏》。
② 《贞观政要》卷二,《任贤》篇。
③ 《新唐书·马周传·赞》。

治国的大局出发，反而日见亲重，初授谏议大夫，后擢侍中，不到七年时间，魏征由仇虏而位极人臣，如此落落大度，在封建帝王中是极为罕见的。唐太宗对魏征的信任不亚于房、杜，不时召入寝宫卧室，请教治国方略。魏征亦不负太宗厚望，频加忠谏，劝以从善，不许为非，治国才华得到最大限度的发挥。唐太宗赞扬魏征"随时谏正，多中朕失，如明镜鉴形，美恶必见"。① 贞观六年，唐太宗举行赏月夜宴，乘酒意酣畅，面对群臣得意扬扬地说："我能弃怨用才，无羞古人。"②

"用人但问堪否？岂以新旧异情？"这是唐太宗广开才路的经验之谈。他即位之初，使用了一批秦府有才能的故旧，但并不授职其中的庸才低能者。有人建议对这些故旧也一概授以武职，宿卫宫廷。唐太宗反对说："朕以天下为家，不能私于一物，惟有才行是任，岂以新旧为差？"③排除此中溢美之辞的渲染，仍可窥见他不以新旧划线、惟才德是举的用人思想。这些故旧碰壁之后，并没有学得聪明起来，反而满腹牢骚，口出怨言。唐太宗并不迁就，而是晓之以理："今所以择贤才者，盖为求安百姓也。用人但问堪否，岂以新旧异情？……才若不堪，亦岂以旧人而先用？今不论其能不能，而直言其嗟怨，岂是至公之道耶？"④

宋代进步思想家陈亮对唐太宗新故同进的成功经验，大加赞扬道："其先后新故之不同，亦已甚矣。太宗并举而大用之，以究尽其才。而诸公亦展布四体以自效，不复知先后新故之为嫌

---

① 《贞观政要》卷二，《求谏》篇。
② 《旧唐书·魏征传》。
③ 《贞观政要》卷五，《公平》篇。
④ 《贞观政要》卷五，《公平》篇。

也。"①不以"先后新故"划线而禁锢人才,而是德才并举,新故同进,这确是唐太宗广开才路的一条成功经验。

4.汉夷并用

古来帝王无不重汉轻夷,唐太宗则针砭古人皆贵中华的偏向,匡正为不贱夷狄的民族政策。虽然唐太宗没有放弃大汉族主义,但他不甚歧视夷族还是堪称帝范的。史实证明,他对汉族名将的信用不乏其例,难得的是他对夷族名将亦倾心信用。他根据夷将的功勋与智勇,分任朝廷高级将领与地方的都督之职,经常带兵出征或宿卫。如突厥族的阿史那社尔"以智勇闻",深为太宗器重,贞观十四年,出征高昌,太宗以他为"交河道行军总管,战毕,美其廉"。② 阿史那忠,"所历皆以清谨见称,时人比之金日磾"。③ 铁勒族酋长契苾何力内附后,太宗授职左领军将军。贞观九年平吐谷浑,唐军汉将被围,"何力驰壮骑,冒围奋击,虏披靡去",太宗擢为北门宿卫。④ 以上说明,唐太宗对夷族将领的使用,同汉族将领一样是任人唯贤的,这是唐太宗广开才路的又一成功经验。

唐太宗从以上四方面广开才路,罗致了不少人才,形成了"唐初,贤人在位众多"的局面,⑤贞观一代,可谓人才辈出。图画于凌烟阁的二十四位功臣,就是佼佼者,他们是长孙无忌、房玄龄、杜如晦、魏征、尉迟敬德、李孝恭、高士廉、李靖、萧瑀、段志玄、刘弘基、屈突通、殷开山、柴绍、长孙顺德、张亮、侯君集、张公谨、程知节、虞世南、刘政会、唐俭、李勣、秦叔宝等。此外,有著名的文学之士如

① 《陈亮集》卷九,《王珪确论如何》。
② 《新唐书·阿史那社尔传》。
③ 《旧唐书·阿史那忠传》。
④ 《新唐书·契苾何力传》。
⑤ 《新唐书·隐逸传》。

姚思廉、陆德明、孔颖达、颜师古等;有卓越的书法家和画家如欧阳询、褚遂良、阎立德、阎立本等;还有杰出的少数民族将领如阿史那社尔、契苾何力、执失思力等。这些谋臣猛将、文人学士都在"贞观之治"中贡献了自己的才干智勇,是唐太宗广开才路得以收效的生动体现。

(二)善于驱驾

唐太宗广开才路罗致了广泛的谋臣猛将之后,面临着如何驱驾的问题,归结起来有以下几点成功的作法。

1.信任贤才,"洞然不疑"

欧阳修曾在《新唐书》的传论里说到,唐太宗驭臣的作法之一是"洞然不疑",①也就是他对萧瑀所说的:"推心待士"。对任用的人才要推心置腹,这点至关重要。如不"推心待士",又岂能"驱驾英材"。唐太宗鉴于隋文帝用人"多疑"的弊病,深感"傥君臣相疑,不能备尽肝膈,实为国之大害也"的教训,②采取了"洞然不疑"的作法。

首先,唐太宗对亲者遭谗,不信谗言。贞观十七年,萧瑀以己不受重用,嫉忌房玄龄,妄言房玄龄"朋党比周,无至心奉上",还进而谗毁"此辈相与执权,有同胶漆,陛下不细谙知,但未反耳。"③唐太宗严厉驳斥了萧瑀的诽谤。

其次,唐太宗对任用的疏者,甚至"昔仇"也"洞然不疑"。武德年间,他收降刘武周大将尉迟敬德不久,敬德手下的两个将领叛逃了。有人猜测敬德必叛,不经请示,囚于军中,力劝秦王赶快杀

① 《新唐书·王珪·薛收·马周·韦挺传·赞》。
② 《贞观政要》卷一,《政体》篇。
③ 《旧唐书·萧瑀传》。

掉。他非但不杀,反而把敬德放了,并且召入卧室,温语相慰,使之宽心,临别还赠送金宝。敬德被他的赤诚相见感动至深,发誓"以身图报",①后来,果然为李唐王朝打天下、为秦王夺位立下汗马功劳。

2.用人司职,"委任责成"

唐太宗即位之初,仰慕景州录事参军张玄素的贤名,亲自召见,问以治道。张玄素建议唐太宗"谨择群臣而分任以事,高拱穆清而考其成败以施刑赏,何忧不治。"②张玄素建议的重点是"分任以事",即在知人的基础上,舍短取长,各司其职,君主不必事事插手,只要在上督察官员是否称职,赏罚分明,就能治理天下。唐太宗十分赞赏他的建议,随即付之实施。

贞观四年,他对大臣说:"朕方选天下之才,为天下之务,委任责成,备尽其用,庶几于理也。"③实践他"委任责成"的重大举措是改革中书省与门下省的封、驳制度,使宰相及其属员有职有权,各谋其政,以便收到互相监督、反复诘难、务使政事便于施行的效果,目的是调动封、驳官员的办事责任感。

3."保全功臣","未尝黜责"

一般地说,历代帝王在创业阶段信用功臣,是不足为奇的;在守成时期不忌功臣,殊不多见。难能可贵的是唐太宗在守成阶段也能保全功臣。鉴于历史的教训,唐太宗强调指出:"朕览汉史,见汉祖功臣获全者少,意常尤人。及居大位以来,常欲保全功臣,令子孙无绝。"④为此,唐太宗于贞观十一年特颁诏令,对"义深舟

---

① 《旧唐书·尉迟敬德传》。
② 《资治通鉴》卷一九二。
③ 《旧唐书·太宗本纪》。
④ 《旧唐书·尉迟敬德传》。

械"、"谋定帷幄"、"身摧行阵"的"佐命功臣",由于他们昔日同舟共济、共创基业的功劳,表明了自己"何日忘之"①的心意。贞观十七年二月,唐太宗诏命画家图形二十四位功臣于凌烟阁,阁内中隔三层,由内而外,分别为功高宰辅、劳重侯王、大小功臣。唐太宗在图像的诏书中说:"自古皇王,褒崇勋德,既勒铭于钟鼎,又图形于丹青,是以甘露良佐,麟阁著其美;建武功臣,云台纪其迹。"②他缅怀故实,追踪前史,仿照汉武、光武画像功臣的史迹,遂有凌烟阁二十四功臣的写真。晚年,唐太宗总结自己不枉杀人时说:"人主多恶正直,阴诛显戮,无代无之。朕践祚以来,正直之士,比肩于朝,未尝黜责一人。"③对照唐太宗处世行事,基本相符,在二十四位功臣中,除了张亮、侯君集涉及"谋反"被诛外,其他功臣皆得善终。

4."斥远群小,不受谗言"

不为群小之辈所谗,这是唐太宗保证"广任贤良"的重要措施。唐初政治清明,并无朋党之争,但也间有群小之徒,利用广开言路之机,诽谤君子,谗害贤臣。唐太宗深知,善恶、忠奸如冰炭之不可同器,近君子必远小人;反之,近小人必远君子。晚年,他在《金镜》里总结了君所好,臣必趋之的历史经验:"予思三代以来,君好仁,人必从之。在上留心台榭,奇巧之人必至,……塞切直之路,为忠者必少;开谄谀之道,为佞者必多。"为了防佞杜谗,决定对诽谤、诬陷者"以谗人之罪罪之"。例如贞观三年,监察御史陈师合上《拔士论》,"毁谤"房玄龄、杜如晦"思虑有限",想排斥房、杜的宰相职位。唐太宗与房、杜相处颇长,对他们的为人与才能了如指掌。贞观前,他们运筹帷幄;贞观初,他们施展宏才,均力能胜

---

① 《旧唐书·太宗本纪》。
② 《旧唐书·长孙无忌传》。
③ 《资治通鉴》卷一九八。

任,从而识破了陈师合的弹劾是"妄事毁谤",于是对陈师合采取法律制裁,"流于岭外"。① 从而维护了房、杜的声誉,使真正的贤士良才安心任事,充分发挥其治国的才华。

以上四个措施,是唐太宗驭臣的成功经验,它有效地调动了大臣办事的主观能动性,大臣们除"尽其才"之外,还提高了办事效率。贞观十一年,刘洎上疏赞扬贞观初戴胄、魏征于尚书省任内的办事高效率说:"贞观之初,未有令、仆,于时省务繁杂,倍多于今。而左丞戴胄,右丞魏征,并晓达吏方,质性平直,事应弹举,无所回避,陛下又假以恩慈,自然肃物。百司匪懈,抑此之由。"②尚书省为全国最高行政机关,下辖六部,政务繁忙可想而知,当时不置尚书令,连左、右仆射也暂缺,全国公文及职事仅由戴、魏两人处理,他俩碰到棘手问题并不绕道走,其办事效率之高自不待言;而且还带动了一批,所谓"百司匪懈",即指在戴胄、魏征的影响下,尚书省各所属机构的官员也勤于职守,效率也高。

办事效率高,意味着少数精干的官员,可以办大量的公事,这就为唐太宗精简机构、裁减冗官创造了条件。贞观元年,中央职官二千余人,命房玄龄裁减,仅留用六百四十三人。鉴于武德年间州县数多,"民少吏多,思革其弊",命所司"大加并省",为精减地方官员作了准备。唐太宗对机构的改革,是建立在"官在得人,不在员多",③即少而精的认识基础上的,也就是讲究办事效率的水准上的,这说明唐太宗对用人的数量与质量关系具有辩证思想。贞观中期以来,办事效率虽有下降趋势,但唐太宗能知过思改,遂有裁汰老弱、制定安置退休官员的举措。如贞观十一年,刘洎上疏指

① 《贞观政要》卷六,《杜谗邪》篇。
② 《贞观政要》卷三,《择官》篇。
③ 《资治通鉴》卷一九二。

出:"年老及耄,或积病智昏"的官员,如久在任所,必妨贤路。年老多病、精力衰退、智力低下的官员在位,既降低办事效率,又妨碍新进的引用。刘洎建议"既无益于时宜,当置之以闲逸",是不无道理的;他还主张皇亲勋臣不宜于官者,应"优其礼秩",即在政治待遇与生活待遇从优的前提下,让其退处林野。这些建议都带有妥善安置退休官员的含意,"寻以洎为尚书左丞",[①]表明太宗接受了他的意见并予以贯彻下去。

第三节 "才行俱兼",任贤致治

举贤任能的帝王,唐太宗算是突出的了。从《全唐文》来看,太宗所下的求贤举人诏,就有五次之多,[②]此外还有附带提及的,可见他渴爱贤才之深。甚至对历史上的贤臣因慕其盛名,犹想见其人。他曾说:"朕比见隋代遗老,咸称高颎善为相者。遂观其本传,可谓公平正直,尤识治体。……何尝不想见其人,废书歔叹。"[③]至于当代贤才,慕名想见其人更是不在话下。对此,魏征曾赞许道:"贞观之初,求贤如渴,善人所举,信而任之"。[④] 贞观中晚期太宗求贤热忱虽不如前,但也未尝懈怠。贞观十三年,他对侍臣说:"朕闻太平后必有大乱,大乱后必有太平。大乱之后,即是太平之运也。……公等既不知贤,朕又不可偏识。日复一日,无得人

① 《贞观政要》卷三,《择官》篇。
② 《全唐文》卷五《荐举贤能诏》,卷六《令河北淮南诸州举人诏》、《求访贤良限来年二月集泰山诏》,卷七《令州县举孝廉茂才诏》,卷八《令天下诸州举人手诏》。
③ 《全唐文》卷十,《诸葛亮高颎为相公直论》。
④ 《贞观政要》卷十,《慎终》篇。

之理。"①求贤急切的心情仍然隐约可见。

（一）"才行俱兼"

唐太宗求贤举能，是为了任贤，所谓"任官惟贤才"②。"贤才"是指才德兼备的人，也就是魏征所说的："太平之时，必须才行俱兼，始可任用。"③唐太宗坚持这条标准，若才行不至，决不滥用。有一次，他令诸州举人，诸州上举十一人，太宗欣喜异常，引入内殿，和颜悦色地询以政道，但举子皆"莫能对扬，相顾结舌"。唐太宗以为他们初入宫阙，未睹皇家盛大气象，心怀惊惧，有碍辞令畅达。于是下令移至尚书省内，改为笔试，但这些举子"构思弥日，终不达问旨，理既乖违，词亦庸陋"，太宗不禁大失所望，将所举之士"宜并放还，各从本色"；对失职的举主"以举非其人，罪论仍加一等"。④ 从中可见，加重惩处办事马虎的官员，反映了太宗对职官的严格要求；放还举子、维持原来的身份与职任，反映了他坚持选人的严格标准；亲自主持口试与笔试，说明他重视举子的真才实学。唐太宗虽然重才，但也重德，他强调选才不能缺德。如贞观十一年，他下诏求贤说："或识达公方，学综今古，廉洁正直，可以经国佐时；或孝悌惇笃，节义昭显，始终不移，可以敦风励俗；或儒术通明，学堪师范；或文章秀异，才足著述。并宜荐举，具以名闻。"⑤这里的"廉洁正直"、"孝悌惇笃"、"节义昭显"、"学堪师范"等都是坚持封建政治标准的提法。

---

① 《贞观政要》卷三，《择官》篇。
② 《贞观政要》卷三，《择官》篇。
③ 《贞观政要》卷三，《择官》篇。
④ 《全唐文》卷五，《荐举贤能诏》。
⑤ 《全唐文》卷六，《求访贤良限来年二月集泰山诏》。

贞观一代，唐太宗始终遵循才德兼备的标准去衡量人才、选拔人才。不管是至亲、勋旧，还是疏远、昔仇，只要"才行俱兼"，就及时予以任用。他重用曾为疏、仇的魏征、马周，就是着眼于才德兼备这一标准的。对于至亲、勋旧，若是才德兼备的，自然亦予以重任。贞观七年，唐太宗册封国舅长孙无忌为司空，有人散布"私亲之诮"，唐太宗声称："朕若以无忌后兄之爱，当多遗子女金帛，何须委以重官，盖是取其才行耳。"①反之，如果"才行不至"，疏、仇自然不会任用，即使亲如贵戚，亦不虚授。正如他自己表白的："朕于宗亲以及勋旧无行能者，终不任之。"②征之史实，基本相符。武德九年九月，唐太宗计功行赏，叔父李神通被排除一等功臣之外，位居房、杜之下，为此表示"不服"，就以宗亲之贵与太原首义之勋同房玄龄争功。唐太宗公正无偏，历数其叔"山东未定，受委专征，建德南征，全军陷没。及刘黑闼翻动，叔父望风而破（胆）。"③既无将才，又无功于国，焉能挟亲邀求官赏，驳得李神通面红耳赤，无言以对，只得乖乖位列房、杜之下，仅授闲职而已。不久，而无宗亲之贵但才德兼备的房、杜，则被擢为宰相。

　　才德兼备，是指才与德的统一并兼而有之，唐太宗任贤就是坚持这一高标准的。在他看来，有德乏才或有才缺德均不为美，都不会予以重用。如杨恭仁在隋已有清廉政声，入唐更是谨慎有加，谦恭下士，可谓誉称德义；但其人才学不显，武德初一度以资历遥授宰相，贞观初贬为外官，唐太宗盖以其无有相才故也，因此终其任内不见超擢。④ 另外，对于"才优行薄"者，即使亲如故旧，亦不轻

　　① 《旧唐书·长孙无忌传》。
　　② 《旧唐书·杜正伦传》。
　　③ 《旧唐书·宗室·淮安王李神通传》。
　　④ 参见新、旧《唐书·杨恭仁传》。

易予以重任。许敬宗终贞观一代未至高位重用就是一个显例。刘昫指出："许高阳（即许敬宗）武德之际，已为文皇入馆之宾，垂三十年，位不过列曹尹，而马周、刘洎起羁旅徒步，六七年间，皆登宰执，考其行实，则高阳之文学宏奥，周、洎无以过之，然而太宗任遇相殊者，良以高阳才优而行薄故也。"①这个史论，从正反两个方面揭示了唐太宗任贤是全面坚持才德兼备的标准。

为了贯彻"才行俱兼"的任贤标准，唐太宗制定了"考课之法"。考课的依据有"四善"、"二十七最"。"四善"指"一曰德义有闻，二曰清慎明著，三曰公平可称，四曰恪勤匪懈。""二十七最"，指二十七个机构官员办事称职的准则，如"选司之最"是指"铨衡人物，擢尽才良"等。据官善与官最，唐太宗把官员考第分为九等，凡属"四善"与"一最"者为上上，以下依次递降，其"居官谄诈，贪浊有状"者为下下。② 这些考核措施虽然不可能全面贯彻，但是却能反映出唐太宗坚持"才行俱兼"的任贤信念。

（二）任贤致治

唐太宗坚持用人的才德兼备的标准，目的是为了任贤致治。他即位不久，经过著名的"理政得失"的辩论，确立了大治天下的建国方略。紧接着就把求贤致治提到议事日程，认为"致安之本，惟在得人"③。贞观元年，他对杜正伦说："朕今令举行能之人，非朕独私于行能者，以其能益于百姓也。"④"益于百姓"，不免溢美，益于治道是比较切合实际的。贞观二年，他对侍臣说："朕居深宫

---

① 《旧唐书·许敬宗传》《史臣曰》。
② 《唐六典》卷二,《吏部尚书·考功郎中》。
③ 《贞观政要》卷三,《择官》篇。
④ 《旧唐书·杜正伦传》。

之中,视听不能及远,所委者惟都督、刺史,此辈实治乱所系,尤须得人。"①把"治乱"与"得人"相联系,就是把任贤作为致治的手段,致治作为任贤的目的。贞观十一年,他在颁发的求贤诏中指出:"嗣守鸿基,实资多士",②不久,又颁诏云:"博访邱园,搜持英俊,弼成王道,臻于大化焉。"③把求贤为了致治的关系说得很清楚。贞观十三年,他再次指出:"能安天下者,惟在用得贤才"。④贞观晚年,他总结了大治天下收到成效的三条经验,其中第二条就是"进善人,共成政道。"⑤为了教诫太子李治能吸取这个任贤致治的成功经验,他在《金镜》一文中作了总结:"乱未尝不任不肖,治未尝不任忠贤。任忠贤则享天下之福,任不肖则受天下之祸。"⑥对此,他还以隋代名相高颎的进退为例说:"高颎有经国大才,为隋文帝赞成霸业,知国政者二十余载,天下赖以安宁,……及为炀帝所杀,刑政由是衰坏。"⑦把宰相的作用夸大到系天下安危于一身的高度,显然堕入了唯心史观,但从中也可窥见他十分强调与重视贤臣执政。因此,他对于那些献身于"贞观之治"的贤才们,或仇或疏,或恩或亲,均视同一体,予以使用,以求贤致治。刘昫对此感触至深,曾作了高度的评价:"臣观文皇帝,发迹多奇,聪明神武。拔人物则不私于党,负志业则咸尽其才,所以,屈突(通)、尉迟(敬德),由仇敌而愿倾心膂;马周、刘洎,自疏远而卒委钧衡。

---

① 《贞观政要》卷三,《择官》篇。
② 《全唐文》卷六,《令河北淮南诸州举人诏》。
③ 《全唐文》卷八,《令天下诸州举人手诏》。
④ 《贞观政要》卷三,《择官》篇。
⑤ 《新唐书·褚遂良传》。
⑥ 《全唐文》卷一,《唐语林》卷三。
⑦ 《贞观政要》卷六,《杜谗邪》篇。

终平泰阶,谅由斯道。"①所谓"终平泰阶,谅由斯道",是指最终打下太平之基,实现"贞观之治"的,是由于他不拘一格、不私于党的任贤致治的用人政策所致。刘昫在别处还有类似的史评,同样也说明了这个道理:"所谓猛将谋臣,知机识变。有唐之盛,斯实赖焉。"②"得人者昌,……唐之昌也,不亦宜乎!"③并以太宗任用魏征为例说:"郑公达节,才周经济。太宗用之,子孙长世。"④都指出唐之昌盛与人才之得是密切相关的,"贞观之治"从某种意义上说是求贤致治。

第四节 科举与恩荫

科举制度创于隋朝,唐太宗继承并健全了科举制度,扩大了庶族地主参政做官的机会,这是贞观时期用人政策的重要变革。同时,唐太宗由于阶级的局限性,仍然沿袭前代的恩荫陋习,致与科举相辅而行。

(一)科举制度的完备化

贞观元年,唐太宗"盛开选举",⑤兹后又通过科举考试选取才士。常设的考试科目有秀才、进士、明经、明法、明书、明算等六科。明法、明书、明算是关于法律、书法、算学的专门科目,取士有限,而且难以进入政界。故真正谈得上常设科目与作为官员补充的,是

---

① 《旧唐书·太宗本纪》《史臣曰》。
② 《旧唐书》卷六八《史臣曰》。
③ 《旧唐书》卷六一《史臣曰》。
④ 《旧唐书·魏征传·赞》。
⑤ 《旧唐书·戴胄传》。

明经与进士两科,特别是进士科,更是热门。

考试部门由吏部考功员外郎主持,考试日期唐初有所变动,其时因参加考试的士子很多,如承隋制起于当年冬十一月,终于次年春,未免考期匆促,不利人才罗致,故唐太宗接受了刘林甫提出的"今选者众,请四时注拟"的建议。① 这样,就能收到"选集无限,随到补职,时渐太平,选人稍众"的效果。② 贞观十九年,马周以"四时选为劳",③应付不了众多选人的考试,就重新恢复原来起于十一月、迄于次年三月的规定。此外,唐太宗还设置了"东选",便利关东的选人就近东都洛阳考试,不必远涉西京长安。

五代王定保说:"进士科始于隋大业中,盛于贞观、永徽之际,缙绅虽位极人臣,不由进士者,终不为美。"④这个说法不甚确切,因为进士科盛于高宗、玄宗、德宗之世。⑤ 不过,贞观年间进士科的发展是个关键时期,特别是贞观晚年,唐太宗扩大进士科,提高了进士的进身之阶,对于唐前、中期的科举制度的兴盛无疑起了推动作用。

进士仕途优于明经,又为时望所归,自然士子争趋若鹜。故举子考试人数比明经多,录取亦比明经严格。所谓"其进士大抵千人得第者百一二,明经倍之,得第者十一二。"⑥显然,进士中举之难已在贞观年间冒头了,以致从少年考到白头仍未中榜者比比皆是,甚至有终生未中、老死科场的。世俗流传的谚语:"三十老明

---

① 《新唐书·选举志》。

② 《旧唐书·唐临传》。

③ 《新唐书·选举志》。

④ 《唐摭言》卷一。

⑤ 陈寅恪先生《元白诗笺证稿》曰:"唐代科举之盛,肇于高宗之时,成于玄宗之代,而极于德宗之世。"

⑥ 《通典》卷十五,《选举典》。

经,五十少进士",①意谓五十岁能考中进士的还算年轻,而三十岁中明经的已嫌年老了,可见进士登第之难。唐人赵嘏有诗为证:"太宗皇帝真长策,赚得英雄尽白头",②也形象地刻画了进士登第的难度。

然而,士子考取进士,只是取得了作官的资格而已。进而成为朝廷命官,需经吏部复试。复试的内容不外经史之类。贞观八年,曾颁"进士试读一部经史"的诏令,③就是与进士应付吏部复试有关,说明进士考试试题范围,与明经没有截然区别。如果进士不通经,单凭文笔取胜,往往受到考官的非难。贞观二十二年,考功员外郎王师旦主持复试,进士张昌龄、王公瑾等经考试"文策全下",两人落第不报。唐太宗久闻两人"并有俊才,声振京邑",一看金榜无名,急询王师旦,师旦对以"此辈诚有文章,然其体性轻薄,文章浮艳,必不成令器。臣若擢之,恐后生相效,有变陛下风雅。"④可见,贞观年间复试进士科目时,还以经义策论为主,与高宗时进士兼试"杂文"(即诗赋)有所不同。进士经过复试合格后,方可授官,充当州县长官的幕僚,或经朝官推荐,以候补官员的资格正式入仕。

唐太宗健全科举制,扩大进士科,是对人才选拔与使用制度的一项改革,在当时起了积极的作用。

1.为真才实学之士铺垫了进身之阶

科举制下凡学有专长的士子均可申请州郡贡举,考试合格,再荐之中央考选,改变了魏晋以来州郡中正官垄断选士的作法,从而

---

① 《唐摭言》卷一。
② 《唐摭言》卷一引。
③ 《唐会要》卷七十六,《贡举》。
④ 《唐会要》卷七十六,《贡举》;《资治通鉴》卷一九八王公瑾作王公治。

把选人、用人大权收归中央,这是中央集权的统一封建王朝采取以才选官的制度,反过来,科举制又巩固了中央集权的封建制度。它能使全国各地赴考的众多才士,尽为唐室效劳。当唐太宗在金殿端门看到新进士鱼贯而出的盛况时,情不自禁地说:"天下英雄,入吾彀中矣"。① 唐太宗网罗的儒林群英,基本上排除其承祖宗余荫、以旧业骄人、空腹高心的弊病,代之以学识拔士,故以才选作为特点的科举制,自然比魏晋的九品中正制进步。

魏晋以来的九品中正制,使贵族垄断了官场,埋没了人才。鉴于它的种种流弊,有识之士纷纷要求予以改革。隋文帝统一中国,采取以才选官的措施,唐太宗又进一步予以健全。对此,李百药赞扬道:"弘奖名教,劝励学徒,既擢明经于青紫,将升硕儒于卿相。"②当然,唐太宗提拔的这些明经与硕儒既以才选入官,多数必不凭借门第家世,这是唐太宗"任官以才"的科举思想的反映,③从某种意义上说带有限制士族地主封建政治特权的意义。

2.扩大了庶族地主参政掌权的机会

科举制健全之后,不仅扩大了庶族地主当官的途径,而且还有机会担任尚书、宰相之类的要职。如隋末孙伏伽出身小吏,大业中进士及第,贞观年间位列民部(即户部)侍郎,大理卿等部、卿高官。再如"家代无名"的李义府,④贫士出身,通过考试,入仕朝廷,贞观后期官至宰相。起初李义府担心家世寒素,不能参与朝政,赋诗感叹云:"上林许多树,不借一枝栖",唐太宗为了打消他的顾

① 《唐摭言》卷一。
② 《旧唐书·李百药传》。
③ 《新唐书·张玄素传》。
④ 《旧唐书·李义府传》。

虑,喻之曰:"吾将全树借汝,岂惟一枝!"①

像李义府那样的寒士通过科举入仕、位居宰辅者,如果说贞观朝还不算多的话,那么贞观以后则比比皆是了。据旧、新《唐书》列传所载,终唐一代,庶族地主拜相者共有一百四十二人,其中不入传者尚有多名,实际数字不止此数。而相应时期中的士族地主拜相者,只有一百二十五人。可见,由太宗肇始、终唐之世,庶族地主入仕宰辅、位极人臣者,已占优势,从而结束了魏晋以来士族地主垄断仕途、独揽枢机的局面。究其原因,当与扩大科举制有关,所谓"缙绅虽位极人臣,不由进士者,终不为美"就是例证。虽然,庶族地主也有通过门荫入仕、官员推荐、军官上升、皇帝召用的,但是为数不多,仅属支流;而多数官员则由科举入仕,是为主流,这说明唐太宗健全的科举制,为庶族地主参政掌权扫清了道路。②

(二)恩荫制的沿袭

唐太宗毕竟是封建帝王,他在健全科举制的同时,也辅之恩荫制。这里讲的"恩荫",不包括经济上的庇护,而是指贵族官僚的子弟凭借父、祖的官爵而享有做官的特权,即指政治上的庇护。顾名思义,"恩"者,皇恩也;"荫"者,树荫也,即荫庇也。所谓"恩荫",显示在浩荡的皇恩之下、象征父祖的官职像树阴一样庇护子孙进入仕途。正如官职与树荫有大小一样,"恩荫"也有等级之

---

① 《隋唐嘉话》卷中。
② 据乌廷玉先生研究,认为"庶族地主最初当官的途径,主要是通过科举考试。其中以进士明经制科及第而当官者,占总数百分之五十五;由军功而上升者,占总数百分之四;由皇帝征用者,亦占总数百分之四;隋朝降官五名,占总数百分之三;当官途径不明者,占总数百分之十四。因此,唐代基本打破了依门资取士的制度,为庶族地主当官扫清了障碍。"(《中国史研究》一九八〇年第一期)

分,本官大者,荫人也多,荫职也显;本官小者,荫人也少,荫职也微。贞观时期,虽说"盛开选举",但恩荫制一直是相辅而行的。

唐初的荫官继承隋制,所谓"叙阶之法,……有以资荫",①规定一至五品的官员都可荫及子孙作官,其中三品以上的最高级官员除荫子孙外,还可荫及曾孙。三品以上多属宰相以及勋戚之流,他们一人当官,四代沾光。可见,恩荫是维护最高统治集团利益的封建等级特权。唐太宗制定恩荫制,说明他同前代帝王一样,是维护封建等级特权的。在特殊情况下,为酬功臣,甚至对其子弟格外开恩,还授职荫官之上。如贞观十六年,功臣兼名将段志玄病危处于弥留之际,唐太宗亲临病榻,涕泣而别,为慰将亡之灵,预许"当与卿子五品"官衔,志玄要求"回授母弟志感,太宗遂授志感左卫郎将。"②志玄为右卫大将军,官居正三品,按"资荫"叙阶之法,荫子不得五品;而且荫子不能转而荫弟,查《旧唐书·职官志》二载:"左右(卫)郎将各一人,正五品上。"可见,太宗授职五品,没有食言。这个例子,说明他并不完全按恩荫制规定办事,有时甚至还以皇权恣意横行。唐太宗试图实行的功臣世封刺史,实质上也是他"资荫"思想的引申与发展;对建立军功的将领荫以其子爵位,③本质上亦为他的"资荫"思想的衍化,所有这些无不是他浓厚的"资荫"思想的反映。说明唐太宗实行"才选"的科举制的同时,并没

---

① 《唐六典》卷二《吏部尚书》注云:"谓一品,子正七品上;叙从三品,子递降一等。四品、五品有正从之差,亦递降一等。从五品,子从八品下;叙国公,子亦从八品下。三品以上,荫曾孙;五品以上,荫孙。孙降子一等,曾孙降孙一等赠官。"

② 《旧唐书·段志玄传》。

③ 《新唐书·李勣传》载,贞观十六年,李勣击败薛延陀,"以功封一子为县公"。贞观十九年,李勣攻克白崖城,"以功多,封一子为郡公"。《旧唐书·薛万均传》载,万均因平薛延陀,"以功别封一子为县侯"。

有排除"荫选"的门荫制。为了维护门荫制,他还制定法律予以保护:"诸非正嫡不应袭爵而诈承袭者,徒二年;非子孙而诈承袭者,从诈假官法(即流二千里)。若无官荫诈承他荫而得官者,徒三年。"①

　　唐太宗为什么保留门荫制呢?这有其阶级根源与历史根源。

　　1.阶级出身的影响

　　唐太宗出身关陇贵族世胄,陇西李氏不管是冒牌士族也好,或货真价实的士族也好,总之是出之名门望族,这就使他不能不受到门第观念的影响。当他位居藩邸时,就注意搜罗谱学家以备顾问,这决不能视为无谓的举动。史载:"秦王府仓曹李守素,尤精谱学,人号称'肉谱'。"②李守素何许人也?《旧唐书》本传誉其"赵州人,代为山东名族。……尤工谱学,自晋宋以降,四海士流及诸勋贵,华戎阀阅,莫不详究"。唐太宗任用李守素,不能说与他注重门阀的观念没有联系。

　　即位后,由于政治地位的极端尊贵,门阀观念比以前有更多的流露。也与乃父一样,不惜远攀老子李耳的血统,宣称"朕本出于柱史"。③"柱史"者,老子职称也。这是追认老子为"皇祖"的由来。④ 房玄龄于贞观晚年抱病疏谏唐太宗远征时,特别指出:"愿陛下遵皇祖老子止足之诫"。⑤ 可见,在此之前,唐太宗已把自己

----

① 《唐律疏议》卷二十五,《诈伪律·非正嫡诈承袭》。
② 《隋唐嘉话》卷上。
③ 《混元圣记》卷八。
④ 《唐大诏令集》卷一一三《道士女冠在僧尼之上诏》云:"朕之本系,起自柱下",这是见于诏令的假冒作法。据《史记·张丞相传》司马贞《索隐》注:"老聃为周柱下史也。"《混元圣记》云"柱史",即"柱下史"。诏令又说:"道士女冠,可在僧尼之前。……尊祖之风,贻诸万叶。"下诏时间是贞观十一年二月。可见,唐太宗以诏令形式追尊老子为皇祖至迟当在此时。
⑤ 《旧唐书·房玄龄传》。

的家族血统强扯到圣贤教主的地位，这不仅导致了他晚年崇信道教、嗜好方士丹药，更重要的是反映了他企图抬高皇族血统以便凌驾名门阀阅的思想。既然唐太宗有门户之见，那么保留门荫制当然有他的阶级根源。

2.社会风气的影响

魏晋以来，社会上注重阀阅的风气，形成历史的惰性力量，这对唐太宗的思想也有影响。反映在选官上，往往讲究"资荫"阅历。贞观元年，朝廷大开取士之门。有个曾在隋代担任"司户"的小吏，名叫柳雄的士子应选时，为了捞取称心的官职，"妄诉隋资"。据胡三省注云："隋资"指"隋朝所授官资"，[①]"妄诉"，就是妄加官品等级，即柳雄把任隋的吏职伪造为官职资历。唐太宗事先曾对"诈伪资荫"者下了一道"令其自首，不首者罪至于死"的敕令，[②]反映了唐太宗以皇权维护"资荫"选官的意志。

贞观十四年，唐太宗再次暴露了他的门户之见。他当众追问张玄素的官职：在隋朝担任什么官职？张玄素答称：县尉。唐太宗又问：未任县尉时担任何职？张答以不入品官的流外曹吏。又问：什么曹吏？这时张玄素已感羞愧已极，脸色变得死灰一样，失魂落魄似地退出殿阁，几乎连腿都举不动了。其实，善于知人的唐太宗对其政治履历早已了如指掌，却故作不知，一再追问，显然含有轻慢张玄素门第与资历的用意。这种过分的作法，连士族出身的褚遂良也感到不妥，禁不住对唐太宗进谏道："玄素虽出寒微，陛下重其才，擢至三品，翼赞皇储，岂可复对群臣穷其门户！"[③]唐太宗一方面提拔寒素出身的张玄素显任三品大官，另方面又对他的往

---

① 《资治通鉴》卷一九五注。
② 《旧唐书·戴胄传》。
③ 《资治通鉴》卷一九五。

昔吏职当面轻蔑,这种矛盾的作法反映了唐太宗强调"才选"的同时又注重"荫选"的复杂思想。正因为这样,唐太宗健全科举制的同时,仍然遗留"荫选"的入仕途径,后者必会反过来抵消科举制的进步作用,这突出地表现在对待达官贵人的科举特权方面,所谓"其资荫全高,试亦不拘常例。"①科举制的推行,削弱了荫选的消极作用;而荫选的保留又限制了科举制的积极作用。这种矛盾的作法,对于处在封建时代的唐太宗来说,是不可能避免的。

第五节　用人政策的历史条件

唐太宗的用人政策,是当时的社会历史条件的产物。他的杰出的人才观与实践才能,是受制于他所活动的历史舞台的。从隋末到唐初,是由天下大乱到天下大治转变时期。风云激荡的历史潮流,造就了各种各样的人才。

（一）用人政策收效的原因

唐太宗即位之初,百废待举,为了克服政治上、经济上的种种困难问题,一个突出的任务就是要有大批人才,以适应大治天下的需要,而唐初"士大夫以乱离之后,不乐仕进,官员不充",②为此,唐太宗不得不广开才路,"擢将于行伍之中,取士于凡庸之末"的用人政策就是在这样的历史条件下出现的。③　而全国统一、疆域扩大、选拔人才的范围比较宽广,这也为唐太宗不拘一格的用人政策提供了现实的可能性。正如唐太宗所说的:"我平定四海,天下

---

① 《唐六典》卷二,《吏部尚书·考功郎中员外郎》。
② 《资治通鉴》卷一九二。
③ 《旧唐书·房玄龄传》。

一家,凡在朝士,皆功效显著,或忠孝可称,或学艺通博。"①因此,贞观一代的封建统治集团的决策人物,也是来自五湖四海,具有地区与阶层的广泛性。归纳起来,大概可分以下四类。

一是秦府有才心腹,如房玄龄、杜如晦、长孙无忌、高士廉等"亲故"。

二是隐太子李建成手下的有识之士,如魏征、王珪、韦挺等"昔仇"。

三是没有深厚根基的寒门吏士,如马周、刘洎、戴胄、张玄素等"疏远"。

四是高祖在位时遗留下来的股肱重臣,如萧瑀、封德彝等元老。

这四类人物中,二、三类是改革派,第四类是比较保守的稳健派,第一类是倾向改革的准改革派。他们实际上代表了唐初地主阶级中各种不同的派别、包括关陇集团、山东集团、庶族地主、士族地主等等。唐初乾坤始转,太宗深知,要稳定全国范围内的封建统治秩序,就必须保持地主阶级各派政治力量之间,特别是关陇地主集团与关东地主集团之间的联系。② 基于这种情况,决定了唐太宗用人政策的特点,采取了兼收并蓄、才德并重、区别情况、分别对待的方针,尽可能照顾到各个集团的代表人物,协调各种关系,从而取得了用人致治的成功。

唐太宗对以上四类人物的使用,有所侧重。他对二、三类的改革派以及倾向改革的第一类人物,采取倾心信用的方针。他依靠

---

①　《旧唐书·高士廉传》。
②　《新唐书·百官志·序》云:"太宗时,以岁旱谷贵,东人选者集于洛州,谓之'东选'。"这是唐太宗因地制宜方便关东地主参政的举措,有利于关陇地主集团与关东地主集团的联系。

秦府心腹房、杜等执掌政治实力的行政权,同时提拔和重用一批改革派魏、马等掌握施政的动议权,从而形成了贞观统治集团的核心力量。特别是起用改革派,是保证"贞观之治"的重要因素。因为,这些人或者参加过农民起义,或者与关东地主豪强有过密切的联系,对当时复杂的政治关系和社会形势比较了解,能够提出切实可行的设施与建议。尤其重要的是,改革派与秦府心腹的政见比较一致,能团结共事、互相支持。一方面,"王(珪)、魏(征)善谏诤而房、杜让其贤";①另方面,魏征等则为房、杜辩诬,声称房杜"皆朝廷旧臣,素以忠直"。② 贞观前,房、魏各为其主,相庆如仇;贞观后,共事太宗,相处如亲。他们互相尊重,精诚团结,保证了各项政策的顺利推行。总之,以房玄龄、魏征、马周为代表的前三类人物的政治联合,使贞观能臣中革新势力占压倒优势,这是唐太宗用人政策成功的基本条件。

(二)从"求贤如渴"到"由心好恶"

唐太宗的用人政策是在特定的历史条件下产生的,它的积极作用不能不具有相对的时间性。随着形势的发展与环境的变迁,在用人问题上必然出现渐不克终的现象。贞观十三年,魏征上疏指出:"贞观之初,求贤如渴,……近岁以来,由心好恶,或众善举而用之,或一人毁而弃之,或积年任而用之,或一朝疑而远之。"③魏征提醒唐太宗后期用人已不如前,虽然言有过激之处,但确有事实根据,而且魏征死后更为突出,说明唐太宗的用人也不能摆脱其善始而非慎终的通病。

---

① 《资治通鉴》卷一九九,柳芳注。
② 《资治通鉴》卷一九三。
③ 《贞观政要》卷十,《慎终》篇。

唐太宗初期用人,主张推诚相待,而后期则易之以权术驭人,可见,信而任之也不能贯彻到底。贞观元年,有人给唐太宗出了个识别佞臣的办法:"愿陛下与群臣言,或阳怒以试之,彼执理不屈者,直臣也;畏威顺旨者,佞臣也。"他认为诡诈之术,毫不足取:"君自为诈,何以责臣下直乎!朕方至诚治天下,见前世帝王好以权谲小数接其臣下者,常窃耻之。"①说得多好。然而,到他临终前夕,为了驾驭大将李勣,竟抛弃了"以至诚治天下"的磊落作法,采取了"权谲"手段:"帝疾,谓太子曰:'尔于勣无恩,今以事出之外任,我死,宜即接以仆射,彼必致死力矣!'乃授叠州都督。"②对此,宋代史学家范祖禹评论道:"太宗以李世勣何如人哉!以为愚也,则不可以托孤幼,而寄天下矣;以为贤也,当任而勿疑,何乃忧后嗣之不能怀服,先黜之而后用之邪。是以犬马畜之也,夫欲夺其心,而折之以威;欲得其力,而怀之以恩,此汉祖所以驭黥彭之徒,徂诈之术也!"③可见,玩弄权术以驭臣下的作法,连封建史家也认为不足为训。

---

① 《资治通鉴》卷一九二。
② 《新唐书·李勣传》。
③ 《唐鉴》卷六。

第八章　求谏与纳谏

贞观年间,由于唐太宗兼听纳下,君臣共商国是,谏诤蔚然成风。这是我国封建主义政治史上的特异光彩,也是唐初"贞观之治"之所以引人瞩目的重要方面。

第一节　"恐人不言,导之使谏"

雄才大略而从谏如流、位极人主而兼听纳下的唐太宗,是中华民族历史上屈指可数的杰出的政治家。

(一)鼓励极言规谏

早在武德九年六月,李世民刚被立为皇太子时,就"令百官各上封事。"①所谓"上封事",就是文武官吏们提出关于治理国家的意见与建议。八月正式即位后,又号召百官"上封事"。短短的几个月里,上书奏疏之多,简直像雪片似的飞来。十二月,太宗对司空裴寂说:"比有上书奏事,条数甚多,朕总粘之屋壁,出入观省。所以孜孜不倦者,欲尽臣下之情。每一思政理,或三更方寝。"②可

① 《旧唐书·太宗本纪》。
② 《贞观政要》卷二《求谏》篇作"贞观三年"。按:《旧唐书·裴寂传》和《新唐书·裴寂传》均无记载。《隋唐嘉话》上记述此事,无确切年月。唯《资治通鉴》卷一九二及《册府元龟》卷五八系此事于武德九年十二月。检阅史实,武

见，年轻的皇帝李世民励精图治，对臣下们的意见是何等的重视！

当然，要倡导谏净，首先必须打消臣僚的顾虑。如果动辄训人，谁还敢讲话呢？贞观元年，唐太宗上朝时，威容严峻，咄咄逼人；臣僚上书奏事，失其举措，顾忌重重。唐太宗知道后，马上改变态度，和颜悦色，诚恳地听取。他对大臣们说："人欲自照，必须明镜；主欲知过，必藉忠臣。……公等每看事有不利于人，必须极言规谏。"①以后，多次表示，即使是"直言忤意"，也决不加以怒责。诚意如此恳切，臣僚们也就乐于开口言事了。

唐太宗还用奖赏办法，鼓励臣下直谏。有个人名叫元律师，被判死罪，司法官员孙伏伽进谏说：根据法律，不该处死，怎么可以滥加酷罚呢！太宗听后，觉得提得对，就赐给兰陵公主园，价值百万钱。有人说：孙伏伽所谏的是平常事，奖赏太厚了。唐太宗则认为，即位以来，未有过这样的谏净，所以特给重赏。终贞观之世，对于上书切谏有功者，经常予以物质鼓励。如贞观四年，给事中张玄素谏修洛阳宫，赐绢二百匹。贞观八年，中牟丞皇甫德参上书切谏，赐帛二十段。贞观十一年，侍御史马周上疏，赐物百段。贞观二十二年，嫔妃徐氏上疏切谏，太宗特加优厚的赏赐。如此等等，不一而足。

总之，"贞观之初，恐人不言，导之使谏。"②由于唐太宗的积极倡导，谏净风行一时。当时犯颜直谏、面折廷争的事例屡见不鲜。上自宰相御史，下至县官小吏，旧部新进，甚至宫廷嫔妃，都有人敢

德九年，册拜裴寂为司空。至贞观三年正月，裴寂因沙门法雅案件牵连，被罢免官职，削食邑之半，遣还乡里。因此，《贞观政要》记载太宗对"司空"裴寂说的话，似应在武德九年十二月。如作"贞观三年"，不大可能。

① 《贞观政要》卷二，《求谏》篇。
② 《贞观政要》卷二，《纳谏》篇。

于直言切谏。这种开明的政治局面,在我国封建社会里是罕见的。

(二)直谏者首推魏征

贞观一代,谏臣济济,其中最杰出的当推魏征。史称"征雅有经国之才,性又抗直,无所屈挠。"[①]唐太宗即位初,经常召他到卧室内,访以得失。短短的几年里,魏征所陈谏的多达二百余事,深得太宗的赞赏。贞观三年二月,被提拔为秘书监,"参预朝政,深谋远算,多所弘益。"[②]魏征敢于直谏,据理力争,有时不留情面,把皇帝弄得很尴尬。有一年冬天,唐太宗正在玩耍一只漂亮的鹞鸟,远远地望见魏征来了,赶紧把鸟儿藏在怀里,惟恐被知道又招来意见。魏征奏事故久不已,唐太宗只好静听,最后那只鹞鸟竟闷死在衣怀里。

当然,作为居位尊极的天子、叱咤风云的雄杰,唐太宗有时免不了发火。贞观六年三月,一次罢朝后,太宗大骂道:"会须杀此田舍翁。"皇后长孙氏忙问对谁发怒,太宗答:"魏征每廷辱我。"长孙皇后说:"妾闻主明臣直,今魏征直,由陛下明之故也。妾敢不贺。"[③]这几句话相当策略,既肯定了魏征的刚直,更颂扬了太宗的英明。太宗一听,由怒而喜。

在君臣彼此相处的十七年里,魏征始终以直谏著称,而唐太宗对他也往往是言听计从。因为魏征有广泛的社会联系,他的谏诤反映出封建统治阶级特别是关东地主集团的普遍意见。众所周知,魏征曾两次投身于农民起义军的队伍,先是在李密的瓦岗军里呆了

---

① 《旧唐书·魏征传》。
② 《贞观政要》卷二,《任贤》篇。《旧唐书·魏征传》误作:"贞观二年,迁秘书监,参预朝政。"又,《旧唐书·太宗本纪》《新唐书·太宗本纪》《资治通鉴》卷一九三及王先恭《魏文贞公年谱》等,均作贞观三年。
③ 《魏郑公谏续录》卷下。

近一年,后又在窦建德的起义军里,度过了一年半的光阴。他两次归于李唐王朝,多次奉命赴山东地区处理各种棘手的社会问题。这样曲折复杂的经历,在唐初重臣名将中也是不多的。广泛的阅历和丰富的经验,不仅造就了魏征刚直不阿、敢于说话的特殊性格,而且使他对隋末唐初的各种社会问题,能够作出切中时弊的分析。

贞观十七年正月,魏征因病逝世,终年六十四岁。唐太宗悲痛地说:"以铜为镜,可以正衣冠;以古为镜,可以知兴替;以人为镜,可以明得失。朕尝宝此三镜,用防己过。今魏征殂逝,遂亡一镜矣。"①他颁布诏令,号召臣僚们以魏征为榜样,做到直言无隐。唐太宗特地登上凌烟阁,默默地对着魏征的遗像,情不自禁地作了一首诗:"劲条逢霜摧美质,台星失位夭良臣。唯当掩泣云台上,空对余形无复人。"②表达了对谏臣无限的哀思与悼念。

(三)不畏犯逆鳞

谏臣们的勇气与胆量固然可敬可佩,唐太宗的见识与气度尤其值得赞扬。在封建时代,皇帝拥有至高无上的权力,批评皇帝叫做"犯龙鳞"。传说,龙喉下"有逆鳞径尺,人有撄之,则必杀人。"③所以,历代尽管设有谏官,但殿廷上往往是鸦雀无声。为什么唐初竟有那么多人"敢犯龙鳞"呢?关键在于唐太宗虚心求谏,诚意纳谏。魏征把话说到了底:"陛下导臣使言,臣所以敢言。若陛下不受臣言,臣亦何敢犯龙鳞、触忌讳也。"④的确,如果唐太宗专横跋扈,听不得半点不同意见,那么犯颜进谏的魏征,早已成为

---

① 《隋唐嘉话》卷上。
② 《魏郑公谏录》卷五。
③ 《史记·韩非列传》。
④ 《贞观政要》卷二,《任贤》篇。

刀下鬼、阶下囚，至少也得削职为民了。

自称是"龙种"的帝王，居然叫臣僚们"不避犯触"龙鳞，这是需要虚怀若谷的度量的。贞观六年，韦挺等上封事，唐太宗极力称赞，并"设宴为乐"。畅饮之际，唐太宗说："朕又闻龙可扰而驯，然喉下有逆鳞。卿等遂不避犯触，各进封事。常能如此，朕岂虑宗社之倾败！"①这里，把犯逆鳞与国家安危相联系，是颇有见地的。不让人讲话，就难免要垮台，落得"宗社倾败"的结局！

贞观八年，唐太宗又看到一些官员奏事时，呈现一副恐惧不安的样子，连言语都颠三倒四，于是再次强调："寻常奏事，情犹如此，况欲谏诤，必当畏犯逆鳞。所以每有谏者，纵不合朕心，朕亦不以为忤。若即嗔责，深恐人怀战惧，岂肯更言！"②这番话表明，唐太宗胸怀宽广，乐于听取和自己不同的意见。

由上可见，有了唐太宗的积极倡导与虚心纳谏，才有臣僚们纷纷直言的生动局面。"诸臣之敢谏，实由于帝之能受谏也。"③若论君臣上下关系，君处于矛盾的主要方面。君明，臣易直，敢于提意见，不怕犯逆鳞；君昏，臣难直，稍谏即怒或杀，何人更敢直言？只有"导之使谏"，才能广开言路，收"天下大治"之大效。

第二节 "兼听则明，偏信则暗"

为什么唐太宗如此热心地求谏、纳谏呢？究其根源，行动受思想支配。唐太宗的开明政见，首先是跟他在认识论上的一些真知灼见紧密相连的。

---

① 《贞观政要》卷二，《求谏》篇。
② 《贞观政要》卷二，《求谏》篇。
③ 《廿二史札记》卷一九。

（一）兼听纳下

贞观二年正月，唐太宗提出一个发人深省的问题：什么叫做明君、暗君？魏征回答说："兼听则明，偏信则暗"。紧接着，列举秦二世、梁武帝、隋炀帝"偏信"则亡的历史教训，证明"人君兼听广纳，则贵臣不得拥蔽，而下情得以上通也。"①对于君王来说，"兼听"就会有"天下大治"，"偏信"就会造成"天下大乱"。唐太宗听了，"甚善其言"，完全赞同。

毛泽东同志在著名的《矛盾论》中指出："唐朝人魏征说过：'兼听则明，偏信则暗。'也懂得片面性不对。"在人类认识史上，提出"兼听"新命题，无疑是一种卓越的见解。唐太宗也和魏征一样，懂得主观片面性不对，认为任何人的才智都是有限的，即使皇帝也不例外。贞观四年七月，他对大臣萧瑀说：像隋文帝那样，不肯信任臣下，"每事皆自决断，虽则劳神苦形，未能尽合于理。""以天下之广，四海之众，千端万绪，……岂得以一日万机，独断一人之虑也。"②

唐太宗不仅从历史人物身上而且从平常事例中体验到个人认识的局限性。贞观元年，他原以为自己从小善于弓矢，尽得其妙。有一次，得到良弓数十张，送给工匠验看。工匠说，这些弓木心不正，脉理皆邪，统统不是良弓。由此他悟出自己并非无所不知，况且"天下之务，其能遍知乎！"③又有一次，他对房玄龄说：有些文人与伎工总以为自己的长处，别人都比不上，然而，一旦和名工文匠相比较，就分出高低来了。由此唐太宗得出"自知者明，信为难矣"的结论，进而说明帝王"一日万机，一人听断，虽复忧劳，安能

---

① 《资治通鉴》卷一九二。
② 《贞观政要》卷一，《政体》篇。
③ 《资治通鉴》卷一九二。

尽善?"①可见,唐太宗颇有点自知之明。

正因为唐太宗不把自己当作"尽善"的完人,因而主张依靠臣下,集思广益。他对大臣们说:"朕既在九重,不能尽见天下事,故布之卿等,以为朕之耳目。"②他深知,作为帝王,如果炫耀聪明,傲视臣下,就会有亡国的危险。隋炀帝不就是一面镜子吗?这位"好自矜夸"的暗主,护短拒谏,偏信了虞世基。农民起义早已风起云涌,陷没郡县,而虞世基报喜不报忧,隋炀帝什么都不知道。下情不得上通,其结果是身死而国亡。贞观三年十二月,在讨论《论语》经义时,孔颖达提醒说:"若位居尊极,炫耀聪明,以才陵人,饰非拒谏,则下情不通,取亡之道也。"唐太宗听了,"深善其言。"③为了避免重蹈亡隋的覆辙,他特别强调"朕遇千虑一失,必望有犯无隐",④希望大臣们踊跃谏诤。

清代史学家赵翼在评论太宗纳谏时指出:"盖亲见炀帝之刚愎猜忌,予智自雄,以致人情瓦解而不知,盗贼蜂起而莫告,国亡身弑,为世大僇。故深知一人之耳目有限,思虑难周,非集思广益,难以求治。"⑤这是符合历史实际的。

(二)为人大须学问

唐太宗不仅善于"兼听",而且注意"博学"。既然个人才智有限,就必须努力地"学"与"问"。魏征曾经奏称:"陛下身居九重,

---

① 《贞观政要》卷二,《求谏》篇。
② 《贞观政要》卷一,《政体》篇。
③ 《资治通鉴》卷一九三。
④ 《魏郑公谏录》卷三。
⑤ 《廿二史札记》卷一九。

细事不可亲见,臣作股肱耳目,非问无由得知。"①唐太宗也确实是这样做的。早在贞观元年闰三月,他就"呕延耆老,问之政术。"还规定京都官员五品以上的,轮流到中书内省值班。每次召见,与之交谈,"询访外事,务知百姓疾苦,政教之得失焉。"②

贞观二年,唐太宗又强调:"为人大须学问"。所谓"学问",除了询问政务外,还十分注意读书学习。他说:"人之读书,欲广闻见以自益耳"。③ 为了学习自古以来治国的道理,特地嘱咐魏征等编纂《群书治要》。书成后,唐太宗细心览读,在《答魏征上〈群书治要〉手诏》中说:"朕少尚威武,不精学业,先王之道,茫若涉海。览所撰书,博而且要,见所未见,闻所未闻,使朕致治稽古,临事不惑,其为劳也,不亦大哉。"④唐太宗还阅读其他大量的书籍,如《尚书》、《诗经》、《礼记》、《论语》、《史记》、《汉书》、《汉纪》、《中论》、《哀江南赋》、《晋书》、《北周书》、《北齐书》、《经典释文》等等,并且能从中引出有益的教训来,作为治理天下的依据。正如他自己所说:"贞观以来,手不释卷,知风化之本,见理政之源。行之数年,天下大治。"⑤直到晚年,他仍然重视学习,说:"人虽禀定性,必须博学以成其道。"⑥可见,唐太宗之所以成为历史上"克己励精,容纳谏诤"的皇帝,也是同他勤于"学问"分不开的。

(三)勇于检点过错

从认识论的角度来看,凡是有自知之明的人,往往敢于承认与

---

① 《魏郑公谏录》卷五。
② 《册府元龟》卷一〇四。
③ 《贞观政要》卷六,《俭约》篇。
④ 《全唐文》卷九。
⑤ 《贞观政要》卷十,《慎终》篇。
⑥ 《贞观政要》卷七,《崇儒学》篇。

改正错误。但是,对于位居尊极的帝王来说,要在臣下面前公开检点过错,那是很不容易的。唐太宗恰恰在这方面做到了一些,所以成为千古美谈。

武德九年十二月,简点使外出征兵,封德彝建议:把十八岁至二十岁的中男,简点入军。魏征认为这样做不行。唐太宗生气了,下令说:凡是中男身体粗壮的,都可以征兵。魏征还是坚决反对,不肯签署敕令。太宗问他为什么如此固执?魏征严肃地说:如果把中男尽点入军,那么他们的田地由谁耕种呢!国家又从哪里取得租赋杂徭呢!紧接着,魏征历数了唐太宗即位以来有三件大事失信于民。太宗愕然而悟,郑重地检讨说:"我不寻思,过亦深矣。行事往往如此错失,若为致理?"①于是,撤销了"简点中男入军"的动议。贞观七年,唐太宗回顾即位以来的情况,说:"每商量处置,或时有乖疏,得人谏诤,方始觉悟。若无忠谏者为说,何由行得好事?"这说明他并不以一贯正确自居,而是公开承认自己的错误不少,只是别人提出后,方才觉悟,把事情办好。因此,他希望大臣们"每见有不是事,宜极言切谏,令有所裨益也。"②

第三节 "共相切磋,以成治道"

唐太宗的屈己纳谏,还是跟他的君臣论分不开的。在君臣关

---

① 参见《魏郑公谏录》卷一。《贞观政要》卷二《纳谏》篇附记误作"贞观三年",云:"简点使右仆射封德彝等,并欲中男十八以上,简点入军。敕三四出,(魏)征执奏以为不可。"按:贞观三年,封德彝早已去世,当无此事。"简点使"并不是封德彝的官衔,而是指另一个人。《魏郑公谏录》卷一《谏简点中男入军》篇曰:"简点使出,右仆射封德彝等并欲取中男……"可见,《贞观政要》"简点使"下脱"出"字。《资治通鉴》卷一九二系此事于武德九年十二月,较为确切。详见拙文《〈贞观政要〉史料考辨》,载《复旦学报》一九七九年第六期。

② 《贞观政要》卷四,《教戒太子诸王》篇。

系上,唐太宗主张君臣相辅,共治天下,这无疑是封建时代政治思想的精华之一。

(一)君臣事同鱼水

封建专制主义的政治理论的重要内容,就是君为臣纲、君尊臣卑、臣忠于君之类的教条。从根本上说,唐太宗没有也不可能跳出这个窠臼。但是,他把君臣之间看成鱼水关系,强调君王离不开臣下的匡正,这倒不失为一种开明的政见。

鉴于隋朝灭亡的严重教训,贞观初期曾就如何处理好君臣关系问题,展开了热烈的讨论。贞观五年,魏征提及隋朝"禁囚"事件,即隋炀帝令将领于士澄捕"盗",一天竟斩决二千余人。唐太宗认为,如此枉杀无辜,"非是炀帝无道,臣下亦不尽心,须相匡谏,不避诛戮,岂得惟行谄佞,苟求悦誉。君臣如此,何得不败?"[1]从隋亡的事实来看,一方面固然是由于隋炀帝残暴,听不得谏诤;另一方面也是跟臣下不尽心匡正密切相关的。唐太宗认为,即使君主自己贤明,但是,臣下不进直言,同样会陷于危亡的境地。由此得出这样的结论:"惟君臣相遇,有同鱼水,则海内可安。朕虽不明,幸诸公数相匡救,冀凭直言鲠义,致天下太平。"[2]

当然,唐太宗所谓"君臣相需,事同鱼水,"[3]决不是指君臣彼此平等关系,而是说"君臣本同治乱,共安危。"他多次向大臣们强调:"君臣合契,古来所重。""君失其国,臣亦不能独全其家。"[4]这里,君臣彼此的利害关系讲得十分透彻。唐太宗把直言忠谏提到

---

① 《贞观政要》卷三,《君臣鉴戒》篇。
② 《贞观政要》卷二,《求谏》篇。
③ 《魏郑公谏录》卷四。
④ 《贞观政要》卷三,《君臣鉴戒》篇。

国家兴亡、社稷安危的高度来认识，并从封建统治阶级的共同利益出发，极力希望臣僚们"须相匡谏。"

（二）君臣共理天下

基于上述君臣"鱼水"关系的认识，唐太宗还提出了君臣"共理天下"的政治主张。贞观二年，他与群臣论治，阐明了"人君必须忠良辅弼"的道理，竭诚期望"君臣上下，各尽至公，共相切磋，以成治道。"①为了造成这样一种共商国是的开明政局，贞观君臣们进行了不倦的努力，形成了贞观一代谏诤之风。

果然，经过君臣的共同努力，贞观五年开始出现"远夷率服，百谷丰稔，盗贼不作，内外安静"的景象。这时，唐太宗跟大臣们说："此非朕一人之力，实由公等共相匡辅。"②不把一切功劳归于自己，这在封建帝王中并不多见！

贞观六年七月，唐太宗在丹霄殿宴请三品以上的大臣，从容地说："朕与公辈，共理天下，今中夏乂安，四方静肃，并由公等咸尽忠诚，共康庶绩之所致耳。"③的确，卓著政绩的取得，是君臣"共理天下"的结果。

贞观十一年七月，唐太宗在"手诏"中进一步提出："夫为人臣，当进思尽忠，退思补过，将顺其美，匡救其恶，所以共为治也。"④"共理"或者"共治"，无疑地要比"独断"好得多。由于君臣上下集思广益，各种情况了解比较全面，各种问题考虑比较周到，所以唐初政治清明，其结果是：一些有益的政令措施得以"顺其

---

① 《贞观政要》卷二，《求谏》篇。
② 《贞观政要》卷十，《慎终》篇。
③ 《魏郑公谏录》卷三。
④ 《贞观政要》卷一，《君道》篇。

美"而贯彻执行,一些有害的政令措施能够"匡救其恶"而及时改正。"共相切磋",必能集思广益;"共相匡辅",势必加快大治。这是贞观政治留给后人的宝贵启示。

(三)君臣同心同德

为了适应"共理天下"的需要,唐初君臣们还十分强调同心同德的重要意义。贞观前夕,魏征指出:"圣哲施化,上下同心。"尔后,他又多次陈述:"凡欲致化,必在上下相亲,朝廷辑睦。"①唐太宗深以为然,贞观五年对大臣们说:"既义均一体,宜协力同心,事有不安,可极言无隐。倘君臣相疑,不能备尽肝膈,实为国之大害也。"②这里,唐太宗把"极言无隐"看成"协力同心"的表现。因此,谏诤之盛也就是必然的事情了。房玄龄毕生佐命匡弼,临终前夕还是念念不忘直言切谏。杜如晦"共掌朝政",功绩卓越,病故后,唐太宗表彰他"同心辅朕","君臣义重。"③王珪则以激浊扬清而闻名,太宗赞叹说:"卿若常居谏官,朕必永无过失"。至于魏征更是谏臣的楷模,太宗对他说:"近代君臣相得,宁有似我于卿者乎?"④总之,君臣上下,齐心一致,群策群力,各种问题处理妥当,各种矛盾获得协调,这就为长治久安的局面奠定了政治基础。

唐朝著名诗人元稹在《长庆集论》中指出:"房、杜、王、魏之徒,议可否与前;天下四方之人,言得失于外。不四、三年,而天下大理,岂文皇(太宗)独运聪明于上哉? 盖亦群下各尽其言,以宣扬发畅于天下也。"的确,唐初"天下大治"的实现,君臣"协力同

---

① 《魏郑公谏录》卷二。
② 《贞观政要》卷一,《政体》篇。
③ 《旧唐书·杜如晦传》。
④ 《贞观政要》卷二,《任贤》篇。

心"是一个重要原因。如果上下离心离德,君臣彼此相疑,太宗闭目塞听,群僚万马齐喑,那就只能"大治"无缘,覆亡有日!

第四节　保证广开言路的措施

以上,从认识论和君臣论等方面,分析了唐太宗求谏、纳谏的政治思想基础。值得注意的是,他还从制度上保证广开言路。为了发挥大小官员的谏诤作用,以便兼听博取,共相切磋,防止专断,造成弊政,唐太宗采取了几项重要的措施。

(一)健全封驳制度

唐初沿袭了隋朝的三省六部制。三省即尚书省、中书省和门下省;尚书令、中书令与侍中就是宰相。因唐太宗即位前曾任尚书令,故贞观时期尚书令不实授,左右仆射即为宰相。唐太宗为了集思广益,往往让一些职位稍低的官员以"参预朝政"的名义,加入最高决策集团。如贞观元年,御史大夫杜淹检校吏部尚书,参预朝政。贞观三年,魏征守秘书监,参预朝政。贞观十三年,刘洎为黄门侍郎,参知政事。贞观十七年,张亮为刑部尚书,参预朝政。贞观十八年,黄门侍郎褚遂良参预朝政,等等。这样,唐太宗就能了解更多的意见,在兼听博采的基础上,作出符合实际的决策。

唐太宗还重申了中书省和门下省办事的旧制。原来,按照规定,军国大事要由六位中书舍人各陈所见,并且杂署其名,谓之"五花判事"。制敕诏命草成,经由中书侍郎、中书令审查;然后交门下省(给事中、黄门侍郎)封驳,论其得失,继由宰相秉公而断;最后由皇帝裁决,交尚书省,付外执行。但是,封建官场往往不会认真地照此办理。贞观元年,唐太宗强调:"中书所出诏敕,颇有意见不同,或兼错失而相正以否。元置中书、门下,本拟相防过误。人之意见,每或不同,有所是非,本为公事。"希望大臣们"特须灭私徇公,坚守直道,庶事相启沃,勿上下雷同也。"贞观三年,唐太宗察觉不少大臣"阿旨顺情,唯唯苟过,遂无一言谏诤",因而再次重申:"中书、门下,机要之司。擢才而居,委任实重。诏敕如有不稳便,皆须执论。……若惟署诏敕,行文书而已,人谁不堪?"①可见,唐太宗要求大臣们敢于负责,敢于讲话,可以驳回不妥当的政令,决不能"阿旨顺情,唯唯苟过。"照抄照转的收发官,谁不会做呢? 史称,唐太宗"始申明旧制,由是鲜有败事。"②由于充分发挥了三省的决策、封驳、执行的作用,贞观时期的政令措施也就比较符合实际的了。

(二)反对盲目"顺旨施行"

众所周知,封建官场的一个痼疾,就是"顺旨"办事,上面怎么说,下面怎么干,只要保住乌纱帽,管他办得好不好。对此,唐太宗狠加针砭,表明了一个明君的治国才能。例如,贞观四年,唐太宗和萧瑀讨论关于隋文帝的"勤劳思政"问题。鉴于隋朝"宰相以下,惟即承顺而已"的教训,特作出规定:重要政务,"皆委百司商量,宰相筹画,于事稳便,方可奏行。"同时,通令各级行政机构,"若诏敕颁下有未稳便者,必须执奏,不得顺旨便即施行,务尽臣下之意。"③

(三)重视谏官的作用

唐太宗即位前,就十分重视谏官的选择。武德九年六月,身为

---

① 《贞观政要》卷一,《政体》篇。
② 《资治通鉴》卷一九三。
③ 《贞观政要》卷一,《政体》篇。

皇太子的李世民,起用原东宫府有才之士王珪、韦挺为谏议大夫。七月,又任命魏征为谏议大夫。这些谏官在谏诤方面起了重要的作用。

贞观元年正月,唐太宗与大臣论治,谏议大夫王珪讲了"从谏则圣"的古训。唐太宗非常赞赏,立即颁布诏令,规定"自今中书、门下及三品以上入阁议事,皆命谏官随之,有失辄谏。"①唐朝谏官包括:左右散骑常侍四人,掌规讽过失,侍从顾问。左右谏议大夫八人,掌谏谕得失,侍从赞相。左右补阙十二人,掌供奉讽谏,大事廷议,小事则上封事。左右拾遗十二人,掌同补阙。"谏官"可以随宰相到两仪殿"平章国计",这不仅反映了谏官地位的提高,鼓励了他们的极言切谏,而且更使唐太宗在平常视朝中听到各种不同的意见,以便全面地掌握情况,择善而从。一部《贞观政要》中,关于唐太宗与谏议大夫们的问答记载不少,可见唐太宗是把谏官当作身边的"侍臣",往往"有所开说,必虚己纳之。"②

唐太宗还把杰出的谏臣提拔到宰相的位置上来,委以重任。例如,王珪任谏议大夫时,推诚尽节,多所献纳,太宗赞叹说:"卿所论皆中朕之失。"③于是提拔为黄门侍郎,贞观二年十二月进拜门下省长官侍中,即宰相之一,掌管政令的善否,进行议论封驳。又如贞观后期的褚遂良,任谏议大夫时以直谏著名。贞观十八年九月拜为黄门侍郎,参预朝政,"前后谏奏及陈便宜书数十上,多见采纳。"贞观二十二年九月,拜为中书令,成为唐太宗晚年最受信任的重臣之一。《旧唐书》史臣评论说:"褚河南(遂良)上书言事,靡幺有经世远略。魏征、王珪之后,骨鲠风彩,落落负王佐器

---

① 《资治通鉴》卷一九二。
② 《贞观政要》卷二,《求谏》篇。
③ 《贞观政要》卷二,《任贤》篇。

者,殆难其人,名臣事业,河南有焉。"①

(四)区别直谏与讪谤的界限

既然鼓励直言切谏,就难免有些人把话讲过头了。如何对待,颇为重要。贞观八年,唐太宗又要修筑洛阳宫了。中牟县丞皇甫德参上书批评说:修洛阳宫殿,是劳弊百姓;国家收取地租,是厚敛重赋;风俗好挽高髻,是学宫里的坏样子。唐太宗大怒不已,对左右大臣说:德参要国家不役一人,不收斗租,宫人皆无发,这不是心怀恶意吗!打算处以"谤讪"之罪。魏征立即进谏:"自古上书,率多激切。若不激切,则不能起人主之心。激切即似讪谤,惟陛下详其可否。"②这里,把"激切"与"讪谤"加以区别,劝太宗不可计较直谏者的态度激烈,而只问别人的意见是否提得对。唐太宗终于接受了。

当然,在倡导谏诤的过程中,有些人乘广开言路之机,诬陷好人,企图浑水摸鱼的情况也是有的。例如,贞观元年十二月,有人诬告魏征阿党亲戚。贞观三年,陈师合对杜如晦等恶意中伤。唐太宗特地申明:"无识之人,务行谗毁,交乱君臣,殊非益国。自今以后,有上书讦人小恶者,当以谗人之罪罪之。"③贞观十年,唐太宗再次强调:"朕开直言之路,以利国也。而比来上封事者多讦人细事,自今复有为是者,朕当以谗人罪之。"④对于那些真正讪谤诬陷的人,确实必须惩办。这样才能杜绝谗搆之端,以利于广开言路。

---

① 《旧唐书·褚遂良传》。
② 《贞观政要》卷二,《纳谏》篇。
③ 《贞观政要》卷六,《杜谗》篇。
④ 《资治通鉴》卷一九四。

以上措施,对于唐初谏诤之风的形成,对于君臣"共相切磋"的实现,是起了推动与促进作用的。如果没有这些具体规定,或者虽有规定而不切实执行,所谓"贞观之治"政绩也许就要逊色不少。

第五节　忠谏及其局限性

唐太宗的求谏纳谏的政治思想,至今还是一份珍贵的历史遗产。但是,贞观谏诤没有也不可能改变封建专制主义政治的本质,更不可同民主混为一谈。

(一)从畏惧"覆舟"引出谏诤

贞观谏诤之盛,是有特殊的历史原因的。隋末农民大起义的汹涌波涛,隋朝由盛而衰迅即灭亡的短促行程,不能不给亲眼目睹这幅历史画卷的唐太宗以特别深刻的印象。他经常以隋亡为鉴,多次和大臣、太子谈论舟水之喻,并表现出一种"畏惧"心情。[1]

----

① 贞观君臣论舟水之喻,前后共计四次。除了本书提及的两次外,还有:贞观十一年四月,魏征在论时政第二疏中指出:"怨不在大,可畏惟人,载舟覆舟,所宜深慎。"(《贞观政要》卷一《君道》篇)同年,因大雨成灾,洪水淹入洛阳宫,中书侍郎岑文本"上封事"说:"仲尼曰:'君犹舟也,人犹水也,水所以载舟,亦所以覆舟'。"(《贞观政要》卷十《灾祥》篇)从历史上看,舟水之喻最早见于先秦文献。《荀子·王制篇》云:"传曰:'君者,舟也;庶人者,水也。水则载舟,水则覆舟。'"这里,所谓"传"者,不得而知,估计荀子以前就有舟水古训了。有些同志认为舟水之喻是荀况最早说的,欠妥当。看来,由于春秋战国时封建制代替奴隶制的社会大变革,多少诸侯国的兴亡,使人们得出了"载舟覆舟"的结论。荀子借用古语,把君民关系比作舟水关系,颇有见地。秦汉以降,论及舟水之喻的,却不多见。魏晋王肃伪造的《孔子家语》中说:"君者舟也,庶人者水也。水所以载舟,亦所以覆舟也。"贞观十一年,岑文本引用仲尼的话,就出典于此。其实,孔子并没有说过舟水关系之类话。

179

贞观六年，唐太宗与群臣论治，清醒地知道："天子者，有道则人推而为主，无道则人弃而不用，诚可畏也。"接着，魏征举出古书上的几句话，即"君，舟也；人，水也。水能载舟，亦能覆舟"，告诫太宗"留心治道"。①

贞观十七年闰六月，②李治立为皇太子不久，唐太宗在日常起居中给予一系列教导。如外出坐船，太宗就诲谕说："舟所以比人君，水所以比黎庶，水能载舟，亦能覆舟。尔方为人主，可不畏惧。"③

由上可见，所谓"舟"，指的是君王为首的封建王朝；所谓"水"，指的是广大的人民群众。作为封建统治者包括贞观君臣，无不冀望"长治久安"，把自己的统治宝座一代一代地传下去，传之无穷。但是，如果"无道"，就必然惹起祸乱来，显赫的封建王朝如同一叶之舟，被淹没在汪洋大海之中。因此，凡是明智而清醒的封建统治者，都极力强调"虚己纳谏"的重要性，以防止"覆舟"事件的重演。唐太宗对公卿大臣们说："前事不远，公等每看事有不利于人，必须极言规谏。"④否则，舟覆人亡，一切都完了。毫无疑问，贞观谏诤的根本目的在于保障封建王朝的长治久安和统治阶级的长远利益。正如唐太宗对大臣们所说："公等善相辅弼，使兆

---

① 《贞观政要》卷一，《政体》篇。
② 太宗以舟水之喻教戒太子，《贞观政要》卷四《教戒太子诸王》篇记载作"贞观十八年，太宗谓侍臣曰：近自建立太子，遇物必有诲谕……"按：《资治通鉴》卷一九七及《册府元龟》卷一五七记述此事，内容略同，但均系于贞观十七年闰六月。这年四月，诏立晋王李治为皇太子。太宗云"近自建立太子，遇物必有诲谕"，似以"贞观十七年"为确切。《贞观政要》作"十八年"，可能是传抄之误所造成。
③ 《贞观政要》卷四，《教戒太子诸王》篇。
④ 《贞观政要》卷二，《求谏》篇。

庶得所,此乃长保富贵,荫及子孙。"①

应当指出,畏惧覆舟确实是经历了农民战争后所获得的深刻教训。但是,贞观君臣们局限于唯心史观,认为"社稷安危,国家治乱,在于一人而已",②决不可能认识到人民群众力量的伟大,只有在这股巨大的革命力量面前感到震惊与害怕。为了防止"覆舟",他们更多的则是从反面吸取教训,即以隋王朝覆亡的弊政作为"殷鉴"。当然,亡隋弊政与农民战争并不是截然无关的,但毕竟不是一回事,前者是因,后者是果。贞观君臣们害怕农民战争这种"结果",而要改弦更张还得从隋亡的"原因"中找出教训来。隋朝覆亡的原因之一,就是炀帝暴虐,臣下钳口。开明的唐太宗由此引出了求谏、纳谏的政治主张。显然易见,贞观谏诤仅仅是封建统治者的少数人的事业,没有也不可能包括下层民众在内的。

(二)谏诤以忠君为宗旨

唐太宗经常强调这样一句话:"主纳忠谏,臣进直言。"③所谓直言忠谏,就是要臣下们务尽忠说,忠于皇帝,忠于封建王朝。"君臣之义,得不尽忠匡救乎?"④这就是贞观谏诤的中心内容。

因此,唐太宗对待谏臣们的态度,是以忠君与否来衡量的。例如,贞观四年,唐太宗想修造洛阳乾元殿,便于巡幸。征发役卒的诏令已下达,给事中张玄素上书反对,批评唐太宗"承凋残之后,役疮痍之人,费亿万之功,袭百王之弊,以此言之,恐甚于炀帝远矣。"话讲得多么重啊,把太宗说成连亡国暴君隋炀帝都不如! 唐

① 《魏郑公谏录》卷三。
② 《贞观政要》卷十,《慎终》篇。
③ 《贞观政要》卷三,《君臣鉴戒》篇。
④ 《贞观政要》卷一,《政体》篇。

太宗愕然地问:"卿以我不如炀帝,何如桀、纣?"玄素从容地对答:"若此殿卒兴,所谓同归于乱。"原来,张玄素是怀着一颗忠心,其意在于防止"覆舟"。唐太宗明白了,立即把这逆耳忠言听了进去,叹道:"我不思量,遂至于此。"重新下令,停止修建,并赐给玄素绢二百匹。唐太宗还认为"以卑干尊,古来不易,非其忠直,安能如此?且众人之唯唯,不如一士之谔谔。"①这位谔谔之士所以受到奖赏,就是因为"忠直"的缘故!

至于魏征,在唐太宗看来,更是一个热血滚滚的忠臣,"当今朝臣,忠謇无如魏征。"如果不是"忠诚奉国",怎能有那么多称旨如意的谏诤呢!贞观六年八月,在九成宫丹霄殿赏月夜宴上,太宗酒酣,爽朗地大笑道:别人都说魏征举动疏慢,我倒觉得妩媚呢!过了六年,即贞观十二年三月,在东宫举行祝贺皇孙诞生的宴会上,太宗极其欢乐地说:"贞观之后,尽心于我,献纳忠说,安国利人,成我今日功业,为天下所称者,惟魏征而已。"②亲自解下佩刀,赏赐给魏征,以表彰"尽心"于君王的忠臣。

既然用人纳谏是以忠君为政治前提,那么,一旦事有异常,就会态度立变。例如,魏征死后不久,发生了侯君集谋反被杀和杜正伦以罪左迁的事件。侯、杜两人,魏征曾经称赞他们有宰相之才,推荐重任。现在,唐太宗开始怀疑魏征结党营私,对君不忠。另外,又听说魏征私下把前后谏录给起居郎褚遂良示阅。于是一怒之下,不仅解除了原以衡山公主嫁给魏征儿子叔玉的婚约,而且摧毁了御撰的魏征墓碑。

还有一个例子,也很典型。谏臣刘洎向来疏浚敢言,经常直言

---

① 《贞观政要》卷二,《纳谏》篇。
② 《贞观政要》卷二,《任贤》篇。

切谏,受到唐太宗的赞扬,被列为魏征亡后杰出的谏臣之一,位至门下省侍中。贞观十九年,唐太宗亲征高丽,留刘洎辅佐皇太子李治。太宗从辽东回来后,患了痈肿,刘洎悲伤地对同僚说:"疾势如此,圣躬可忧。"褚遂良诬告他想"行伊(尹)、霍(光)故事",不忠于李唐王朝。尽管马周证明刘洎根本没有那么一回事,唐太宗却偏听偏信,下诏宣称"洎与人窃议,窥窬万一,谋执朝衡,自处伊霍,猜忌大臣,皆欲夷戮。"①遂令刘洎自杀。刘洎之冤死,固然与褚遂良的门户倾轧有关,而主要的是唐太宗怀疑他"谋执朝衡",不忠于君。《新唐书·刘洎传》赞语云:"呜呼,以太宗之明,蔽于所忿,洎之忠不能自申于上,况其下哉?"可见,唐太宗的"任贤纳谏",贯穿着忠君这条宗旨。在他看来,忠君的即使言辞激切,也虚怀听受;不忠于君的即使意见合理,则拒之门外,甚至不惜杀害。

(三)由"虚己纳下"到"不好直言"

唐太宗作为封建统治的帝王,总是把自己看得高于一切,声称"天下安危,系之于朕。"②臣僚们的各种意见能否被采纳,最终还是取决于皇帝的决断。所谓"共理天下",不过是一帖防止君主过分专制的药方。

贞观初期,在魏征等人的谏净督促下,唐太宗居安思危,基本上是谨慎施政的。但是,随着功业兴隆,难免志满意盈,渐渐地听不进别人的意见了。贞观六年,魏征进谏说:"陛下贞观之初,励精思政,从谏如流,每因一事,触类而为善,志存节俭,无所营求。比者造作微多,谏者颇忤,以此为异耳。"唐太宗拊掌笑道:"良有

---

① 《资治通鉴》卷一九八。
② 《贞观政要》卷一,《政体》篇。

是夫！"①贞观八年，中牟县丞皇甫德参谏修洛阳宫，唐太宗勉强地接受了。过后，魏征奏言："陛下近日不好直言，虽勉强含容，非曩时之豁如。"②从虚己纳谏到不好直言的变化，是唐太宗骄奢自溢的结果。

贞观后期，唐太宗越来越听不进直言忠谏了。贞观十一年，魏征除了四上《论时政疏》外，还作《理狱听谏疏》，指出："自顷年海内无虞，远夷慑服，志意盈满，事异厥初。高谈疾邪，而喜闻顺旨之说；空论忠谠，而不悦逆耳之言。"唐太宗阅后，认为"皆切至之意"，愿意接受，但实际上没有多少改进。贞观十二年三月，唐太宗亲御两仪殿，魏征当面批评说："一二年来，不悦人谏，虽黾勉听受，而意终不平，谅有难色。"③过了一年，魏征又上疏指出："陛下贞观之初，孜孜不怠，屈己从人，恒若不足。顷年已来，微有矜放，恃功业之大，意蔑前王，负圣智之明，心轻当代，此傲之长也。"其结果是："亲狎者阿旨而不肯言，疏远者畏威而莫敢谏，积而不已，将亏圣德。"听谏态度的变化，反映了唐太宗因功而傲，由骄傲而不悦逆耳之言。当然，唐太宗还有清醒的一面，对魏征说："朕今闻过能改，庶几克终善事，若违此言，更何颜与公相见。"并且把魏征上疏"列为屏障，朝夕瞻仰。"④但是，好大喜功的唐太宗，又往往言行不一，说得好听，做的就不一样了。

及至晚年，由于唐太宗的骄傲思想越来越严重，谏诤之风也就日益衰落，于是，曲相谀悦代替了直言规谏，阿谀之臣取代了谔谔之士。例如，贞观十八年，唐太宗巡幸太平宫，要大臣们讲他的过

---

① 《册府元龟》卷三一七。
② 《资治通鉴》卷一九四。
③ 《贞观政要》卷二，《纳谏》篇。
④ 《贞观政要》卷十,《慎终》篇。

失。长孙无忌等人都说:"陛下无失。"惟独刘洎指出:"顷有上书不称旨者,陛下皆面加穷诘,无不惭惧而退,恐非所以广言路。"过了四个月,长孙无忌又吹捧说:"陛下武功文德,臣等将顺之不暇,又何过之可言!"①尽管唐太宗对如此"曲相谀悦"并不以为然,但是,真正骨鲠规谏者已是寥寥无几的了。尤其是贞观十九年刘洎被害之后,再也没有直言无隐、触犯龙鳞的谏臣了;而如褚遂良一类揣摩迎合旨意的人,却占据了重要地位。贞观二十一年五月,唐太宗亲临翠微殿,群臣皆称:"陛下功德如天地,万物不得而名言。"太宗也吹嘘自己功过古人的五点经验。接着,褚遂良颂扬:"陛下盛德不可胜载,独以此五者自与,盖谦谦之志耳。"②活现了一副献媚阿谀的丑态。由此可见,唐太宗晚年为自己的业绩所陶醉,被臣下的歌功颂德所包围。于是,由他开创并积极倡导的贞观谏诤,终于销声匿迹了。

---

① 《资治通鉴》卷一九七。
② 《资治通鉴》卷一九八。

第九章　贞观法制

唐王朝在草创之初,统治者疾意图治的又一个内容,就是健全封建法律。史称:"贞观之初,志存公道,人有所犯,一一于法。"①"审慎周详"的贞观法制,保障了"贞观之治"的实现,奠定了我国封建专制主义刑法的规范。

第一节　从《武德律》到《贞观律》

经历隋末农民大起义的疾风暴雨,唐初统治者"拨乱反正",②吸取了隋亡的教训,多次地进行律令的修订,以调整阶级关系,巩固封建统治。

(一)宽仁慎刑原则的确立

李渊起兵晋阳时,为了争取群众,"即布宽大之令",③攻入长安后,曾约法为十二条。④ 武德元年,鉴于隋炀帝的烦法酷刑的严重后果,宣布废除隋《大业律令》;同时由裴寂、刘文静等依照隋

---

① 《贞观政要》卷五,《公平》篇。
② 《魏郑公谏录》卷四。
③ 《旧唐书·刑法志》。
④ 《旧唐书·刑法志》原作"二十条"。据《册府元龟》刑法部、《通典》刑典和《新唐书·刑法志》均作十二条,新标点本《旧唐书·刑法志》已改正。

《开皇律》，重新修订法律。唐高祖李渊下令删改律令的原则，说："本设法令，使人共解，而往代相承，多为隐语，……宜改刊定，务使易知"。① 不久，制订了新格五十三条，原则是"务在宽简，取便于时"。② 及至武德七年，正式颁行新律令，即《武德律》。唐高祖以宽简易知作为损益《开皇律》的指导思想，是受到隋末农民战争的震撼而要笼络人心的作法。

唐太宗即位后，力图完善《武德律》，指示群臣讨论致治与立法的原则。当时，出现了宽严两种截然不同的主张："有劝以威刑肃天下者，魏征以为不可。因为上言王政本于仁恩，所以爱民厚俗之意，太宗欣然纳之，遂以宽仁治天下，而于刑法尤慎。"③主张威刑严法作为立法之本的是封德彝，④而主张慎刑宽法作为制法依据的则是唐太宗的智囊魏征。这场争论的实质，涉及唐初立国政策与立法原则的分歧。

经过辩论，唐太宗采纳了魏征的建议，以所谓"王政"来代替隋末暴政，进一步发展了李渊的宽仁思想。反映在立法思想上的

---

① 《旧唐书·刘文静传》。

② 《旧唐书·刑法志》。

③ 《新唐书·刑法志》。

④ 据宋代唐史专家范祖禹记载："帝之初即位也，尝与群臣语及教化。帝曰……。魏征对曰……。封德彝非之曰：'三代以还，人渐浇讹，故秦任法律，汉杂霸道，盖欲化而不能，岂能之而不欲邪？魏征书生，未识时务，若信其虚论，必败国家！'征曰：'五帝三王不易民而化，昔黄帝征蚩尤，高阳征九黎，汤放桀，武王伐纣，皆能身致太平，岂非承大乱之后耶？……'帝卒从征言。"这是唐初乱后能否致化问题的激烈辩论。封德彝主张任刑罚以致化，魏征主张行仁义以致化，反映在立法思想方面就有宽严的争执。范祖禹对他们的争论加以评论说："魏征，仁义之言也；封德彝刑罚之言也，欲咈天下之性而治之。夫民莫不恶危而欲安，恶劳而欲息。以仁义言之则顺，以刑罚治之则咈矣。故治天下，在顺之而已；咈之而能治者，未之闻也！"（《唐鉴》卷三）从中可以看出"有劝以威刑肃天下者"，正是主张立法从严、"以刑罚治之"的封德彝。

变化是"仁本、刑末"的主张,形成了宽仁立法的思想依据。用魏征的话来说,叫做:"仁义,理之本也;刑罚,理之末也";"专尚仁义,当慎刑恤典"。① 贞观三年,唐太宗在诏令中说:"泣辜慎罚,前王所重",②就是指此而言。

　　唐初这种宽仁慎刑思想的产生,决不是偶然的。元代法学家柳贯认为:"始太宗因魏征一言,遂以宽仁制为出治之本。……其不欲以法禁胜德化之意,皭然与哀矜慎恤者同符。"③把慎刑美化为封建统治者的仁慈恩赐,显然是不对的。其实,由于唐初统治者亲身经历了隋末暴政所造成的"百姓怨嗟,天下大溃"的局面,④一方面对农民战争深深诫惧,另一方面认真总结隋亡的经验教训,因而提出了"宽仁"的主张。隋朝的灭亡根源于对人民的残酷压迫和剥削,陡然地激化了阶级矛盾,导致农民起义。其中,统治者严重破坏成文法,对人民滥用刑罚也起了推波助澜的作用。贞观年间,某些政治家与思想家都对隋二世酷法而亡作了探讨。魏征在其主编的《隋书》中,总结了隋炀帝"宪章遐弃,贿赂公行,穷人无告,聚为盗贼"的教训。⑤ 傅奕也有类似看法:"有隋之季,违天害民,专峻刑法,杀戮贤俊,天下兆庶同心叛之。"他还联系秦律的繁酷弊病,作为《唐律》制律的借鉴,指出"此失于烦,不可不监"。⑥唐太宗在与大臣论治过程中,也以秦二世酷法亡国引以为戒:"秦乃恣其奢淫,好行刑罚,不过二世而灭,……朕每将此事以为鉴

---

① 《贞观政要》卷五,《公平》篇。
② 《唐大诏令集》卷八○,《赐孝义高年粟帛诏》。
③ 《唐律疏议·序》。
④ 《隋书·刑法志》。
⑤ 《隋书·刑法志》。
⑥ 《新唐书·傅奕传》。

戒"。① 而秦二世而亡与隋二世而亡十分相似。贞观君臣关于酷法亡国的立论,虽不免失于偏颇,但从中可以窥见他们对秦、隋二世而亡的惊惧心理,"而于刑法尤慎",就是他们惊惧二世而亡的心理的真实写照。

(二)贞观律令的修订

确立了慎刑的指导思想以后,就着手进行律令的修订。早在贞观元年正月,唐太宗就任命长孙无忌、房玄龄和一批"学士法官",本着"意在宽平"的精神厘改法律。② 经过十年努力,勒成一代之典,于贞观十一年正月诏颁全国,《唐律》即《贞观律》正式问世了。它是以隋《开皇律》作为蓝本的,是《武德律》的进一步完善。由于它较为严密,又为兹后五代、宋、元、明、清制订律典的依据。唐高宗永徽初年,由长孙无忌领衔,对《唐律》加以注疏,永徽四年编成《唐律疏议》一书。《唐律疏议》不是单纯的释文,有补充"唐律之所未备者。"③《唐律》与《唐律疏议》的颁行,是我国封建法制史的一件大事,它承上启下,影响深远,奠定了我国封建刑法的规范。

唐太宗还修订了一系列的法令,有令、格、式三种类型,同律相辅而行:"律以正刑定罪,令以设范立制,格以禁违止邪,式以规物程事。"④凡是违反了令、格、式的,都被视为违法,一断以律。可惜,令、格、式多数散佚。近代虽在敦煌石室发现《水部式》与《唐职官令》,然皆残缺不全。唯《唐律疏议》完整地保存下来,而且其

---

① 《贞观政要》卷三,《君臣鉴戒》篇。
② 《旧唐书·房玄龄传》。
③ 《唐明律合编·例言》。
④ 《唐六典》卷六,《刑部尚书》。

中也保存了一部分令、格、式条文。因此,《唐律》及其《疏议》是综合性的大法。

(三)《唐律》的特点

《唐律》是在唐太宗主持下制定的,是一份宝贵的法学遗产。就其立法准则来说,具有往代少见的完善性能。以下三点,值得注意。

首先,贞观立法注重划一性。

唐太宗曾面对群臣,赞扬制法"划一"的萧何,作为他们效法的榜样。魏征则强调法律是"国之权衡也,时之准绳也",[①]指出了立法划一的必要性。法令若不划一,律文互出,容易造成司法漏洞,正如唐高祖所说的:"执法之官,缘此舞弄"。[②] 唐太宗也说:"若欲出罪即引轻条,若欲入罪即引重条。"就是说法吏上下其手,易生轻罪重判或重罪轻判之弊。据此,唐太宗告诫立法者:"宜令审细,毋使互文。"[③]立法的划一性是保证量刑的准确性的前提,可以避免失入失出与畸轻畸重的断案,利于采取罪刑法定形式。故《唐律》规定:"诸断罪皆须具引律令格式正文,违者笞三十,若数事共条,止引所犯罪者听。"[④]"断罪引律令"反映了唐太宗以刑律的划一性制约法司断案从中舞弊的可能。

其次,贞观立法强调稳定性。

唐太宗指出"法令不可数变,数变则烦,官长不能尽记,又前

---

① 《贞观政要》卷五,《公平》篇。
② 《新唐书·刘文静传》。
③ 《贞观政要》卷八,《赦令》篇。
④ 《唐律》卷三十,《断狱》。

后差违,吏得以为奸。"①法不稳定,律文多变,易生繁文,导致严刑。同时也使人心多惑,无所适从。多变与少变、不稳与稳定,都是互相比较而言,保持法律的稳定性必以少变或不变作为前提。唐太宗要求立法者审慎而行,不可轻立;既立之后,"必须审定,以为永式"。② 事实证明,唐太宗确立的这个立法准则是认真付诸实施的:"自房玄龄等更定律、令、格、式,讫太宗世,用之无所变改。"③唐太宗深知,相对的稳定立法,并非一成不变,对某些不合时宜的条文,必须顺应时势作适当的修改,但应按照严格的修改律文手续。《唐律》卷十四《户婚》指出:"诸称律令式,不便于事者,皆须申尚书省议定,奏闻;若不申议,辄奏改行者,徒二年。"《唐律疏议》对此所作的解释是:召集七品以上的京官,集体讨论议决,然后上奏裁定。这就是说,修改律令权归尚书省,批准律令权归皇帝,互相掣肘,缺一不可,《唐律》规定将修改权与批准权分立,目的也是保持立法的稳定性。

第三,唐初立法注意简约性。

唐太宗于贞观元年下达"用法务在宽简"的指示,④贞观十年又发出"国家法令,惟须简约,不可一罪作数种条"的旨意。⑤ 立法官员深体上意,斟酌前代法典利弊,所谓"酌前王之令典,探往代之嘉猷",务在"革弊蠲苛"、"刑清化洽"。⑥ 问世后的《唐律》,远较往代刑律简约,以死刑条目为例,"比古死刑,殆减其半";也比

---

① 《资治通鉴》卷一九四。
② 《贞观政要》卷八,《赦令》篇。
③ 《新唐书·刑法志》。
④ 《贞观政要》卷八,《刑法》篇。
⑤ 《贞观政要》卷八,《赦令》篇。
⑥ 《旧唐书·崔仁师传》。

号称宽简的《开皇律》减斩刑为流刑九十二条,减流刑为徒刑七十一条,还废除了鞭背酷刑与断趾等肉刑。所谓"削烦去蠹,变重为轻者,不可胜纪",绝非无据。唐代法律还有以"格"为称谓的一种形式,法学家也本着"除烦去弊,……便于人者"的精神,[①]从二千余条的繁文中简择为七百条。可以说,贞观立法是当时最为简约的条文,它有利于健全司法。因为唐太宗简约法令,意在防止"官人不能尽记,更生奸诈",[②]而导致法出多门的弊病。

上述几点说明,贞观立法,特别是刑法较为完善。对此,封建法学家早有定评:"《唐律》集众律之大成,又经诸名流裁酌损益,审慎周详,而后成书,绝无偏倚踌驳之弊。"[③]所谓"审慎周详",当然有健全的含意。

第二节　贞观司法的重要措施

立法是法律的制订,司法是法律的贯彻。唐太宗不仅确立了较为健全的立法准则,而且采取了一系列重要措施,以保证贞观律令的执行。有以下几点引人注目。

(一)尊重司法机关执法的相对权力

在封建专制主义制度下,最高的立法权与司法权都集中于帝王。皇帝口含天宪,旨意就是法律,随意践踏国法,任凭喜怒行刑,这是毫不奇怪的。唐太宗作为封建帝王,也往往把自己的意愿凌驾于国法之上。但是,他毕竟和那些专横无道的君主不同,强调

---

① 《旧唐书·刑法志》。
② 《贞观政要》卷八,《赦令》篇。
③ 《唐明律合编·序言》。

"法者,非朕一人之法,乃天下之法",①因此,他较为尊重司法机关执法的相对权力,不以自己的"言"来妨碍"法"的实施,从而使司法机关具有执法的相对权力。

唐初司法机关继承汉晋以来的传统,对诉讼程序实行由县、州、中央的三级三审制。即由县而州,由州而中央,不可越级,层层制约。中央的大理寺是全国的最高法院,审判来自各地的疑难、死刑以及京官的犯法案件。县州地方的法司职权有限,如对死刑,虽有权判处,而无权批准。只有报经大理寺复审核准,由中书省或刑部上奏,被皇帝批准后方能执行。大理寺不仅有审批权,而且还有否决权,有权驳回审判不当的案件。它的职责是重大的,它的人选是严肃的。而运用大理寺攸关人命的大权正当与否,在于大理寺卿的人选是否妥当。唐太宗从慎刑原则出发,确立了"大理之职,人命所悬,当须妙选"的标准。②

贞观元年,唐太宗任命公直的戴胄为大理寺少卿。其时朝廷选用士人,个别士人为了金榜题名,不免弄虚作假,"诈伪资荫"。唐太宗有鉴于此,下了一道"令其自首,不首者罪至于死"的敕令。应选的柳雄隐瞒了伪造的资历,事后查获,案归大理寺判决,"明习律令"的戴胄据法断为流刑。于是引起了他与唐太宗之间的一场激烈争论。

唐太宗质问戴胄说:朕已下过不自首则处死刑的敕令,你戴胄不是不知道,为什么断为流刑,"是示天下以不信"吗?

戴胄反驳说:陛下尽管有至高无上的生杀大权,但是案件既然交付法司审理,法司要忠于法律,"臣不敢亏法"。言外之意是皇

①　《贞观政要》卷五,《公平》篇。
②　《大唐新语》卷四,《持法》。

帝不应干预法司判决,他判决冒资士人为流刑是有法可依的。

事实也是这样,当时《唐律》尚未颁布,依据《武德律》的诈伪律条文来量刑,只能判处徒刑,①加判流刑已是顾及唐太宗的敕令,但断无判处死刑的道理。"不首者罪至于死",显然是唐太宗盛怒之下的旨意,不符成文法的规定。

唐太宗虽然感到戴胄说得有理,但皇帝的万乘之尊的架子一时难以放下,就搬出"君言要立信"来要挟戴胄,说这样一来却使他"失信"于天下就不好了。

戴胄认为君主要立信,国法也要立信,而且国法比君言的立信更重要,是"立大信",于是他谈了立法与立信的关系。指出:"法者,国家所以布大信于天下;言者,当时喜怒之所发耳。陛下发一朝之忿而许杀之,既知不可而置之于法,此乃忍小忿而存大信也。"意思是说,国家立法的目的在于司法,才能取信于天下,君主切不可以一时的感情冲动之言,取代国法,否则就会废国法而失"大信"。终于使理屈词穷的唐太宗收回成命,以法断流。

戴胄要唐太宗"存大信",表明自己"不敢亏法",其意显示君臣应当各司其职。他认为君主尽管有生杀大权,然而凡涉刑事断案,应由"宪司所决",②从而维护了司法机关独立断案的权利。

封建时代的专制君主习惯于独断独行,往往私下敕令,无视国法。因敕令也具法律效力,故造成了司法部门按律断狱的阻力。办案法司敢于秉公断案而触犯龙鳞,轻者罢官流放,重者身死族灭,这就提出一个严肃的问题,法官能否坚持依律司法,不仅取决于法官个人的刚直不阿,而且也取决于君主的开明思想作风。贞

---

① 这从《唐律》卷二十五《诈伪》"诈假官、假与人官"条可以推知:"诈求得官者,徒二年,若诈增减功过年限而预选举,因之得官者,徒一年。"

② 《旧唐书·戴胄传》。

观年间司法机关具有执法的相对权力,不仅是戴胄等法官严于司法的结果,而且也是唐太宗强调法官秉公执法的表现。

(二)完善死刑的审批程序

从《北魏律》至《隋律》,都有处决死囚三复奏的条文。但是,隋末农民大起义爆发后,隋炀帝一手破坏这条成文法,滥肆镇压:"敕天下窃盗已上,罪无轻重,不待奏闻,皆斩。"把杀人权下放州县,无异鼓励臣下滥杀,于是"郡县官人,又各专威福,生杀任情矣。"①这就使不少无辜者冤死刀斧之下,必然加深了阶级矛盾与社会危机。

鉴于此,唐太宗对死罪的处理就较为慎重。武德九年十一月,与群臣讨论"止盗"的办法,有些人主张"重法以禁之"。如果照此办理,免不了造成"生杀任情",岂非重蹈隋亡的覆辙。因此,唐太宗听了,"哂"笑他们无知,并讲了一通民之为"盗"及如何"止盗"的道理,明确表示反对"重法"。② 以"仁政"弥"盗"的思想,正是对隋末滥杀无辜,以致激起人民反抗的经验教训的总结。

贞观元年,唐太宗郑重地对大臣们说:"死者不可再生。"如果杀错了人,无论怎样"追悔",都是无法起死回生。他建议:今后处决死囚,要由中书、门下四品以上及尚书九卿共同议定。"如此,庶免冤滥"。③ 据说,至贞观四年,全国断死刑的仅二十九人。

正因为唐太宗对死刑的处理较为慎重,所以有时他不轻易相信大理寺的判决。一次,他亲临大理寺召问被判死囚有无冤屈,一个被大理寺卿唐临判处死刑的囚犯"嘿而无言";而被唐临之前的

---

① 《隋书·刑法志》。

② 《资治通鉴》卷一九二。

③ 《贞观政要》卷八,《刑法》篇。

法司所判的十余个被连坐的死囚,则"称冤不已"。唐太宗感到奇怪,忙究其原因,对方答称:"唐卿断臣,必无枉滥,所以绝意。"唐太宗赞叹不已地说:"为狱固当若是。"①唐太宗不仅强调三次反复查核奏请的三复奏,而且自贞观五年起还作了"二日五覆奏"的规定。据记载,"五覆奏,自蕴古始也。"②蕴古,姓张,河内相州人。武德九年十二月,③张蕴古上《大宝箴》,博得唐太宗的嘉奖,被授予大理丞,即大理卿下属法官。可是,后来竟死在唐太宗的盛怒之下。事出有因。原来,贞观五年,张蕴古有个同乡,名叫李好德,因"言涉妖妄",被捕入狱。张蕴古为之辩护,说此人患有癫疯病,胡言乱语,在所难免,根据法律不该惩办。唐太宗表示同意。张就把皇帝的旨意,暗中通给李好德。有人揭发张蕴古是蓄意包庇,唐太宗大怒不已,下令把张蕴古斩首于长安东市。平心而论,从法律上说,这样的问题并不构成死罪。怒杀张蕴古,显然是一桩错案。

不久,唐太宗"追悔"了,深感自己办错了。他怀着沉痛的心情,向大臣们说:对于张蕴古,"若据常律,未至极刑。"当时盛怒之下,立即下令处死,而诸位大臣谁也没有提出异议,有关司法机关也不复核查实,这难道符合"道理"吗?因此,唐太宗颁布诏令:"凡有死刑,虽令即决,皆须五覆奏。"④具体规定:处决死罪的,在京城里要二天内覆奏五次,其他诸州仍旧"三覆奏"。贞观一代,

① 《大唐新语》卷四,《持法》。
② 《贞观政要》卷八,《刑法》篇。
③ 《贞观政要》卷八《刑法》篇误作"贞观二年……表上《大宝箴》"。按《旧唐书·张蕴古传》指在"太宗初即位",显然不会是贞观二年。《资治通鉴》卷一九二系此事于武德九年十二月,较妥。张蕴古原为幽州大都督庐江王李瑗的幕僚。武德九年六月十七日,李瑗谋反被杀。七月,李世民下令不追究牵连者。十二月,张蕴古上《大宝箴》,投靠唐太宗。《贞观政要》作贞观二年,这与事势发展不相符合。
④ 《贞观政要》卷八,《刑法》篇。

是否都照此办理,很难说。但是,这样规定多少可以纠正一些冤错案件,体现了唐太宗的宽仁慎刑原则。正如李百药在《封建论》里所赞扬的:"每宪司谳罪,尚书奏狱,大小必察,枉直咸举,举断趾之法,易大辟之刑,仁心隐恻"。①

死刑审批程序的完善,在《唐律》中也得到了反映。《唐律》规定"死囚覆奏报决",《疏议》解释曰:"死罪囚,……若不待覆奏报下而辄行决者,流二千里。即奏报应决者,谓奏讫报下应行决者,听三日乃行刑。……若限未满三日而行刑者,徒一年。"②擅自处决与批准后提前处决死囚,要受流刑与徒刑的严惩,不可谓不重。这是为了防止隋末"不待奏闻,皆斩"的弊病,本质上反映了隋末农民战争对唐初统治者的威慑作用。

(三)禁止逼供,注重求实

封建制度是制造冤狱的祸根,刑讯制度的严刑拷打又加剧了冤案的频繁出现。隋初鉴于前代"有司讯考,皆以法外",动用种种酷刑,出现"楚毒备至,多所诬伏"的教训,曾制定限制严刑讯囚的立法条文。但隋文帝并没有依法办事,他在晚年已开始了严刑逼供:"上下相驱,迭行棰楚,以残暴为干能,以守法为懦弱"。③ 隋炀帝继位以后,严刑逼供更有恶性发展。

唐太宗吸取了前代刑讯拷掠,屈打成招、含冤而死的冤滥教训,健全了刑讯制度。贞观四年十一月,他下诏令:对"罪人不得鞭背",④以免造成死亡。他的意志反映在《唐律·断狱律》中,首

---

① 《旧唐书·李百药传》。
② 《唐律疏议》卷二十九,《断狱》。
③ 《隋书·刑法志》。
④ 《旧唐书·太宗本纪》。

先是提倡正常审讯,"必先以情审察辞理",如果法官违法进行"拷讯",处以"杖六十"的刑事处分,从而使"拷讯"局限在"反覆参验犹未能决"的一定范围之内,作为正常审讯的辅助手段。再者,《唐律》进而对"拷讯"也作了限制:"诸拷囚不得过三度,数总不得过二百,杖罪以下,不得过所犯之数,拷满不承,取保放之。"①对"拷讯"的限制,意在约束严刑逼供;"拷满不承,取保放之",意在防止屈打成招、酿成冤狱。此外,还规定对法官滥用酷刑,拷掠致死者,要依法惩处:"恐迫人致死者,各从过失杀人法"。② 这些刑律都着眼于防止逼供,它是刑讯制度上的进步表现。

魏征进而发展了《唐律》关于刑讯制度的积极方面,强调法官忠实于刑讯的事实真相。他在著名的《理狱听谏疏》中,有一段关于"求实"与"饰实"的精彩言论。大意是说:理狱办案无例外地要根据所犯之事实来审察,凡与案情无关的不能任意牵连。一不严讯拷掠,二不旁求罪证,三不耍弄手腕。总之,"所以求实也,非所以饰实也。"③

魏征倡导的"求实"精神,在昏暗的封建社会里是很难办到的,然而在唐太宗支持下也有个别的例子。贞观初,崔仁师就是一个典型。据《旧唐书·崔仁师传》记载,当时青州发生"逆谋"事件,地方州县官吏滥事"追捕","犯人"个个戴上"枷械",遭到了严刑拷掠。重刑之下,谁敢不招,致使"俘囚满狱"。朝廷派崔仁师前往复查与处理。仁师到达后,一反原先地方官吏的做法,一律去掉刑具,给"犯人"饮食汤沐,"以宽慰之"。他不搞"严讯",而从实际材料出发,作具体分析,最后只抓了所谓"魁首"十余人,其

---

① 《唐律疏议》卷二十九,《断狱》。
② 《唐律疏议》卷三十,《断狱》。
③ 《贞观政要》卷五,《公平》篇。

198

他人统统放回家。青州"逆谋"事件的性质如何，应另作别论。这里，仅仅从审讯作风来说，崔仁师远远胜于青州的地方官员。

（四）实行诬告反坐

诬告反坐源于秦汉刑律，此后历代相承。《唐律》卷二十三制定的"诸诬告谋反及大逆者斩"的条文，就是显著例子。《唐律》还发展了诬告反坐的量刑定罪范围，如"诸拷囚限满而不首者，反拷告人"的规定，①据清末法学家薛允升考证，"即诬告反坐之办法也。"②诬告不实，即按原告诬陷被告的罪名对原告加以量刑，使诬告者自食恶果。唐太宗为了树立社会正风，在强调诬告反坐立法的基础上，又重视诬告反坐的司法，使诉讼程序纳入正常轨道。

有一次，发生了诬告辅弼重臣的事件。贞观三年，唐太宗破格任用魏征为秘书监，让他参预朝政。不久，有个长安县人名叫霍行斌，③心怀不满，造谣言，刮阴风，上书诬蔑魏征参与什么"谋反"。唐太宗及时地识破了这个诡计，指出："此言大无由绪（当时口语，即端绪），不须鞠问，行斌宜附所司定罪。"魏征知道后，顿首拜谢。唐太宗又说："卿之累仁积行，朕所自知，愚人相谤，岂能由己，不须致谢。"④的确，自玄武门事变后，魏征归附于太宗，前后谏诤二百余事，无不忠于所事，件件合于朝廷的利益。这一切，唐太宗又

---

① 《唐律疏议》卷二十九，《断狱》。

② 《唐明律合编》卷三十，《唐律》、《断狱》薛允升注。

③ 霍行斌诬告魏征"谋反"之事，见于《魏郑公谏录》卷五，但无确切年月。据魏征所谓"臣蒙近侍……"云云，当在贞观三年任秘书监以后。戈直注本《贞观政要》卷六《杜谗邪》篇仅作"有告征谋反者"，没有点名霍行斌，更无具体年月。又古写本《贞观政要》详记此事曰："贞观十一年，长安县人霍行斌告变，言尚书右丞魏征预事。"按："贞观十一年"及"尚书右丞"，皆误也，且自相矛盾，不足为凭。

④ 《魏郑公谏录》卷五。

是清清楚楚的。所以,对于奉公守法的魏征根本不用审问,而对那个诬告者则处以死刑。因为谋反者当处斩刑,诬告不实,即按原告诬陷被告的罪,处以斩刑。

又有一次,发生了诬告军事将领的事件。贞观九年八月,岷州都督高甑生起先不服李靖军事调度,后又诬告李靖"谋反"。唐太宗当然不会偏听轻信。试想,李靖原是当年秦王李世民从斩刀下营救出来的,武德年间跟随太宗转战南北,立下了汗马功劳;贞观以来,奉命捍卫边疆,威震北狄。这样久经沙场、出生入死、勋业卓著的将领,怎会谋反?为了慎重起见,唐太宗还是派了法官进行调查,"有司按验无状,甑生等以诬罔论",①按理应处死刑,但唐太宗考虑到高甑生曾是秦府功臣,"减死徙边"。可是,高甑生仍不死心,托人求情,希望再予宽大处理。太宗严正指出:"理国守法,事须划一,今若赦之,使开侥幸之路。"②以"必不赦"的决心维护了诬告反坐的司法尊严。

唐太宗依法执行诬告反坐律,维护了他的用人惟才是举的方针。魏征、李靖是贞观文臣武将的代表,都是唐太宗的肱股重臣。文治武功,堪称卓越,唐太宗任以重职,信用备至,遭致群小之辈的诬陷,在所难免。但能荣宠善终,殊不多见。如高颎与魏征均为隋唐初期名相,史称魏征"有经国之才",高颎"有经国大才",但两代高才名相遭遇结局却迥然而异。高颎失宠于炀帝,遭到杀身之祸,以致隋末"刑政由是衰坏。"③魏征受宠于太宗,排除诬告身死之阨,促使唐初政教致化而治。

魏征说得好:"臣尝观自古有国有家者,若曲受谗谮,妄害忠

① 《新唐书·李靖传》。
② 《贞观政要》卷八,《刑法》篇。
③ 《贞观政要》卷六,《杜谗邪》篇。

良,必宗庙丘墟,市朝霜露矣。"①佞人得志,诬告成风,必然使国家陷于衰败危亡的境地。倘若魏征、李靖等重臣名将都为谗言所伤,诬告所中,那么,唐太宗的左右手又有几人呢?"贞观之治"岂不付诸东流? 可见,诬告反坐的司法是维护"贞观之治"的法制手段。

第三节　一代"守法"之风

贞观司法的另一个方面,就是君臣比较守法。仅"守法"两个字,在《贞观政要》里就反复出现过。如唐太宗对戴胄说:"但能为我如此守法,岂畏滥有诛夷。"②正是由于君臣上下严格守法,才有唐初封建社会的"治世"。据记载,当时社会状况是:"深恶官吏贪浊,有枉法受财者,必无赦免。在京流外有犯赃者,皆遣执奏,随其所犯,置以重法。由是官吏多自清谨。制驭王公、妃主之家,大姓豪猾之伍,皆畏威屏迹,无敢侵欺细人。商旅野次,无复盗贼,囹圄常空,马牛布野,外户不闭。"③这自然是溢美之辞。在封建制度下,哪里有牢狱常空、夜晚不关门的道理? 但是,贞观一代,执法严格,吏治清明,社会安定,则是无法否认的事实。

具体地说,贞观"守法"之风,主要地表现在以下几个方面:

(一)帝王引咎自责,自觉守法

具有雄豪气质与果断作风的唐太宗,难免有时"临朝断决,亦

---

① 《贞观政要》卷六,《杜谗邪》篇。
② 《贞观政要》卷二,《纳谏》篇。
③ 《贞观政要》卷一,《政体》篇。

有乖于律令者"。① 断决偶与律令相违并不奇怪,通常情况,君主不愿承认,更不用说引咎自责了。唐太宗乃一代英主,认为此非"小事",强调自觉守法。他对广州都督党仁弘案件的处理,就是一个典型例子。党仁弘在任勾结豪强,受贿金宝,以没官的少数民族僚族作为奴婢,又擅自赋敛,被人告发,"法当死"。唐太宗怜其年老,又念其元功,从宽发落,"贷为庶人"。这自然触犯司法尊严,自知"弄法以负天",不愿轻开这种先例,于是采取了"请罪于天"的办法,经房玄龄等大臣再三劝阻,指出唐太宗"宽仁弘不以私而以功,何罪之请"。② 尽管如此,他还是下了罪己手诏,说自己有三罪,即知人不明、以私乱法、未能善赏恶诛,以引咎来维护封建法律的尊严,这在封建帝王中极为少见。

唐太宗还要求大臣经常提醒他自觉守法。有一次魏征面奏说:"居人上者,其身正,不令而行;其身不正,虽令不从。"③上梁不正下梁歪的老调子,臣下唱过多次,庸主一听就厌,唐太宗与众不同,闻过则改。贞观十一年,他以近日法司断狱失之公允,询问大理卿刘德威是何原因。刘德威解释说:"此在人主,不在群臣,人主好宽则宽,好急则急。"改变此风的办法是"陛下傥一断以律,则此风立变矣。"唐太宗悦而从之,"由是断狱平允。"④同年,魏征也直言进谏:"今之刑赏,未必尽然。或屈伸在乎好恶,或轻重由于喜怒。遇事则矜其情于法中,逢怒则求其罪于事外。"⑤喜怒用刑,不独人主,人臣亦然。魏征针砭的是整个司法界的时弊,但要唐太

① 《贞观政要》卷一,《政体》篇。
② 《新唐书·刑法志》。
③ 《魏郑公谏录》卷五。
④ 《资治通鉴》卷一九四。
⑤ 《贞观政要》卷八,《刑法》篇。

202

宗承担主要责任，带头守法，不失有识之见；唐太宗"深嘉而纳用"，不失豁达大度。

（二）臣下奉公守法，吏治清平

如果说，魏征督促君主带头守法是可嘉的话，那么，唐太宗训诫臣下遵守法纪、严格执法也是可取的。君臣互励，相得益彰，树立了贞观一代上下守法的良好风气。

唐太宗鉴于隋末官吏违法过滥的历史教训，要求臣下严格守法。贞观元年，唐太宗发布诏令，指出律令已颁，"内外群官，多不寻究，所行之事，动乖文旨。"①谆谆告诫臣下以后如有违犯，严加纠弹。尔后，唐太宗又启示大臣说："朕见隋炀帝不以官人违法为意，性多猜忌，惟虑有反叛者。朕意不然，但虑公等不尊法式，致有冤滞。"②唐太宗表白自己与隋炀帝猜忌大臣不同，而是信任臣下。只是担心臣下是否奉公守法，以致出现冤案。当然，他强调百官奉公守法的目的不是为了百姓，而是为了整个统治集团的"长守富贵"，正如他所说的："卿等若能小心奉法，常如朕畏天地，非但百姓安宁，自身常得欢乐。"③披露了他强调守法的真实动机。

在唐太宗的倡导下，唐初循良辈出，执法公平，形成了"法平政成"的局面。④ 史称："太宗皇帝削平乱迹，湔洗污风，……以是人知耻格，俗尚贞修，太平之基，率由兹道。"⑤"人知耻格"是遵法守法的思想前提，"俗尚贞修"则是官风淳朴的事实反映。

---

① 《册府元龟》卷一五一。
② 《魏郑公谏录》卷三。
③ 《贞观政要》卷六，《贪鄙》篇。
④ 《新唐书·循吏传序》。
⑤ 《旧唐书·良吏传序》。

（三）惩办贪官，不徇私情

吏治要清平，还必须惩办贪官，执法严格。贞观三年，曾经发生了一件事：河南道濮州刺史庞相寿，是个劣迹昭彰的贪官，远近颇有臭名。后来受到了"追还解任"，即退赔撤职的处分。他通过书面形式向唐太宗求情，陈述自己原来是秦王府的故旧，希望得到谅宥宽恕。唐太宗深表同情，派人转告说："今取他物，只应为贫，赐尔绢百匹，即还向任，更莫作罪过。"这里，唐太宗有点徇情枉法的味道。以"贫"而"贪"，不过是为其开脱罪责的遁辞罢了。魏征知道后，立即进谏，指出："以故旧私情"而枉法是不对的。对于贪污分子原谅赐物，还允许继续当官，无助于他弃旧图新，翻恶为善。况且，昔日的秦王幕府，旧人众多，倘若个个都"恃恩私足"，这怎能不叫"善者"惧怕呢？唐太宗听了，"欣然纳之"，就把庞相寿找来谈话，说：如今"天子"为四海作主，"不可偏于一府恩泽"，如果重新任用你，别人有意见，"必使为善者皆不用心。"唐太宗总算压抑了自己的"私意"，而那个贪官只得"默然流涕而去。"[①]通过这个例子，可以看到，执法而徇私情，法律就会失去自身的严肃性与权威性。魏征说得好：如果"徇私情"、"背公道"，"将求至理，不可得也。"[②]显然，唐初吏治廉平，是跟执法不徇私情分不开的。

贞观四年，唐太宗告诫，不要干出既损百姓又损自己的徇私贪污坏事。为了严肃法纪，对重大的贪污犯均处死刑，并在行刑时，诏令各地来京朝见的官员观刑，以惩后任。用如此"重法"严惩贪

---

① 《魏郑公谏录》卷一。
② 《贞观政要》卷三，《择官》篇。

浊犯赃者,其结果则是"官吏多自清谨"。

（四）严以执法,不畏权贵

唐初涌现一批"弹治不避权贵"的司法官,①其中高季辅、薛仁方就是佼佼者。例如,贞观七年,唐太宗的儿子蜀王恪有个妃子,②妃子的父亲名叫杨誉。此人在京城里,依仗淫威,争夺官婢,触犯国法。薛仁方当时任刑部下属官吏——"都官郎中",按司法权限,可以审理争夺奴婢之类案件。某天,他依法把杨誉拘留审问。谁知杨誉的儿子身为"千牛",即唐太宗的侍卫官,就在殿廷上诉苦:五品以上的大官如果不是犯反叛罪,就不得拘留。甚至反咬一口,说"以国戚之故,横生枝节"。唐太宗一听,勃然大怒,立即下令要打仁方一百记屁股,并给以撤职处分。魏征获悉后,挺身而出,进行辩护,说:"仁方既是职司,能为国家守法,岂可枉加刑罚,以成外戚之私乎!"③同时,愤怒地谴责那些"旧号难治"的世家贵戚,简直是一伙危害社稷的"城狐社鼠"。若不严加防范,无异"自毁隄防"。魏征晓以利弊得失,唐太宗深感"响者不思",承认自己考虑欠周,取消了撤职的原议。④ 由此可见,在封建社会里,要真正做到"为国家守法",是很不容易的,需要有点不畏权贵的勇气。

---

① 《新唐书·高季辅传》。
② 《贞观政要》卷二《直谏》篇注曰:"(蜀王)名愔,太宗第六子也。"按:当时"蜀王"应为李恪。《魏郑公谏录》卷二《谏解薛仁方官加杖》记述此事,略同。王先恭校注曰:"此所云蜀王者,吴王恪也。"检阅史实,恪为太宗第三子,贞观二年封为蜀王,贞观十年徙封吴王。故贞观七年时所谓"蜀王"当指李恪。至于李愔,贞观五年封为梁王,七年授襄州刺史,至贞观十年继李恪之后封为蜀王。
③ 《魏郑公谏录》卷二。
④ 《魏郑公谏录》卷二。

贞观十一年颁行的《唐律》，根据唐太宗的"按举不法，震肃权豪"的意志，①制订了一些约束权豪恣意横行的刑律。其中如："因官人之威，挟持形势，及乡闾首望豪右之人，乞索财物者，累倍所乞之财，坐赃论减一等"②就是显例。由于严以执法，才出现了"制驭王公、妃主之家，大姓豪猾之伍，皆畏威屏迹，无敢侵欺细人"的政治局面。③

第四节　贞观法制的阶级实质

唐太宗的法制思想和贞观律令，虽然在隋末唐初这个"拨乱反正"的时代，具有某些积极意义的东西，但是，唐太宗毕竟是封建帝王，贞观律令终究是封建专制主义的法规，其根本目的在于维护封建统治的"长治久安"。

（一）封建特权法规

唐太宗所完善的律令，无疑是阶级压迫的工具，是出于封建统治阶级对农民群众专政的需要。正如魏征所说："为理之有刑罚，犹执御之有鞭策也，"④比喻刑律不过是君主手中奴役百姓的一根鞭子，形象地揭示了贞观律令的阶级本质。事实也是如此。贞观二年，唐太宗对大臣说：近来发生奴婢告发主人"谋逆"的事，必须禁止。"自今奴告主者，不须受，尽令斩决，"⑤可见，奴婢在法律上

---

① 《贞观政要》卷六，《贪鄙》篇。
② 《唐律疏议》卷九，《职制》。
③ 《贞观政要》卷一，《政体》篇。
④ 《贞观政要》卷五，《公平》篇。
⑤ 《贞观政要》卷八，《刑法》篇。

根本没有一点地位,简直不当作人对待。格杀勿论,不正是反映了封建专制主义的残暴性吗？至于《唐律》把"谋反"定为"十恶"之首,规定"诸谋反及大逆者皆斩",那首先就是不准农民群众进行反抗斗争,集中地暴露了它的吃人本质。为了保证对农民的赋役剥削,《唐律》还规定"诸脱户者,家长徒三年,无课役者减二等",这又完全体现了封建剥削阶级的意志。

　　《唐律》和往代法律一样,还制定了维护封建特权、等级制度的条文,在诉讼、量刑上根据不同等级作出不同判决,以及优待尊者、贵者的种种司法特权。如《唐律》有"八议"的规定,使官僚贵族享有减刑、抵罪、赎罪等特权。所谓"八议",即议亲、议故、议贤、议能、议功、议贵、议勋、议宾。这八类人无非是皇亲国戚、官僚、地主等,他们有罪,从而议之,可以赦免减刑。官越大,赦减机会就越多。《唐律》规定,九品以上官若犯"流罪"以下的,可用铜(唐代以铜制钱)来赎罪,如徒一年,以铜二十斤赎,徒二年四十斤,以此类推。这就为有钱有势的官僚贵族提供法律特权的庇护。例如,贞观元年,吏部尚书长孙无忌误带佩刀入宫,违犯了"卫禁律"。封德彝建议:判处长孙无忌徒刑一年,①用罚铜二十斤来代替;而给玩忽职守的守门校尉定以死罪。对此,戴胄很有意见,不禁发出了"为情一也,而生死顿殊"②的感叹！可见,封建法律是维护贵族官僚利益的特权法规。

---

① 《贞观政要》卷五《公平》篇云:"封德彝议,以监门校尉不觉,罪当死,无忌误带刀入,徒二年,罚铜二十斤。"按:根据律令,若判处"徒二年",则要罚铜四十斤;如果"罚铜二十斤"的话,则是判处徒一年。《旧唐书·戴胄传》曰:"封德彝议,……无忌误带刀入,罚铜二十斤。上从之。"据此,长孙无忌应是处以徒一年。

② 《贞观政要》卷五,《公平》篇。

（二）皇权与法权

　　法律尽管是统治阶级的专政工具,但它既然以凌驾于全社会的面貌出现,就不能不对特权者作出某些法权限制,制定了约束本阶级行为规范的某些强制措施。魏征曾对唐太宗说过一句话:"陛下设法与天下共之,"①意思是,设置了法律,就应该"天下"共同遵守,即使皇帝也不能例外。这里,实际上说的是封建社会里的法权问题,特别是皇帝能否守法的问题。

　　然而,法权与皇权之间是存在着某种矛盾的。因为,中国自秦汉以来就建立了中央专制主义的封建集权国家,皇帝独揽大权,其突出表现是把孤家寡人同封建国家等同起来,在"朕即国家"的专制独裁统治之下,被称为"制"、"诏"的皇帝命令,具有与封建国家法律同等、甚至超越法律的效力。皇帝还攫取了封建立法与司法的最高权力,并把立法与司法机关置于皇权卵翼之下,这就造成皇权凌驾于法权之上,法权依附于皇权之下的局面。在这种情况下,皇帝以私敕践踏国法是不足为奇的,当不成文法同成文法发生抵触时,解决两者的矛盾不外两途:顺敕则国法不伸,顺律则触犯龙鳞,多数大臣选择了前一坦途,但也有为数甚少的骨鲠大臣宁冒生命危险,选择后一蹊径,这就造成了皇权与法权的矛盾。例如,贞观元年,有个县令名叫裴仁轨,犯了轻罪,而唐太宗却要处以斩刑。殿中侍御史李乾祐奏曰:"法令者,陛下制之于上,率土尊之于下,与天下共之,非陛下独有也。仁轨犯轻罪而致极刑,是乖昼一之理。刑罚不中,则人无所措手足。臣忝宪司,不敢奉制。"②李乾祐

---

① 《魏郑公谏录》卷一。
② 《旧唐书·李昭德传》。

208

排除了唐太宗的按敕论死,是法权战胜皇权的罕见事例。在法权与皇权这对矛盾中,皇权是矛盾的主要方面,通过臣下的合法斗争,皇帝能屈尊虚己,收回成命,承认法司按法办事,就算他正确地处理了这对矛盾。

唐太宗在其政治活动中,决不能说没有践踏法律,事实上还是不少的。如他凭个人的盛怒杀戮张蕴古、卢祖尚等。又如魏征所批评的那样:"今作法贵其宽平,罪人欲其严酷,喜怒肆志,高下在心,是则舍准绳以正曲直,弃权衡而定轻重者也。不亦惑哉?"①但是他尽量减少皇权对法权的干预,并在一定程度上使皇权受制于法律却是事实。贞观四年,当他发现自己所颁诏敕与律令相违时,指示臣下对此类诏敕不得顺旨施行,必须上奏,另作定夺。贞观六年,他再次说到自己近年来断事,"不能皆如律令",要求大臣不要视为"事小,不复执奏"。必须引起高度重视,因为"事无不由小致大,此乃危亡之端也。"②封建社会中皇帝有一言而为天下法的绝对权威,他要求臣下盲目执行,提倡愚忠。像唐太宗那样公开号召臣下对不合理的私敕,不要盲从,可谓凤毛麟角。

唐太宗约束皇权对法权的干预,不能归之于他的宽宏大量,应从隋末的风云变幻的斗争中去寻找原因。隋文帝晚年"喜怒不恒,不复依准科律",上行下效,臣下如权贵杨素、大理寺丞杨远等也任情废法,制造了大量的错案、冤案:"其临终赴市者,莫不途中呼枉,仰天大哭。"③他们如此草菅人命,怎么不会激化阶级矛盾?点燃人民的反抗怒火?!法以致治,这指的是依法办事,严重破坏成文法,就会走向致治的反面,引起社会动乱。隋末君臣乱法亡国

---

① 《贞观政要》卷五,《公平》篇。
② 《资治通鉴》卷一九四。
③ 《隋书·刑法志》。

的教训,对唐太宗不会不引起震动,他具有的"法者,非朕一人之法,乃天下之法也"的开明守法思想,①是约束皇权恣意横行的体现,可以视为隋末阶级斗争在他头脑里的曲折反射。

(三)人情与王法

贞观年间较为守法的前提,除了较好地处理皇权与法权的矛盾之外,还恰当地处理了人情对法律的干预。封建统治者一方面制定了维护本阶级利益的法律。另一方面,贪得无厌的阶级本性使他们不能满足法定权利的规定,往往于法外攫取更多的财富与特权,这就出现有法不依、知法犯法的司法弊病,一些圆滑墨吏也依人主喜怒断案,徇情枉法,破坏法制。

隋代有较为完善的立法,而无严格的守法,原因之一,就是徇情枉法带来的恶果。一些法司善伺人主意图,专阿帝旨断狱:"大理寺丞杨远、刘子通等,性爱深文,每随牙奏狱,能承顺帝旨。(文)帝大悦,并遣于殿庭三品行中供奉,每有诏狱,专使主之,候帝所不快,则案以重抵,无殊罪而死者,不可胜原。"②炀帝时,裴蕴、裴矩、虞世基等也以帝旨断案,欲罪则罗织罪名;欲放则避重就轻,法司奉承君主废法卖情,君主鼓励法司承旨办案,还有什么守法以严、执法以平的司法制度可言。

贞观君臣鉴于隋弊,强调守法,反对徇情枉法,较好地处理了人情干预法律的矛盾。魏征就是一个主张依法办事、反对徇情枉法的封建政治家。他愤恨地指出:"世俗拘愚苛刻之吏,以为情也者取货者也,立爱憎者也,右亲戚者也,陷怨仇者也。"③

---

① 《旧唐书·戴胄传》。
② 《隋书·刑法志》。
③ 《贞观政要》卷五,《公平》篇。

如果说魏征是反对徇情枉法的宣传者,那么唐太宗则是这方面的实践者。贞观十七年,唐太宗姐姐长广公主的儿子、洋州刺史赵节,参与承乾的谋反,按法论死,他到姐姐府第时,姐姐向他求情,他不赦免,解释说:"赏不避仇雠,罚不阿亲戚,此天下至公之道,不敢违也,以是负姐。"①这是唐太宗排除人情干预法律的又一例证。从中可以窥见唐太宗妥善地处理了人情同法律的矛盾。

---

① 《资治通鉴》卷一九七。

第十章　封建侯王与修《氏族志》

为了维护唐王朝统治以及扶植皇室功臣集团,唐太宗采取了两项措施:一为分封侯王,二为修订士谱。然而,分封属于倒退行为,修谱也不能收到应有效果。

第一节　封建侯王

唐太宗欲比隆三代,念念不忘古封建之遗法,力图分封功臣与皇室,以作屏藩,这反映了他政治观落后的一面。

（一）武德年间的分封弊病

武德初,李渊以四海未定,欲威天下,遂封亲子分掌兵权,如封次子李世民为秦王、四子李元吉为齐王等。如仅限亲子,还不足以逞威。于是又广树宗室,"遍封宗子"。[①] 不仅恩及弟侄,而且泽被疏远,使"再从,三从弟及兄弟之子"皆封为王,[②]数达几十人。例如封从弟李神通为淮安王外,还封其十一子中的七子为王:道彦为胶东王、孝察为高密王、孝同为淄川王、孝慈为广平王、孝友为河间王、孝节为清河王、孝义为胶西王。另又封从弟李神符为襄邑郡王

---

① 《旧唐书·宗室传》。
② 《资治通鉴》卷一九二。

外，亦封其七子为郡王。两家合封十六王，是宗室中封王最多的两家，是典型的滥封例子。

武德初滥封宗室带来某些弊病，正如刘昫说的："高祖才定中原，先封疏属，致庐江为叛，神通争功。"①庐江王李瑗是高祖从父兄子，为人"儒懦"，无有将才，未立寸功，按理不应封王。但侥幸封王的李瑗还不知足，竟与建成勾结，想发动叛乱。刘昫所谓"疏属尽封，启乱害公。"②就是指此而言。至于"神通争功"，是指淮安王李神通于太宗即位初不服房玄龄功居第一之事，这应归咎于李渊因亲缘私滥封造成了坏影响，故唐太宗批评李神通"不可缘私滥与勋臣同赏。"③实际上也是对李渊的间接批评。

武德分封承自隋制，史载"隋氏始立王公侯以下制度，皇朝因之。"④这是仅指形式的继承而言，至于滥封当与隋制无关，因为隋制没有规定宗室疏属封王。李渊的滥封，其最大的弊病是背离了论功行赏原则，变成了论亲与血统行赏，这就破坏了他晋阳首义时制定的军功政策。⑤ 造成这种政策变化的原因，是由于李渊得了天下之后，担心异姓功臣不忠，故寄厚望于同姓宗室，因此滋长了他浓厚的封建宗法观念。如定鼎长安后，马上设立了宗正卿，置了宗正属籍，凡列入李唐宗籍的，都享有政治、经济特权，⑥有时还将

---

① 《旧唐书·宗室传·史臣曰》。
② 《旧唐书·宗室传·赞曰》。
③ 《旧唐书·宗室·淮安王李神通传》。
④ 《唐六典》卷二，《吏部尚书·司封郎中员外郎》。
⑤ 大业十三年夏秋间李渊攻下霍邑下令："矢石之间，不辨贵贱，论勋之际，何有等差，宜并从本勋授。"（《资治通鉴》卷一八四）
⑥ 李渊在武德二年正月颁《宗姓官在同列之上诏》云："……宗绪之情，义越常品，宜有旌异，以明等级。诸宗姓官宜在同列之上；未有职任者，不在徭役之限。每州置宗师一人，以明管摄，别为团、伍，所司明立条式。"（《唐大诏令集》卷四十）

这种特权扩及异姓将领,如赐姓罗艺与徐勣为李氏等等。

此外,李渊亦封晋阳首义和参与统一战争的功臣。武德年间封国公的有裴寂、柴绍、长孙顺德、殷开山、武士彟、李勣、秦叔宝、程知节、王君廓等等。封郡县公的有李袭志、李袭誉、姜暮、李靖等等。不过,其时"户邑率多虚名,其言食实封者,乃得真户。"①考查史籍,武德年间仅有裴寂食实封三百户,②柴绍"赐实封千二百户",③王君廓"食实封千三百户"。④ 其余功臣不见史载食实封,似乎多属虚封。虚封者,徒有食邑若干户的虚名,而无实惠。功臣无得经济上的利益,自然不满。于是李渊动用了拮据的财库进行了滥赏,亦造成了一些弊病。首先,因封赏浩大,导致"国用不足"。如秦叔宝从破宋金刚,"录前后勋,赐黄金百斤,杂绿六千段",后又从平王世充,"赐黄金百斤,帛七千段。"⑤再如李靖从平萧铣"赐物二千五百段",后从平辅公祏"赐物千段,奴婢百口,马百匹。"而贞观四年,李靖亲破突厥,战功卓著,唐太宗仅赐靖"绢千匹"。⑥ 相形之下,李渊可谓厚赏矣。带来的弊病正如《旧唐书·刘世德传》所说的:"时草创之始,倾竭府藏以赐勋人,而国用不足。"其次,李渊滥赏因喜怒而异,导致内部不和。如喜悦王君

---

① 《唐六典》卷二,《吏部尚书·司封郎中员外郎》。
② 《新唐书·裴寂传》云"食邑三百户",《旧唐书·裴寂传》则说"食邑三千户"。然观《旧唐书·刘文静传》,唐太宗于武德九年十月,大封功臣,因"文静已死,于是裴寂加食九百户,通前为一千五百户。"既然加食后总数才达一千五百户,可知武德年间决无食实封三千户之理。故三千户必为三百户之误,今从《新唐书》本传之说。
③ 《旧唐书·柴绍传》。
④ 《旧唐书·王君廓传》。
⑤ 《旧唐书·秦叔宝传》。
⑥ 《旧唐书·李靖传》。

廓之"壮气",竟不计功之大小,就打破"常例赏之。"①又如晋阳首义功臣,当首推裴寂与刘文静,而实际上刘文静功过裴寂,只因李渊亲裴恶刘,赏赐反而厚此薄彼,以致引起刘文静的怨望:"起义之初,忝为司马,计与长史(指裴寂)位望略同;今寂为仆射,据甲第,臣官赏不异众人,东西征讨,家口无托,实有觖望之心。"②

由上可知,李渊分封宗室与功臣时,都有过滥、缘私之咎,因而造成了一些弊病。

(二)贞观年间的分封革弊

唐太宗即位后,为了纠正武德年间的滥封宗室与滥赏功臣的弊病,确立了论功分封与行赏的方针,采取了以下两个改进措施。

1.限制宗室分封

《旧唐书·宗室传》载:"太宗即位,因举宗正属籍问侍臣曰:'遍封宗子,于天下便乎?'"善于揣测旨意的尚书右仆射封德彝答称:"历观往古,封王者今最为多。两汉以降,唯封帝子及亲兄弟,若宗室疏远者,非有大功,……并不得滥封,所以别亲疏也。先朝敦睦九族,一切封王,爵命既隆,多给力役,盖以天下为私,殊非致公驭物之道。"唐太宗深表赞同说:"朕理天下,本为百姓,非欲劳百姓以养己之亲也。"撇开话里"本为百姓"、不"养己亲"之类的溢美之辞,"一切封王"、"爵命既隆"所造成的结果,必然是"多给力役",这与抚民以静的方针不相符合,故颇能拨动唐太宗的心弦。于是他对皇室子弟除外,对宗室子弟就以明辨亲疏、示以至公作为理由,制定了两条限制藩封的原则,即非功不封、非亲不授。武德

---

① 《旧唐书·王君廓传》。
② 《旧唐书·刘文静传》。

九年十一月①，下诏把由疏属、孩童无功者滥封为亲王、郡王的，分别降为郡公、县公；仅以近亲子弟或疏属有功者数人为王。诸如淮安王李神通、襄邑郡王李神符、赵郡王李孝恭等不降封爵外，李神通兄弟的十四个儿子全都由王爵降为郡、县公爵。

唐太宗降封宗室爵位，依据有二，一是疏属，二是无功，两者之中，并非并列，而是以后者为主。即疏属无功者必降无疑，而疏属有功者，不致贬爵；功大者，甚至晋爵。例如李道宗，是李道玄从父弟，而道玄为高祖的从父兄子，按血统与李唐关系较疏远。武德年间初封略阳郡公，后升爵为任城王。太宗即位，不见贬爵。贞观年间因破突厥，以功赐实封六百户；又以平吐谷浑之功，改封江夏王。再如李孝恭与李唐血缘也较远，武德年间以所立军功为宗室之冠，仅晋虚爵为王。太宗即位初，即赐实封一千二百户，贞观初，又以宗室兼功臣之故封河间郡王。他们于贞观年间的封赏都超过武德朝。可见，宗室疏属降爵的主要原因是无功之故，这充分体现了唐太宗的军功政策。

2．"始定功臣实封差等"

唐太宗即位初，为了革除武德封赏弊病，对在玄武门之变及统一战争中立过功勋的文臣武将进行封赏。武德九年九月，②封长孙无忌、房玄龄、尉迟敬德、杜如晦、侯君集等五人为国公。十月

---

① 《贞观政要》卷三《封建》篇云："贞观元年，……宗室先封郡王其间无功者，皆降为县公。"按：《旧唐书·太宗本纪》、《新唐书·太宗本纪》以及《资治通鉴》卷一九二均系此事于武德九年十一月庚寅，似较妥，今从之。

② 封长孙无忌等五人为国公的年月，《旧唐书·太宗本纪》作武德九年九月，《旧唐书·尉迟敬德传》作"贞观元年"，《新唐书·太宗本纪》作武德九年八月，《资治通鉴》卷一九二作武德九年九月。今从《旧唐书·太宗本纪》与《通鉴》。

216

"庚辰,初定功臣实封有差。"①或"始定功臣实封差第"。"初"、
"始",均含开创之意。但不能据此误认为唐初的实封始于太宗,
实际上武德朝已有个别、零星的实封,只是当时没有形成"差第"
制度而已。而太宗朝则形成了,故云"初定"、"始定"。既然唐太
宗制定实封的等差制度,那么必有具体条文,但史书没有记载,不
过大体可以推测而知,必按功之大小,以定实封户数之多寡,这从
《旧唐书·刘文静传》可以获得佐证:"武德九年十月,太宗始定功
臣实封差第,……裴寂……为一千五百户,长孙无忌、王君廓、尉迟
敬德、房玄龄、杜如晦等五人食邑一千三百户,长孙顺德、柴绍、罗
艺、赵郡王孝恭等四人食邑一千二百户,侯君集、张公谨、刘师立等
三人食邑一千户,李勣、刘弘基二人食邑九百户,高士廉、宇文士
及、秦叔宝、程知节四人食七百户,安兴贵、安修仁、唐俭、窦轨、屈
突通、萧瑀、封德彝、刘义节八人各食六百户,钱九陇、樊兴、公孙武
达、李孟尝、段志玄、庞卿恽、张亮、李药师、杜淹、元仲文十人各食
四百户,张长逊、张平高、李安远、李子和、秦行师、马三宝六人各食
三百户。"②

　　唐太宗"始定"的"功臣实封差第",是按功劳大小、划分等第
的。故疏远不遗、微贱不漏。正如刘昫所说的:"凡关佐命,爰第
实封,小大不遗,贤愚自劝,太宗之行赏也明矣。"③由于太宗的封

　　① 《资治通鉴》卷一九二。
　　② 《旧唐书·太宗本纪》所载同此。另外《旧唐书》各有关本传言及食实封户数
　　　绝大多数与《纪》文相符,仅有个别与列传不符。如《高士廉传》云:"贞观元年
　　　(应为武德九年十月),擢拜侍中,封义兴郡公,赐实封九百户。"而《纪》说七百
　　　户。《段志玄传》云:"太宗即位,累迁左骁卫大将军,封樊国公,食实封九百
　　　户。"而《纪》云四百户。又据《旧唐书》王君廓、柴绍本传,他们的实封一千三
　　　百户与一千二百户均承自武德朝。
　　③ 《旧唐书·刘文静传·史臣曰》。

赐是不拘一格的,故宗室与庶族地主甚至奴隶在论功行赏面前是平起平坐的。如太宗面定勋臣"爵邑"时,李神通仅得实封五百户,房玄龄则得一千三百户,奴隶出身的钱九陇、樊兴也能得四百户。李神通倚恃皇亲争功,被唐太宗数落了一顿,使原先"诸将争功,纷纭不已"的局面马上平息下来,相顾而言曰:"陛下至公,虽淮安王尚无所私,吾侪何敢不安其分。"①

唐实封制规定封户"皆三丁以上,一分入国。"②即食实封的封君从封邑封户那里分割到三分之一的赋税与全部力役收入。如使封户增加,就意味着国家直接控制的人户与赋役收入减少了。太宗初即位分封四十三个功臣,共计食实封三万一千户,如再加上遗漏的,③当不止此户数。唐初全国人口不足三百万户,大量实封势必加重了唐初财政的拮据困难。故太宗于赐功臣真户外,罕见另外金帛赏赐,并严加限制"多给力役"的宗室滥封,以弥补因实封而导致的财政困难。

唐太宗始定功臣实封的措施,改变了高祖时滥封宗室的作法。尽管两者在分封对象与爵位方面有所不同,然而都要食邑却是相同的。不过,武德年间的分封多属虚封,贞观年间则改实封。唐爵分九等,即王、郡王、国公、郡公、县公、县侯、县伯、县子、县男,是由损益隋爵差等而来。在郡公至县男的六等爵称上,都冠以"开国"两字,显然唐爵始定于贞观朝,它与实封等差制是同时制定的。故胡三省在《通鉴》卷一九二"初定功臣实封有差"条下,注引唐爵九等条文。然而,胡氏此注有些不妥。因为他没有区分唐初的虚封与实封。唐爵九等的食邑,从王食邑万户到县男食邑三百户的依

① 《资治通鉴》卷一九二。
② 《唐六典》卷二,《吏部尚书·司封郎中员外郎》。
③ 如《旧唐书·李靖传》:"太宗嗣位,拜刑部尚书,并录前后功,赐实封四百户。"

爵递减的规定,只是官样文章,实际上唐初藩王没有一个人能实封万户的。① 可见,爵邑的虚封规定是一回事,而太宗的赐实封是另一回事。虽然胡注最后补充说明"食实封者分食诸州",但没有指出上述九等爵邑是虚封,这就容易产生混淆。再者,唐爵九等,是以王、郡王居前的,唐初规定只有皇室子弟或宗室近亲及疏属有功者,才能封王,功臣只能封国公以下七等。可见,唐爵九等是包括皇室、宗室、功臣全部封爵的。只是当时太宗的兄弟以及亲子年幼的居多,故未制定亲王实封则例。贞观中诸王纷纷成人,太宗一一将他们分封外州作镇,于是亲王实封则例出现了。贞观中一般在六七百户左右,贞观二十三年增至千户左右。个别亲王另有勋劳或有懿称的,有外加实封的规定。如太宗异母弟邓王元裕加食实封至一千五百户,荆王元景于高宗即位初,也加食实封至一千五百户。

(三)分封的争议

唐太宗采取的限制宗室滥封与"始定功臣实封差第"的措施,虽然是对高祖缘私滥封的革弊,但是,他并没有摈弃分封制,而是想通过改革使分封制更加完善,表明他在分封的道路上比乃父想得周密,走得更远,以致误入歧途,竟然渴想实行周代封建之法与世袭刺史制度。

贞观元年七月,他向公卿询问享国久长之策? 尚书左仆射萧

---

① 《旧唐书·高祖二十二子传》中所列的十二子,即徐王元礼、韩王元嘉、郑王元懿、霍王元轨、虢王元凤、道王元庆、邓王元裕、舒王元名、鲁王灵夔、江王元祥、密王元晓、滕王元婴的食实封来看,贞观前期各人仅实封六、七、八百户,至贞观二十三年"加实封千户"或"满千户",只有邓王元裕"加实封通前一千五百户",没有一个食邑万户的。可见,"唐爵九等"的食邑户数均为虚封,它比食实封户数多,然而仅是空文。

瑀答称："臣观前代,国祚所以久长者,莫若封诸侯以为磐石之固。"并援引周、秦行封建、郡县进行对比说:"三代封建而久长,秦孤立而速亡",结论是"封建之法,实可遵行。"显然,这是分国土、建诸侯的封建观。唐太宗对于萧瑀的三代分封可享国久长的说教,正中下怀。史称"太宗然之,始议封建"。[①] 由于群臣反对恢复三代封建之法,所以从贞观初到贞观中发生了多次争议。

第一次,贞观二年的争议。

唐太宗、萧瑀一提出封建王侯的建议,首先就遭到魏征与李百药等人的反对,他们于贞观二年上疏指陈分封的弊病。[②]

尚书右丞魏征从维护国家统一、减轻人民负担出发,力持不可。"征意以唐承大乱,民人凋丧,始复生聚,遽起而瓜分之,故有五不可之说。"[③]魏征的"五不可"之说,史传没有一一列举,突出提到的有两点,"若封建诸侯,则卿大夫咸资俸禄,必致厚敛。又,京畿赋税不多,所资畿外,若尽以封国邑,经费顿缺。又,燕、秦、赵、代俱带外夷,若有警急,追兵内地,难以奔赴。"[④]魏征从经济、军事两方面论述了封建诸侯既劳民伤财,又不能羽翼朝廷。

礼部侍郎李百药援古引今,结合天意人事,写成长篇论文《封建论》。他以帝王受命于天、国祚长短取决于天意的陈腐史观,驳斥萧瑀封建诸侯可以享国久长的谬论,当然并无高明之处。但是

① 《旧唐书·萧瑀传》。
② 《资治通鉴》卷一九三,载贞观五年十月史事下云:"初,上令群臣议封建",下列魏征云云,李百药云云,颜师古云云。"初",当指贞观五年以前,具体年代不详。查旧、新《唐书》《魏征传》、《颜师古传》均无此记载。又《贞观政要》卷三《封建》篇将李百药《论驳世事》系年为贞观十一年,疑误。而旧、新《唐书·李百药传》均列为贞观二年,较确切,今从之。按:魏征、颜师古上疏当与李百药同时。
③ 《新唐书·宗室传·赞》。
④ 《资治通鉴》卷一九三。

他考察朝代更迭的得失成败又着重于人事的分析,具有合理的因素。还说三代之后不能推行古法,如果勉强推行,只会造成种种流弊:"封君列国,藉庆门资,忘其先业之艰难,轻其自然之崇贵,莫不世增淫虐,代益骄侈。自离宫别馆,切汉凌云,或刑人力而将尽,或召诸侯而共乐。"①李百药指出,若推行郡县制,就能避免上述某些缺陷,可以随时罢免不称职的牧守令长,所以分封与郡县比较,前者"不若守令之迭居也",②这是对萧瑀认为的秦行郡县而孤立速亡的谬论的有力驳斥。

中书侍郎颜师古为了弥合双方的争议,提出了折中分封制与郡县制的主张:"不若分王诸子,勿令过大,间以州县,杂错而居,互相维持,使各守其境,协力同心,足扶京室"。为了防止诸侯王的擅权,他建议藩王官属应由中央任命,"省司选用",并限制其法外特权,不得"擅作威刑"。③

由上可知,在分封诸侯的争论中形成三派:唐太宗、萧瑀的封建论同魏征、李百药的封建论是对立的,双方争论的实质涉及分封制与郡县制的分歧。颜师古则掺和周制与汉制,是争论中的派生观点,本身无足轻重。魏征的"必致厚敛"与李百药的适足资乱,颇能打动人心,其中李百药的透彻说理与精辟分析,使唐太宗不得不"竟从其议",④暂停封建。而魏征的据理力排更是不容忽视,金代诗人李纯甫云:"贞观力排封建议,魏征原只是田公。"⑤点出了他的特殊作用。

---

① 《旧唐书·李百药传》。
② 《资治通鉴》卷一九三。
③ 《资治通鉴》卷一九三。
④ 《旧唐书·李百药传》。
⑤ 《中州集》卷五,《魏征》。

第二次,贞观五年的分封诏。

贞观四年、五年,关中连续丰收,突厥之乱也已平定。面对这种有利形势,唐太宗于贞观五年十一月下诏:"皇家宗室及勋贤之臣,德行可称,忠节显著者,宜令作镇藩部,宣条牧民,贻厥子孙,嗣守其政,非有大故,无或黜免"。① 这个诏令不仅重复过去的亲王、郡王就封藩国、分土临民,而且首次提出功臣拥有与藩王一样出镇外藩和子孙世袭的封建特权。除非发生谋反之类的"大故",才能免爵除名。言外之意是一般"小过"并不影响世袭,可谓恩厚矣。为了贯彻执行,诏令还指定有关部门制定条例、划分等级上奏。这是唐太宗把分封王侯予以制度化、法律化的思想反映,比元年"始议封建"进了一步,从中透露出他急于想把分封制予以实行的意图。然而,此后几年不闻亲王、功臣就国临民,也不见藩封等级的条例,可能由于再次遭到群臣的反对而未能实现。

(四)世袭刺史的颁诏及其废止

封国制度虽然一度没有搞成,但是,唐太宗并不死心,相隔五年半后,即在贞观十一年六月正式诏颁,以荆州都督元景为首的二十一个亲王为世袭刺史。诏令指出:"建藩屏以辅王室"的目的是使"义存于致治"、"志在于无疆",即为了唐王朝的长治久安。为此,必须施之以"共治之职"、"分土之实",并以"其所任刺史,咸令子孙代代承袭"。② 过了几天,又诏颁赵州刺史长孙无忌为首的十四位功臣为世袭刺史。诏令指出周武分封子弟,汉高兼封功臣,均为"固磐石之基,寄以藩翰",为古之封建良法;魏晋背离周、汉良

---

① 《唐大诏令集》卷六五,《封建功臣诏》。
② 《旧唐书·高祖二十二子·荆王元景传》。

法,有名无实,非屏王室。为此,总结前代,斟酌利弊,采取君臣"共理"、勋贤"存世"的作法。对功臣"委以藩镇,改锡土宇",又云"今刺史,即古之诸侯",①意即此举是模拟周、汉封国土、建诸侯的措施。

唐太宗颁下亲王、功臣世袭刺史的诏敕,一般大臣是不敢犯颜诤谏的。然而太子左庶子于志宁、侍御史马周却甘冒触犯龙鳞的杀身危险,也要把抗争的道理说清。

于志宁的疏文指出:封建之举,"古今事殊,恐非久安之道"。②说理虽然简单,但是直接面对太宗的拟古作法提出责难,不愧为有胆有识的真知灼见。

马周的疏文着重分析世袭刺史的弊病:"傥有孩童嗣职,万一骄愚,兆庶被其殃而国家受其败。"为此,他建议停封诸侯,与其毒害于境内之百姓,不如割恩于现存之勋贤。取消子孙世袭,限于"畴其户邑"、衣租食税,也就是维持太宗初即位时的功臣实封差等,这样就可防止"自汉晋以来,乱天下者,何尝不是诸王?"的极弊。③ 这个建议无异要求唐太宗撤销世封诏令。

由于于志宁、马周的有力反对,唐太宗只得暂缓实行,但是并未下诏停封世袭刺史,真正使唐太宗下决心停罢的是受封功臣的普遍反对。

当"世封功臣"的诏敕颁下后,侯君集转授陈州刺史,其他功臣也有改变原先虚设或实任的封地的,致使"群臣不愿封",④其原委正如长孙无忌所说的:"臣等披荆棘以事陛下,今海内宁一,不

---

① 《旧唐书·长孙无忌传》。
② 《资治通鉴》卷一九五。
③ 《旧唐书·马周传》、《资治通鉴》卷一九五。
④ 《新唐书·侯君集传》。

愿违离,而乃世牧外州,与迁徙何异。"把太宗的长保富贵、苦心设计的一番美意视为流放,岂不令太宗心酸。于是,出现了受封功臣联名抗表的事件。由功臣之首长孙无忌出面,肱股重臣房玄龄附和,于贞观十三年二月向唐太宗递交了表文,表文中指出了三代封建虽是圣人"随时作教",然而也有"礼乐节文,多非己出"的弊病,以致造成君轻臣重、干弱枝强的缺陷。接着从四个方面阐明因福得祸的理由,表文最后以"伏愿天泽,谅其愚款,特停涣汗之旨,赐其姓命之恩"作结。① 正如王夫之所指出的:"无忌等不愿受封",表面看来,仿佛不合情理,"夫人之情,俾其子孙世有其土,世役其民,席富贵于无穷,岂有不欲者哉?"实际上,无忌等另有深谋远虑:"知其(世封)适以殄绝其苗裔而祸天下,苟非至愚,未有不视为陷阱者也。"②贞观君臣各有打算,但想不到一块,说明唐太宗的世封功臣不是两厢情愿,自然遭到功臣的抵制。唐太宗不得不表遗憾地说:"割地以封功臣,古今通义,意欲公之后嗣,辅朕子孙,共传永久,而公等乃复发言怨望,朕岂强公以茅土耶!"才不得已于贞观十三年二月"诏停世封刺史"。③ 从诏颁世封刺史到诏停世封刺史,说明他实行世封的决心化为乌有了。

(五)分封的局限性

纵观唐太宗从贞观元年"始议封建",到贞观十三年"诏停封建",其间历时十余年,曾发生过多次激烈的争论。建议者只是萧瑀,支持者仅是唐太宗;而反对者却不乏其人。而每次争议都增加了新的反对者,最后连被世封的功臣也联名反对,使唐太宗成了孤

---

① 《旧唐书·长孙无忌传》。
② 《读通鉴论》卷二十。
③ 《资治通鉴》卷一九五。

家寡人。在唐太宗一生的处世行事中，从未遭到如此众多大臣的抵制，也从未见过他拒纳如此众多大臣的诤谏。可见，他坚持分封侯王与复古封建是何等的固执。

唐太宗为什么一再顽固地坚持分封制呢？当然不能简单地归结为他自己所说的，渴慕比隆三代，效法文武周公之道。观其前言后语，主要有以下两点原因。

第一，出于一厢情愿的主观随意想法。

唐太宗以他在位一半以上的时间热衷于搞分封制，主观上主要是出于确保李唐江山的长治久安。任何一个王朝的开创者都要考虑国祚的长远问题，唐太宗比他们考虑更多，一即位就把此事提上议事日程。但他看到封建诸侯可以羽翼朝廷的一面较多，而大臣则看到分封带来祸害朝廷的方面较多，所以他这种想法带有较大的主观随意性。按他一厢情愿的想法，是十分鼓舞人心的。封建诸王，可以带来"建藩屏以辅王室"的好处；[①]"封建亲贤"，可以带来功臣"子孙长久之道"的好处。[②] 这个都从好处去想的想法，尽管流于主观，但绝非凭空而来。武德九年十月，即位仅两个月，唐太宗对玄武门流血事变当然记忆犹新，就向群臣提出了："朕欲使子孙长久，社稷永安，其理如何？"的重大问题，[③]由此"始议封建"。可见，"始议封建"与"子孙长久"是紧密联系的，是吸取同室操戈教训的结果。为了不使自己的子孙重蹈建成身灭的覆辙，想祈求于亲亲相爱的封建宗法观念。很自然地认为父子之情具有骨肉之亲，付之外藩，以作屏障，最可倚任。唐太宗还从封建血统论

---

① 《旧唐书·高祖二十二子·荆王元景传》。
② 《贞观政要》卷三，《封建》篇。
③ 《旧唐书·萧瑀传》。

出发,推而及之与功臣联姻,①结成亲家,以"亲贤作屏",期望功臣后裔"辅朕子孙,共传永久"。② 目的是想维持皇室与功臣的既得利益,幻想形成一个皇子皇孙与功臣后裔共存共荣的血缘集团。其实,这些都是唐太宗的主观想法。所谓屏藩皇室,谈何容易。贞观十七年,太子承乾与齐王李祐谋反,唐太宗一面平叛,一面诏斥李祐"坏磐石之宗"。③ 可见,就在太宗有生之年,就事与愿违了。而功臣后裔也不能"共传永久",事隔一代,房玄龄之子房遗爱参与谋反,就身死族灭了。

第二,不能审时度势的片面执意性。

唐太宗热衷于分封,还与他不能审时度势有关。他虽然很善于以史为鉴,然而在分封制方面不能正确总结历史经验。贞观五年九月,他在《长孙无忌等九人各封一子郡县公诏》中说:"亲贤作屏,著在周经;支庶毕侯,义存汉典……虽褒贤之道,已纪于旂常;而推恩之令,未治于胤绪。宜锡宠章,式遵故实。"④又在同年十一月诏的《封建功臣诏》中说:"钦明慎微之朝,古稽为本……享祚遐长,卜年用永,疏爵以王,锡壤惟三。周监二代,焕乎前史;晋魏迄今,旧章寝废,维城之义缺如,建侯之道斯绝。王纲暂弛,内无匡救

---

① 据《新唐书·诸帝公主》载,太宗二十一女,下嫁十七女,大多数与功臣子弟联姻。如长乐公主下嫁长孙无忌之子长孙冲,东阳公主下嫁高士廉之子高履行,比景公主下嫁柴绍之子柴令武,合浦公主下嫁房玄龄之子房遗爱,城阳公主下嫁杜如晦之子杜荷,清河公主下嫁程知节之子程怀亮,临川公主下嫁周道务。"道务,殿中大监,谯郡公(周)范之子。初,道务孺褓时,以功臣子养宫中。"另据《通鉴》卷一九九,襄城公主下嫁萧瑀之子萧锐,又据《旧唐书·王珪传》,南平公主下嫁王珪之子王敬直。(此外,太宗曾想将衡山公主许配给魏征之子叔玉、还欲将女嫁与尉迟敬德,均未成。)

② 《资治通鉴》卷一九五。

③ 《旧唐书·太宗诸子·庶人李祐传》。

④ 《唐大诏令集》卷六五。

之臣;国步方远,外无藩屏之卫,致令大盗猖獗,动有觊觎,蒸庶板荡,屡遭涂炭。进乖为民之策;退失象贤之典,宁邦固本,其可得乎?"[①]从上述诏书中可以看出,唐太宗十分仰慕周代的分封制。殊不知周代的分封制早已失却现实性与合理性。对此,后世的封建史家也有察觉,如宋代的范祖禹就对唐太宗"割地以封功臣,古今通义"的泥古不化的封建观作了中肯的批评:"三代封国,后世郡县,时也。因时制宜,以便其民,顺也。古之法不可用于今,犹今之法不可用于古也。后世如有王者,亲亲而尊贤,务德而爱民,慎择守令以治郡县,亦足以致太平、而兴礼乐矣,何必如古封建,乃为盛矣。"[②]唐太宗不顺时势变迁,一意孤行,可谓不识时务。后世必欲封建,弱者不足以屏藩,强者适足以资乱,前如曹魏、后如西晋,均有史可鉴。善于以史为鉴的唐太宗对近如魏晋封建史事却不以为然,对远如姬周的封建史事则赞其"焕乎前史",过于拘泥三代封建可享国长久的迂腐滥论,反映了他思想上片面执意性的缺陷,归根结底是他落后的政治观的反映。

第二节　修订《氏族志》

唐太宗重修《氏族志》是一个重大的政治事件。所谓氏族,就是士族。[③] 魏晋南北朝是指"官有世胄,谱有世官"的身份性的士族,[④]唐初则指非身份性的士族。唐太宗对唐初士族谱牒进行统

① 《唐大诏令集》卷六五。
② 《唐鉴》卷四。
③ 东汉末年至隋唐,史籍上的世族、望族、旧族、高门、甲门、著姓、郡姓、右姓等,其义均同士族。又据宋人赵彦卫《云麓漫钞》卷三,所谓"氏族",即指士族。
④ 《新唐书·柳冲传》。

一整理,具有深远的历史影响。

(一)统一全国谱牒

贞观六年,唐太宗对宰相房玄龄谈到近代士族卖婚弊病时,提出了"既轻重失宜,理须改革"的建议。[①] 接着就下令吏部尚书高士廉、御史大夫韦挺,[②]中书侍郎岑文本、礼部侍郎令狐德棻负责修订,以便"刊正姓氏"。鉴于隋末唐初旧族、新官发生升降、浮沉,士庶谱牒杂乱无章的状况,唐太宗作了具体指示:"命士廉等遍责天下谱牒,质诸史籍,考其真伪,辩其昭穆,第其甲乙,褒进忠贤,贬退奸逆,分为九等。"[③]这是唐太宗修订《氏族志》的指导思想,从中可以看出他有三个意图。

第一,"遍责天下谱牒",以甄别盛衰。

唐太宗曾对高士廉等发布旨意:"天下氏族,若不别条举,恐无所凭准"。[④] 条举天下氏族,就要"遍责天下谱牒",看来这是重修全国氏族志的起点。贞观八年,高士廉等条举了全国八十五个郡的三百九十八个姓,于当年五月进呈唐太宗,史称"唐贞观八年条举氏族事件"。这说明,唐王朝的统一和巩固,为唐太宗提供了搜罗"天下谱牒"的政治条件。而这个条件,在魏晋南北朝是不具备的。南北分裂时代,各地士族称雄乡里,各自修谱,往往带有浓厚的地域色彩。唐人柳芳在《姓系论》中指出:"过江则为侨姓,王、谢、袁、肖为大;东南则为吴姓,朱、张、顾、陆为大;山东则为郡

---

① 《贞观政要》卷七,《礼乐》篇。
② 《贞观政要》卷七,《旧唐书》高士廉、韦挺本传均作"御史大夫韦挺",《通鉴》则作"黄门侍郎韦挺",今从前者。
③ 《资治通鉴》卷一九五。
④ 转引自王仲荦先生:《〈唐贞观八年条举氏族事件〉残卷考释》,《文史》第九辑。

姓,王、崔、卢、李、郑为大;关中亦号郡姓,韦、裴、柳、薛、杨、杜首之;代北则为虏姓,元、长孙、宇文、于、陆、源、窦首之。"①纷繁复杂的士族,随着历史的变迁,起了变化。唐初统一时期,总的趋势是大为削弱:"侨姓"早已没落,"吴姓"逐渐衰败,"虏姓"也非昔比,山东"郡姓"亦"累叶陵迟"或"全无冠盖"。②另一方面,由于唐太宗推行扶植军功地主的政策,出现了一批"新官之辈"。③既然新官与旧族发生升降、浮沉,那么统一谱牒、重新修订,就需进行甄别盛衰的工作,剔除一批衰宗落谱,补进一批当代新门。这有下列事实作证。据王仲荦先生研究,唐贞观八年条举氏族残卷,佚十九郡一百三十二姓,"把它和宋邓名世《古今姓氏书辩证》中所列举的贞观氏族即郡姓来对校一下,发现出入较大。"说明贞观八年条举郡姓残卷,并非《大唐氏族志》残帙。既然两者出入较大,说明前者作了较大的订正。我们认为,其主要原因是,高士廉纯从旧姓氏族条举,而唐太宗则主张以当世官爵作为标准,故贞观十二年颁行时必经一番筛选,剔除了一些衰宗落谱,并加进一批"新官之辈"。这样,后者尽管是以前者为基础修订的,但并不完全吻合。如后者至少比前者减少了一百零五个郡姓。④

唐初索谱面向全国,就有互相比较、彼此衡量的余地。唐太宗选择熟悉全国各自地区族姓的士族官员担任这项工作,正是体现了他统一全国谱牒以甄别盛衰的政治意图。如高士廉是山东地区的渤海著姓,出自累世公卿家庭;韦挺为关中首姓甲门;岑文本为

① 《新唐书·柳冲传》。
② 《旧唐书·高士廉传》。
③ 《贞观政要》卷七,《礼乐》篇。
④ 条举郡姓为三百九十八姓,《氏族志》仅收二百九十三姓,其中还包括"新官之辈"的加入,故云"至少"。

江南士族;令狐德棻是代北右姓,四人分工合编,以便于对四面八方的士谱进行统一排比。此外,还吸收了"谙练门阀"的"四方士大夫"参与其事,①也含有便于天下统一的修谱需要。可见,唐太宗"遍责天下谱牒"的用意十分明确,就是要以统一时期的全国氏族代替分裂时期的各地士谱,对"累叶陵迟"的各地士族予以剔除,补充了"新官之辈",以甄别盛衰。

第二,"考其真伪",以甄别士庶。

唐太宗责令全国各地士族进呈谱牒,而士谱是记录家族门第高贵的凭籍,冒牌士族难免乘机弄虚作假。其实,这个流弊始自魏晋,那时实行九品官人法,确立的选人标准是唯凭世资门第,因此,"百家之谱,皆上于吏部"。② 由于按谱索官,一些非士族文人为了谋得官职,就通过种种办法,伪造或假冒士族谱牒,于是在选官之前,先要辨别真伪。诚如柳芳所说:"于时有司选举,必稽谱籍,而考其真伪。"③然而,私谱、伪谱仍不时出现,降及唐初,此风依然未息。正如颜师古说的:"私谱之文,出于闾巷,家自为说,事非经典,苟引先贤,妄相假托,无以取信,宁足据乎?"④这些"家自为说"的私谱,多系庶族地主伪造的家谱。既然修订《氏族志》是为士族地主追源溯流,专立门户,那么对以假乱真或以伪充真的庶族谱牒就不能让其混杂其间,修订时必须进行一番去伪存真的考订工作,考订的依据是"质诸史籍"。这个修谱原则,在贞观八年高士廉条举氏族的奏疏中亦有反映:"其三百九十八姓以外,又二千一百杂姓,非史籍所载,虽预三百九十八姓之限,而或媿官混杂,或从贱入

① 《旧唐书·李义府传》。
② 钱大昕:《潜研堂文集》卷三十一。
③ 《新唐书·柳冲传》。
④ 《汉书·睦弘传》师古注。

良,营门杂户,慕容商贾之类,虽有谱,亦不通(婚)。如有犯者,剔除籍。"①这就是说,当时除三百九十八郡姓之外,尚有二千一百杂姓之类的庶族地主,即使其中有发迹跻身郡姓之列,但考其先世出身低微,仍不能与老牌郡姓平起平坐,禁止通婚。如有违犯,则被"剔除(士)籍"。维护士族内部的纯正通婚,是魏晋以来的传统,目的是防止士庶混杂,保持士族血统的纯净。可见,高士廉的修谱思想没有打破旧有框框;这个奏疏,是被唐太宗"依奏"批准的,亦可想见唐太宗也没有打破旧传统。唐太宗还进而提出"质诸史籍",追查先世身份,这样,才能把"事非经典,苟引先贤"的漏洞堵塞起来,剔除那些不足为凭的伪谱,也就是庶谱,代之以"刊正姓氏"后的士谱,反映了唐太宗森严士庶之辨的思想。

第三,"褒进忠贤,贬退奸逆",以甄别忠奸。

唐太宗制定褒忠贬奸的政治标准,是维护皇权利益的表现。鉴于魏晋以来朝代频换,臣下乱政的教训,即位后就大力宣扬忠君思想。贞观元年三月下诏"褒奖""昔仕邺中,名位通显,志存忠谠,抗表极言"的北齐尚书仆射崔季舒、给事黄门侍郎郭遵、尚书右丞封孝琰等,以便树立忠臣的榜样。次年六月,唐太宗下诏谴责"亲为乱首"的隋臣裴虔通,并将其"除名削爵,迁配驩州"。在诏书中,唐太宗从理论上阐明了"天地定位,君臣之义以彰"的君为臣纲的思想,又从历史上援引了"凡庸小竖,有怀凶悖,遐观典策,莫不诛夷"的教训作为依据。② 贞观六年,唐太宗提出褒忠贬奸作为修订《氏族志》的标准,正是他以前两次所下的褒忠贬奸诏书的

---

① 转引自王仲荦先生:《〈唐贞观八年条举氏族事件〉残卷考释》,《文史》第九辑。
② 《旧唐书·太宗本纪》。

贯彻。唐太宗以大臣对唐王朝的政治态度顺、逆作为修谱进退的原则,反映了他通过修谱,维护皇权,提倡忠君的意识,借以达到甄别忠奸的目的。

由上可知,唐太宗提出修订《氏族志》的具体要求,带有明显的政治意图。"遍责天下谱牒",是为了甄别盛衰;"考其真伪",是为了甄别士庶;"褒进忠贤,贬退奸逆",是为了甄别忠奸。

(二)"尚官"的修订原则

高士廉等人经过几年的努力,编成《氏族志》草稿,进呈御前。唐太宗对此十分重视,予以仔细审阅,当他看到把山东士族之冠崔民干列为第一等时,甚为不满,发了一通议论:"我平定四海,天下一家,凡在朝士,皆功效显著,或忠孝可称,或学艺通博,所以擢用。见居三品以上,欲共衰代旧门为亲,纵多输钱帛,犹被偃仰。我今特定族姓者,欲崇重今朝冠冕,何因崔干犹为第一等?"唐太宗质问:为什么仍把崔民干列为第一等? 显然批评高士廉没有甄别士族盛衰。而甄别士族盛衰,早在贞观六年修订刚开始时,唐太宗就提出来了:"是时,朝议以山东人士好自矜夸,虽复累叶陵迟,犹恃其旧地,女适他族,必多求聘财。太宗恶之,以为甚伤教义,乃诏士廉……等刊正姓氏。"[1]所谓"刊正姓氏",就是甄别盛衰,也就是他当时对房玄龄所说的:"既轻重失宜,理须改革"的意思。

既然唐太宗有过暗示,而高士廉等人没有照办,就难怪唐太宗提出指责了。为了强调甄别士族盛衰的标准,唐太宗特加明示:"不须论数世以前,止取今日官爵高下作等级"。[2] 并"更命

---

① 《旧唐书·高士廉传》。
② 《旧唐书·高士廉传》。

刊定"。①

　　唐太宗提出重修的原则,以"今日官爵高下"作为确定氏族的等级,也就是所谓"尚官"的原则,它与"论数世以前"的相沿郡望作为等级的"尚姓"原则是不同的。"尚姓"原则是从曹魏开始的,"魏氏立九品,置中正,尊世胄,卑寒士,权归右姓已。其州大中正,主簿;郡中正,功曹,皆取著姓士族为之,以定门胄,品藻人物。晋宋因之,始尚姓已。"②"尚姓"原则奉行了数百年,影响深远。唐初高士廉负责修撰《氏族志》,仍按郡姓高低定等第,把崔民干列为第一等,与皇族并列,说明他没有摆脱传统的"尚姓"原则的束缚,唐太宗提出了有力的反问:"卿等不贵我官爵耶?"言外之意是,应以"尚官"原则修谱,不应以"尚姓"原则修谱。高士廉遵照唐太宗的明确指示,予以订正。既然皇帝是百官的总后台,外戚又与皇家沾亲带故,自然高人一等,"于是以皇族为首,外戚次之,降崔民干为第三。"胡三省注曰:"九等之次,皇族为上之上,外戚为上之中,崔民干为上之下。"③崔民干曾于武德元年担任黄门侍郎,以山东安抚副使的职位会同山东道安抚大使李神通讨伐宇文化及的叛乱,他的谋略虽比无能的李神通稍胜一筹,然而毕竟不是能人,故新旧《唐书》没有为他立传。此后也没有建立功业,官职始终不见超擢。④ 黄门侍郎位居正四品,唐初宰相位居三品以上,列入《氏族志》第三等,照理应是宰相、公卿大臣家族,按崔民干职位是不足以列入第三等的。唐太宗同意高士廉降崔民干为第三等,是"尚官"与"尚姓"原则妥协的产物。贞观十二年春正月,《氏族

　　① 《资治通鉴》卷一九五。
　　② 《新唐书·柳冲传》。
　　③ 《资治通鉴》卷一九五。
　　④ 参看《旧唐书·宗室·淮安王李神通传》。

志》最后定稿，收入了二百九十三姓，一千六百五十一家，姓分九等，共计百卷，唐太宗下令颁行天下。

贞观《氏族志》以官爵排列门第等级，打破了以往纯以郡姓作为门第等差的传统，具有进步因素，也是符合当时新旧士族阶级变化状况的。

首先，旧士族逐渐衰微。魏晋南北朝士族势力既达极盛，但同时也呈现盛极转衰的趋势，这是事物发展的辩证法。十六国时期的中原战乱，削弱了北方士族地主的势力；永嘉之乱以后，"中原冠带随晋渡江者百家"，①然而，"遭晋播迁，……百家荡析"；②兹后，侯景乱梁又使江左士族遭到沉重打击，部分幸免的世家大族，又遭江陵之祸，被西魏掳获为奴："江陵既平，衣冠仕伍，并没为奴隶。"③隋统一南北以后，确立了科举制度，科举制的推行是士族势力衰微的结果，促使士族势力的进一步衰微，所谓"里闾无豪族，井邑无衣冠"、④"士族乱而庶人僣矣"。⑤ 最后，也是最重要的因素是历次农民战争的沉重打击。东晋末年孙恩起义曾严厉地打击了江左士族。特别是波澜壮阔的隋末农民战争对士族的打击更为猛烈，史称河北地区农民军"得隋官及山东士子，皆杀之。"⑥到了唐初，出现了"世代衰微"、"累叶陵迟"的中衰状态。武德元年六月，唐高祖在诏令中说："近世时运迁革，前代亲族，莫不夷绝。"⑦未被农民军镇压的士族，在经济上也陷于绝境，所谓"名虽著于州

---

① 《北齐书·颜之推传》，《观我生赋》自注。
② 《新唐书·高俭传·赞》。
③ 《周书·唐瑾传》。
④ 《通典》卷十七，《选举》五。
⑤ 《新唐书·柳冲传》。
⑥ 《旧唐书·窦建德传》。
⑦ 《新唐书·高祖纪》。

间,身未免于贫贱。"①然而,由于传统门阀观念的影响,他们的社会地位仍很显赫,这就与他们衰落的政治地位不相适应。

其次,新士族渐趋抬头。唐初在统一战争的创业阶段以及在大治天下的守成阶段中,培养了一批新贵族,他们或因驰骋战阵,或因参谋帷幄,立下了汗马功劳。唐太宗按照论功行赏、量才录用的方针,或以军功晋爵,或以奇谋授勋,成为唐王朝的开国元勋。这样,一个以宗室与功臣为主体的新贵族集团形成了。然而,唐初新贵族集团的不少成员出身庶族地主,在谱牒上不入士流;有的虽出身士族,但也屈居山东老牌士族之下。这就形成了新的社会矛盾,即他们的政治地位虽然提高了,然而社会地位并没有相应地显贵起来,这与现实状况也是不相适应的。

唐太宗针对社会阶级状况发生深刻变化的现状,采取"专以今朝品秩为高下"的"尚官"修谱原则,使新旧士族的社会地位与政治地位相互适应,以便"厘正讹谬,舍名取实",②这种作法,是符合实际情况的。故《氏族志》颁行之后,时人评议"升降去就,时称允当"。③"允"者,公允;"当"者,妥当。说明唐太宗提出的这个修谱原则具有一定的合理性。

但必须指出,唐太宗的"尚官"原则,只是取代了魏晋以来的"尚姓"原则,仅仅改变了修谱标准,不等于否定了他的门阀观念,只是以新门阀代替旧门阀罢了。唐太宗的新门阀观是以当世人臣的"德"、"功"、"言"作为确定官爵或门阀的依据的,所谓"太上有立德,其次有立功,其次有立言。其次有爵为公、卿、大夫,世世不

①　《唐会要》卷八三,《嫁娶》。
②　《资治通鉴》卷一九五。
③　《旧唐书·李义府传》。

绝,此谓之门户。"①"门户"即门阀,这有下面史实为证。唐太宗对山东士族因世代衰微、全无冠盖,"犹自云士大夫",十分不满。他认为"足为门户,可谓天下士大夫",②不应"恃其旧地",而应建功授勋。这里的"天下士大夫"与上面称山东士族"犹自云士大夫",在"士大夫"的观念方面是对应的,足见"门户"云云,即指门阀。说明唐太宗不想取消门阀,只是重新确定门阀。如果说旧门阀观的特点是"唯矜远叶衣冠",那么新门阀观则可说是唯矜当朝衣冠,可见唐太宗的"尚官"与山东士族的"尚姓"在崇贵尊爵这一点上是有统一之处的,正因为这样,"尚官"与"尚姓"并没有不可逾越的鸿沟,而是存在由此及彼的通道的。虽然表面看来,旧门阀纯以郡望相高,与唐太宗的新门阀观则以功德相高不同,但唐太宗既想"世世不绝",说明他不想放弃门阀显贵的封建血统论。"世世不绝"即子孙相传,后世冠冕还不是因先世勋业才能显贵的吗?其结果亦必流于"唯矜远叶衣冠",而与太宗原来想法背道而驰。子孙世袭,门阀自然尊贵;但问题在于子孙能否保其先世基业而不败? 如若不能,"世世不绝"岂非返回魏晋的"官有世胄,谱有世官"的"尚姓"老路上去吗? 即以"尚官"始,必以"尚姓"终。可见,唐太宗的"尚官"原则在当时虽有一定的进步意义,但由于他想搞新门阀与世封制,结果必趋向保守。据此,既不能把他的新门阀观与旧门阀观混为一谈,也不能把两者截然对立起来。

(三)禁止卖婚的动机与效果

唐太宗的"尚官"修谱原则,使崔民干从第一等降到第三等,

---

① 《新唐书·高俭传》。
② 《贞观政要》卷七,《礼乐》篇。

不少史著把这看成是抑制或打击山东士族的措施。其实,从他禁止卖婚的思想动机来看,并非如此。

唐太宗将崔民干贬等时,曾对高士廉作了自我表白:"我与山东崔、卢、李、郑,旧既无嫌,为其……婚姻之间,则多邀钱币,才识凡下,而偃仰自高,贩鬻松槚,依托富贵。我不解人间何为重之?"①这里,"旧既无嫌",表明自己过去并没有与山东士族过不去的地方,言下之意,现在是不会抑制他们的。所谓"贩鬻松槚",则透露了唐太宗的思想动机是禁其"贩鬻"婚姻而已。因为山东士族之所以嫁女多索聘礼,就是恃其族望的缘故。唐太宗想通过降低其郡望的途径,达到杜绝其"多邀钱币"的目的。为此,他把"卖婚"提高到悖乱礼经的思想高度予以谴责;自然把禁止卖婚视为崇尚礼学的举动。吴兢深体太宗的这个用意,故他编撰《贞观政要》时,把重修《氏族志》列入《礼乐》篇。可见,此举与崇礼乐、敦教化有关。

南北朝以来,士风日坏,弊端丛生,"卖婚"即其一例。唐初流风更甚,故"太宗恶之,以为甚伤教义";②他还指出:"贩鬻婚姻,是无礼也;依托富贵,是无耻也。"③既然无礼无耻,那就非禁不可了。

贞观六年,唐太宗与房玄龄商量刊正《氏族志》时,就曾提到山东士族"每嫁女他族,必广索聘礼,……甚损风俗,有紊礼经",④表示了自己要修正氏族以整饬风纪的决心。

贞观十二年,《氏族志》修成颁行天下,他又下诏:"氏族之美,实系于冠冕;婚姻之道,莫先于仁义。自有魏失御,齐氏云亡,市朝

① 《旧唐书·高士廉传》。
② 《旧唐书·高士廉传》。
③ 《唐会要》卷三六,《氏族》。
④ 《贞观政要》卷七,《礼乐》篇。

既迁,风俗陵替,燕、赵右姓,多失衣冠之绪,齐、韩旧族,或乖礼义之风,……乃有新官之辈、丰财之家,慕其祖宗,竞结婚媾,多纳货贿,有如贩鬻。或贬其家门,受辱于姻娅;或矜其旧望,行无礼于舅姑。积习成俗,迄今未已,既紊人伦,实亏名教。朕夙夜兢惕,忧勤政道,往代蠹害,咸已惩革,唯此弊风,未能尽变。自今以后,明加告示,使识嫁娶之序,务合典礼,知朕意焉。"①所谓"氏族之美,实系于冠冕",指出了修谱的"尚官"原则,"婚姻之道,莫先于仁义",表示反对以郡望广索聘礼。这个强调"务合礼典"的"嫁娶之序"的诏令,和重修《氏族志》同年颁行是意味深长的。它把唐太宗刊正氏族基于禁止卖婚的目的,出于整肃"人伦"、维护"名教"的思想动机和盘托出了。

然而,唐太宗以礼制禁止"卖婚",并没有收到预期的效果。《氏族志》颁行后,山东士族虽然因其世代衰微、全无冠盖而降低了族望,但"新官之辈、丰财之家"则"慕其祖宗"与之联姻的事件,仍然层出不穷。"后房玄龄、魏征、李勣复与婚,故望不减"。② 新贵为了攀附旧族,不惜多输钱币,"竞结婚媾";旧族为了使族望不减,也来者不拒。《氏族志》的颁行,没有起到抑制"卖婚"的作用。贞观十六年,唐太宗只得再次强调礼制,颁布"自今年六月禁卖婚"的新诏令。③ 但是,由于旧族与新门出于各自的政治利益的需要,一纸诏令是禁止不了的。正如封建史家所说的:"而代阀显者,至卖婚求财,汩丧廉耻。唐初流弊仍甚,天子屡抑不为衰。"④太宗晚年尚且如此,到高宗时就愈演愈烈了。一些"衰宗落谱"的

---

① 《唐会要》卷八三,《嫁娶》。
② 《新唐书·高俭传》。
③ 《唐会要》卷八三,《嫁娶》。
④ 《新唐书·高俭传·赞》。

旧士族,反而号称"禁婚嫁,益自贵",虽有明诏禁止,然而暗中"潜相聘娶,天子不能禁"①。高宗朝宰相李敬玄出身庶族地主,先后三次婚娶皆聘山东士族之女,即是突出的例子。高宗以后更是积重难返,如德宗贞元中柳芳序四姓世族,山东士族仍然名列前茅。社会上联姻照旧崇尚门阀。因此,唐文宗感叹道:"民间修婚姻,不计官品,而上阀阅,我家二百年天子,顾不及崔、卢。"②

唐太宗重修《氏族志》,企图抑低山东士族族望,又定婚制贬之:"王妃、主婿皆取当世勋贵名臣家,未尝尚山东旧族。"③而且还阻止某些勋贵名臣的"新官之辈"与之联姻。这些措施均未奏效,既不能达到禁止"卖婚"目的,也不能禁止山东士族代出高官与抑低其族望。以崔氏为例,终唐一代,崔氏十房共出二十三个宰相,数量之多居旧士族之冠。又据武则天时颁的《姓氏录》:"以四后姓、郧公、介公及三公、太子三师、开府仪同三司、尚书仆射为第一姓,文武二品及知政事三品为第二姓,(余)各以品位高下叙之,凡九等。"④而宰相、知政事都是位居三品以上的高官,按《姓氏录》等第,可排入第一姓或第二姓之列。可见,武后以降,崔氏家族随着代出高官,已上升为第一等、第二等的族姓了。所谓抑制山东士族,从历史发展角度或社会效果来看,也是没有达到的。

---

① 《新唐书·高俭传》。
② 《新唐书·杜兼传》。
③ 《新唐书·高俭传》。
④ 《新唐书·高俭传》。

第十一章　统一边疆

　　唐初西北地区的少数民族贵族不断举兵扰乱边境或中原，"太宗以武拨乱"，①以武力次第平定东突厥、吐谷浑、高昌等地的叛乱，统一了西北边疆；又妥善地处理了民族关系，缓和了民族矛盾，使统一的多民族的国家有了进一步的发展。唐太宗不愧是建立唐代多民族国家的奠基者。

第一节　抗击东突厥

　　唐太宗统一边疆的卓越建树，首推抗击东突厥的武功，它解除了隋末唐初的严重威胁，揭开了我国民族关系史上的新篇章。

（一）向突厥称臣纳贡

　　突厥是我国北方境内的一个古老民族，北齐、北周时期渐趋强大，建立了"控弦数十万"的军队，②进入了阶级社会。隋初，突厥贵族集团分裂为东西两部。东突厥被隋文帝战败，纳贡称臣；西突厥也一度衰落。隋末丧乱，东西突厥乘机复振，一跃而为雄踞漠北、力控西域、势倾中夏的强大军事力量。正如杜佑所描述的：

---

　　① 《唐鉴》卷六。
　　② 《隋书·突厥传》。

"（突厥）又更强盛，……薛举、窦建德、王世充、刘武周、梁师都、李轨、高开道之徒，虽僭尊号，俱北面称臣，受其可汗之号。东尽契丹，西尽吐谷浑、高昌诸国，皆臣之。控弦百万，戎狄之盛，近代未有也。大唐起义太原，刘文静聘其国，引以为援。"①刘文静聘使时，以"财帛金宝入突厥"作为借兵的交换条件。②突厥可汗"始毕遣其特勤康稍利等献马千匹，会于绛郡，又遣二千骑助军，从平京城。"二千胡骑，微不足道，唐初不过借其声威，以作奥援而已。可见，李渊初起的力量是严重不足的，这可说是他称臣突厥的主要原因。

由于存在这种特殊的隶属关系，故始毕不断欺凌唐朝："及高祖即位，前后赏赐，不可胜纪。始毕自恃其功，益骄踞，每遣使者至长安，颇多横恣，高祖以中原未定，每优容之。"所谓"优容"，就是恣其所为、不敢违抗。武德二年二月，始毕可汗去世，"高祖为之举哀，废朝三日，诏百官就馆吊其使者，又遣内史舍人郑德挺往吊处罗，赗物三万段。"诏"百官"吊丧的隆重仪式是示以国君礼节的反映，以丝织品三万段孝敬嗣位的处罗可汗，这无异是变相的纳贡称臣的继续。

武德三年六月，处罗率军助秦王攻刘武周，"至并州，总管李仲文出迎劳之，留三日，城中美妇人多为所掠，仲文不能制。""不能制"，实为不敢制，这是唐初称臣于突厥的一个旁证。故同年秋，处罗死，高祖亦"罢朝"志哀，"诏百官就馆吊其使"。

继处罗可汗而立的是颉利可汗，他承父兄之业，兵强马壮，益轻唐朝。"高祖以中原初定，不遑外略，每优容之，赐与不可胜计，

---

① 《通典》卷一九七。
② 《旧唐书·刘文静传》。

颉利言辞悖傲,求请无厌。"①所谓颉利"言辞悖傲",流露了他想君临中原的野心。不过,这次"优容"为时只有半年左右,到武德四年四月因双方军队在雁门首次发生冲突,就渐趋消失了。

由上可知,从隋大业十三年六月晋阳起兵交好突厥,到唐武德四年四月双方交恶,前后将近四年时间,唐初连续向突厥启民可汗的三个儿子,即始毕、处罗、颉利分别称臣纳贡。称臣纳贡当然是一大耻辱,唐封建统治者与封建史家无不讳莫如深。然而,在得意忘形之余,也会泄露天机的。贞观四年李靖大破颉利,唐太宗闻讯喜形于色,对近臣说:"朕闻'主忧臣辱,主辱臣死。'往者国家草创,太上皇以百姓之故,称臣于突厥,未尝不痛心疾首。"②"国家草创",则无国力以御强敌,这是"称臣于突厥"的主要原因,至于"以百姓之故",当属溢美之辞。

其实,唐太宗指出乃父"称臣于突厥",而没有把自己摆进去是不公平的。据陈寅恪先生考证:"太宗实为当时主谋称臣于突厥之人"③,这个结论是站得住脚的。

李世民主谋称臣,可见,他与突厥可汗的密切关系,而他多次借兵突厥,组成胡汉联军,正是这一密切关系的反证。晋阳起兵前夕,他通过心腹刘文静向始毕可汗借到二千突厥骑兵,组成了反隋主力。这支骑兵可能是由颉利、突利率领的。武德九年七月,唐太宗当面指责颉利、突利叔侄连兵入扰时,曾说:"义军入京之初,尔父子(按:应为叔侄)并亲从我"④一语可证。武德三年秦王李世民"受诏讨伐刘武周,师次太原,处罗遣其弟步利设率二千骑与官军

①　《旧唐书·突厥传》。
②　《大唐新语》卷七,《容恕》。
③　《寒柳堂集·论唐高祖称臣于突厥事》。
④　《新唐书·突厥传》。

会"。"与官军会",就是与秦王军队会师,可见,李世民与处罗可汗的关系也很密切。此外,他还与未即位前的颉利可汗也有交情:"初,隋五原太守张长逊因乱以其所部五原城隶属于突厥。(宇文)歆又说颉利遣长逊入朝,以五原地归于我。颉利并从之,因发突厥兵及长逊之众,并会于太宗军所。"颉利愿还五原之地与张长逊部众归唐,除了唐高祖"遣光禄卿宇文歆赍赏金帛以赂颉利"之外,①恐怕还与李世民的特殊关系有关,否则颉利不会发突厥兵与李世民会师。可见,李世民也向颉利借过兵。以上史实说明,唐初秦王比乃父高祖同突厥的关系密切得多。他屈辱借兵,必受制于人,难免称臣。究其原因,除了斗争的策略性之外,还与唐初国力不足有关。

(二)豳州对阵

颉利可汗即位之后,贪得无厌,欲壑难填,唐高祖不胜其扰。武德六年统一战争结束,颉利不愿相邻的中原地区出现一个统一而强大的唐王朝;而唐王朝统一之后国力虽然比前强大,然而还不足以引兵抗衡,因而处于被动挨打局面。武德七年,颉利、突利率众进攻原州(今宁夏固原县),旋又南上,入扰朔州(今山西朔县)、忻州(今山西忻县),秦王奉命抵御。由于关中暴雨成灾,粮道不通,李世民与诸将颇以食尽为忧,只得屯兵豳州(今陕西邠县)待粮。颉利、突利指挥万余骑兵居高列阵,唐军气丧。李世民深知敌强我弱,不能硬拼,只能智退。于是他亲率百骑奔驰敌阵,义正词严地指责颉利背约入扰,勇气凛然地面召颉利单独决战,还声称对方若倾兵而来,他就毫不畏惧地以百骑抵御。颉利猜不透李世民

① 《旧唐书·突厥传》。

轻骑列阵的个中底细，又不知唐军虚实，既不能与李世民抗辩，又不敢贸然进击。李世民抓住颉利的狐疑弱点，故意与突利并骑而语，谈到以往的兄弟情谊，责备他践踏"急难相救"的誓言，突利理屈，无言以对。原来颉利与突利叔侄间已有嫌隙，经李世民的轻骑近前、窃窃私语的布下疑团，颉利便"阴猜突利"与秦王有约，①终于以智离间了叔侄，使其退兵。然而，次年颉利又亲率劲骑十余万，饱掠朔州后，又进犯太原，唐将张瑾寡不敌众，遭到全军覆没、仅以身免的惨败。

（三）渭桥之盟

武德九年八月，颉利乘唐太宗即位不久、国内政局动荡之机，亲率精骑二十万大举入扰，前锋攻破武功（今陕西武功县），京师戒严，行军总管尉迟敬德虽然奋勇挫败颉利于泾阳（今陕西泾阳县），然而突厥主力未受损失，颉利继续进攻长安，他一面列阵渭水北岸以威慑唐军；一面派出使臣对唐廷进行军事讹诈。唐太宗识破颉利的狡诈伎俩，采取针锋相对的斗争策略，一面扣留对方使节；一面亲率数骑列阵渭水之南，隔河相对，指斥颉利背信弃义，颉利在唐太宗的严词训斥下，无言以对。继之，唐六军大至，军容严整，士气旺盛，颉利知唐军有备，又加使臣被押，摸不透唐太宗的疑兵之计，不敢贸然挥师过河，只得与唐太宗在渭桥上"刑白马设盟"而还。②

渭桥之盟，表现了唐太宗的机智沉着的战斗作风，才使这一严重时刻化险为夷。然而，唐军毕竟不是力胜，而是智退，肘腋仍然

---

① 《旧唐书·突厥传》。
② 《旧唐书·太宗本纪》。

不安,谈不到巩固封建统治。为此,唐太宗深谋远虑,积极备战,创造条件,等待时机,转入反攻。

(四)战略反攻时机的成熟

由战略防御转入战略反攻,是战略的大转折。出现转折,不仅取决于决策者的主观愿望,更重要的是取决于有利的客观形势。唐太宗初即位,对突厥的威胁,感到"坐不安席,食不甘味",[①]就以自强雪耻、奋发图强的精神激励自己,下定了平定突厥之乱的雄心。

贞观三年,终于出现了反攻的时机,其标志是交战双方的力量发生了逆转,突厥由优势趋向劣势,唐王朝由劣势转向优势。双方力量之所以发生消长,主观上是唐太宗积极创造条件的结果;客观上是突厥内部出现统治危机的归宿。

从主观条件来说,首先,加强军事训练,提高士兵战斗力。

唐太宗即位伊始,鉴于前代君主"不使兵士素习干戈,突厥来侵,莫能抗御"的教训,亲自在殿廷教习卫兵射箭,动员说:"我今不使汝等穿池筑苑,……唯习弓马,庶使汝等斗战,亦望汝前无横敌。"在唐太宗的亲自教习下,卫士射术提高很快,唐太宗对射术高明的卫士赏赐弓、刀、布帛,以资鼓励,由此"士卒皆为精锐"。[②]

其次,扩大府兵兵源,推行军功政策。

唐太宗为了有效地抗击突厥,扩大了府兵队伍。贞观年间的府兵有三方面来源。一是来自太原元从;其中有晋阳起兵前,李世民委派长孙顺德、刘弘基招募的万余士兵,以后加上李渊与建成的

---

① 《贞观政要》卷二,《任贤》篇。
② 《旧唐书·太宗本纪》。

军队约有二万人。二是来自统一战争中归附的军队，约有十七万人左右；上述府兵都是武德年间形成的。三是点丁男为府兵，这在唐太宗即位不久的武德九年十二月才开始实行的。

三类府兵大致都有授田。对太原元从"高祖以渭北白渠旁民弃腴田分给之。"①以示特殊优待。对归附的军人与被点为府兵的丁男，当然不会授与上地。府兵授田质量尽管有所区别，然而不必负担租赋徭役却是一致的，这可从武德九年十二月一场辩论中透露了此中信息。当时唐太宗为了加强京师的防御力量，想扩大征兵范围。封德彝提出选择"躯干壮大者，亦可并点"的建议，②唐太宗深表同意，并下诏敕云："中男（即次男）以上，虽未十八，身形壮大，亦取。"唐初成丁年龄始为二十一岁，中男当在十六岁，按理不能应征。基于此，魏征断然反对，他振振有词地说："若次男以上，尽点入军，租赋杂徭，将何取给？"③可见，府兵虽授田而不纳赋役。实际上府兵是有负担的，兵役即是徭役，府兵有义务轮流番上宿卫或出征作战，都要自备兵甲衣粮，这比租调征敛还重。一般农民力不能堪，实际上主要应征对象是富裕农民，正如戴胄所说的："比见关中河外尽置军团，富室强丁，尽从戎旅。"④这从唐初规定的拣点卫士标准也可看出："财均者取强，力均者取富，财力又均，先取多丁。"⑤如按财力标准择取府兵，必把贫苦农民排除在外，实际应征者主要是富裕农民。据此，府兵不可能是普遍征兵。这就制约着府兵发挥战斗力必须具有一定的历史条件，正如均田是在特殊

---

① 《新唐书·兵志》。
② 《资治通鉴》卷一九二。
③ 《贞观政要》卷二，《纳谏》篇。
④ 《旧唐书·戴胄传》。
⑤ 《唐律疏议》卷十六，《擅兴》。

历史条件下的土地分配方案一样,府兵也是在特殊历史条件下的一种兵役,一旦失去这些条件,府兵必然破坏。而唐初正好具备发展府兵制的前提条件,这个条件是地荒人稀为府兵农民授田提供了物质基础,从而形成了一个数量相当可观的自耕农与中小地主阶层。这是保证府兵主要兵源的社会基础。

有了充足的兵源,并不等于有了强大的战斗力。要使府兵发挥战斗力,必须有相应的政策措施。唐太宗的扶植军功地主的政策正起到了这种作用,它适应中小地主与自耕农随着经济上的发展、要求寻找政治上出路的需要,而唐初从军杀敌就是一个进身之阶。根据唐太宗的刑不避权贵,赏不遗疏远的政策,凡立军功的战士不分贵贱,皆可升官授田,以致跻身军功地主行列。唐初奴隶出身的马三宝、樊兴、钱九陇等因立战功,皆封公食邑,钱九陇还上升士籍,就是突出的例子。可想而知,出身农民或地主的战士立有军功、上升地主或官僚地主更加大有人在,如薛仁贵弃农投军、升任将领、获得勋田转化为军功地主以及苏定方由土豪而转化为官僚地主就是典型事例。①

唐太宗执行扶植军功地主的政策,收到了显著的效果。一些应征府兵与应招募兵把保护身家与获得官爵、勋田的政治、经济利

① 《新唐书·薛仁贵传》云:"少贫贱,以田为业。将改葬其先,妻柳氏曰:'夫有高世之才,要须遇伏方发。今天子自征辽东,求猛将,此难得之时,君盍图功名以自显?富贵还乡,葬未晚。'仁贵乃往见将军张士贵应募。"后以军功,太宗"召见,嗟异,赐金帛、口马甚众,……迁右领军中郎将。"胡三省说"薛仁贵自编户应募。"(《资治通鉴》卷一九八)按:薛仁贵虽由募兵进身,而与府兵战士因军功上升的道理一样。又如《新唐书·苏定方传》云:"父邕,当隋季,率里中数千人为本郡讨贼。……邕卒,代领其众,……乡党赖之。贞观初,为匡道府折冲,从李靖袭突厥颉利于碛口,……再迁左卫中郎将。"按:隋末苏定方父子系地主出身,拥有部曲,唐初立有军功为府兵折冲,是地主应征而跻身官僚的例子。

益结合起来,以致参加对外战争成为中小地主与富裕农民发家致富的重要门路,战争胜负直接关系到他们的切身利益,故能调动他们的战斗积极性,这是唐初府兵(募兵亦然)所以能发挥威力的主要原因,①也是唐太宗能建立卓越武功的一个重要条件。贞观初,唐太宗扩大府兵队伍,积极备战,显然从主观上为尔后击败东突厥创造了人力条件。

再从客观条件来说,突厥势力由盛而衰。

突厥是个军事封建主义国家,它虽然征服了薛延陀、回纥、契丹、吐谷浑、高昌等国,但与这些部落没有共同的民族语言与经济利益,也很少有经济文化的联系,它是一个松散的军事行政的联合体,各部落臣服于突厥,完全建立在军事威胁基础上,一旦这些部落摆脱了突厥的统治,就会使这个军事行政组织趋于瓦解。贞观初,铁勒部的回纥、薛延陀等等相继反抗,薛延陀还与唐朝结成军事联盟,这都大大削弱了东突厥的军事力量。

东突厥失去了这些附属国,反过来加深了内部贵族集团之间的裂痕。唐太宗利用矛盾,分化瓦解,拉拢突利,使原先突利与颉利之间的矛盾更加激化。贞观二年,突利终于背弃颉利,暗地相约唐王朝出兵进攻颉利,从而使唐太宗赢得了里应外合的有利战机。

此外,由于颉利连年对外用兵,对内滥施刑罚,牧民不堪其虐;

---

① 唐初与隋代一样,在行府兵的同时,仍兼募兵。不过与隋不同的是应募者的积极性较高。如贞观晚年征伐高丽之役,士兵多为应募而来。史载:"时远近勇士应募及献攻城器械者不可胜数","自愿以私装从军,动以千计"(《资治通鉴》卷一九七)。唐太宗也曾炫耀:"炀帝无道,失人已久,辽东之役,人皆断手足以避征役,……朕今征高丽,皆取愿行者,募十得百,募百得千,其不得从军者,皆愤叹郁邑"(《资治通鉴》卷一九七)。反映了战争胜负与他们的切身利益关系密切,如李靖征突厥,攻破颉利牙帐,将士把"突厥珍物,房掠俱尽"(《资治通鉴》卷一九三);又如侯君集征高昌,破都城"私取其珍宝;将士知之,竞为盗窃"(《资治通鉴》卷一九五)。

再加频年大雪,六畜冻死,牧民生计艰难,而颉利不加存恤,反而重敛诸部。"由是下不堪命,内外多叛之。"①这时被俘的汉人不能忍受非人的待遇,纷纷挣脱奴隶的枷锁,保聚山险地区,或与突厥牧民并肩作战。

由上可知,突厥集团处于上层分裂、下层反抗,内有心腹之患、外受腹背之敌的不利境地,势力大为衰落。唐边将张公谨据此概括出六条有利战机,指出:"颉利纵欲肆凶,……此主昏于上,可取一也。别部同罗、仆骨、回纥、延陀之属,皆自立君长,……此众叛于下,可取二也。突利被疑,……欲谷丧师,无托足之地,此兵挫将败,可取三也。北方霜旱、廪粮乏绝,可取四也。颉利疏突厥、亲诸胡,……可取五也;华人在北,……保据山险,王师之出,当有应者,可取六也。"②张公谨详尽周密的分析,是对战略转折形势的客观总结。唐太宗正是在这种有利条件下转入战略反攻的。

(五)定襄大捷与颉利被擒

贞观三年冬十一月,唐太宗在作好充分准备的前提下,主动反击。任命并州都督李勣为通汉道行军总管,③兵部尚书李靖为定襄道行军总管,华州刺史柴绍为金河道行军总管,灵州大都督薛万彻为畅武道行军总管,合军十万,分道出击突厥。其中以李靖一路的战绩最为辉煌。

李靖是隋代韩擒虎的外甥,擒虎"每与论兵,未尝不称善",隋末归唐属秦王麾下。在统一战争中,他屡立战功,具有实战经验。

---

① 《通典》卷一九七,《边防典》。
② 《新唐书·张公谨传》。
③ 《旧唐书·李勣传》、《资治通鉴》卷一九三均作"通汉道",而《新唐书·李勣传》及《新唐书·太宗纪》均误作"通漠道",今从前者。

兵法理论与战争实践的结合,使他成为一员杰出的指挥官。李渊称他为"古之名将韩、白、卫、霍,岂能及也!"①他的高超战术是善于捕捉有利战机,抓住不放,然后出奇制胜。定襄大捷就是他出奇制胜的光辉军事实践。

贞观四年正月,李靖率领三千精骑由马邑(今山西省朔县)直趋恶阳岭(在定襄故城南面)。唐军的神速到达完全出于驻扎定襄(今内蒙古清水河县)的颉利可汗的意料之外,且使他腹背受敌,惊恐的颉利作了错误的判断,他揣测"兵不倾国来,靖敢提孤军至此?"李靖就抓住颉利捉摸不透的有利战机,一方面派出间谍进行分化离间,另方面乘其无备,夜袭定襄,大破突厥,颉利匆匆狼狈逃窜,李靖乘胜夺取定襄。捷报传来,唐太宗欣喜若狂,大肆赞扬李靖:"以骑三千,蹀血虏庭,遂取定襄,古未有辈,足澡吾渭水之耻矣!"②唐太宗高兴之余,宣布大赦天下,祝酒五日。

李靖出马邑旗开得胜,李勣出云中(今山西大同以东)也马到成功。颉利撤军碛口,途经白道(今内蒙古呼和浩特市西北),白道为河套东北通往阴山以北的要隘,李勣早已埋伏在先,颉利败兵被堵,被李勣杀得大败,"由是酋长率部落五万降于勣。"③

颉利经此惨败,已无正面抗衡力量,只得遣使谢罪请和,表示愿意举国内附。唐太宗识破他的缓兵之计,将计就计,同意遣使谈判,使颉利放松戒备。此时,李靖、李勣两军已会师白道,他们猜透唐太宗的意图,为了利于速战速决,不经疏奏,共同制定了突击的作战计划。李靖挑选精骑一万,携带二十日干粮,自白道出发。勣军后继,军至阴山,俘突厥千余骑随军,复进军伏兵碛口(今内蒙

---

① 《旧唐书·李靖传》。
② 《新唐书·李靖传》。
③ 《新唐书·李勣传》。

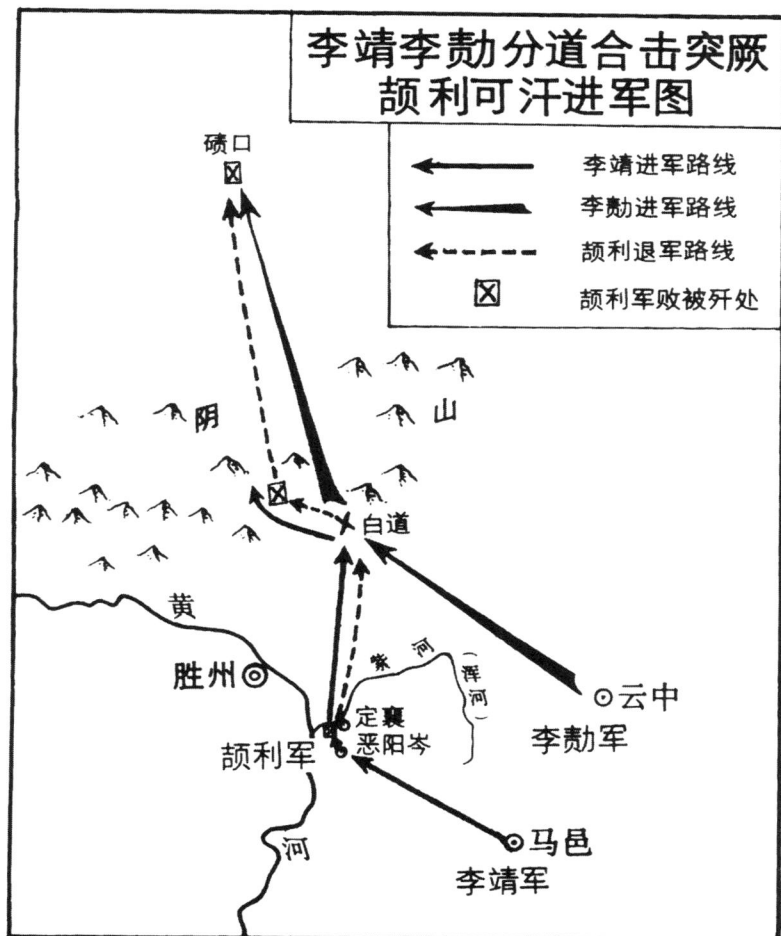

李靖李勣分道合击突厥
颉利可汗进军图

图例：
李靖进军路线
李勣进军路线
颉利退军路线
☒ 颉利军败被歼处

碛口 ☒

阴 山

☒ 白道

黄 河

胜州 ◎

紫河

（浑河）

定襄
恶阳岭

云中 ◎
李勣军

颉利军

河

马邑 ◎
李靖军

251

古二连浩特市西南）。李靖则"督兵疾进"，出其不意、攻其无备，追及颉利。颉利惊遁，部众崩溃。此役李靖大获全胜，斩首万余，俘虏男女十余万口、牲畜数十万头。颉利率残兵败将万余人逃遁碛口，被李勣堵击，切断了漠北退路。李靖得以一鼓作气，乘胜追击，穷尽阴山之北。颉利惊魂未定，又被配合李靖作战的李勣切断漠北退路，只得调转马头，西逃吐谷浑，途中众叛亲离，终被大同道行军副总管张宝相生俘[1]，时值贞观四年三月。前后不到半年时间，就把骄横不可一世的东突厥征服了。于是，唐太宗把西起阴山、北至大漠的广阔地带收入了版图，统一了唐王朝的北部边境。次年太宗欢宴两仪殿，赋七言诗一首云："绝域降附天下平，八表无事悦圣情。云披雾敛天地明，登封日观禅云亭，太常兵礼方告成。"[2]

（六）战争的正义性

唐太宗亲自发动的对东突厥的反击是正义性的战争，其正义性表现在以下两点：

首先，经济上有利于恢复与发展生产。

众所周知，东突厥的游牧封建贵族带有较大的破坏性。正如唐太宗在《备北寇诏》中所说的："自隋氏季年，中年丧乱，黔黎凋

---

① 《旧唐书·李靖传》作"西道行军总管张宝相擒之以献"。而《新唐书·李靖传》则作"大同道行军总管张宝相禽以献。"按：贞观四年无西道而置有大同道，故址在今内蒙古乌拉特前旗北。隋初为防御突厥曾筑大同城永济栅，唐初因之。据此《旧唐书·李靖传》有误。又《资治通鉴》卷一九三载贞观四年史事云："大同道行军总管任城王道宗引兵逼之，……行军副总管张宝相帅众……俘颉利送京师。"查旧、新《唐书·江夏王道宗传》均云贞观三年，李道宗"为大同道行军总管"，据此，张宝相断非正职，故《旧唐书·太宗本纪》亦云张宝相为"大同道行军副总管"，与《通鉴》所言吻合。可见旧、新《唐书·李靖传》云张为正职当误。
② 《全唐诗》卷一，《两仪殿赋柏梁体》。

尽,州城空虚,突厥因之侵犯,……蹂践禾稼,骇惧居民,丧失既多,亏废生业。"①武德后期与贞观初年,正当唐王朝急需休养生息、恢复与发展经济的时刻,突厥的破坏活动更趋频繁与激烈,特别是边境地区所受骚扰更为严重。"时武功、郿新经突厥寇掠,乡聚凋虚。"②特别是隶属并州的马邑、太原等地,人民受害更深,如苑君璋勾结突厥"寇马邑、犯太原,边人苦之"。③陕甘一带所受破坏极其严重,直至贞观四年其残破景象还历历在目,当时高昌王麹文泰途经此地,目睹"秦陇之北,城邑萧条"。④ 突厥贵族不仅劫掠民财、破坏生产,而且也俘掠人口,即所谓"突厥向盗劫人"。⑤ 他们俘获汉族农民充当"赀口"⑥,然后分赐突厥将领当作奴隶役使,故突厥的游牧封建制必带有浓厚的奴隶制残余。而当时的中原地区已处于高度发展的封建社会,大乱之后急需保护劳动力、发展生产。东突厥的入扰是以落后的游牧经济来破坏先进的农业经济。唐太宗解除突厥的军事威胁,使得"海内康宁"。⑦ 正如凉州都督李大亮所说的:"突厥未平之前,尚不安业,匈奴(指突厥)微弱以来,始就农亩"。⑧ 时过十来年,北境一直平安无事。贞观十五年,唐太宗谓侍臣曰:"长安斗粟直三、四钱,一喜也;北虏久服,边鄙无虞,二喜也。"⑨和平的环境又换来了农业生产的丰收。这种有利于农业生产的和平安定局面基本上维持到玄宗时期,陇西一带

① 《全唐文》卷四,《备北寇诏》。
② 《新唐书·苏世长传》。
③ 《新唐书·苑君璋传》。
④ 《旧唐书·高昌传》。
⑤ 《新唐书·苏世长传》。
⑥ 《新唐书·突厥传》。
⑦ 《资治通鉴》卷一九五。
⑧ 《贞观政要》卷九,《安边》篇。
⑨ 《资治通鉴》卷一九六。

由于劳动人民辛勤开发,出现了"闾阎相望,桑麻翳野"的一派生机景象,①以致荒凉的边地也成为全国重要的生产地区之一。

其次,政治上维护了国家的统一。

东突厥在政治上破坏唐王朝的统一,主要表现在支持地方割据势力的分裂活动方面。突厥贵族深知,他们的势力膨胀是随着隋末的离乱而发展的。要想控制中原,当然不愿在它的近邻出现一个统一而强大的唐王朝。为此,他们扶植地方割据势力,以便遥控中原;地方割据势力为了立稳脚跟,也纷纷投靠突厥可汗,北面称臣。有的不仅接受突厥可汗的封号,而且勾结突厥武装,充当向导,狼狈为奸。有的势穷,"朝于突厥,为之划策,劝令入寇。"②有的兵败逃往突厥避难,以便东山再起。至于没有僭称尊号的小股割据势力如苑君璋之流,为了维持分裂局面,更需依赖突厥势力,以观时变。苑君璋部将郭子威解释其主不愿降唐的原因是:"突厥方强,我授之,可观天下变,何遽降?"③可见,投靠或援引强盛的突厥作为后台,是分裂势力赖以立足的基础。

唐初进行统一战争,曾对部分自保的割据势力施展拉拢策略,以抗突厥。如对割据幽州的罗艺恃功不法,置之不问,反而加授天节将军,加镇泾州。目的是"时突厥放横,籍艺威名欲惮虏"。④ 即使对一度投靠突厥的地方势力也予以利诱,如割据陕西榆林的郭子和曾"南连梁师都,北事突厥",还接受突厥"屋利设"的官号。⑤武德元年,被李渊封官拉拢,后为唐王朝抗击突厥立了功,赐姓李。

---

① 《资治通鉴》卷二一六。
② 《资治通鉴》卷一九一。
③ 《新唐书·苑君璋传》。
④ 《新唐书·罗艺传》。
⑤ 《新唐书·郭子和传》。

然而,多数割据势力是顽固不化的,即使罗艺一度投唐,当他萌生异志,被唐太宗战败时,就转而投奔突厥。而投奔突厥是制造内乱的祸根,人民厌恶战乱,士兵不愿盲从。故罗艺虽然强迫数万骑与他一起逃亡突厥,然而途中他往者不少,最后众叛亲离,被他的"左右斩之"。① 又如苑君璋背唐亡命突厥时,"其下怨,投书于门曰:'不早附唐,父子诛。'"②其子苑孝政见书大惧,欲自归唐。可见,人民、兵士甚至下级将领都是痛恨投靠突厥的分裂分子的。唐太宗深知苑君璋、梁师都、罗艺之流具有破坏统一的潜在危险,故在他发动自卫反击战之前,先行平叛。由于平叛防乱是自卫反击战的前奏,而自卫反击战又是平叛防乱的继续与深入,都是顺应国家统一的历史潮流的,所以得到了人民的支持。

第二节 平定吐谷浑

吐谷浑,是我国境内的一个古老的少数民族。唐初,高祖派李安远"使于吐谷浑,与敦和好,于是吐谷浑主伏允请与中国互市"。③ 东突厥败后,吐谷浑渐趋强大,多次侵入河西走廊,威胁唐与西域的交通与经济交流。

贞观八年,可汗伏允拘留唐朝鸿胪丞赵德楷,太宗"频遣使宣谕,使者十余返,竟无悛心。"④于是下诏大举兵讨之。同年十二月,唐太宗任命李靖为西海道行军大总管,统率侯君集、李道宗诸军出击。次年闰四月,李道宗于库山击败吐谷浑的精骑。伏允为

---

① 《新唐书·罗艺传》。
② 《新唐书·苑君璋传》。
③ 《旧唐书·李安远传》。
④ 《旧唐书·吐谷浑传》。

阻追兵,沿途悉烧野草,轻骑逃往沙碛,为唐军乘胜追击制造了不少困难,以致引起了唐军内部的争议。多数将领认为途无野草,马易饥疲,骑兵不可深入;不如撤军鄯州,以待马肥相机进攻。以侯君集为代表的另一看法认为,吐谷浑败于库山,如"鼠逃鸟散,取之易于拾芥",不可中途停顿,必须乘胜追击,"此而不乘,后必悔之"。① 侯君集提出了"以骑兵掩不备"的作战方案,②因与李靖擅长的战术思想不谋而合,于是李靖决定采取侯君集的建议,兵举两路,分进合击。

李靖指挥的北路军势如破竹,一败吐谷浑于曼头山,再败其牛心堆,三败其赤水源。其中尤以赤水源之战最为激烈。李靖部将薛万均被吐谷浑大军围困,薛万彻前来解围,兄弟俩浴血奋战,受伤下马,继又步战,从骑死伤过半,被困重围。幸好,契苾何力及时援至,薛氏兄弟突围奋击,反败为胜,"虏披靡去"。③ 李靖另一部将李大亮在蜀浑山大败吐谷浑,俘其名王二十人。

侯君集指挥的南路军,穿过荒无人烟的不毛之地,忍受了"人吃冰,马噉雪"的恶劣气候。④ 五月追及伏允于乌海(今青海东境),破其主力,俘其名王。

李靖所部大获全胜后,⑤统率诸军,穷追伏允于且末(今新疆

① 《唐会要》卷九四,《吐谷浑》。
② 《新唐书·侯君集传》。
③ 《新唐书·契苾何力传》。
④ 《资治通鉴》卷一九四。
⑤ 李靖年过花甲,壮志不减当年,出征备尝艰苦,激发了诗人虞世南的诗兴,欣然命笔,创作了辞气雄健、风格苍劲的《出塞》诗一首:"上将三略远,元戎九命尊。缅怀古人节,思酬明主恩。山西多勇气,塞北有游魂。扬桴上陇坂,勒骑下平原。誓将绝沙漠,悠然去玉门。轻赍不遑舍,惊策骛戎轩。凛凛边风急,萧萧征马烦。雪暗天山道,冰塞交河源。雾锋黯无色,霜旗冻不翻。耿介倚长剑,日落风尘昏。"从中可见战斗历程与行军途中的险阻。

东南部）。伏允逃奔突伦川,打算转向和阗。契苾何力说服薛万均合军复追伏允,大军进入沙碛,袭破伏允牙帐,斩首数千级,获杂畜二十余万,妻子被俘,伏允狼狈逃窜,众叛亲离,为左右所杀,其子慕容顺被部众立为可汗,斩天柱王降归于唐。至此,李靖胜利地结束了对吐谷浑的战争,从而解除了吐谷浑对河西走廊的威胁。

唐太宗对归附的吐谷浑,仍让其居故地,立慕容顺为主,又派遣李大亮率几千精兵,声援慕容顺,作为防范日益强大的吐蕃的屏障。

第三节　统一高昌

统一高昌是平定吐谷浑的军事发展趋势,是统一西陲的壮举,也是打击西突厥的重要战略部署。

（一）高昌与唐王朝的关系

高昌辖境当今新疆吐鲁番地区,是通向天山南路、北路的出口,古代中西交通的孔道——"丝绸之路"的必经之地。① 自汉以来直至北朝,中原王朝或西北的游牧民族都积极经营这个军事与交通要地。

麴氏高昌王朝是个以汉人为主体的封建割据政权,它长期受到汉族政治、经济、文化的影响,有较高的经济、文化水平。境内"厥土良沃,谷麦岁再熟,有葡萄酒,宜五果,有草名白叠,国人采其花,织以为布。有文字,知书计。"②它不仅采用内地的政治制

---

① "丝绸之路"途经西域者有南、中、北三道,即鄯善、高昌、伊吾三道,均为"西域之门户"。(《隋书·裴矩传》)

② 《旧唐书·高昌传》。

度,而且文字、语言、经书、刑法、风俗、婚姻、丧葬、宗教信仰与中原基本相似。

高昌处于天山南路的东部,是唐王朝通向天山南北的要冲。贞观四年,唐败东突厥,伊吾(今哈密)归附,高昌王麴文泰亲至长安,打开了唐与西域的通道。随后,吐谷浑与西突厥的崛起,使通道受阻。于是臣服于西突厥的高昌垄断了西域的商路,损害了日益扩大同西域经济、文化交流的唐王朝的利益。贞观六年,唐太宗通过焉耆另辟蹊径,双方矛盾加深,卵翼于西突厥的麴文泰,阻隔西域诸国与唐通商,致使"商胡被其遏绝"。[①] 对途经高昌使唐的西域贡使,任意加以拘留、抢夺贡品,还侵扰唐的伊州和属国焉耆,扣留逃自西突厥、途经高昌南返的汉人罚作苦工,以致与唐王朝的关系越来越紧张。麴文泰之所以敢于与唐交恶,主要依恃西突厥的乙毗咄陆可汗的军事力量以及险恶的地理环境。

(二)高昌之役

贞观十三年,唐太宗为了打击麴文泰的分裂割据活动,决定出兵平定高昌、统一西域。"时公卿近臣,皆以行经沙碛,万里用兵,恐难得志,又界居绝域,纵得之,不可以守,竞以为谏。"唐太宗深谋远虑,力排众议,"皆不听",[②]毅然任命大将侯君集为交河道行军大总管,契苾何力为葱山道副大总管。麴文泰闻讯,以笑置之,认为高昌距唐七千里,其中二千里尽为流沙覆盖,地无水草,寒风如割,热浪似焚,行贾至者百不及一,岂有大兵安抵城下;即使顿兵城下,粮运不继,"食尽当溃,吾且俘而虏之。"[③]然而,出人意料,次

---

① 《旧唐书·高昌传》。
② 《旧唐书·高昌传》。
③ 《新唐书·侯君集传》。

年夏,侯君集大军竟然神奇般地到达碛口,麴文泰得悉,惊惧发病而死。其子麴智盛继位为王,加强城防,力图固守。唐军行军副总管确行本于贞观中曾任将作少匠,懂得器械制造原理。于是,他在距伊州柳谷百里之地,"依山造攻械,增损旧法,械益精"。①围城之日,唐军"引撞车毁其堞,飞石如雨,所向无敢当,因拔其城"。② 继而,包围都城,麴智盛坚守,副将薛万均"麾军进,智盛惧,乃降"。③至此,唐军全部收回了高昌三州五县二十二城的地方。从出兵到平定,时仅半年。

(三)设置西州

高昌平后,如何处置,又是一场争议。唐太宗主张以高昌置为州县,号西昌州。魏征反对,理由是既难戍守又耗钱财,不如立其子以笼络人心。然而,唐太宗没有采纳。接着褚遂良上疏除了重弹魏征的老调以外,建议"宜择高昌可立者立之,召首领悉还本土,长为藩翰",结果是"书闻不省",④也被唐太宗默然地拒绝了。

一向对魏征言听计从的唐太宗,为什么一反常态、坚持己见呢?这与他的统一西域的雄心是分不开的。在这个问题上,无疑唐太宗是正确的。尔后将高昌行政区域划归唐王朝版图,"改西昌州为西州,更置安西都护府,岁调千兵,谪罪人以戍"。⑤ 贞观十六年,他任命郭孝恪为安西都护、西州刺史,州治为高昌旧都。并"流徙罪人与镇兵"混杂戍守,由于地处沙碛、隔绝中国,戍兵怨

---

① 《新唐书·确行本传》。
② 《新唐书·侯君集传》。
③ 《新唐书·薛万均传》。
④ 《新唐书·侯君集传》。
⑤ 《新唐书·高昌传》。

苦，"孝恪推诚抚御，尽得其欢心"。① 可见，唐太宗任用得人，也说明他对高昌设州的重视。因为西域自汉以来就是中国的领土，唐太宗平定高昌是他从事统一西域的重要组成部分。高昌的统一，扩大了唐王朝的西部疆域，"于是唐地东极于海，西至焉耆，南尽林邑，北抵大漠，皆为州县，凡东西九千五百一十里，南北一万九百一十八里。"②

（四）打击西突厥

唐太宗平定高昌，对西突厥打击很大。"初，文泰与西突厥欲谷设约，有急相援"，③唐军锐不可当，大获全胜，使欲谷设畏惧西走。唐太宗收复高昌，无疑为唐王朝恢复在西域的统治建立了据点；也为此后打击西突厥在焉耆、龟兹的势力奠定了基础。

首先，平定焉耆之乱。

焉耆位居高昌之西。贞观初年，曾遣使入唐，开通了入碛商路，一度与唐友好。贞观中，西突厥崛起，联合高昌，共攻焉耆，高昌俘获七百焉耆居民，号为"生口"，当作奴隶。焉耆为求自身安全，声援唐军攻击高昌。唐太宗平定高昌，以焉耆声援之功，"诏以所虏焉耆生口七百还焉耆王"。④ 高昌灭后，西突厥势孤力单，极力拉拢焉耆，结成姻亲，扩大势力，共拒唐廷。贞观十八年，焉耆王突骑支叛唐归附西突厥欲谷设可汗，安西都督郭孝恪疏奏太宗让其出兵平叛，唐太宗允请，郭孝恪以西州道行军总管身份，率领步骑兵三千，绕出银山道，夜袭王庭，生俘突骑支，间接地打击了西

---

① 《新唐书·郭孝恪传》。
② 《资治通鉴》卷一九五。
③ 《新唐书·侯君集传》。
④ 《新唐书·郭孝恪传》。

突厥的势力。唐太宗闻讯予以嘉奖道："功立威行,深付所委"。①平定焉耆,是唐太宗统一西域的重要组成部分,不久,他设焉耆都督府。

其次,统一龟兹。

龟兹在焉耆之西,经济文化水平较高,农牧并举,城廓屋宇、文字算计、佛法胡书,均较发达;居民善歌能舞,音乐悦耳,以龟兹乐名闻于世。贞观初,与唐时有使节往还,不久,西突厥乙毗咄陆可汗勾结龟兹诃黎布失毕,与唐为敌。贞观十八年,郭孝恪进兵焉耆,龟兹派兵援助突骑支。焉耆平,西突厥加紧控制龟兹。唐太宗为了完成在西域的统一大业,于贞观二十二年任命阿史那社尔、契苾何力、郭孝恪等诸将,率领铁勒十三部及突厥骑兵十万共讨龟兹。次年,阿史那社尔攻破龟兹都城,龟兹王轻骑逃走,后据大拔换城,凭险固守,社尔围攻四十日,才攻克孤城,生擒龟兹王,又乘胜连下五大城。社尔乘唐军声威大震之机,遣使示以祝福,"降者七十余城,宣谕威信,莫不欢服。"②

唐军平定龟兹后,西突厥慑于唐军威力,亦"争犒师"。③ 西域各族首领乘机摆脱了西突厥的统治,服属唐朝,贡使往还,通商不绝。唐太宗为了加强对西域的治理,设置龟兹(今新疆库车县)、疏勒(今新疆喀什市)、于阗(今新疆和田县)、碎叶(今吉尔吉斯北部托马克城附近)四镇,合称"安西四镇"。唐太宗为了有效地控制西境,保护商路,移安西都护府于龟兹。至此,唐太宗基本上完成了西域的统一。

---

① 《新唐书·郭孝恪传》。
② 《新唐书·阿史那社尔传》。
③ 《新唐书·阿史那社尔传》。

（五）"丝绸之路"的畅通

唐太宗在统一西域的过程中,虽未直接与西突厥交锋,然而平定高昌、焉耆、龟兹,犹如断其双臂,实际上是间接地同西突厥争斗,并将它初步制服。西突厥只得遣使来唐,于是"丝绸之路"才畅通无阻。唐太宗欣然宣布:"西突厥已降,商旅可行矣。"①喜讯传来,西域商人兴高采烈。高宗初年,西突厥再度崛起,唐王朝派大军击灭之,在其故地(今中亚巴尔喀什湖东南及我国新疆一带)设置了昆陵和蒙池两都护府,在天山南路设行政区划,计"州八十,县一百一十,军府一百二十六",②隶安西都护府。这个极盛局面的出现,不能不归功于唐太宗的奠基作用。唐太宗征服吐谷浑,确保河西走廊的安全,为统一西域取得了前哨阵地;平定高昌、焉耆、龟兹是击灭西突厥的前奏曲,终于畅通了中西交通——"丝绸之路",维护了祖国的统一,促进了中西经济、文化的交流。

唐太宗统一边疆所建树的功勋,可说是彪炳史册的。贞观二十二年,房玄龄上疏赞扬道:"详观今古,为中国患害者,无如突厥。遂能坐运神策,不下殿堂,大小可汗,相次束手,分典禁卫,执戟行间。其后延陀鸱张,寻就夷灭,铁勒慕义,请置州县,沙漠以北,万里无尘。至如高昌叛换于流沙,吐浑首鼠于积石,偏师薄伐,俱从平荡。"③这既是对贞观武功的歌颂,也是对贞观武功的总结。

---

① 《新唐书·西域传》。
② 《唐会要》卷七三,《安西都护府》。
③ 《旧唐书·房玄龄传》。

第四节　杰出的军事才能

唐太宗在统一边疆的历程中表现了一个地主阶级军事家的杰出才能。他运筹帷幄、决胜千里;"正"、"奇"间用、出奇制胜;明于知将、以爱驭将;建立强大的骑兵队伍,使他轻而易举地次第荡平边疆的扰乱,说他是地主阶级杰出的军事家是当之无愧的。

（一）运筹帷幄,决胜千里

唐初边患,首推突厥。唐太宗所以能解除边患,与他运筹帷幄、决胜千里的出色的指挥才能是分不开的。

1."出虏不意,使之失图"

化险为夷的渭桥之盟可作为一个典型例子。太宗对孤军深入的骄敌不示之以弱,这是他的卓识。他扣留对方使者,胆敢"轻骑"独出,绝非"轻敌"之举,而是智勇之谋。采取以理斥之,以军威之,挫其锐气,凌其兵锋的作法,完全出于颉利侥幸获胜的意料之外。颉利仓促深入,前无可掠,后无可援,深知不可久待,陷入进退失据的困境,只得罢战"请和",引兵而还。唐太宗在渭桥之盟中由于战略部署"筹之已熟"、"出虏不意,使之失图",[1]表现出过人的军事洞察能力。

2."将欲取之,必固与之"

突厥退兵之后,萧瑀不知如何处置。提出疑问:"突厥未和之时,诸将争请战,陛下不许,臣等亦以为疑,既而虏自退,其策安在?"唐太宗解释:"吾观突厥之众虽多而不整,君臣之志唯贿是

---

① 《资治通鉴》卷一九一。

求,当其请和之时,……因袭击其众,势如拉朽。又命长孙无忌、李靖伏兵于幽州(应作豳州)以待之,虏若奔归,伏兵邀其前,大军蹑其后,覆之如反掌耳。所以不战者,吾即位日浅,国家未安,百姓未实,且当静以抚之。一与虏战,所损甚多;虏结怨既深,惧而修备,则吾未可以得志矣。故卷甲韬戈,啗以金帛,彼既得所欲,理当自退,志意骄惰,不复设备,然后养威伺衅,一举可灭也。将欲取之,必固与之"。① 胡三省针对最后两句,特引《老子》一书注云:"将欲夺之,必固与之"。

唐太宗在战马倥偬的岁月中曾读过《老子》一书。《老子》书中有不少军事辩证法思想,"将欲夺之,必固与之"就是其中之一。深通兵法的唐太宗爱读兵书当在情理之中,而《老子》从某种意义上也可说是一部兵书,而老子其人又被李渊父子尊为皇祖。当然,关键不在读过《老子》,能否灵活运用更为重要。而唐太宗在理论与实践的结合上巧妙地运用这个以退为进的军事辩证法思想,表现了他娴熟的指挥才能。唐太宗主盟之前,作了充分的作战准备,部署了正兵与伏兵两路军马,严阵以待,若对"多而不整"的突厥军奋起迎战,对方受到内外夹击,必败无疑。然而,唐太宗放弃了这个局部性的战役胜利的机会,采取了"将欲取之,必固与之"的战略决策。先从安定人心的大局出发,整顿国家,等待有利战机,再转入战略反攻。唐太宗不计局部战役胜利之一得,而着眼于"一举可灭"的全局战略眼光,可谓深识。不晓兵法的萧瑀是不能领悟个中奥妙的,当唐太宗点破之后才恍然大悟,喊出了"非所及也"的赞语。

3.兵不厌诈,使敌懈怠

贞观三年冬,反攻突厥的战机终于来临了。次年正月,取得定

_____

① 《资治通鉴》卷一九一。

襄大捷,颉利主动求和。唐太宗深知颉利虽受重创,然未覆灭。当然不能失去这个"一举可灭"的有利战机,以致养寇贻患。他巧妙地采取阳为许和、阴实备战的作战方针。由于战略方针发生转折,这次假和与三年前的真和的立足点与目标都有所不同。上次立足于战,寓不战于战之中;这次立足于打,然而力避不和,寓和于战之中。而"靖揣知其意",①也就是揣知太宗的兵不厌诈的用意,故能配合默契,乘敌懈怠不备而击之。"靖使武邑苏定方帅二百骑为前锋,乘雾而行,去牙帐七里,②虏乃觉之。颉利乘千里马先走,靖军至,虏众遂溃。"③苏定方、李靖之所以能一举击溃颉利,非他之故,是因为太宗运筹于帷幄之中,李靖配合于千里之外的缘故。君在内,将在外,相机进取,默然配合,以"诈"取胜,以"奇"奏效,不失为决胜千里的英明决策。

(二)"正"、"奇"并举,出奇制胜

1."正以挫之,奇以掩之"

唐太宗善用兵。而"兵有正有奇,善审敌者,然后识正奇之用,敌坚则用正,敌脆则用奇。正以挫之,奇以掩之,均胜之道也。"④唐太宗就是一个善用正、奇布阵的杰出军事家,渭桥对阵就是一个范例。正面则部署"军容甚盛"的战阵,据陈亮研究,"其阵堂堂,其旗正正,此非正兵不能然也",可知太宗善用正兵。他又

① 《旧唐书·李靖传》。
② 《旧唐书·苏定方传》作"去贼一里许,忽然雾歇,望见其牙帐,驰掩杀数十百人。"《新唐书》本传亦云"去贼一里许"。按,雾散后颉利才发现一里许的苏定方部众,似不可能。如距牙帐一里许,即使不等雾散,颉利凭其听觉也能知之,再者从逻辑处也早能获知。据此,《通鉴》作"七里"较为可信,今从《通鉴》。
③ 《资治通鉴》卷一九三。
④ 《陈亮集》卷八,《酌古论》。

命长孙无忌、李靖伏兵于豳州，豳州辖境当今陕甘一隅，地势险阻。武德年间，唐太宗亲率大军平定薛举父子的叛乱，曾在境内山险之处筑垒。据《新唐书·地理志》载，邠（即豳）州新平郡"有永固垒二，太宗讨薛举置。"又，唐太宗讨伐薛仁杲，大破其部将宗罗睺于浅水源，浅水源据《新唐书·地理志》载，亦在豳州境内。由此可见，唐太宗对邠州地势是了如指掌的，他布置李靖等伏兵于邠州，必择险峻地形。据陈亮研究，"依险而伏，乘间而起，奇也"。① 据此可知，唐太宗能善用奇兵。

2."突过其阵"，"背而反击"

唐太宗善用正兵、奇兵，两相比较，尤擅于奇兵突击。贞观十四年四月，唐太宗对大臣说："朕少时为公子，未遭阵敌。义旗之始，乃平寇乱，每执金鼓，必自指挥，习观其阵，即知强弱。当取吾弱对其强，取吾强对其弱。敌犯吾弱，奔命不逾百数十步；吾击其弱，必突过其阵，自背而反击之，无不大溃。多用此而制胜，思得其理深也。"②贞观十九年，长孙无忌也说："陛下未冠，身亲行阵，凡出奇制胜，皆上禀圣谋，诸将奉成算而已。"③虽然贞观君臣总结的是在统一中原战争中多以出奇制胜的经验，然而，在尔后统一边疆战争中也多类乎其事。由于作战对象与战场地点的变化，后者多取正面奇袭而少用迂回突击。不过，运用奇袭战术则是一致的。由他决策、让其将领指挥的平定东突厥的定襄、阴山之役、平定吐谷浑的突伦川之役以及平定高昌之役等等，都是善用出其不意、攻其无备战术的杰作。对此，胡三省说得有理，"太宗之定天下，多

---

① 《陈亮集》卷八，《酌古论》。
② 《册府元龟》卷四四。
③ 《资治通鉴》卷一九八。

以出奇取胜"，①征之史乘，其言不虚。

（三）明于知将，以爱驭将

大凡知兵的军事家无不知将，因为运筹帷幄、决策千里的统帅，需要有得力的助手指挥战阵行间，才能使战略意图付之实施。唐太宗就是一个既知兵又知将的军事家。

唐初统一边疆是以广阔的沙漠作为驰骋的战场的，生活艰苦、气候恶劣、给养困难、路途遥远，非择知兵将领统率不可。唐太宗深知李靖的知兵奇才，首灭东突厥，次平吐谷浑，他都选中李靖为行军统帅，这是他知将的表现。

李靖确实不负太宗厚望。定襄大捷旗开得胜、阴山决战马到功成，称雄于漠北的东突厥经受不住李靖率领铁骑掩袭，不到四个月就彻底垮台，战期的短促、战绩的辉煌，均为唐初武功的楷模。

贞观八年底，唐太宗欲打开河西走廊的通道，决计西征吐谷浑。当时，他心目中理想的统帅首推李靖，曾对大臣说："得李靖为帅，岂非善也！"②然而，李靖已年过花甲，且又患病，太宗不忍开口难为他。但是，知将之心又驱使他非靖莫属。"上欲得李靖为将"的意图被李靖窥知后，李靖感奋之余，不顾老病，毅然"请行"，唐太宗"大悦"。十二月辛丑，任命李靖为西海道行军大总管，"节度诸军"。③

唐太宗为什么一意倾心于李靖？是因为他明了李靖知兵的缘故。④ 李靖在统一战争中所显露出来的军事才能，深受太宗赏识。

---

① 《资治通鉴》卷一九八。
② 《旧唐书·李靖传》。
③ 《资治通鉴》卷一九四。
④ 李靖曾根据自己的军事实践经验，撰就《李卫公问对》兵书，唐太宗十分欣赏，曾"命李靖教君集兵法"（《新唐书·侯君集传》）。

他也与太宗一样既善于以正兵挫敌，更擅于以奇兵掩敌。正如陈亮所说的："昔者李靖盖天下之奇才也，平突厥以奇兵，而太宗问何以讨高丽，则欲用正兵。此其意晓然可见矣。颉利之敌，脆敌也。奇兵以临之，使之不及拒。苏文之敌，坚敌也。正兵以临之，则彼无所用其能矣。"①可见，正兵、奇兵的巧妙运用，在于因时因人因势而异。历观李靖作战之能获胜，无不正、奇间用，以奇为主。

明于知将固然重要，如果将领不肯倾心出力，也属枉然。要调动将领带兵作战的积极性，还需以爱驭将，才能乐其为用。贞观四年五月，御史大夫萧瑀弹劾"李靖破颉利牙帐，御军无法，突厥珍物，虏掠俱尽，请付法司推科。上特敕勿劾。及靖入见，上大加责让，靖顿首谢。"唐太宗明里曲意回护而不加罪，私下严加责备而不轻纵，可谓宽严相得。过了一段时间，他解释这样做的原因是吸取隋帝"有功不赏，以罪致戮"的教训结果，②故他采取了驭将以爱的方法。为此，加官李靖为左光禄大夫，赐绢千匹，增加食邑户数至五百户。不久，唐太宗弄清了所谓"御军无法"是谗毁之言，叫他不必介意，再次赐绢二千匹。贞观八年，李靖已官至尚书右仆射，他以病辞谢。年底，唐太宗以"特进"名义召他"每三两日至门下、中书平章政事"，③据此，胡三省特引欧阳修注云："平章事之名始此"。足见唐太宗对李靖的特别垂青，这当然使李靖感恩不尽，竭其力用，主动承担了平定吐谷浑的指挥重任。

（四）建立强大的骑兵队伍

唐太宗在统一中原的战争中，多以骑兵奇袭取胜，在统一边疆

---

① 《陈亮集》卷八，《酌古论》。
② 《资治通鉴》卷一九三。
③ 《资治通鉴》卷一九四。

的战争中更是如此。因为沙漠作战必须采取高速的军事行动，广阔无边的沙漠，地理环境决定了长距离的行军与急速的突击，非倚仗速度极快与威力极猛的骑兵兵种不可。其次，由于当时构成边患的突厥、吐谷浑等等都是游牧民族，他们善于骑射，要解除边患，也非得以高质量的骑兵兵种对付不可。

建立骑兵的前提必需备有战马。太原首义，来不及养马，只能得自敌垒，所谓"唐之初起，得突厥马二千匹，又得隋马三千于赤岸泽，徙之陇右，监牧之制始于此。初用太仆少卿张万岁领群牧。自贞观至麟德四十年间，马七十万六千。"[1]可知唐初为建立骑兵，曾设监牧养马于陇右。太宗朝曾进行大规模的养马，而且成绩卓著，其数量不仅能自给，而且还赐与邻国，[2]这与太宗重视养马备战大有关系。太宗对善于养马的专家给以殊遇，就是他重视养马的绝好证明。马周曾于贞观六年上疏指出："韦槃提、斛斯正则更无他材，独解调马。纵使术逾侪辈，伎能有取，乍可厚赐钱帛，以富其家；岂得列预士流，超授高爵。遂使朝会之位，万国来庭，驵子倡人，鸣玉曳履，与夫朝贤君子，比肩而立，同坐而食，臣窃耻之。"[3]

马周非议韦、斛"使在朝班，预于士伍"，以卑贱的"驵子"目之，耻与同列。可见，他不理解唐太宗垂青"驵子"的意图，其实已由他的"独解调马"、"术逾侪辈"点明了。"调马"者，养马也，也就是说，韦、斛之辈是养马技艺超群的行家。估计能养良种的战马，而这种良马往往混有胡马的血统或纯属胡马。一般说来，北地胡马比中原马匹优良，故引进突厥马种，加以纯种繁殖或混血杂交

① 《新唐书·兵志》。
② 《新唐书·南蛮下·诃陵传》"贞观中，（诃陵）与堕和罗、堕婆登皆遣使者入贡，太宗以玺诏优答。堕和罗丐良马，帝与之。"
③ 《旧唐书·马周传》。

就能大大提高战马的战斗力，也就是提高骑兵的战斗力。据陈寅恪先生研究认为：“唐代之武功亦与胡地出生之马及汉地混有胡种之马有密切关系”，①这是极有见地的卓识。马周识不及此，故有非议。而太宗识及良马与武功的密切关系，故对韦、斛另眼相看，甚至让他们在“万国来庭”的国宴上与西北诸族酋长及朝士同饮共食，这一异常举动，反映了唐太宗重视本朝马政与发展骑兵的战略眼光。

养马是为了建设骑兵。唐初建设骑兵兵种有一个发展过程。早在武德初年，秦王为了东征西讨，取胜于敌，就着手建设精锐的骑兵队伍。他即位初曾对群臣言及自己常胜的经验说：“彼乘吾弱，逐奔不过数十百步，吾乘其弱，必出其阵后反击之，无不溃败”。②敌方乘胜只能“逐奔数十百步”，此必步战，故追不及远；而唐军能“出其阵后反击之”，此非速度极快的骑兵而莫能办到。到武德四年，随着养马的发展与平定东都战事的胜利，骑兵队伍迅速扩为万骑。其年七月“秦王李世民至长安。世民披黄金甲，齐王元吉、李世勣等二十五将从其后，铁骑万匹。”③这比起晋阳起兵时的二千骑已扩至五倍。武德七年四月，高祖以突厥不断犯边，“复置十二军”，以太常卿窦诞等为将军，简练士马，议大举击突厥。”④所谓“简练士马”，就是精练骑兵，以便对付突厥。

唐太宗即位后，继承了乃父建设骑兵的基业，骑兵已初具规模，基本上可以防御突厥入扰，这从贞观初年突厥入犯次数的减少与失败次数的增加也可得到反证。然而，唐太宗的战略目标是击

① 《论唐代之蕃将与府兵》，《中山大学学报》一九五七年第一期。
② 《资治通鉴》卷一九二。
③ 《资治通鉴》卷一八九。
④ 《资治通鉴》卷一九一。

溃突厥、统一边疆,当然不会满足固有的骑兵队伍,必会加速骑兵的建设,致力于提高骑兵的数量与质量。大体上到贞观三年底,已建立了一支具有足够数量与高度质量的骑兵队伍,故当时能以"众合十余万"的规模"分道出击突厥";至于骑兵的质量也大为提高,仅李靖所属麾下就有"精骑"一万。由于具备以上条件,才能由武德贞观间的内线防御转入外线进攻,即由农业地区的防御战转入沙漠地带的反攻战,才能多次发动长距离的奇袭战役。李靖指挥的定襄之战,以三千"骁骑"的高速进军而出敌不意。由于"突厥颉利可汗不意靖猝至"而遭惨败。[1] 可见,李靖所以之能出奇制胜,是建立在唐初具有高质量的骑兵基础上的。再如阴山之战,李靖"选精骑一万,赍二十日粮往袭之",可知这支"精骑"能经得起二十天的连续急行军而仍能保持旺盛的斗志,反映了它具有非凡的作战能力。这既要有坚健体魄的骑士,也要有适于沙漠生活习性的良马。由于汉马不足以当此大任,故非有胡马不可。这也是唐太宗特别器重有胡人血统的韦槃提、斛斯正等养马高手的原因。

有了强大的马匹与骑兵才使唐太宗建树了卓越的武功。如贞观八年李道宗取得库山大捷后,吐谷浑退军入碛以避唐军,李道宗以柏海路遥、途无马草,难以深入为由,主张缓追。侯君集认为应乘胜追袭,并为李靖采纳。李靖为知兵老将,如无把握决不敢冒险深入,其凭借是"实资马力",[2]由此可以窥见唐军马力之强、骑士之锐,应该说强大的骑兵是取胜吐谷浑的关键。另一个典型的例子是,贞观十三年十二月,侯君集率领骑兵,长征七千里,深入沙漠

① 《资治通鉴》卷一九三。
② 《资治通鉴》卷一九四,司马光注引《考异》及《实录》。

二千里,历时五个月,一举攻破高昌城。毋庸赘言,这支骑兵的素质是何等的精良了。相形之下,高昌的羸骑当然不是唐军的对手,这连高昌境内的百姓都意料到了,有首童谣说:"高昌兵马如霜雪,汉家兵马如日月,日月照霜雪,回首自消灭。"①这首童谣反映了唐初铁骑经过唐太宗的精心建设,已成为雄踞亚洲大陆的劲旅了。

---

① 《新唐书·五行志》。

第十二章　开明的民族政策

　　唐王朝是疆域空前辽阔的国家,贞观十四年的版图是:"东极于海,西至焉耆,南尽林邑,北抵大漠,皆为州县,凡东西九千五百一十里,南北一万九百一十八里。"①在这片广袤的国土上形成了一个统一多民族的国家,史载:"弱水、流沙,并通辀轩之使;被发左衽,皆为衣冠之域。正朔所班,无远不届。"②唐太宗是这个统一多民族国家的奠基者,他在各族中享有崇高的声望,被尊为"天至尊"、"天可汗",成为境内各族的共主,这同他推行了开明的民族政策是分不开的。他执行的和亲、团结、德化的民族政策就是开明的民族政策的生动体现。

第一节　和亲政策

　　和亲政策由来已久,一般是在中原王朝国势衰微的情况下对周边少数民族采取的一种政治行动。基于此,封建史家往往将和亲视为中原王朝对边疆少数民族政权屈辱、妥协的代称。然而,唐初的和亲政策却与传统的和亲政策不同,它是在国势昌盛的贞观盛世时期大力贯彻的。因此,它不是屈辱、妥协的象征,而是唐太

---

　　① 《资治通鉴》卷一九五。
　　② 《贞观政要》卷五,《公平》篇。

宗开明民族政策的表现。

（一）和亲概况

和亲是指民族上层分子之间的联姻，封建贵族的联姻是一种政治手段，它总是从属于一定民族与集团的政治利益的。就以唐太宗而论，他的和亲观也没有背离恩格斯所说的："结婚是一种政治的行为，是一种借新的联姻来扩大自己势力的机会。"①唐太宗在贞观十六年对大臣说的一席话足资证明这个论断："北狄世为寇乱，今延陀倔强，须早为之所。朕熟思之，惟有二策：选徒十万，击而虏之，涤除凶丑，百年无患，此一策也。若遂其来请，与之为婚媾，朕为苍生父母，苟可利之，岂惜一女！"他指出对付薛延陀的策略是，一战二和。战败使之威服，自然额手称庆；但战争付出的代价毕竟太大，正如房玄龄所说："兵凶战危，圣人所慎。"在当时"户口大半未复"到隋盛时的情况下，和亲如能使之怀化，同样达到扩大自己势力的机会，亦为良策，故房玄龄称之为"和亲之策，实天下幸甚。"②

贞观君臣为什么主张和亲呢？唐太宗曾有思想披露："北狄风俗，多由内政，亦既生子，则我外孙，不侵中国，断可知矣。以此而言，边境足得三十年来无事。"③从唐边安宁出发，动机无可非议。然而，他认为嫁女生子则为外孙，外孙总听母教，母子既有中原汉族血统，自然不敢对外公、舅父发动战争。话虽有理，但有点武断。因为农业民族注重封建宗法、提倡孝道，而游牧民族的生产方式、生活方式及婚俗与农业区不同，因而其伦理道德观念亦异。

① 《马克思恩格斯选集》第四卷，七十四页。
② 《贞观政要》卷九，《征伐》篇；《旧唐书·北狄·铁勒传》。
③ 《贞观政要》卷九，《征伐》篇。

按儒家的封建家族孝道来衡量，未免碰壁，汉初的和亲就有这种情况。

然而，唐初的和亲却收到了实效，没有出现四夷君主政治上的讹诈与经济上的勒索。甚至，他们为了求得唐朝联姻，多次遣使来朝、厚加聘金。① 各族君主都以和亲为荣，表示效力唐廷。唐太宗也不负众望，频频下嫁公主与宗女。如贞观十年，突厥处罗可汗的次子阿史那社尔率部内附，太宗妻以皇妹南阳长公主，委以重要军职。贞观十三年，吐谷浑可汗诺曷钵入朝请婚，太宗妻以弘化公主。同年，吐蕃松赞干布命大相禄东赞为专使，遣唐求婚，以金五千两，其余宝玩数百件作为聘礼，唐太宗许以宗室女文成公主为妻。贞观十五年正月，唐太宗封禄东赞为右卫大将军，并配婚琅邪公主外孙女段氏。唐太宗还应允西突厥统叶护可汗和乙毗射匮可汗及薛延陀真珠毗伽可汗等的请婚要求。此外，内附供职的所谓"蕃将"与唐室联姻的有：突厥族的执失思力尚九江公主，铁勒族的契苾何力娶临洮县主，突厥族的阿史那忠尚宗女定襄县主等等。

比较而言，唐太宗与供职朝廷的少数民族上层分子联姻的人次，比之与境外的夷族酋长和亲稍多些。究其原因，当与唐太宗的皇室与功臣共存共荣的封建血统思想有关。这些联姻的少数民族将领都立有战功，有的甚至立有卓越战功，他们是参与李唐缔造统一多民族的唐王朝的有功之臣。唐太宗向来十分强调论功行赏，不拘一格。他与夷族功臣联姻，同与汉族功臣联姻一样，目的是想结成皇室与功臣的宗法血缘集团，以便世代保辅、长享富贵。

唐太宗的和亲观虽有阶级、历史的局限性，但由于他在论功用

---

① 《旧唐书·太宗本纪》载：贞观十六年薛延陀遣使"献马五万匹、牛驼一万、羊十万以请婚"。

人面前不分夷夏,故对供职或内属的"蕃将"在联姻、和亲方面基本上没有歧视,这是他优异于往代封建君主和亲观的一面,带有开明的因素。

总之,民族间的和亲总比打仗好,它能消除民族隔阂,增进民族团结,促使民族融合,加强民族间的经济文化交流,唐太宗的和亲政策在历史上是起了进步作用的。

(二)唐、蕃和亲

贞观朝有为数众多的和亲与联姻,其中影响最为深远的当推唐、蕃和亲。

七世纪初崛起于西藏高原的松赞干布,是个"性骁武、多英略"的藏族君主,[①]他平定叛乱、统一国家、改革内政,对藏族历史发展作出了巨大的贡献。他积极向上、渴慕唐风,于贞观八年遣使入唐,十年奉表求婚。太宗于贞观十四年允婚,十五年初命江夏王李道宗护送文成公主入藏,随带了丰盛的妆奁,据《吐蕃王朝世系明鉴》记载:"唐王(指太宗)以释迦佛像,珍宝,金玉书橱,三百六十卷经典,各种金玉饰物作为(文成)公主的嫁奁。又给与多种烹饪的食物,各种饮料,金鞍玉辔,狮子、凤凰、树木、宝器等花纹的绵缎垫帔,卜筮经典三百种,识别善恶的明鉴,营造与工技著作六十种,治四百零四种病的医方百种,诊断法五种,医疗器械六种,(医学)论著四种。……又携带芜青种子,以车载释迦佛像,以大队骡马载珍宝、绸帛、衣服及日常必须用具(入吐蕃)。"[②]

松赞干布为唐蕃和亲而兴高采烈,逢人夸耀道:"我父祖未有

---

① 《旧唐书·吐蕃传》。
② 转引自《西藏地方历史选辑》第六页。

通婚上国者,今我得大唐公主,为幸实多。"①为了照顾公主的生活习惯,他"别筑城郭宫室而处之",自己则脱去藏服,改穿汉人的"纨绮"。② 文成公主的入藏,改变了吐蕃的落后面貌,有助于吐蕃经济文化的发展。

首先,促进了农业、手工业的发展。

文成公主入藏带去了一些谷物与芜菁种子,还有各色工匠。高宗永徽初年,松赞干布与文成公主又"请蚕种及造酒、碾、硙、纸、墨之匠"。③ 随之输入了唐王朝的冶金、农具制造、纺织、建筑、制陶、碾米、酿酒、造纸、制墨等各种技术。藏民在汉族工匠的帮助下,学会了有关生产技术。相传山南地区的牛犁法是文成公主教会的,日喀则的铜匠至今还奉文成公主为他们的祖师。此外,文成公主带去的侍女,也是善于纺丝织帛的能手,他们也教会了藏民纺织技术。

其次,改变落后的生活习俗。

文成公主入藏以前,藏民不知制瓷技术,他们"接手饮酒,以毡为盘,捻麨为椀(碗),实以羹酪,并而食之。"④陶瓷工艺传入后,始改变了这种原始的生活习性。以前吐蕃人以毡帐作为居处,"贵人处于大毡帐,名为拂庐。"自从土木建筑技术传入后,松赞干布带头"筑城邑,立栋宇以居处",⑤特别是上层人物,抛弃了住帐篷的习俗。文成公主带入华丽的绸缎后,改变了吐蕃单调的毛皮衣料。他们除了遣使长安购买丝绸外,还想自己养蚕、缫丝、纺织。

① 《旧唐书·吐蕃传》。
② 《资治通鉴》卷一九六。
③ 《旧唐书·吐蕃传》。
④ 《旧唐书·吐蕃传》。
⑤ 《旧唐书·吐蕃传》。

第三,对文化艺术与宗教的影响。

文成公主入藏时带去了一批诗书史籍,促进了吐蕃贵族学习唐王朝先进文化的兴趣,促使松赞干布"遣酋豪子弟,请入国学,以习《诗》、《书》";①此外他还聘请汉人士大夫"典其表疏"。②

唐乐也是文成公主进藏时传入的,她带去一个乐队,拥有五十余件弹拨乐器,对藏乐产生影响,藏民视为至宝,历代相沿,秘藏在拉萨大昭寺里。

文成公主入藏以前,吐蕃人的宗教信仰主要是巫教与佛教:"其俗重鬼右巫,事羱羝为大神。喜浮屠法,习咒诅。国之政事,必以桑门参决。"③文成公主是虔诚的佛教徒,她带去一尊释迦佛像,到拉萨以后亲自顾问大昭寺的建筑,在寺前手植几株柳树,人称"唐柳"或"公主柳"。大昭寺的建筑风格也受唐风影响,飞檐重阁、石狮装饰,形如唐寺。

第四,促使文字和历法的创改。

吐蕃原无文字,记事以刻木结绳为约。文成公主入藏后,为了适应吐蕃经济文化发展的需要,她劝告松赞干布创制文字。于是,派遣贵族子弟到天竺留学,按藏语特点,参考梵文与古于阗文,制成二十个藏文字母和拼音造句的文法。从此,吐蕃有了文字记载,这对推动西藏文化的发展起了重大的作用。

吐蕃原无历法,"不知节候,麦熟为岁首"。④ 文成公主入藏时带去天文历法书籍,传入了汉族的干支计时法,于是,吐蕃历法家参照汉历,创造了藏历。藏历以五行分阴阳配天干,以十二生肖配

---

① 《唐会要》卷六,《和蕃公主》。
② 《旧唐书·吐蕃传》。
③ 《新唐书·吐蕃传》。
④ 《旧唐书·吐蕃传》。

地支,干支配合六十年为一轮,明显地采用了汉族的干支相配的纪年法,它对藏族农牧业的发展有一定作用。

第五,促进汉、藏友好关系的发展。

文成公主作为汉族人民的友好使者,从贞观十五年入藏,到唐高宗永隆元年逝世,在西藏生活了四十年,她始终不渝地贯彻了唐太宗较为开明的民族政策,促进了唐、蕃间经济、文化交流。唐代诗人陈陶在《陇西行》诗篇中以"自从贵主和亲后,一半胡风似汉家"的诗句,歌颂了公主入藏对吐蕃社会经济发展的作用。直到今天,藏族人民仍对文成公主怀念和颂扬不已,历史证明了唐太宗的和亲政策的进步作用。

唐太宗和亲吐蕃,奠定了唐、蕃友好关系的基石,文成公主入藏,又促进了两族人民的友好关系。终太宗之世,吐蕃一直追随唐王朝的外交政策。如贞观十九年,松赞干布遣大相禄东赞朝贺,奉表称婿,献金鹅一支,制作精巧,高达七尺,中可盛酒三斛。贞观二十二年,右卫率府长史王玄策出使天竺,天竺诸国都遣使奉送贡品,但为中天竺所掠,王玄策被打败,逃到吐蕃境内请求军事援助。松赞干布发精兵一千二百人,归王玄策指挥,一举击败中天竺军,喜讯传来,松赞干布"遣使来献捷"。①

贞观二十三年,唐太宗病逝,松赞干布极为哀伤,遣使吊祭,"献金银珠宝十五种,请置太宗灵座之前",还致书长孙无忌,表示效忠初嗣位的高宗:"天子初即位,若臣下有不忠之心者,当勒兵以赴国除讨。"②高宗为嘉奖其忠心,晋封他为驸马都尉、西海郡王,后又改封賨王,赐各色绢帛三千缎。永徽元年,松赞干布不幸

---

① 《旧唐书·吐蕃传》。
② 《旧唐书·吐蕃传》。

病逝,高宗为他举哀,派遣右武侯将军鲜于巨济持高宗玺书前往拉萨吊祭。

高宗永隆元年,文成公主病逝,藏族人民举行了隆重的祭奠仪式。为了表示对她开拓唐、蕃友好关系的敬意,在大昭寺、后又在布达拉宫供奉着她的塑像,还择定文成公主入拉萨的藏历四月十五日,作为公主诞辰的纪念日。这都成为唐太宗和亲政策成功的标志。直到唐穆宗长庆元年,在双方共立的《唐蕃会盟碑》中,还对贞观朝的唐蕃和亲作了美好的回顾,指出"和叶社稷如一,于贞观之岁,迎娶文成公主至赞普牙帐"。[①] 所谓"和叶社稷如一",就是开元年间吐蕃藏王弃隶缒赞上表玄宗时所说的:"和同为一家"之意。[②] 说明唐太宗的和亲政策所结成的唐、蕃甥舅之谊,在唐、蕃友好历史上有深远的影响。

第二节　团结政策

古来歧视、压迫少数民族的汉族最高统治者不乏其人,唐太宗则有所收敛,推行团结政策。他内徙归附的东突厥人与设置羁縻府州,就是他推行民族团结政策的集中表现。

(一)内徙突厥

贞观四年,唐太宗平定突厥,突厥表示归附。接着,唐太宗召集群臣讨论如何处置的问题。由于这涉及今后国家安全的大事,

---

① "赞普",亦作"赞府"、"钱通",是吐蕃君长的称号。藏语"谓强雄曰赞,丈夫曰普,故号君长曰赞普。"参见《新唐书·吐蕃传》、《资治通鉴》卷一九四。王尧:《唐蕃会盟碑疏释》,载《历史研究》一九八〇年第四期。
② 《旧唐书·吐蕃传》。

故贞观君臣极为重视,纷呈"安边之策"、展开热烈争论。多数朝臣建议采取"分其种落",迁徙河南,散居州县与汉民杂居,以便"各使耕织"。① 也就是温大雅主张的对百万突厥"变其风俗",使之"化而为汉"。② "化而为汉"的具体作法是,将原来已趋统一的突厥部众,拆散为各个互不统属的集团,迁徙内地州县,使其失去游牧的自然地理条件,化牧为农,改变其生产方式与生活方式。这种不顾突厥族的生产特点与生活习惯的作法,显然不会受到他们的欢迎,只能采取强制同化,这必然不利于民族团结。

窦静反对以上诸人提出的"置之中国"的建议,主张仍居边塞,分散部落,以弱其势;妻以宗女,以固其心。③

中书令温彦博主张仿照"汉建武时,置降匈奴于五原塞下",把他们安置在河南一带的朔方之地,"全其部落,得为捍蔽,又不离其土俗,因而抚之,一则实空虚之地,二则示无猜之心,是含育之道也。"④唐太宗同意这个方案。

然而,秘书监魏征激烈反对温彦博提出的内徙河南的主张,认为突厥"今降者几至十万,数年之后,滋息过倍,居我肘腋,甫迩王畿,心腹之疾,将为后患,尤不可处以河南也。"

温彦博坚持己见,辩驳曰:"天子之于万物也,天覆地载,有归我者,则必养之。今突厥破除,余落归附,陛下不加怜愍,弃而不纳,非天地之道,阻四夷之意,臣愚甚谓不可,宜处之河南。"针对魏征的心腹之患的担忧,提醒他如以德怀之,"终无叛逆"。

魏征亦不肯退让,举出晋初迁徙少数民族于中原,导致永嘉之

① 《旧唐书·突厥传》。
② 《旧唐书·温大雅传》。
③ 《资治通鉴》卷一九三。
④ 《贞观政要》卷九,《安边》篇。

乱,前车可鉴。"陛下必用彦博言,遣居河南,所谓养兽自遗患也。"

温彦博明确反对魏征的夷狄非我族类,其心必异的迂腐主张,再次强调德化必能使其归心的看法:"突厥余魂,以命归我,收居内地,教以礼法,选其酋首,遣居宿卫,畏威怀德,何患之有?"①

唐太宗面对众说纷纭的议论以及魏、温激烈的争辩,并没有无所适从,而是权衡利弊、择善而从。以往唐太宗对魏征的诤谏,无不言听计从,唯有这次反常。可见唐太宗的民族观与魏征有所不同,他有自己的主见,故不盲从。他的处置突厥问题想法正与温彦博不谋而合,故温彦博的主张也就是他的主张。

温彦博的"教以礼法,选其酋首,遣居宿卫,畏威怀德"的主张,是建立在信任突厥族归附后德化不乱的思想基础上的,他批判了魏征的"养兽自遗患"的错误说法,是比较进步的民族观。魏征着眼于晋初与唐初迁徙胡族于内地的形式相似的作法,而没有分别两代统治者的不同政策。众所周知,晋武帝对被徙的少数民族纯粹作为压迫、奴役的对象,反而加深了民族矛盾。温彦博对内徙的突厥族力主缓和矛盾,选择其上层分子参与政权,从羁縻的愿望出发,关系处理较好。魏征对此不加分析,就简单地断言为心腹之患,立论不免失之偏颇。至于群臣提出的"分其部落"、"变其风俗"的办法,实质上是一种强制性的民族同化政策,与温彦博的"全其部落"、"不离土俗"也是截然不同的。温彦博的安置突厥的实质,是以尊重突厥族的生产方式、风俗习惯为基点,给予突厥族以某种限度的"自治"权利,显然是在团结的基础上,采取开明的民族同化政策。

---

① 《贞观政要》卷九,《安边》篇。

唐太宗采纳温彦博的内迁主张后,随之约有十万户突厥族迁入中原,其中一万家定居在长安。唐太宗挑选部分代表人物担任京官武职,任职五品以上的将军、中郎将约有一百多人,差不多占了朝廷武官的半数。这个羁縻突厥族上层人物的措施,实质上是对突厥族执行团结政策的具体表现,产生了良好的效果与深刻的影响。如阿史那思摩深得太宗信任,被赐姓李,极为感激,发誓要为唐朝效忠。又如在中央担任高级武职的铁勒族契苾何力回本族省亲,被人扣留,但他矢志不移,以"唐烈士"自誉,以割耳示其忠心不贰。而且唐太宗的笼络政策对其他民族酋长发生了有利影响,如薛延陀真珠可汗就认为突厥"岁犯中国,杀人以千百计",平定以后,一定会予以报复:"当莙为奴婢,以赐中国之人;乃反养之如子,其恩德至矣。"①唐太宗对内徙的突厥人与汉人同样对待,还安置他们于内地的肥沃农耕地带,使突厥人迅速地提高了生产力水平:"年谷屡登,众种增多,畜牧蕃息;缯絮无乏,咸弃其毡裘;菽粟有余,靡资于孤兔。"②显然,内徙突厥能收到团结其族的效果。

(二)设置羁縻府州

突厥内徙中原后,又涉及一个其原地余众如何管理的问题,是派汉人治理或由本族酋长治理? 是设置州县或仍其突厥种落? 唐太宗以创设羁縻府州解决了面临的新问题,使民族团结的政策得到了切实的贯彻。

《新唐书·地理志》云:"唐兴,初未暇于四夷,自太宗平突厥,西北诸蕃及蛮夷稍稍内属,即其部落列置州县。"这就是羁縻州

---

① 《资治通鉴》卷一九七。
② 《册府元龟》卷九六四。

县。东突厥归附之后,除了部分迁居内地,余部仍居原处。唐太宗在其原地余部设置羁縻府州,如在突利辖区的东起幽州西至灵州一带,设置顺、祐、化、长四州都督府;以颉利过去辖区置为六州,又以定襄、云中两都督府统辖六州。在行政管辖方面,任命本族首领为都督或刺史,统率原来部众。如封阿尼那苏泥失为怀德郡王、北宁州都督,封突利可汗为北平郡王、右武侯大将军、顺州都督,封阿史那思摩为北开州都督,封改恶从善的颉利可汗初为右卫大将军,次为虢州刺史,后又顺颉利之意,仍复颉利为正三品的右卫大将军之职。唐太宗如此礼待降酋,自然收到明显效果,贞观四年八月,突厥欲谷设自动归附就是一例:"欲谷设,突利之弟也。颉利败,欲谷设奔高昌,闻突利为唐所礼,遂来降。"①

　　唐太宗从突厥族设置羁縻府州取得成功经验后,②又推广到其他少数民族部落。在贞观年间,对所谓"南蛮"、"西戎"、"北狄"数以百计的种族,均与回纥一样"置州府以安之,以名爵玉帛以恩之","以威惠羁縻之"。③ 贞观二十一年正月,唐太宗为铁勒诸部,④"置六府七州,府置都督,州置刺史、府州皆置长史、司马以下官主之。"⑤"皆以酋领(之)",⑥还于故单于台置燕然都护府,统隶回纥、多览葛、仆骨、拔野古、同罗、思结六府及浑、斛薛、阿跌、契

　　① 《资治通鉴》卷一九三。
　　② 羁縻府州始于贞观三年底,其时南蛮的东谢蛮酋长谢元深、南谢蛮酋长谢强来朝。唐太宗"诏以东谢为应州、南谢为庄州,隶黔州都督。"(《资治通鉴》卷一九三)唐太宗又以谢元深为应州刺史,谢强为庄州刺史(《新唐书·南蛮下》)。然而影响不大,影响最大的当推贞观四年突厥族的羁縻府州。
　　③ 《旧唐书·回纥传·史臣曰》。
　　④ 《资治通鉴》卷一九八、《新唐书·回鹘传》均将诸部归属铁勒;《旧唐书·回纥传》则将诸部归属回纥。
　　⑤ 《旧唐书·回纥传》。
　　⑥ 《新唐书·回鹘传》上。

芯、奚结、思结别部、白霫七州。于是对西北地区行使了主权。贞观二十二年十一月唐太宗又因北狄的契丹酋长窟哥、奚酋长可度者的率部内附,遂"以契丹部为松漠府,以窟哥为都督;又以其别帅达稽等部为峭落等九州,各以其辱纥主为刺史。以奚部为饶乐府,以可度者为都督;又以其别帅阿会等部为弱水等五州,亦各以其辱纥主为刺史。"①这样,对东北地区也行使了国家主权。总之,唐太宗统一西北、东北边疆,设置羁縻府州的主要功绩是在于形成了一个疆域辽阔、统一的多民族国家。正如他在《遗诏》里所说的:"前王不辟之土,悉请衣冠;前史不载之乡,并为州县。"②

　　唐太宗推行羁縻府州的政策,具有积极的意义。

　　首先,有助于统一边疆。羁縻府州政策是唐太宗在边疆少数民族地区设置的地方行政单位,大的称都督府、中为州、下为县。府都督、州刺史都由中央任命,随之取消了少数民族上层分子原有的可汗称号,实质上是将中原地区的郡县制推广到了边疆地区。唐太宗为了加强对边远少数民族聚居区推行有效的管辖,又设置了在羁縻府州之上的都护府这一行政区划。都护府是中央与羁縻府州之间的纽带,它代表中央行使对边疆地方的主权,管理边防、行政和各族事务。都护为郡县官制,不世袭,由汉官担任。如贞观晚年安西都护府都护为郭孝恪,燕然都护府都护为李素立等等。都护对羁縻府州都督、刺史进行管辖,羁縻都督、刺史听命于中央、遵守朝廷政令,以防止羁縻府州的离心倾向,这些都带有郡县制的特征。此外,唐太宗为顾及胡族的传统,又允许与郡县制不完全一样。如郡县制下的地方官员不能世袭,而羁縻府州经过一定手续,

---

① 《资治通鉴》卷一九九。
② 《唐大诏令集》卷十一,《太宗遗诏》。

得到唐王朝批准，"死亡者必诏册立其后嗣"。① 郡县制下的州县户籍、赋税必上缴户部，而羁縻府州对其贡赋基本上自行支配，仅以少许朝贡朝廷。这些都是唐太宗按照少数民族固有的方式，让其处理族内事务，具有相对的"自治"权，但有一定限度。羁縻府州既隶属中央政府，必加强了中央政府对边远地区的统治，正如宋王溥所说的："统制四夷，自此始也。"②

其次，提高了唐王朝中央政府的威望。贞观晚年，唐太宗受到各族的尊崇，有的民族牧马出界，发生争执，太宗"亲临断决，然后咸服"。③ 各族首领无不以到长安朝贺唐太宗感到荣耀："是时四夷大小君长争遣使入献见，道路不绝，每元正朝贺，常数百千人。"④显然各族君主以唐太宗作为他们的天可汗，唐太宗亦乐意接受各族首领的请求。早在贞观四年三月，"乃下制，令后玺书赐西域北荒之君长，皆称皇帝天可汗"。⑤ 贞观二十一年正月，他接受了铁勒部回纥等族酋长的提议，同意于"回纥以南、突厥以北开一道，谓之参天可汗道"。⑥

"参天可汗道"的开辟，是唐太宗羁縻府州政策取得成功的生动体现。贞观后期，回纥等族目睹唐太宗羁縻府州政策的成功执行，不胜羡慕之至，纷纷请求："生荒陋地，归身圣化，天至尊赐官爵，与为百姓，依唐若父母然。"⑦

这条驿道的开辟，也为唐太宗的羁縻府州同中央王朝加强联

① 《通典》卷二百，《边防典》。
② 《唐会要》卷一百，《杂录》。
③ 《旧唐书·太宗本纪》。
④ 《资治通鉴》卷一九八。
⑤ 《唐会要》卷一百，《杂录》。
⑥ 《资治通鉴》卷一九八。
⑦ 《新唐书·回鹘传》上。

系、取得成效创造了条件。《新唐书·地理志·羁縻州》云:"唐置羁縻诸州,皆傍塞外,或寓名于夷落。而四夷之与中国通者甚众,若将臣之所征讨,敕使之所慰赐,宜有以记其所从出。"为此需设驿道,"参天可汗道"就是联系唐都长安与西北边境的驿道,每隔一定路程,设一驿站,共六十八驿,①驿备马匹与饭食,以供汉、夷使节换足与食宿,大大便利了羁縻府州同中央王朝的联系,有助于唐王朝对边疆地区的管辖。而且也有助于经济、文化的交流。此后中原的丝织品、茶、铁、金银器、开元钱、农作物种子、文具、生产工具等物资接连不断地运往边塞;少数民族的良马、驼马、貂皮、白氎(棉布)、玉、农作物种子亦随之传到内地。就在驿道开辟的当年,漠北的骨利干族即遣使进贡"筋骼壮大"的"良马",唐太宗选取其中骏马十匹,号为"十骥,皆为美名"。②

作为各族共主的天可汗,表明了唐太宗开明的民族思想。宋代范祖禹竟责怪他:"以万乘之主,而兼为夷狄之君,不耻其名,而受其佞,事不师古,不足为后世法也。"③范祖禹指责唐太宗不师先王、以天下各族的最高君主为荣,不免颠倒历史,其实这正是唐太宗的出类拔萃之处。

第三节　德化政策

唐太宗对边疆少数民族实行德化政策,取得了显著的成效,他的"绥之以德"、"爱之如一",就是德化政策的表现。

---

① 《资治通鉴》卷一九八与《新唐书·回鹘传》上均作六十八驿,《旧唐书·太宗本纪》作六十六驿,今取前说。

② 《新唐书·回鹘传》下。

③ 《唐鉴》卷三。

（一）"绥之以德"

唐太宗的治国之术,是恩威并施,但重点放在所谓恩怀与德惠方面,故其压迫的形式较为缓和。他对待少数民族也是如此。贞观二十二年,唐太宗目睹四夷君长争相入朝的盛况,喜谓大臣曰:"汉武帝穷兵三十余年,疲敝中国,所获无几,岂如今日绥之以德,使穷发之地尽为编户乎!"①汉唐向称盛世,汉武与唐宗都是炎黄子孙建树统一大业的英主,但两人对待四夷的统治之术却不尽相同。汉武主在用兵,偏重威服,而少怀德化,结果是费力多收效小。唐太宗鉴于汉武帝的治术之失,转而侧重德化政策,深得四夷人心,结果是费力少收效大。值得注意的是,面对如此勋业,唐太宗并不单独归功于己,而是首先归功于这一政策的创议者——魏征。他忆及初即位时,有人劝他"耀兵振武,慑服四夷。惟有魏征劝我:'偃革兴文,布德施惠,中国既安,远人自服'。朕从此语,天下大宁。绝域君长,皆来朝贡,九夷重译,相望于道。"②可见,由魏征建议、唐太宗实行的德化政策能使边疆民族归心。

为了有效地贯彻德化政策,唐太宗还慎选边吏担任都护、都督。贞观元年,他任命李大亮为凉州都督,李大亮对散处伊吾的突厥余部和其他部族"绥集之,多所降附"。③ 贞观四年,朔州刺史张俭招集思结族饥民,来者妥善安排,不来者听其自便,并"不禁"分处两地的"亲属私相往还",④对待境内的夷族可谓厚道宽仁了。贞观十六年,唐太宗任命凉州都督郭孝恪为安西都护府都护,郭孝

---

① 《资治通鉴》卷一九八。
② 《贞观政要》卷五,《诚信》。
③ 《旧唐书·李大亮传》。
④ 《资治通鉴》卷一九三。

恰对杂居高昌的旧民与镇兵及谪徙者"推诚抚御,咸得其欢心。"①贞观二十一年,唐太宗置燕然都护府,以扬州都督府司马李素立为都护,"素立抚以恩信,夷落怀之,共率马牛为献;素立唯受其酒一杯,余悉还之。"②

为了有利地贯彻德化政策,唐太宗对边吏的任职期限也有相应的措置。大体说来,称职者,任期长;不称职者,任期短。前者的例子是,李勣于并州大都督任内,"令行禁止,号为称职","塞垣安静","民夷怀服"。③ 为此,让其历职十六年之久。后者的例子是,坚决撤换因犯贪污罪的遂安公寿的交州都督之职。交州"去朝廷远",地处边陲,华夷错居,吏治不善,必损及怀柔政策的贯彻。唐太宗不顾犯者系宗室之亲,而毅然任命原瀛州刺史卢祖尚前往"镇抚"。④ 卢虽托辞未能赴任,但反映了唐太宗坚决撤换不称职的边吏的决心。

必须指出,"绥之以德"并非放弃使用武力。德化政策是以威服作为后盾的,也就是他所说的"理人必以文德,防边必以武威。"⑤唐太宗与隋炀帝不同的一点是,他不滥用武力或尽量避免使用武力。如贞观初,岭南蛮族冯盎、谈殿反叛。群臣中不乏主张威服者,太宗不许,遂派使"持节宣谕",冯盎受感,"南方遂定"。⑥后益州僚族骚动,都督窦轨建议威之以兵,唐太宗予以责难道:"当拊以恩信,胁之以兵威,岂为人父母意耶?"⑦

---

① 《资治通鉴》卷一九六。
② 《资治通鉴》卷一九八。
③ 《旧唐书·李勣传》,《资治通鉴》卷一九六。
④ 《资治通鉴》卷一九三、《新唐书·卢祖尚传》。
⑤ 《全唐文》卷十,《金镜》。
⑥ 《新唐书·南蛮传》下。
⑦ 《新唐书·南蛮传》下。

"缓之以德",对夷酋来说,主要是在政治上授之以官,在经济上赐之以禄。对夷民来说,主要是采取较缓和的民族压迫形式。由于压迫较缓和,故夷民不思骚动。由于位尊禄厚,故夷酋无不感恩戴德,忠心耿耿。开元年间,东突厥苾伽可汗在追忆其先辈的情况云:"遂服从唐皇,臣事之者五十年","彼等之克国除暴,皆为唐皇出力也。"[①]不少夷将甚至不惜出生入死,以死图报,以"世为唐臣"自诩。[②] 他们立下了卓越的战功,其中阿史那社尔、契苾何力、李思摩、执失思力都是佼佼者,可与汉将齐名比美。宋代史学家宋祁能够窥见唐太宗在使用汉、夷将领方面不厚此薄彼的特异作法,在他编撰《新唐书》诸传时,专立《诸夷蕃将列传》,与太宗朝汉将光相辉映,可谓深识。

　　唐太宗的"绥之以德"政策,使各族酋长心悦诚服,在太宗生前,他们无不尽其力用;在太宗死后,个个失声如丧考妣,以致出现了如下的感人景象:"四夷之人入仕于朝及来朝贡者数百人,闻丧皆恸哭,剪发、劙面、割耳,流血洒地","阿史那社尔、契苾何力请杀身殉葬"。[③] 所谓剪发、劙面、割耳都是突厥等少数民族对其酋长死亡时的哀悼丧俗,他们各以本族的丧俗表达对唐太宗的哀思,这正是他们把唐太宗这个"天可汗"当作统一多民族国家的最高君主看待的有力证据。唐太宗父子也以"昭陵制度无疑是多少突厥化"来显示民族关系的和睦。正如岑仲勉先生所说的:"其时太宗一面君临汉土,一面又为漠南、漠北各族之天可汗,参用北荒习俗以和洽兄弟民族,自是适当之做作,不得徒以一般之突厥化

---

①　突厥文阙特勤碑,《突厥集史》下册。
②　《新唐书·回鹘传》上。
③　《资治通鉴》卷一九九。

目之。"①

以上事实说明,唐太宗推行"绥之以德"的民族政策,缩小了华、夷之间的差异,使隋末以来日趋紧张的民族矛盾得到缓和,改善了民族关系。

(二)"爱之如一"

唐太宗的驭夷之方,是对华、夷"爱之如一"。他针砭古来皆贵中华的偏向,匡正为不贱夷狄的民族措置,是他推行德化政策的另一侧面。

贞观二十一年,唐太宗坐镇翠微殿,询问大臣"自古帝王虽平中夏,不能服戎、狄"的原因,接着自谦一番,说自己才不及古人而功业过之,不知其故,令群臣各自尽情以实相告。群臣异口同声,一片赞颂。唐太宗不满意这种不着边际的答复,自行总结了五条成功的经验,其中第五条是"自古皆贵中华,贱夷、狄,朕独爱之如一,故其种落皆依朕如父母。"②"皆依朕如父母"是有来历的,贞观五年,契苾何力曾说太宗是"华夷父母",③这些当然都是溢美之辞。不过,他总结了自己在民族政策方面与过去君主的传统作法不同,是符合事实的。其"爱之如一"的具体表现有以下几点:

第一,对汉、夷被俘劳动人民同样予以赎取、给粮、给复。

对被压迫的汉、夷人民能否同等予以照顾,这是最能衡量唐太宗的"爱之如一"的民族思想。贞观二十一年六月,他下诏回顾了隋末丧乱,边境百姓多为少数民族贵族俘掠的情况,指出当时族属

① 《隋唐史》一四〇页,高等教育出版社一九五七年版。
② 《资治通鉴》卷一九八。
③ 《资治通鉴》卷一九三。

铁勒的薛延陀归附了，应派遣使节到燕然都护府，通知其属下的都督，"访求没落之人，赎以货财，给粮递还本贯"；又指出由于薛延陀的投降，曾被其奴役的室韦、乌罗护、靺鞨三部劳动人民"亦令赎还"。① 可见，被薛延陀俘掠为奴的有汉、夷各族劳动人民，唐太宗不厚此薄彼，而是一视同仁，皆以钱财赎还。而且，赎取汉夷人民的人身自由之后，还对他们接济粮食，对汉族"给粮递还本贯"；对夷族也发救济粮。如贞观四年，唐太宗指示李大亮"招慰"散落在伊吾的西突厥种落，李大亮遵旨，"于碛口贮粮，来者赈给"。② 此外，对归附的汉、夷人民都有免服徭役的同等优待。如汉民"没落外蕃投化，给复十年。"③"四夷降户，附从宽乡，给复十年。"④

第二，对汉、夷将领同样秉公赏罚。

赏罚是国之大事，一个君主对本族将领做到秉公而行，还是不难的，难能可贵的是对汉、夷将领不存私心，视为一体，施以祸福，信赏必罚。在这个问题上，唐太宗能出以公心，是超越前人的。他对平定吐谷浑之役的汉、夷大将的处置是一个典型的例子。当时，汉将薛万均隐瞒战败实情，又排斥契苾何力所建立的奇功，唐太宗听取何力的申诉后，为了赏罚分明，打算撤掉薛万均的官衔，授职何力。何力叩头谢绝说："以臣而解万均官，恐四夷闻者，谓陛下重夷轻汉。"⑤唐太宗当然不可能有"重夷轻汉"思想，然而他不分汉、夷，秉公赏罚，使这个铁勒族将领十分感动，从而说明唐太宗对待汉、夷将领的功过是不分彼此的。

---

① 《资治通鉴》卷一九八。
② 《资治通鉴》卷一九三。
③ 《唐律疏议》卷四，《名例》四。
④ 《新唐书·食货志》。
⑤ 《新唐书·契苾何力传》。

第三,对汉、夷将领同样任人唯贤。

任贤是致治之组织保证。唐太宗对汉贤不拘一格任用是有口皆碑的,难得的是他对夷贤亦倾心信用。他依据夷将的功勋与智勇,分任显职与都督、刺史之职。如突厥族的阿史那社尔"以智勇闻",[①]深得太宗信任,贞观二十一年出征龟兹,太宗以他为行军统帅,位在汉将之上。阿史那忠,"资清谨",擢为正三品的右骁卫大将军之职,"宿卫四十八年,无纤隙,人比之金日磾"。[②] 执失思力屡进忠言,"帝异其言",[③]倚为心腹,妻以公主,拜驸马都尉,封安国公。西突厥人史大奈,在晋阳起兵时就追随李渊,多立战功。贞观初,擢右武卫大将军,封窦国公,食邑三百户。靺鞨族李谨行"勇冠军中",[④]贞观初,拜右卫将军。以上说明唐太宗对夷族将领同汉族一样是任人唯贤的。

第四,对汉、夷伤病大将同样体恤。

唐太宗不仅关怀汉将的伤病,而且也体恤夷将的伤病。贞观晚年,名将李勣曾患重病,名医遍治,均用药无效,有人提出唯有用须灰和药才能治疗,唐太宗闻讯,"乃自剪须以和药",[⑤]李勣得到龙须,感激涕零。突厥将领李思摩,原名阿史那思摩,因立军功,唐太宗赐姓李,授职右卫大将军。他于贞观十九年随驾出征,在进攻白崖城的战斗中,被流矢中伤,仍然坚持战斗,由于没有及时治疗,瘀血滞积。唐太宗爱将心切,不分汉、夷,乃"亲为之吮血",消息传开,战士"莫不感动"。[⑥]

① 《新唐书·阿史那社尔传》。
② 《新唐书·阿史那忠传》。
③ 《新唐书·执失思力传》。
④ 《新唐书·李谨行传》。
⑤ 《新唐书·李勣传》。
⑥ 《资治通鉴》卷一九七。

以上四点都是唐太宗"爱之如一"的民族观的表现。他所以
具有这种较为进步的民族意识,是基于华、夷"一家"的思想。早
在贞观七年底,唐太宗陪同李渊,欢宴三品以上大臣时,李渊曾命
突厥颉利可汗起舞,南蛮酋长冯智戴咏诗,面对贞观盛世的民族和
好景象,不禁赞美道:"胡、越一家,自古未有也"。[①] 唐太宗发展了
乃父的民族思想,他认为"夷狄亦人耳,其情与中夏不殊。人主患
德泽不加,不必猜忌异类。盖德泽洽,则四夷可使如一家;猜忌多,
则骨肉不免为仇敌。"[②]唐太宗提出的夷狄与汉人一样,其情皆可
感化的见解,是针对无道君主隋炀帝把夷狄诬为禽兽而发的人道
主义思想,具有进步的意义。也是他为什么"爱之如一"的原因
所自。

以上事实说明,唐太宗推行"爱之如一"的民族政策,尽量克
制歧视夷狄的陋习,尽情缩小华、夷之间的差距,获得了少数民族
的好感,形成了唐初最为友好的民族关系。

第四节　历史的局限性

唐太宗推行的和亲、团结、德化等民族政策,虽有进步作用,然
而并非民族平等政策,而是建立在儒家"仁义"观念基础上的民族
政策,连他最为激进的"绥之以德"、"爱之如一"的民族意识,仍没
有摆脱儒家"德惠"民族观的窠臼。而儒家"德惠"民族观的核心
思想是以汉族为正统、周边少数民族为附庸的大汉族主义。由于
时代与阶级的局限,贞观君臣不能冲破儒家夷夏之辨的精神桎梏,

---

① 《资治通鉴》卷一九四。
② 《资治通鉴》卷一九七。

即使像唐太宗那样的英主,也不可能与大汉族主义决裂。他的进步与开明之处,主要是执行了比较缓和的民族政策。

所谓比较缓和,只是统治的形式上较少歧视、统治的内容上较少压迫而已,至于实质上还是一种民族压迫政策。但较之纯粹的民族压迫政策,缓和得多了。封建时代的君主能做到这一步是很不容易的,这正是唐太宗的开明之处。然而这种开明,仅是封建的开明,这从一句引言即可点破:"盖德泽洽,则四夷可使如一家",原来他推行德化政策的目的,是为了有效地役使他们。他强调华、夷一家,但封建家庭的家长与家人是不能平起平坐的。少数民族处于家人的无权地位,一切得听这个"华夷父母"的"天至尊"发号施令。就以他执行的和亲、团结、德化政策来说,也不是尽善尽美的,特别是贞观后期也出现过渐不克终的通病。

首先,唐太宗后期,特别是晚年较多地对边疆地区用兵,本族兵力不足,就逼迫少数民族打仗,加重了各族人民的兵役负担。贞观三年、八年、十三年的平定东突厥、吐谷浑、高昌之役,都使用了突厥兵。兹后渐趋频繁。如贞观十五年,唐太宗命营州都督张俭率"奚、霫、契丹"等部族兵袭击薛延陀。贞观十八年,唐太宗"诏诸军及新罗、百济、奚、契丹分道击高丽"。① 贞观二十年,执失思力与契苾何力分别曾以"突厥兵"、"胡兵"出击薛延陀;李勣也以"九姓铁勒"共击之。② 贞观二十一年,唐太宗为打击西突厥的扩张势力,曾"发铁勒十三部及突厥骑十万讨龟兹。"③ 贞观二十三年,他派遣右骁卫郎将高侃"发回纥、仆骨等兵袭击"④突厥车鼻可

①　《资治通鉴》卷一九七。
②　《资治通鉴》卷一九八。
③　《新唐书·阿史那社尔传》。
④　《资治通鉴》卷一九九。

汗。这些都说明他的民族政策的压迫实质。

其次，唐太宗后期由于吸取了消极的教训，对某些突厥族的不信任感有所滋长。贞观十三年四月，突利之弟结社率纠集一批部落子弟，乘夜突袭太宗御帐，后因变故，直攻宫门，乱箭齐发，以求一逞。这次叛乱虽被当场平定，然而对唐太宗的民族意识产生了影响。原先叫嚷"非吾族类，其心必异"的官员乘机喧嚣起来，唐太宗也跟着唱起滥调："中国百姓，实天下之根本，四夷之人，乃同枝叶，扰其根本以厚枝叶，而求久安，未之有也。"将此言与贞观四年李大亮反对唐太宗厚待内徙突厥时所说的理由作一比较，几乎完全一样，但当时"太宗不纳"。① 而这次太宗却以从前李大亮的原话拿来训诫大臣了。这个前后截然不同的变化，说明他后期的民族思想不如早期。显然，这也损害了他的团结政策。

第三，唐太宗执行德化政策是有目的的，那就是利用少数民族守边、安边，为唐王朝"世作藩屏，长保边塞"。② 从客观上来说，带有维护统一的多民族的国家的安全作用，然而从主观上来看，是他以夷制夷的权谋策略的运用。正如《新唐书·回鹘传·赞》所说的："太宗初兴，尝用突厥矣，不胜其暴，卒缚而臣之。……夫用之以权，制之以谋，惟太宗能之。"唐太宗运用权谋成功的典型例子是，对李思摩"绥之以德"、"爱之如一"，李思摩则发誓言："世世为国一犬，守吠天子北门"。③ 实质上这是对德化政策的讽刺。

第四，唐太宗对薛延陀的赖婚，也违背他早年所说的"今欲专以仁义诚信为治"的诺言。④ 贞观中，薛延陀一度雄踞漠北，屡次

---

① 《贞观政要》卷九，《安边》篇。
② 《资治通鉴》卷一九五。
③ 《新唐书·突厥传》上。
④ 《贞观政要》卷五，《仁义》篇。

入扰。贞观十六年,群臣多数主张对之和亲,唐太宗虽曾采纳,然而并非出于真心诚意,而是虑及勇将契苾何力为对方所拘,担心其安全问题。为了换取何力,答允联姻,当何力一经放回,就践踏了自己亲口许下的诺言,以致引起群臣的非议。褚遂良认为赖婚之举,所失殊多,"彼国蓄见欺之怒",决不甘休,"嫌隙既生,必搆边患"。群臣也反对唐太宗"失信戎狄"。唐太宗则为他的赖婚诡辩,竟诬"戎狄人面兽心,一旦微不得意,必反噬为害。"①这种玩弄权术的欺诈作法,连封建史家司马光也责怪唐太宗:"审知薛延陀不可妻,则初勿许其婚可也,既许之矣,乃复恃强弃信而绝之,虽灭薛延陀,犹可羞也。"②无疑,这也损害了他的和亲政策。

综上所述,唐太宗的民族政策,仍未背离封建大汉族主义。在民族问题上,唐太宗也是专制与开明结合在一起的。由于封建专制主义,使他具有大汉族主义思想;由于较为开明,使得大汉族主义受到某些限制,这两种思想的结合反映在民族关系上,推行了一种比较缓和的民族政策。这种民族政策能消除民族隔阂,增进民族融合与互相了解,起了进步的作用。如唐太宗尊重少数民族的风俗习惯。贞观八年正月,突厥颉利可汗死亡,他"命国人从其俗,焚尸葬之。"③他对汉族与突厥族的通婚不加禁止,出现了长安坊市番、汉杂居,和睦相处的友好关系。生活方式、风俗习惯也互相影响,甚至"胡著汉帽,汉著胡帽"。④ 在这种共同的生活中,不仅突厥人模仿华风,而且汉人也爱好突厥服饰与歌舞。影响所及还传入宫廷。太子承乾就是一个喜与突厥人交往、倾心于突厥衣

① 《资治通鉴》卷一九七。
② 《资治通鉴》卷一九七,《臣光曰》。
③ 《资治通鉴》卷一九四。
④ 《大唐新语》卷九,《从善》。

着与习俗的典型人物。据此,唐太宗的民族政策既不能与正统的封建主义民族政策混为一谈,也不能与之对立起来。总的说来,唐太宗以"德惠"为核心的民族政策,发展了儒家民族观积极的一面,正如他晚年所总结的:"朕于戎、狄所以能取古人所不能取,臣古人所不能臣者,皆顺众人之所欲故也。"①所谓"顺众人之所欲",就是能多少满足少数民族的一些要求,贞观中唐太宗对归附的铁勒酋长说:"尔来,若鼠得穴、鱼得泉,我为尔深广之。"又说:"我在,天下四夷有不安安之,不乐乐之,如骥尾受苍蝇,可使日千里也。"②虽然过于溢美,但也反映了他确实给了少数民族一些好处。这都说明唐太宗的开明的民族政策是具有进步作用的。

① 《资治通鉴》卷一九八。
② 《新唐书·回鹘传》下。

第十三章 "偃武修文"的措施

唐太宗毕生的事业,前有以武拨乱之功,后有"偃武修文"之盛。贞观之初,魏征曾经建议:"偃武修文,中国既安,四夷自服。"① 唐太宗欣然采纳,推行数年,成效显著。所谓"修文",主要是指尊崇儒术,兼隆佛道,兴办学校,制礼作乐,广收图籍,编纂史书等等。这些文治措施,对巩固唐初专制主义的中央集权的封建国家起了重要作用。

第一节 尊儒崇经

自汉武帝以来,经学作为封建统治阶级的正统思想,历代帝王无不悉心倡导,唐太宗自然也不例外。由于唐王朝是统一强盛的封建国家,尊儒崇经也就带有统一时代的特征。唐太宗以重要的组织者身份,设馆礼贤下士,指示加强经籍的整理与注疏工作,促进了唐初经学的发展。

(一)提倡周、孔之道

李渊、李世民父子出身于关陇集团的将门,对于儒学原是不甚熟悉的。唐王朝建立后,逐渐地提倡起周、孔之道来了。武德二

---

① 《资治通鉴》卷一九三。

年，令国子学立周公、孔子庙各一所，四时致祭，博求其后。武德七年，以周公为先圣，孔子配享。武德九年，封孔子的后代为褒圣侯。及至太宗即位，又就如何估价与发挥周、孔之道的作用进行了讨论。有一次，唐太宗说："周孔儒教非乱代之所行，商韩刑法实清平之秕政。道既不同，固不可一概也。"魏征接着指出，商鞅、韩非那一套"权救于当时，固非致化之通轨。"①治天下要靠儒家的"王道"，这是贞观君臣们的共同结论。

贞观二年六月，唐太宗特地声明："朕所好者，唯尧舜周孔之道，以为如鸟有翼，如鱼有水，失之则死，不可暂无耳。"②同年九月，君臣论治，王珪批评了"近代重武轻儒"的倾向，③认为汉朝宰相无不精通一经，以经术致治，"由是人识礼教，治致太平。"唐太宗听了，"深然其言"。④ 君臣们所以如此重视，是因为儒学自有它的妙用。《旧唐书·儒学传》序云："古称儒学家者流，本出于司徒之官，可以正君臣，明贵贱，美教化，移风俗，莫若于此焉。"这就揭示了尊儒崇经的政治目的，无非是为了维护君臣贵贱那一套封建等级制度。

正是在上述指导思想下，贞观二年，专门设置孔子庙堂，以孔子为先圣，⑤以颜回为先师，按照旧典仪式，两边陈放"俎豆干戚"，

---

① 《魏郑公谏录》卷三。
② 《资治通鉴》卷一九二。
③ 《贞观政要》卷一，《政体》篇。《资治通鉴》卷一九三作"近世重文轻儒"，今从前者。
④ 《贞观政要》卷一，《政体》篇。《资治通鉴》卷一九三作"近世重文轻儒"，今从前者。
⑤ 据《贞观政要》卷七《崇儒学》篇及《新唐书·礼乐志》记载，贞观二年，房玄龄和朱子奢建议以孔子为先圣。而《资治通鉴》卷一九四系此事于贞观十一年正月，不知何据？今从前者。又及，《新唐书·礼乐志》云："贞观二年，左仆射房玄龄、博士朱子奢建言：'……'乃罢周公，升孔子为先圣。"按：房玄龄当时为中书令兼礼部尚书，贞观三年二月才被任为左仆射。

加以顶礼膜拜。史称："是岁大收天下儒士,赐帛给传,令诣京师,擢以不次,布在廊庙者甚众。"①贞观四年,唐太宗下令:全国各州县都置孔子庙。贞观十一年,又下诏令:尊孔子为宣父,在兖州特设庙殿,专门拨二十户人家维持供养。可见,唐太宗的尊孔崇儒要比高祖时深化一步,反映了贞观盛世的需要。

唐太宗不仅尊孔,而且敬仰历代名儒与经学大师。例如,贞观十四年二月下诏,指梁朝的皇侃、褚仲都,北周的熊安生、沈重,陈朝的沈文阿、周弘正、张讥,隋朝的何妥、刘炫等前代名儒对唐初经学很有影响,所以要加以优赏,把他们子孙的名字呈报上来,予以荫官。贞观二十一年再次下诏,以左丘明、卜子夏、公羊高、谷梁赤、伏胜、高堂生、戴圣、毛苌、孔安国、刘向、郑众、贾逵、杜子春、马融、卢植、郑玄、服虔、何休、王肃、王弼、杜预、范宁等二十二位先儒配享孔子庙,②规定"并用其书,垂于国胄,既行其道,理合褒崇。"③这里,值得注意的是,唐太宗不囿于经学派别的门户之见,不管是今文学家还是古文学家,不管是王学还是郑学,不管是南学还是北学,都是同样对待,一概尊崇。这无疑是当时统一经学的历史潮流的反映。因为天下已经统一,要奖励后学,尊儒重道,形成广泛的读经风习,就必须废弃经学上的派别争斗,来一番兼收并蓄。

(二)重整弘文馆

唐太宗在早年创业阶段,注重的自然是武功。武德四年十月,

---

① 《贞观政要》卷七,《崇儒学》篇。
② 《通典》卷五十三、《旧唐书·礼仪志》及《新唐书·礼乐志》均作二十二位。《旧唐书·太宗本纪》和《贞观政要》卷七《崇儒学》篇则作二十一位,无贾逵,其他同。今从前者。
③ 《贞观政要》卷七,《崇儒学》篇。

301

身为秦王的李世民被封为天策上将，由于"寇乱稍平，乃乡儒"，就创办了著名的文学馆。其实，文学馆的主要任务倒不是尊孔崇儒，而是"收聘贤才"，①罗致文士。文学馆与天策府，是李世民手下一文一武的顾问决策机构，曾在唐初统一战争与玄武门事变中起了重要的作用。

正式即位后，唐太宗宣称："朕虽以武功定天下，终当以文德绥海内。文武之道，各随其时。"②他考虑到文学馆仅是秦王府属机构，而且十八学士中的多数人已调任要职，人员变动较大，于是在弘文殿左边设置了弘文馆。贞观三年，馆址移于纳义门西。据《唐六典》记载，弘文馆的职责是："或典校理，或司撰著，或兼训生徒。"③然而，唐太宗是封建政治家，不会把弘文馆作为纯学术机构，也不会把学士们当成学究对待，而是"精选天下文学（即儒学）之士虞世南、褚亮、姚思廉、欧阳询、蔡允恭、萧德言等，以本官兼学士，令更日宿直，听朝之隙，引入内殿，讲论前言往行，商榷政事，或至夜分乃罢。"④其中，虞、褚、姚、蔡是原文学馆学士，新增了欧阳询、萧德言等。当然，弘文馆的地位、职责与作用，不能跟秦府文学馆相比，但是仍旧保留了"商榷政事"的传统。弘文馆学士可以参加议定礼仪、律令和朝廷制度，"则与讨古今，道前王所以成败。"⑤这是唐太宗沿袭以前的古为今用的原则。

从秦王到天子，从创业到守成，唐太宗体会到文治的重要性。元代史学家胡三省指出："唐太宗以武定祸乱，出入行间，与之俱

---

① 《新唐书·褚亮传》。
② 《旧唐书·音乐志》。
③ 《资治通鉴》卷一九五，胡三省注引。
④ 《资治通鉴》卷一九二。
⑤ 《新唐书·儒学传》序。

者,皆西北骁武之士。至天下既定,精选弘文馆学生(生,疑为士),日夕与之议论商榷者,皆东南儒生也。然则欲守成者,舍儒何以哉!"①所谓"东南儒生",就是指太宗所信任的名儒虞世南、褚亮等江左名士。贞观七年,唐太宗提拔虞世南为秘书监,赐爵永兴县子,"重其博识,每机务之隙,引之谈论,共观经史",而虞世南则"每论及古先帝王为政得失,必存规讽,多所补益。"对此,唐太宗深感满意地对侍臣说:"群臣皆若世南,天下何忧不理。"②

(三)统一经学的盛举

隋唐时期,结束了长达几百年的魏晋南北朝分裂局面,政治上统一必然要求思想上的统一。隋朝经学业已出现了南北融合的趋势,如著名的经学大师刘焯、刘炫等,"学通南北,博极古今",③开创了统一经学的先河。然而,隋朝国祚短促,未能完成经学的统一。

经籍图书的搜集与整理,是经学统一所必需的物质准备。唐太宗十分重视这项工作。由于隋末丧乱,"先代之旧章,往圣之遗训,扫地尽矣。"④李唐王朝建立后,就重新振兴经籍。武德四年平定东都后,"于时海内渐平,太宗乃锐意经籍。"⑤次年,令狐德棻为秘书丞,鉴于"经籍亡逸","奏请购募遗书,重加钱帛,增置楷书,令缮写。数年间,群书略备。"⑥太宗即位,在弘文殿聚集了四部书二十余万卷,以备校刊整理和撰写专著参考之用。贞观三年,魏征

---

① 《资治通鉴》卷一九二,胡三省注。
② 《旧唐书·虞世南传》。
③ 《北史·儒林传》序。
④ 《旧唐书·儒学传》序。
⑤ 《旧唐书·太宗本纪》。
⑥ 《旧唐书·令狐德棻传》。

任秘书监,向太宗建议:请购募天下图书,并选五品以上官僚的子弟为书手,缮写藏于内库。"征以丧乱之后,典章纷杂,奏引学者校定四部书。数年之间,秘府图籍,粲然毕备。"①经魏征等校订分类,第一为"经",第二为"史",第三为"子",第四为"集",所谓"经、史、子、集"图书编目四部体制最终确定了。

在国家经籍图书已趋完备的情况下,唐太宗为了巩固封建统治,适应科举考试的需要,采取以下两个步骤,完成了经学的统一。

第一步是校刊统一的《五经定本》,颁行全国,供学习考试之用。

贞观四年,唐太宗"以经籍去圣久远,文字多讹谬,诏前中书侍郎颜师古考定《五经》"。② 其实,《五经》文字谬误不单是"去圣久远"造成的,也与南北分裂局面有关。南北对峙,各有师承,因袭旧说,在流传过程中不免以讹传讹,形成了各有所本、各有所师的错综复杂的情况。唐太宗既然一统天下,以四海一家为己任,对此当然不能熟视无睹,于是着手部署《五经》版本的统一整理。

唐太宗物色颜师古,是颇有眼力的。因为师古是名儒颜之推的孙子,祖先原居琅邪,世仕江左。颜之推历官南北朝,学问通博,深知南北政治和俗尚的弊病,尤其擅长文字训诂、声韵、校勘之学。颜师古少传家业,遵循祖训,博览群书,精研训诂,从祖业中继承了研究经学的基本功。贞观初,曾任中书侍郎,后坐事免。闲官之际,奉太宗之命,潜心于《五经》考定,自然是很适宜的。颜师古利用"秘书省"所藏的大量经籍图书,以晋、宋以来古今本为依据,悉心校正。这实际上是对魏晋南北朝以来《五经》版本与文字的一

①　《旧唐书·魏征传》。
②　《旧唐书·儒学传》序。

次大清理。

历时两年多,《周易》、《尚书》、《毛诗》、《礼记》、《左传》等《五经定本》完成了,并呈献给唐太宗。太宗十分重视,特地请宰相房玄龄召集诸儒"讨论得失",加以评议。由于诸儒的学派观点不同,纷纷对《五经定本》提出了很多意见。"于是异端锋起,师古一一辩答,取晋宋古本以相发明,所立援据,咸出其意表,诸儒皆惊所未闻,叹服而去也。"①唐太宗知道后,"称善者久之"。最后,于贞观七年十一月,"颁其所定书于天下,令学者习焉。"②这样,颜校的《五经》以封建专制政府法定的经典形式,颁行全国,作为中央朝廷至地方州县各级学校的标准教科书。对于习学者来说,克服了过去求经无所适从的苦恼。

第二步是编撰统一的《五经》义疏,对于南北经学作了一次大总结。

《五经》版本的统一,为下一步《五经》义疏的统一打下了基础。按理说,贞观七年《五经定本》颁行后,接着就该是经书注疏工作。但因故迟至贞观十二年,③唐太宗针对当时"儒学多门,章句繁杂"的情况,④命令新任国子祭酒孔颖达主编《五经》义疏。孔颖达深明《五经》,隋末与"名重海内"的经师刘焯辩难经义,"多出

---

① 《册府元龟》卷六〇一。

② 《贞观政要》卷七,《崇儒学》篇。

③ 《五经正义》的编撰始于何年?《贞观政要》、旧新《唐书》、《资治通鉴》等均无确切记载。《册府元龟》卷六〇八云:"贞观中,(孔颖达)迁国子祭酒,撰正《五经疏义》。"按:孔颖达于贞观十二年迁国子祭酒,编撰义疏当始于此年。贞观七年以后,唐太宗召集大批经学大师包括颜师古、孔颖达等,忙于《五礼》的制定。贞观十一年正月,《五礼》颁行了,唐太宗才把力量转移到经书注疏的统一工作上。

④ 《册府元龟》卷六〇六。

其意表"。① 说明孔氏对南北经学深有造诣。唐太宗任他为主笔，亦可谓知人。

唐初，由于延续了南北经学的师承关系，造成了思想上和理论上的歧义，学校缺乏统一教材，科举缺乏统一答卷。所谓"师说多门"，②显然不能适应唐初政治上统一的需要。统一南北经义与学风，也就成为文治的当务之急了。然而，义疏工作量比校刊《五经定本》大得多，所以，由孔颖达领衔外，辅之以颜师古、司马才章、王恭、王琰等名儒，参加者还有国子司业、助教，太学博士、助教以及四门博士、助教等等，共计二十几人。

经过两年的努力，一百八十卷的《五经》义疏终于贞观十四年二月编成了，③名称叫"义赞"。唐太宗颇感满意，特下诏褒奖曰："卿等博综古今，义理该洽，考前儒之异说，符圣人之幽旨，实为不朽。"④不过，太宗认为"义赞"名称不确切，下诏改名为《五经正义》，并将它交付国子监，作为试用教材。

《五经正义》之所以被唐太宗视为"不朽"著作，主要在于它综合古今，考订异说，定于一尊，以其义旨符合唐王朝的封建统治需要。孔颖达等奉敕编撰的《五经正义》，选取《周易》王弼注、《尚书》伪孔安国传、《左传》杜预注、《诗》毛传郑笺、《礼记》郑玄注等

① 《旧唐书·孔颖达传》。
② 《资治通鉴》卷一九五。
③ 《五经正义》编成于何年？《贞观政要》、旧新《唐书》、《册府元龟》等均无确切记载。唯《资治通鉴》卷一九五系于贞观十四年二月，今从之。唐高宗永徽四年所颁《五经正义》，无疑为一百八十卷。至于太宗时初稿卷数，记载不一。《贞观政要》卷七《崇儒学》篇和《旧唐书·孔颖达传》均作一百八十卷；《新唐书·儒学传》作"百余篇"；《旧唐书·儒学传》和《册府元龟》卷六〇六均作一百七十卷；《资治通鉴》卷一九五则不记卷数。清末皮锡瑞《经学历史》作一百七十卷，似据《旧唐书·儒学传》。
④ 《旧唐书·孔颖达传》。

五种作为底本。疏解则多据南北朝至隋经师们的释文,采录诸家旧说,编缀成书。其长处是克服了"师说多门"、"章句繁杂"的弊病,奠定了一代之规模。《五经正义》的编撰,标志着南北经学的完全统一,标志着中国封建社会前期经学的终结。此后,汉魏以来纷繁的师说一扫而空;宗派门户之见如今古文争、郑王学之辨、南北学之分,也都销声匿迹了。

但是,《五经正义》作为官修之书,杂出众手,弊病不少。它采取"疏不破注"的原则,坚持以义疏解释某家注文,不得越雷池一步,实在太拘泥了。从全书看来,往往是曲徇注文,彼此互异,疏文失于虚浮。当时,有个太学博士,名叫马嘉运,因参与编撰义疏,故颇知其弊。他"以颖达所撰《正义》颇多繁杂,每掎摭之,诸儒亦称为允当。"①贞观十六年,②由于"嘉运屡相讥诋",唐太宗下诏"更令详定"。③ 可惜,贞观十七年,孔颖达已年老退休,无法再主持修订工作了。尽管《五经正义》也有纰缪,但唐太宗对孔颖达还是推崇备至的。贞观十八年,绘像于凌烟阁,赞云:"道光列第,风传阙里。精义霞开,掞辞飚起。"④

终贞观之世,《五经正义》的修订未能完成。至唐高宗永徽二年,下诏儒臣继续重修。永徽四年三月书成,仍以孔颖达署名,正式颁行天下,作为钦定的全国性的教科书。此后沿至宋代,明经科举取士,试题与经义皆以此为标准。总之,唐太宗统一《五经定本》和《五经正义》,是中国经学史上一件大事。正如范文澜先生

---

① 《旧唐书·马嘉运传》。
② 《周易正义》序云:"至(贞观)十六年,又奉敕与前修疏人……覆更详审,为之正义。"
③ 《册府元龟》卷六〇八。
④ 《旧唐书·孔颖达传》。

所说:"对儒学的影响,与汉武帝罢黜百家独尊儒学有同样重大的意义。"①汉代独尊儒术,尚未制定统一的全书,五经博士分门授徒,派别甚多,就经学统一的规模来说,汉不及唐之盛大。由于唐王朝的盛世远远超过汉王朝,加上唐太宗对经义解释采取兼收并蓄、以广见闻的态度,所以,唐初经学的统一达到了前所未有的盛况。

第二节　大兴礼乐

唐太宗在给名儒萧德言的书信中说:"天下无事,方欲建礼作乐,偃武修文。"②功成而作乐,治定而制礼,这是唐初"偃武修文"的一个重要方面。

(一)《大唐雅乐》的修订

唐王朝初建时,"军国多务,未遑改创,每燕享因隋旧制,奏九部乐"。直到武德九年正月,才由太常少卿、杰出的音乐大师祖孝孙开始修订雅乐。祖孝孙熟习陈、梁、周、齐旧乐,吴楚之音以及胡戎之伎,"于是斟酌南北,考以古音,作为《大唐雅乐》。"③历时二年半,新乐于贞观二年六月修订完毕。贞观六年,唐太宗又令褚亮、虞世南、魏征等作新乐乐章。

《大唐雅乐》的修订,是唐初政治上统一的必然产物。南北朝时期,由于种族与地域的隔阂,形成了"梁、陈之音"的南乐与"周、

---

① 《中国通史》第四册。
② 《旧唐书·萧德言传》。
③ 《册府元龟》卷五六九。

齐之音"的北曲。唐初打破了南北界限,音乐领域里必然要求扩大新声,融合南乐北曲,调和吴楚之音与胡戎之声。唐太宗顺应时代的潮流,致力于把南北胡汉音乐熔于一炉,赋予贞观"新乐"以健康向上的积极因素,有利于唐代歌舞艺术的发展与繁荣。

唐承隋制,在音乐艺术上也有明显的继承关系。贞观"新乐"就是以隋朝九部乐作为基础的。所谓九部乐,是指燕乐、清商、西凉乐、扶南乐、高丽乐、龟兹乐、安国乐、疏勒乐、康国乐等九种。贞观十四年,唐太宗平定高昌,获得一批高昌乐工,交付太常,于是增加了高昌乐,连同过去的九部乐,共有十部。贞观十六年十一月,唐太宗"宴百僚,奏十部乐"。[①] 这十部乐既可按曲演奏,又可随声起舞。因唐代舞蹈称为"伎",故十部乐又称十部伎。它的出现显然是中外文化交流和我国各族文化融合的积极成果。

(二)《破阵乐》与《庆善乐》

唐太宗不仅锐意改革原有的音乐舞蹈,而且还亲自主持创作了新的歌舞,即《秦王破阵乐》和《功成庆善乐》。

早在武德三年,秦王李世民平定刘武周,收复并、汾旧地,为了庆祝胜利,"河东士庶歌舞于道,军人相与为《秦王破阵乐》之曲。"[②]贞观元年正月,唐太宗宴请群臣,开始在殿堂上演奏。他颇为得意地说:"朕昔在藩,屡有征讨,世间遂有此乐,岂意今日登于雅乐。然其发扬蹈厉,虽异文容,功业由之,致有今日,所以被于乐章,示不忘于本也。"[③]可见,《破阵乐》是一支颂扬唐太宗显赫战功的赞歌。此后,每有宴会,必定演奏。贞观七年正月,唐太宗又亲

---

① 《册府元龟》卷五六九。
② 《隋唐嘉话》中。
③ 《旧唐书·音乐志》。

自设计了一张《破阵舞图》，请著名的音乐家吕才担任艺术指导，按图教练乐工一百二十八人，舞者被甲执戟，象征车骑与步兵相间，往来击刺。旁有乐队伴奏，歌者和唱。还命魏征、虞世南、褚亮、李百药等改制歌辞，更名为《七德舞》。所谓"七德"，出典于《左传》中"武有七德"，意在发扬武功盛德。后来，又一度改名为《神功破阵乐》。

《庆善乐》创作于贞观六年九月。那时，唐初大治已见成效。唐太宗亲临武功旧宅庆善宫，仿照汉高祖和光武帝荣归故乡的做法，赏赐闾里。因重游故里，触景生情，不禁赋诗十韵。音乐大师吕才立即把他的诗谱之管弦，名为《功成庆善乐》。还命令六十四位儿童，头戴"进德冠"，身穿"紫袴褶"，长袖漆髻，打扮文雅，不执干戈。伴随着清脆而悠扬的曲调，徐徐起舞。这种舞蹈又叫《九功舞》，表现了唐太宗对故土的怀念和胜利、成功之后的豪情。

总之，"《庆善乐》为文舞，《破阵乐》为武舞。"①前者"广袖曳屣，以象文德"；后者"被甲持戟，以象战事。"②它们作为唐初舞蹈艺术的杰作，无疑是唐太宗文治武功的象征。因此，每逢元旦、冬至、朝会、庆赏时，它们是经常演出的节目，深得观众好评。《七德舞》不仅名扬国内，而且远播海外，连天竺（印度）王尸罗逸多也遥闻此乐舞。③

（三）"人和则乐和"的卓越见解

唐太宗对音乐艺术的社会作用也有自己的见解。贞观二年六月，《大唐雅乐》初演时，唐太宗和群臣就"乐"的作用问题进行了

---

① 《魏郑公谏录》卷四。
② 《隋唐嘉话》中。
③ 《唐会要》一〇〇，《天竺国》。

讨论。御史大夫杜淹举例说,北齐将亡,随之作《伴侣曲》;陈朝及灭,出现《玉树后庭花》;由此证明"前代兴亡,实由于乐"。唐太宗不以为然,认为音乐虽有感人的艺术效果,但是"悲欢之情,在于人心,非由乐也。将亡之政,其民必苦,然苦心所感,故闻之则悲耳。何有乐声哀怨,能使悦者悲乎?"魏征插话说:"乐在人和,不由音调。"①对此,太宗完全赞同。所谓"乐在人和",是对音乐艺术社会作用的理解,反映了贞观君臣们的民本论的思想特征。

又有一次,协律郎张文收建议"厘正太乐"。唐太宗不同意,说:"乐本缘人,人和则乐和。至如隋炀帝末年,天下丧乱,纵令改张音律,知其终不和谐。若使四海无事,百姓安乐,音律自然调和,不藉更改。"②这里,以隋亡为鉴,强调"人和"是"乐和"的前提,不愧为卓越的见解。

因此,唐太宗在倡导音乐歌舞的过程中,始终保持政治家的清醒头脑,十分注意音乐歌舞要达到"人和"这个目的。例如,贞观七年正月,在玄武门宴请三品以上官员,演奏《七德舞》时,太常卿萧瑀建议:要详尽地表演擒获刘武周、薛举父子、窦建德、王世充等具体而真实的状貌。唐太宗不同意,认为今朝将相臣僚当中,不少人从前是刘、薛、窦、王的部下,"若睹其故主屈辱之状,能不伤其心乎!"萧瑀拜谢说:"此非臣愚虑所及。"③的确,唐太宗比萧瑀高明,考虑问题深刻。那样真实地表演,粗看起来,似乎突出了唐太宗的"圣功",实际上却使君臣之间蒙上一层"不和"的阴影。既然不符合"人和"的原则,不符合贞观用人政策的原则,所以遭到了拒绝。这就清楚地说明,唐太宗是很关注音乐歌舞的社会效果的。

---

① 《旧唐书·音乐志》。
② 《旧唐书·张文收传》。
③ 《资治通鉴》卷一九四。

（四）《贞观新礼》的颁行

封建礼仪，是维护封建统治秩序所必需的。六朝礼学尤盛，隋与唐初亦然。因为政治上的统一，封建专制集权国家的巩固，必然要求南北礼学趋向合流。史称："寰区一统，(隋)文帝命太常卿牛弘集南北仪注，定《五礼》一百三十篇。"①继之，隋炀帝在广陵加以修订，即《江都集礼》，它是集南北礼学之大成。

及至唐高祖定鼎长安，"方天下乱，礼典湮没"，就召用熟悉隋朝礼仪的窦威为大丞相府司录参军，沿袭隋礼，略加裁定。窦威定礼，被李渊赞为"今之叔孙通。"②唐太宗即位后，既以文治相标榜，就不能不对隋礼有所损益革新。贞观二年，中书令房玄龄兼任礼部尚书，唐太宗请他召集一批"礼官学士"修改旧礼。次年，魏征任秘书监，也参与修订工作。经过几年的努力，至贞观七年"始令颁示。"③这是《贞观新礼》的初次修订稿，篇目大体上和《隋礼》相同。

由于初次修订，难免有不完善之处。特别是贞观七年以后，围绕着"封禅"大典争论激烈，意见纷纭，所以就有重新修订《五礼》的必要。唐太宗命房玄龄、魏征、王珪等大臣主持修改，同时邀请一批著名学者如颜师古、孔颖达、令狐德棻、李百药等参加。孔颖达起了重要作用，他"与朝贤修定《五礼》，所有疑滞，咸咨决之。"④贞观十一年三月，《贞观新礼》修成，共计一百三十八篇，比

---

① 《旧唐书·礼仪志》。
② 《新唐书·窦威传》。
③ 《通典》卷四一。
④ 《旧唐书·孔颖达传》。

初稿增加了八篇。①唐太宗诏颁天下,说:"广命贤才,旁求遗逸,探六经之奥旨,采三代之英华,古典之废于今者,咸择善而修复,新声之乱于雅者,并随违而矫正。"②可见,《贞观新礼》第二次修订稿较为完备,可谓集古今礼学之大成。

对于《贞观新礼》的颁行,唐太宗是非常重视的。他得意地说:"昔周公相成王,制礼作乐,久之乃成。逮朕即位,数年之间,成此二乐(指《破阵乐》和《庆善乐》)五礼,又复刊定,未知堪为后代法否?"向来以"犯逆鳞"著称的魏征,一反常态,吹嘘唐太宗"拨乱反正,功高百王,自开辟以来,未有如陛下者也。更创新乐,兼修大礼,自我作古,万代取法,岂止子孙而已。"③贞观君臣之所以把"制礼作乐"当作"万代取法"的事业,是因为礼乐那套东西适应封建专制主义统治的需要。

除了官修《五礼》外,还盛行私人的礼学研究,出现不少著名的《三礼》(《周礼》、《仪礼》和《礼记》)专门家。清代史学家赵翼说:"六朝人最重《三礼》之学,唐初犹然。"④唐初礼学既有继承六朝的内容,又带有统一时期的新特点。针对南北礼学注疏纷繁、章句庞杂的弊病,魏征将流传颇广的戴圣《礼记》进行删削,即所谓

---

① 关于《贞观新礼》的篇数,《旧唐书·礼仪志》云:"定著《吉礼》六十一篇,《宾礼》四篇,《军礼》二十篇,《嘉礼》四十二篇,《凶礼》六篇,《国恤》五篇,总一百三十八篇,分为一百卷。"《新唐书·礼乐志》曰:"为《吉礼》六十一篇,《宾礼》四篇,《军礼》二十篇,《嘉礼》四十二篇,《凶礼》十一篇,是为《贞观礼》。"《资治通鉴》卷一九四仅作"所定《新礼》一百三十八篇",无具体篇目。按:新书将《国恤》五篇并入《凶礼》,总篇数也为一百三十八篇。《贞观新礼》定稿比初稿增加《军礼》八篇。或谓初稿《军礼》十二篇,疑为二十之讹误,如是则初稿也为一百三十八篇。此说欠妥,今不从。
② 《册府元龟》卷五六四。
③ 《魏郑公谏录》卷四。
④ 《廿二史札记》卷二十。

"魏氏病群言之冗胦,采众说之精简。"①以数年时间,完成《类礼》二十篇。这部书好就好在它"削其重复,采先儒训注,择善从之,研精覃思。"②由于魏征编撰的《类礼》有删繁就简、择善而从的优点,所以"太宗览而善之,赐物一千段,录数本以赐太子及诸王,仍藏之秘府。"③

(五)以礼相制的社会效果

贞观时期,礼学作为封建经学的重要组成部分,当然具有思想指导的意义。于是,以礼制约各种社会关系,成为贞观君臣们强调的行为规范,突出的表现在以下几方面。

第一,以礼维护封建君主专制制度。

唐太宗重视礼学,如同任何封建帝王一样,首先在于维护君权的威严。所谓"礼者,敬之本;敬者,礼之舆。故《礼运》云:'礼者,君之柄,所以别嫌明微。'"④贞观十一年十月,即《贞观新礼》颁发后半年,唐太宗在洛阳宫积翠池宴请群臣,就《尚书》赋诗一首:"日昃玩百篇,临灯披《五典》。夏康既逸豫,商辛亦流湎。恣情昏主多,克己明君鲜。灭身资累恶,成名由积善。"接着,魏征就西汉史事作诗道:"终藉叔孙礼,方知皇帝尊。"太宗一听,甚为高兴,说:"魏征每言,必约我以礼也。"⑤可见,贞观君臣,以礼相约,具有维护封建皇帝尊严的作用。

同时,礼对于封建等级制度来说,也是须臾不可少的东西。由

---

① 《新唐书·元澹传》。
② 《旧唐书·魏征传》。
③ 《册府元龟》卷六〇六。
④ 《唐律疏议》卷一。
⑤ 《册府元龟》卷四〇。

314

于封建统治秩序的特征是论等级、讲尊卑、别贵贱，所以在礼仪上必然要有繁琐而严格的规定，包括第宅、车马、婚嫁、丧葬、祭祠等都不准僭越。例如，贞观四年八月，唐太宗诏以"常服未有差等，自今三品以上服紫，四品、五品服绯，六品、七品服绿，八品服青；妇人从其夫色。"[①]又如，唐太宗有一爱女名叫长乐公主，是长孙皇后所生，平日十分宠爱。当公主出嫁时，特意"敕有司装赍视长公主而倍之。"长公主是高祖之女，长乐公主之姑，按婚礼规定，嫁妆多少应随辈分高低而定。唐太宗将爱女嫁妆加倍的作法，显然是违背礼制的。魏征便以为礼经"制有等差，渠可越也"，[②]要求改变偏爱越礼的作法。长孙皇后闻知此事，督促唐太宗应以礼办事，从而维护了封建等级制度。

第二，以礼制律，刑礼相辅而行。

唐太宗继承与发展汉以来援礼入律的传统，一方面，把礼学作为制订与修改律令的指导思想。一部《唐律》，其绝大多数篇章都是按礼定律的。正如《明史·刑法志》指出："唐撰律令，一准乎礼，以为出入"。也就是说，以礼之出入作为量刑定罪的标准。唐太宗还指示房玄龄以礼修改恩不相及、祸俱株连的酷法。房玄龄"据礼论情"，修改了过去因犯"谋逆"而株连兄弟而处死刑的条文。这是以礼制律、改死为流的例子，说明唐初礼学与律学之间互相渗透，以刑外礼内的形式加强了儒家礼学对律学的影响。

另一方面，唐太宗为了维护礼学，也以刑拯礼之失。贞观十一年，他下诏说："失礼之禁，著在刑书。"针对当时逾越丧礼而竞相厚葬的风气，提出严厉的批评："富者越法度以相尚，贫者破资产

---

① 《资治通鉴》卷一九三。
② 《新唐书·诸帝公主传》。

而不逮,徒伤教义,无益泉壤,为害既深,宜为惩革。其王公以下,爰及黎庶,自今以后,送葬之具有不依令式者,仰州府县官明加检察,随状科罪。"①这是对"失礼"者绳之以法的例子。

第三,以礼作为政治准则,调整封建统治阶级的内部关系。

贞观君臣十分强调以礼作为行为规范,合乎礼的就办,不合乎礼的就要改正。《旧唐书》卷七十赞曰:"动必由礼,言皆匡躬。献规纳谏,贞观之风。"这确实反映了贞观时期政治生活中的一个特点。

唐太宗不仅注意以礼来约束自己的行为,而且经常引用礼经来教诲自己的子弟。贞观十一年,他告诫吴王恪说:"若不遵诲诱,忘弃礼法,必自致刑戮,父虽爱之,将如之何?"教戒诸王,训以礼法,显然是防止出现"犯义悖礼,淫荒无度,不遵典宪,僭差越等"的情况,②防止引起皇室内部的争斗。

同样,大臣们上疏规谏,也时常引礼献言。贞观十二年春正月,礼部尚书王珪上奏指出,三品以上公卿大臣途遇亲王,都要下马拜见,事属"非礼"。魏征支持此说,认为按照礼度亲王与三品以上公卿品位相当,礼仪均等,"为王降乘,非王所宜当也。"③可见,王珪、魏征进谏的立论根据在于是否合乎礼制。因为谏诤符合礼典的精神,所以唐太宗也就接受了,规定三品以上公卿路遇亲王不必下马。

魏征还主张帝王要以礼对待臣下。贞观十四年,他又上《论治道疏》,说:"虽臣之事君无二志,至于去就之节,当缘恩之厚薄,

---

① 《贞观政要》卷六,《俭约》篇。
② 《贞观政要》卷四,《教戒太子诸王》篇。
③ 《册府元龟》卷三二七。

然则为人主者,安可以无礼于下哉!"①这里,把君王礼臣看成是臣下忠君的前提,又以礼作为调整君臣之间的行为准则,算是开明的政治观点。唐太宗不仅接受了,并且付之贯彻执行,从而形成了君臣共治、上下相亲的局面。可见,在贞观君臣的倡导下,礼学结合时政,对于协调君臣关系起了显著的作用。诚如清人赵翼所说:"唐人之究心三礼,考古义以断时政,务为有用之学。"②

第三节　重视学校教育

《旧唐书·文苑传》序说:"文皇帝解戎衣而开学校,饰贲帛而礼儒生。"贞观学校之盛可说是前所未有的。

(一)国子监及州县学

唐太宗重视学校教育,是跟他求贤如渴的政治思想分不开的。他认为"今所任用,必须以德行、学识为本。"③人臣若无学识,就不能胜任职务。而要获得学识,学校教育当然是重要的途径。此外,由于"太宗以武功定海内,栉风沐雨,不暇于诗书"④,所以天下一统后,深感读书博学的迫切性。

正是在唐太宗的重视下,学校教育制度逐渐完备化,确立了中央、州、县三级官学制。贞观元年,原来的国子学改名为"国子监",号称三监之首,说明它的地位提高了。国子监作为全国最高学府,下属六种学校,即国子学、太学、四门学、律学、书学、算学等。

---

①　《全唐文》卷一三九。
②　《廿二史札记》卷二〇。
③　《贞观政要》卷七,《崇儒学》篇。
④　《旧唐书·邓世隆传》。

学生名额分别为三百、五百、一千三百、五十、三十、三十等。前三种学校接纳三品、五品、七品以上的官僚子弟入学,后三种录取的则是八品以下的官吏和一般地主子弟。可见,国子监是官僚地主垄断的教育部门,也是封建国家培养人才的最集中的机构。另外,唐太宗即位初,在门下省置弘文馆;贞观十三年,在太子东宫设崇文馆。这两文馆兼教授生徒,专门收取皇亲国戚及宰相高级官僚的子弟。

至于地方学校,包括京都、都督府、州、县等所设立的,但主要是州学和县学两级。学生多数来自士庶地主,大概也有资格的限制。学习成绩优良者,可由地方官保送参加常举考试。经州考试合格后,送到中央参加常举考试,称为"乡贡"。"乡贡"合格者,可获得做官的候补资格。值得一提的是,唐太宗于贞观三年九月下令"诸州置医学",①设医药博士一人,从九品上,掌疗民疾,教授学生。这对于各地医学教育事业的发展起了一定的作用。

从学校内部体制来看,国子监置祭酒一员、司业二员,为最高学官,"掌邦国儒学训导之政令。"②六种学校各有博士、助教多人,进行具体的教学活动。国子学、太学和四门学的"教法"基本上相同,主要是儒家经书的读与讲,故其教师大都是经师。课程除必修的《孝经》、《论语》外,设有大经(《礼记》和《左传》)、中经(《毛诗》、《周礼》和《仪礼》)、小经(《周易》、《尚书》、《公羊传》和《谷梁传》),统称为"九经"。

唐太宗为了鼓励儒生读经,从贞观五年以来,多次亲临国子监,参加"释奠"仪式与听讲经义,表示对学校教育的关怀。所谓

① 《旧唐书·太宗本纪》。
② 《旧唐书·职官志》。

"释奠",就是每年仲春和仲秋,以太牢敬祭孔子,礼典极其隆重。例如,贞观十四年春二月,唐太宗到国子监观看"释奠",请国子祭酒孔颖达讲解《孝经》。孔颖达讲完后,特地敬献《释奠颂》。唐太宗手诏褒美之,同时以绢帛赏赐祭酒以下诸学官以及高材生。

(二)教育制度的改革

为了培养"贞观之治"的众多人才,唐太宗对学校制度作了某些改革。

首先,十分重视各类教师的选拔。史称,唐太宗"大征天下名儒为学官。"[①]这是适应天下一统而采取面向全国的招聘教师的措施,对于提高师资质量起了重要作用。例如著名经学大师孔颖达,贞观六年召为国子司业,贞观十二年拜国子祭酒,前后在国子监掌教长达十多年。"专精儒业"的经学家马嘉运,贞观十一年征为太学博士,贞观十九年迁国子博士。名儒王恭,原在乡间教授弟子,声名远扬,贞观初被任为太学博士。经学家司马才章,少传父业,博涉五经,由房玄龄推荐为国子助教。如此等等,不胜枚举。

其次,强调统一教材的选编与试用。如前所述,唐太宗针对师说多门、章句繁杂的弊病,不仅颁行了《五经定本》,而且命令孔颖达等编撰《五经正义》,作为国子监试用教材,令学者习之。这样,生徒们学有依据,不至于因文义解释歧异而无所适从。当然,这种"统一"必定"统死",诵习经书,全依本本,头脑也就被禁锢了。

第三,在地主阶级内部尽量扩大招生名额。唐初从中央到地方,各级学校招生都是有资格限制的。但是,由于唐太宗广开学校,相当多的庶族地主子弟也获得学习的机会。京城长安增筑宿

---

① 《资治通鉴》卷一九五。

舍,生徒数千,国子监成为当时世界上规模最大的学府。甚至对担任警卫的屯营飞骑,也请博士授以经业。为了在地方上奖励读书,贞观六年七月,唐太宗"诏天下行乡饮酒",①也就是天下劝学行礼的意思。

第四,积极接收异族异国的留学生。由于唐太宗奉行"中国既安,四夷自服"的方针,京城长安成为各族各国文化交流的中心。国内边远地区的民族如高昌、吐蕃等酋长不胜内向,派其子弟学习高度繁荣的汉族文化。国外如新罗、百济、高丽、日本等国统治者也仰慕"贞观之治",纷纷派遣子弟入唐留学。

总而言之,贞观时期,出现了学风大兴的盛况:"四方秀艾,挟策负素,坌集京师,文治焕然勃兴。"②唐代杜佑作了这样简明的总结:"贞观五年,太宗数幸国学,遂增筑学舍千二百间。国学、太学、四门亦增生员,其书、算各置博士,凡三千二百六十员。其屯营飞骑亦给博士,授以经业,无何高丽、百济、新罗、高昌、吐蕃诸国酋长,亦遣子弟请入国学之内八千余人,国学之盛,近古未有。"③中唐杰出的大诗人刘禹锡也对唐太宗的"养才之道"赞叹不已,希望"贞观之风,粲然可复。"④这些评论都是对贞观学校之盛的赞扬。

---

① 《新唐书·太宗本纪》。
② 《新唐书·儒学传》序。
③ 《通典》卷五三。
④ 《新唐书·刘禹锡传》。

第十四章　以史为鉴

唐太宗文治的一个重要内容，就是以史为鉴。贞观年间的史书编纂，以史辅治，以汉文为师，以秦隋为诫，辨两晋之得失，考前朝之兴亡，无不循此而行。在此基础上又形成了他进步的历史观。

第一节　"以古为镜"与史书编纂

唐太宗有句名言，叫做"以古为镜，可以知兴替。"①这是他重视以史为鉴的经验总结。"以古为镜"或者以史为鉴，就是吸取历史上封建王朝治乱兴亡的教训，检讨现实，对照自己，励精图治，共成政道。

（一）贞观之治与历史经验的总结

贞观之治的重点在致治，致治的途径是多方面的，其中重要的一条是对历史经验的总结，这就涉及"治"与"史"的关系。"治"，立足于现实；"史"，着眼于过去，以史辅治，也就是以古鉴今。正如他在《帝范序》中指出的："所以披镜前踪，博采史籍，聚其要言，以为近诫云尔。"②唐太宗是我国历史上最重视以史为治的封建帝王之一。他喜欢议史、读史，并从中总结致治、知治的历史经验。

---

① 《旧唐书·魏征传》。
② 《全唐文》卷十，《帝范序》。

贞观初,太宗欲拨乱反正,使天下大治,于听政之暇,经常与群臣议论古今治乱兴亡。史学家李百药赞扬他"终及日昃,命才学之士,赐以清闲,高谈典籍,杂以文咏,间以玄言,乙夜忘疲,中宵不寐。"①贞观中,黄门侍郎刘洎称颂他"听朝之隙,引见群官,降以温颜,访以今古"。② 从这些字里行间,透露了唐太宗夜以继日地与大臣议史致治的热忱。

唐太宗又是个读史成癖的君主,他于理政之暇,或同大臣"共观经史",③或单独"披览忘倦,每达宵分"。④ 他如此刻苦攻史,为了什么呢?请看他在《帝京篇》咏诗自陈:"披卷览前迹,抚躬寻既往",表白自己从阅读的史籍中寻找治理天下的经验借鉴。如他看了三国史事,以诸葛亮的秉公赏罚为鉴说:"昔诸葛孔明,小国之相,犹曰:'吾心如秤,不能为人作轻重,况我今理大国乎?'"⑤由此观之,魏征赞扬他:"览古今之事,察安危之机。"⑥并非溢美之辞。对此,王船山曾深刻地指出:"读史者鉴之,可以知治,可以知德,可以知学矣。"并称赞贞观君臣"引古证今"、"酌古鉴今,斯可久之良法与!"⑦

对唐太宗来说,最切实的读史借鉴莫过于历代帝王的嘉言懿行了。贞观初,他配合励精图治的需要,指示魏征、虞世南、肖德言等,删编《百代帝王所以兴衰者》节本。唐太宗读后嘉奖说:"使我稽古临时不惑者,公等力也!"⑧及至贞观十四年,他对房玄龄说:

---

① 《旧唐书·李百药传》。
② 《旧唐书·刘洎传》。
③ 《旧唐书·虞世南传》。
④ 《贞观政要》卷一,《君道》篇。
⑤ 《贞观政要》卷五,《公平》篇。
⑥ 《贞观政要》卷十,《灾祥》篇。
⑦ 《读通鉴论》卷二十。
⑧ 《新唐书·萧德言传》。

"朕每观前代史书,彰善瘅恶,足为将来规诫。"①贞观中,他在《答魏征上群书理要手诏》中说:"览所撰书,博而且要,见所未见,闻所未闻,使朕致治"。② ……贞观晚年,他在《金镜》里指出自己要做有道明君、不做无道暗主时说:"朕以万机暇日,游心前史。仰六代之高风,观百王之遗迹,兴亡之运,可得言矣。每至轩昊之无为,唐虞之至治,未尝不留连赞咏,不能已。及于夏殷末世,秦汉暴君,使人懔懔然,兢惧如履朽薄然。"③这就清楚地说明,总结历史经验,归根到底,是为了"贞观之治"。

(二)贞观修史的空前盛况

由于唐太宗十分重视以史为鉴,所以贞观时期出现了前所未有的修史盛况,成绩极为可观。贞观一代修成八部正史。这就是《北齐书》、《周书》、《梁书》、《陈书》、《隋书》、《晋书》、《南史》、《北史》。除南北史是李延寿父子私家独撰外,其余六部都是由唐太宗下诏集体官修的。

首先说五朝史的编纂。

早在武德四年,李渊接受了令狐德棻提出的修撰梁、陈、齐、周、隋、魏六朝正史的建议,次年十二月,李渊下诏修史,任命中书令萧瑀等三人修魏史,侍中陈叔达等三人修周史,兼中书令封德彝等二人修隋史,大理卿崔善为等三人修梁史,太子詹事裴矩等三人修齐史,秘书监窦琏等三人修陈史。

六代史因种种原因,未能在武德年间完成,于是续修的责任落

---

① 《贞观政要》卷七,《文史》篇。
② 《全唐文》卷九,《答魏征上群书理要手诏》。
③ 《全唐文》卷十,《金镜》。

到了唐太宗的身上。"贞观三年,太宗复敕修撰",①除《魏书》较为详备,遂不复修外,其余均加续修。太宗命礼部侍郎令狐德棻与秘书郎岑文本修周史,中书舍人李百药修齐史,著作郎姚思廉修梁、陈史,秘书监魏征修隋史,尚书左仆射房玄龄总监诸史。他还亲自制定了有分有合的修史制度:"命学士分修,事具于上。"②

《周书》主编令狐德棻是个"博涉文史"的史学家,他吸取了西魏史官柳虬所写的北周官史,和隋代牛弘追撰的《周纪》十八篇,又利用了唐初修史征集的家状作为补充,以牛史为蓝本,于贞观十年成书五十卷。

《北齐书》主编李百药是个"四海名流,莫不宗仰"③的学者,他有家学渊源,其父李德林"在齐时预修国史创纪传书二十七卷,至开皇初奉诏续撰增多三十八篇以上"。在此基础上,他参考隋秘书监王劭编年体《齐志》十六卷,并"杂采它书,演为五十卷",④于贞观十年成书。

《梁书》、《陈书》主编姚思廉有"命世"之史才,他继承梁代谢炅的《梁书》、陈代许亨的《梁史》以及顾野王的陈朝国史纪传、陆琼的《陈书》研究成果外,主要师承家父姚察在陈、隋之际两度编撰梁、陈史的遗稿,笔削成书,"加以新录,弥历九载,方始毕功。述为《梁书》五十六卷、《陈书》三十六卷。"⑤

---

① 《旧唐书·令狐德棻传》。
② 《史通》卷十二,《正史》。
③ 《旧唐书·李百药传》。
④ 《史通》卷十二,《正史》。
⑤ 《史通》卷十三《正史》。又《旧唐书·姚思廉传》云:"又采谢炅等诸家梁史续成父书,并推究陈事,删益傅绰、顾野王所修旧史,撰成《梁书》五十卷,《陈书》三十卷。"今查新标点本《梁书》为五十六卷,《陈书》为三十六卷。可见,《旧唐书·姚思廉传》记载有误。故从《史通》。

《隋书》主编魏征有"良史"之称。① 其先虽有王劭的隋史十八卷及王胄的《大业起居注》，然而王劭缺乏体例，正如刘知几所说："至于编年纪传并阙其体"；而且王胄的起居注遭江都之变，"仍多散逸"。② 幸而唐距隋最近，事有所闻，可补遗缺。《隋书》纪传多出于中书侍郎颜师古、给事中孔颖达之手，颜、孔学贯古今，博通经史，所撰纪传，号为称职。魏征"总加撰定，多所损益，务存简正。"③所作《隋书》的序、论，针砭隋之存亡得失，多所深识。三人修撰纪传五十五卷，于贞观十年定稿。

房玄龄名义上是五朝史的总监，然而房任宰相，总司百揆，不容脱身。于是唐太宗任命魏征为实际的总监，"上仍使秘书监魏征总知其务。凡有赞论，征多预焉。"④故不仅《隋书》序、论出自魏征手笔，他如齐、梁、陈的总论亦复如此。既任总监，就得预闻史事。由于"周、隋遭大业离乱，多有遗阙"。⑤ 魏征为了解决史籍不足的欠缺，也很重视访求遗老的见闻。他数访年近百岁的老人，"话周、齐间事，历历如眼前"的孙思邈就是突出的例子。"初，魏征等受诏脩齐、梁、陈、周、隋五代史，恐有遗漏，屡访之，思邈口以传授，有如目睹。"⑥魏征修撰《隋书》亦采此作法。有一次，唐太宗问侍臣："隋大业起居注，今有在者否？"魏征答称："在者极少。"太宗又问："起居注者既无，何因今得成史。"魏征说："隋家旧史，遗落甚多，比其撰录，皆是采访，或是其子孙自通家传，参校，三人所

---

① 《旧唐书·魏征传》。
② 《史通》卷十二，《正史》。
③ 《旧唐书·魏征传》。
④ 《史通》卷十二，《正史》。
⑤ 《旧唐书·令狐德棻传》。
⑥ 《旧唐书·孙思邈传》。

传者,从二人为实。"①魏征以采访活史来补旧史的遗落,是别开生面的补救办法。又采集私人家传以充遗缺的官撰史书,亦不失为一种开拓史料的作法。魏征的严谨史风是既重视又不轻信,对传闻之事不取孤证,必通过校订,凡有印证,始虑采用,"良史"之称,殆非虚语。

贞观十年正月,五朝史修成,由尚书左仆射房玄龄、侍中魏征进呈御前,唐太宗下令嘉奖道:"公辈以数年之间,勒成五代之史,深副朕怀,极可嘉尚。"②魏征以总监之功,赏赐特丰,加封光禄大夫,进爵郑国公,赐物二千段。姚思廉赐采绢五百段,加通直散骑常侍。令狐德棻赐绢四百匹;李百药赐物四百段外,还擢散骑常侍,行太子左庶子。这是唐太宗对官修正史的鼓励。

兹后,唐太宗感到五朝史只有纪传、没有志这个缺陷,于贞观十五年又任命于志宁、李淳风、韦安仁、李延寿等续修史志,终贞观之世,迄未完成。高宗永徽元年续修,命令狐德棻监修,三年改由长孙无忌监修,显庆元年书成,由长孙无忌进呈,共十志,三十卷,初名《五代史志》。"其篇第虽编入《隋书》,其实别行,俗呼为《五代史志》"。③ 由于史志内容偏重隋代典章制度,故当时也称"隋书十志"。④后晋刘昫编《旧唐书·经籍志》已载《隋书》为八十五卷,可见,当时《隋书》已包括十志在内。

其次,关于《晋书》的编撰。

唐代以前的史家撰成晋史有二十多家,贞观年间,除沈约、郑忠、庾铣三家晋史已佚外,其余尚存十八家,然质量欠佳。唐太宗

① 《魏郑公谏录》卷四。
② 《册府元龟》卷五五四。
③ 《史通》卷十二,《正史》。
④ 《北史·序传》。

说:"十有八家,虽存记注,而才非良史,事亏实录。"①刘知几也说:"制作虽多,未能尽善"。② 于是,唐太宗于贞观二十年闰二月下诏重修。③ 指出他考辨史迹、通达书契的目的:"朕拯溺师旋,省方礼毕,四海无事,百揆多闲,遂因暇日,详观典府。考龟文于羲载,辨乌册于轩年,⋯⋯是知右史序言,由斯不昧;左官诠事,历兹未远,发挥文字之本,通达书契之源,大矣哉,盖史籍之为用也。"史书的作用既有如许之大,那就非修不可了。 在诏中他还提出可依修五代史故事,"若少学士,亦量事追取"。④ 故《晋书》也有宰相监修与亦分亦合的制度,不过修史学士比前增多。随之,唐太宗任命太子太傅房玄龄、黄门侍郎褚遂良、中书侍郎许敬宗三人为监修。"凡例皆(敬)播所发",⑤然而它没有流传下来。唐太宗还物色令狐德棻、李淳风、李义府、李延寿等十八人分工修撰。"采正典与旧说数十余部,兼引伪史十六国书"⑥。可见,《晋书》有两大资料来源,一为"正典",二为"旧说"。

当时"正典"称于时者,首推东晋干宝撰的《晋纪》,⑦"其书简略,直而能婉,咸称良书"。⑧ 此外,还有刘宋时何法盛所撰《晋中

---

① 《唐大诏令集》卷八一,《修晋书诏》。
② 《史通》卷十二,《正史》。
③ 《旧唐书·房玄龄传》云:"至(贞观)二十年,书成,凡一百三十卷,诏藏于秘府,颁赐加级有差。"按,唐太宗《修晋书诏》颁于贞观二十年闰二月,不可能于当年成书。可见,《旧唐书·房玄龄传》载《晋书》成书年代有误。
④ 《唐大诏令集》卷八一,《修晋书诏》。
⑤ 《新唐书·敬播传》。
⑥ 《史通》卷十二,《正史》。
⑦ 《隋书·经籍志》载:"《晋纪》二十三卷,干宝撰,迄愍帝。"而《晋书·干宝传》云《晋纪》"自宣帝迄于愍帝五十三年,凡二十卷"。《史通》卷十二作"二十二卷"。据《史通》与《隋书》所载,《晋书》记述《晋纪》卷数有误。
⑧ 《晋书·干宝传》。

兴书》。与南朝齐隐士、臧荣绪"又集东西二史合成一书",①内容较为详备。上述诸史都有可取之处,尤以臧修两晋史最负时望。故修史诸公以臧撰《晋书》为主,参酌诸家,兼采"旧说"。所谓"旧说",即指笔记小说之类的稗官野史。正史如能审慎地酌用适量野史,可使史文生动。然而,《晋书》甚至连干宝的《搜神记》、托名陶渊明撰的《搜神后记》等等志怪传闻也予以入传,不免贻笑于人。由于《晋书》史料丰富,撰家众多,进展较快,仅历时两年多就成书了,计有帝纪十卷,志三十卷,列传七十卷,载记三十卷,共一百三十卷。

唐太宗曾给《晋书》的宣帝、武帝、陆机、王羲之的纪传写了史论,所以旧本题为御撰。又因房玄龄是监修官,亦题房玄龄撰。书成,唐太宗诏藏皇家图书馆。他虽然也给史官分别予以赏赐与加封,然而不见他下诏褒美。可见,与五朝史相较,他并不推重。主要原因是《晋书》成书仓促,非属良史。时议此书作者"好采诡谬碎事,以广异闻;又所评论,竞为绮艳,不求笃实,由是颇为学者所讥。"②唐太宗虽然喜好文字典丽,然而更注重"直书其事"。"不求笃实"当非太宗所望。太宗于《修晋书诏》中建议:"俾夫湮落之诰,咸使发明",启示取材应多从实录,少采"异闻";然而修史诸公由于"多是文咏之士",喜敷怪诞传奇色彩,自然亦与太宗宿愿相戾。

《晋书》尽管有某些不足之处,然而,它能吸取唐以前的研究成果,取材甚为详洽。新撰《晋书》比诸旧著自有优越之处,故该书问世后,"自是言晋史者皆弃其旧本,竞从新撰者矣。"③

---

① 《史通》卷十二,《正史》。
② 《旧唐书·房玄龄传》。
③ 《史通》卷十二,《正史》。

（三）重视当代史的撰述

唐太宗不仅重视往代历史的编纂,而且也重视当代历史的编撰。贞观年间的当代史主要有国史、实录、起居注等三种体裁。

贞观三年,①唐太宗在宫禁门下省北始置史馆,创议由宰相监修国史,首任监修官即为唐太宗的中枢重臣房玄龄。宰相监修国史,史官的政治地位必然有所提高,随之对史馆安排、建置、馆员生活待遇等等也会有所改善。正如刘知几所指出的:"皇家之建国也,乃别置史馆通籍禁门。西京则与鸾渚(即鸾台,门下省)为邻;东都则与凤池(即凤阁,中书省)相接。馆宇华丽,酒馔丰厚,得厕其流者,实一时之美事。"②宰相监修史著与史官生活待遇的提高,反映了唐太宗对修史的高度重视。元代史学家胡三省说:"唐以宰相监修国史,至今因之。"③可见,唐太宗创举的宰相监修国史具有深远的影响。

太宗朝的国史由房玄龄监修,房为人正直。修撰史官邓世隆以及顾胤、李延寿等又获"时誉"或"颇为当时所称",④故所撰国

---

① 《旧唐书·房玄龄传》云:"(贞观)三年,拜太子少师,……明年,代长孙无忌尚书左仆射,改封魏国公,监修国史。"系于贞观四年。《新唐书·房玄龄传》云:"进尚书左仆射,监修国史,更封魏。"不书年份。《贞观政要》卷七《文史》篇云:"贞观初,太宗谓监修国史房玄龄曰,……。"不指具体年份。《资治通鉴》卷一九三,贞观三年三月条云:"玄龄监修国史,上语之曰:……。"又,胡三省注:"贞观三年,始移史馆于禁中,在门下省北,宰相监修国史;自是著作郎始罢史职。"(《资治通鉴》卷一九七注)据此,《旧唐书·房玄龄传》系于贞观四年有误,今从《通鉴》。
② 《史通》卷十一,《史官建置》。
③ 《资治通鉴》卷一九三注。
④ 《旧唐书·令狐德棻传》。

史多属直笔。后由许敬宗监修，"记事阿曲"，破坏了贞观的直笔史风。①

唐太宗既然以史为镜，也就很想读一读国史。贞观十四年，②他对历来帝王不读国史的做法表示不满，说："不知自古当代国史，何因不令帝王亲见之？"玄龄对曰："国史既善恶必书，庶几人主不为非法。止应畏有忤旨，故不得见也。"太宗特加解释，"朕意殊不同古人，今欲自看国史者，盖有善事，固不须论；若有不善，亦欲以为鉴诫，使得自修改耳。卿可撰录进来。"③唐太宗见过思改的表白，不能视为官样文章，观其言，察其行，是有例可依的。即使国史中有记录他的不善言行，他也不会陷害史官，这可由他既往的虚心求谏、从善如流，不会加害谏官的事例作证。他认为古来帝王不观国史，君主不能从国史中获益，殊为可惜。他炫耀自己的作法与古人不同，想打破惯例，自观国史，以补君德。从这方面看，唐太宗自观国史有他合理的一面，故房玄龄、魏征都没有加以谏阻。然而，此风一开，也有弊端，一些见风使舵的史官，生怕惹是生非，不敢直书其事。

唐太宗还加强了实录的编撰工作，改变了往昔不修当朝实录的作法，决定当他在世时就始修实录。贞观十四年，他提出"欲自

---

① 《旧唐书·许敬宗传》载许敬宗贪贿专以个人恩怨好恶作为立传根据。如因恶封德彝，立传时"盛加其罪恶"；因善钱九陇，立传时"悉加功绩"。或受人贿，"隐诸过咎"，"虚美其功"。对此，刘知几评其"所作纪传，或曲希时旨，或猥释私憾，凡有毁誉，多非实录。"（《史通》卷十二《正史》）

② 唐太宗于贞观十四年欲自观国史之事，旧、新《唐书》本纪均无记载。《魏郑公谏录》卷下和《资治通鉴》卷一九七虽记其事，但无确切年份。《通鉴》仅作："初，上谓监修国史房玄龄曰：……'帝王欲自观国史，……公可撰次以闻。'" "初"者，指贞观十七年以前。《贞观政要》卷七《文史》篇作"贞观十四年"，又王先恭《魏文贞公年谱》亦作"贞观十四年"，今从之。

③ 《贞观政要》卷七，《文史》篇。

看国史"时,并要房玄龄"撰录进来"的要求。"玄龄等遂删略国史为编年体,撰高祖、太宗实录各二十卷,表上之。"①实录的成书时间是贞观十七年七月。② 实录的起迄时间是起创业、迄贞观十三年,③余下的十年史事,生前来不及完成,至高宗显庆初续成,亦二十卷,共计四十卷。成书于贞观十七年的高祖、太宗实录是唐初的第一部实录,也是有史以来最详备的实录。为了鼓励修史,唐太宗对监修房玄龄诏降玺书褒美,赐物一千五百段,封修撰许敬宗高阳县男,赐物八百段。

高祖、太宗实录既然是从国史中删略而成的,可见,国史详、实录略;国史修撰在前,实录删略在后。故刘知几说:"司空房玄龄、给事中许敬宗、著作佐郎敬播相与自立编年体,号曰实录。"④"自立编年体"当与纪传体的国史有所不同,类似于荀悦的《汉纪》体裁。

高祖、太宗实录既然记载当代君主立身行事,又是明知太宗亲自阅读的,经"删略"后,必有曲笔。如记录玄武门之变"语多微隐",就是一例。太宗观书至此,感到不妥,便要房玄龄转达他的旨意云:史官执笔,不应有所曲隐,"即令削其浮词,直书其事"。封建帝王多以个人好恶歪曲历史,唐太宗主张直书其事,不为尊者、贤者讳,这是难能可贵的。唐太宗还责令史官应善于鉴别史事

---

① 《贞观政要》卷七,《文史》篇。

② 《资治通鉴》卷一九七。

③ 《新唐书·敬播传》云:(《高祖、太宗实录》)"兴创业,尽贞观十四年。"《旧唐书·令狐德棻传》则云:"(永徽)四年,迁国子祭酒,以修贞观十三年以后实录功,赐物四百段,兼授崇贤馆学士。"可见,高宗初续修太宗实录是从贞观十四年开始的。那么,太宗朝初修的太宗实录当迄于贞观十三年。从情理上推测,太宗既于贞观十四年要求房玄龄等删略国史为实录,拟定下限时间只能是上年,不可能是当年。据此,《新唐书·敬播传》云"尽贞观十四年"有误,迄贞观十三年较妥。

④ 《史通》卷十二,《正史》。

性质，褒贬分明，肯定玄武门之变可与周代"周公诛管蔡而周室安，季友鸩叔牙而鲁国宁"相类，①是"安社稷，利万民"②的义举。通过以史喻史，说明唐太宗不仅好论古今，而且卓有史识。

然而，唐太宗没有将秉笔直书原则贯彻到底。例如关于晋阳起兵的首谋决策人物，无论旧、新《唐书》或《通鉴》均一致颂扬唐太宗。诘诸史乘，当非信史，这难怪《唐书》与《通鉴》不加考订，因为这些史书是以《高祖、太宗实录》作为依据修撰的，在修史诸公看来也是持之有故的。问题在于实录本身虚美失真。虽然，实录的删编者名义上是房玄龄、许敬宗、敬播三人。然而，房玄龄总司百揆，无暇预闻其事；敬播位在敬宗之下，他的直笔史风也受压抑。史载："初，高祖、太宗两朝实录，其敬播所修者，颇多详直"。③ 而许敬宗是实录的实际主编，他"辄以己爱憎曲事删改，论者尤之。"④可以断言，在他笔下，必有掩高祖之长、谀太宗之功的倾向。须知，太宗既看到玄武门之变的史事，必然看过开首的晋阳起兵。然而他竟无一辞异议，说明他默认了这些不切实际的记录，暴露了他窃父功而据为己有的隐私作风。

除了国史和实录外，唐太宗还十分重视起居注的编录工作。起居注是中国古代史官记载帝王的言行录。李林甫注《唐六典》起居郎条云："汉献帝及西晋以后，诸帝皆有起居注，皆史官所录。自隋置为职官，列为侍臣，专掌其事，每季为卷，送付史官。"⑤唐因隋制，承袭起居舍人外，另置起居郎两员。郎掌录皇帝起居法度，相

---

① 《资治通鉴》卷一九七。
② 《贞观政要》卷七，《文史》篇。
③ 《旧唐书·许敬宗传》。
④ 《旧唐书·许敬宗传》。
⑤ 《唐六典》卷八，门下省起居郎条注。

当于古之左史,舍人录皇帝制诰,相当于古之右史,退而编录为起居注。唐太宗即位后,从以下两方面加强了对起居注的编录工作。

第一,扩大了起居注史官的人员。唐以前的起居注史官多由秘书郎、起居郎、起居舍人等担任。贞观初,除由起居郎任职外,还以他官兼任,称为"知起居注"。"贞观初,以给事中、谏议大夫兼知起居注,或知起居事。"① 如贞观三年,杜正伦"拜给事中,兼知起居注"。② 贞观十五年,褚遂良"迁谏议大夫,兼知起居事"。③ 这些起居注史官,很容易成为皇帝的亲近侍臣。④ 他们多以"君举必

---

① 《新唐书·百官志》。

② 《旧唐书·杜正伦传》。

③ 《贞观政要》卷七,《文史》篇云:"贞观十三年,褚遂良为谏议大夫,兼知起居注。太宗问曰:'卿比知起居,书何等事?大抵于人君得观见否?'……。"按,褚遂良为谏议大夫兼知起居注,并非在贞观十三年。《旧唐书·褚遂良传》云:"十五年,……迁谏议大夫,兼知起居事。太宗尝问曰:'卿知起居,记录何事?'……。"《新唐书·褚遂良传》亦云:"十五年,……任谏议大夫、兼知起居事。帝曰:'卿记起居,大抵人君得观之否?'……。"由此可见,关于欲观起居注的问答,当在贞观十五年褚遂良"迁谏议大夫兼知起居事"之后。《通鉴》系年于贞观十六年,较为可信。《政要》误作贞观十三年,不足取。

④ 《贞观政要》涉及"太宗谓侍臣曰"的地方:卷一《君道》篇有三处。《政体》篇有八处。卷二《求谏》篇有三处。卷三《君臣鉴戒》篇有二处。《择官》篇有二处。卷四《太子诸王定分》篇有二处。《尊敬师傅》篇有一处。《教戒太子诸王》篇有一处。卷五《仁义》篇有二处。《忠义》篇有二处。《公平》篇有一处。《诚信》篇有一处。卷六《俭约》篇有三处。《谦让》篇有一处。《仁恻》篇有一处。《慎所好》篇二处。《慎言语》篇二处。《杜谗邪》篇二处。《悔过》篇二处。《贪鄙》篇三处。卷七《崇儒学》篇一处。《礼乐》篇五处。卷八《务农》篇一处。《刑法》篇三处。《赦令》篇二处。《辩兴亡》篇二处。卷九《征伐》篇三处。《安边》篇一处。卷十《行幸》篇二处。《畋猎》篇一处。《灾祥》篇二处。《慎终》篇四处。总计有七十三处。当然,这里的"侍臣"有两个涵义:一是唐太宗的心腹,如房、杜、魏、王、马、褚等重臣;二是唐太宗的史官,如职掌天子起居法度的起居舍人等等。据《唐六典》所载,隋代职掌起居注的起居舍人"列为侍臣"。唐因隋制,亦必列为"侍臣"。由于唐太宗对重臣谈话,吴兢撰《贞观政要》均标明大臣姓名、职称。因此,上述所谓"侍臣",多数指侍帝侧的史官。

书"为己任,详备地记录了唐太宗的言行,使唐初大有古者左史记言、右史记事的传统。起居注的丰硕成果,为史籍编纂提供了丰富的史料来源。

第二,鼓励起居注史官秉笔直书。贞观初,唐太宗对侍臣说到自己每日上朝,为了对天下百姓负责,出言审慎,"不能多言"。杜正伦针对唐太宗存在言多必失的戒惧心理,乘机指出秉笔直书的职责:"君举必书,言存左史。臣职当修《起居注》,不敢不尽愚直。陛下若一言乖于道理,则千载累于圣德,非直当今损于百姓,愿陛下慎之。"太宗闻言,"大悦,赐绢二百段。"①贞观十六年夏四月,唐太宗对谏议大夫褚遂良说:"卿犹知起居注,所书可得观乎?"遂良对答史官记录君主言行,"备记善恶",目的是使君主"不敢为非,未闻取而观之也!"唐太宗又问:"朕有不善,卿亦记之耶!"遂良答以"不敢不记"。当时黄门侍郎刘洎在侧也说:"借使遂良不记,天下亦皆记之。"②唐太宗用"诚然"两字表示理应如此。这是以言论鼓励史官运用直笔原则的表现。在唐太宗的鼓励下,贞观一代史风淳朴,某些良史都有中国传统的史学直笔遗风,杜正伦、褚遂良、魏征等等都是佼佼者。这种风气对高宗时期的史学著作也有影响,如成书于高宗朝的《太宗政典》,是李延寿主撰的,高宗观之,"咨其直笔,赐其家帛五十段"就是一例。③

第二节　"览前王之得失"

当五朝史修成时,唐太宗特颁诏书,申明自己"将欲览前王之

---

① 《旧唐书·杜正伦传》。
② 《资治通鉴》卷一九六。
③ 《新唐书·李延寿传》。

得失,为在身之龟镜。"①所谓"前王",系泛指秦始皇至隋炀帝的九个世纪的兴亡大事,重点是隋秦两代。然而,既云"得失",当包括正反两个方面的经验教训。大体说,唐太宗对唐以前的王朝兴衰历史,采取以下三种总结形式。

(一)察汉文之得

承秦者汉,承隋者唐,唐之得天下,类若如汉。贞观君臣深知,历史上秦祚短而汉祚长,若使唐祚长免蹈隋祚短的覆辙,是需要吸取汉以致治的成功经验的。这是唐初统治者重视借鉴《隋书》的同时,也不忽视借鉴《汉书》的主要原因。

贞观三年,唐太宗对房玄龄说:"比见《汉书》载《子虚》、《上林赋》,浮华无用。"②唐太宗观司马相如等文人传记尚且如此用心,何况与他治理天下关系密切的帝王纪传了。贞观十一年,他对高士廉说:"昔汉高祖止是山东一匹夫,以其平定天下,主尊臣贵。卿等读书,见其行迹,至今以为美谈,心怀敬重。"③这是他熟读《汉书·高帝纪》的例子。

唐太宗还喜读编年体的《汉纪》,贞观三年底,他为了奖励凉州都督李大亮的直谏胆识,特赐荀悦《汉纪》一部,认为"此书叙致既明,议论深情,极为治之体,尽君臣之义,今以赐卿,宜加寻阅也。"④"极为治之体",意即从《汉纪》中可以充分吸取大治天下的丰富经验。

如果说,唐太宗借鉴《隋书》主要是为吸取反面教训的话;那

---

① 《册府元龟》卷五五四。
② 《资治通鉴》卷一九三。
③ 《旧唐书·高士廉传》。
④ 《旧唐书·李大亮传》。

么,借鉴《汉书》可说主要是吸取正面经验了。太宗最景仰汉初的高帝、文帝、景帝,然而高帝有杀戮功臣之诮,景帝有误诛晁错之失,终不为美,太宗间有指责,唯文帝不见太宗责难。汉初文景之治当首推文帝之治。唐太宗倾心文帝,以致在治理国家方面颇多效法。文帝的"夫农,天下之本也"的农本思想,"天下治乱,在予一人,唯二三执政犹吾股肱也"的君臣一体思想,"举贤良方正直言极谏者,以匡朕之不逮"的任贤纳谏思想,释送宫女、"令得嫁"的人道思想,对南越"以德怀之"的民族德化思想;张武等"受赂金钱,觉,更加赏赐,以愧其心"①的感化思想等,均可从唐太宗执政时找到借鉴的痕迹。而且还以己德不逮文帝自励,如贞观初,群臣议建高阁,他说:"'昔汉文帝将起露台,而惜十家之产,朕德不逮于汉帝,而所费过之,岂谓为民父母之道也'。竟不许。"②

唐太宗既察汉文之得,作为巩固封建统治的成功经验,那么必然对唐初政治活动与史学研究产生影响,遂出现了两个积极的政治现象。

一是谏官多引汉史作为依据。贞观十一年,侍御史马周上疏,指出唐太宗近年以来奢风抬头的弊病,援引汉代文景淳朴政风作为对照,提出警告说:"昔汉之文、景,恭俭养民,武帝承其丰富之资,故能穷奢极欲而不至于乱。曏使高祖之后即传武帝,汉室安得久存乎!"马周援引的这个史实及其推论,是有说服力的,"久存"与否是唐太宗即位以来经常思考的问题,故他阅后"称善久之"。③

二是激发了史学家研究《汉书》的热情,随之出现了一批注释《汉书》的专家,形成了"汉书学"的重要学科。"其时汉书学大兴,

---

① 《汉书·文帝纪》及《赞》。
② 《旧唐书·太宗本纪》。
③ 《资治通鉴》卷一九五。

其彰彰者若刘伯庄、秦景通兄弟、刘纳言,皆名家。"①刘伯庄有《汉书音义》二十卷问世,父子相承,"子之宏,世其学。"②秦景通治《汉书》,则兄弟相承,名噪一时,人称"大秦君"、"小秦君","非其授者,以为无法云。"③姚察著有《汉书训纂》,其子思廉少受家学于其父。最突出的是颜师古承其家学于叔父颜游秦,游秦曾"撰《汉书决疑》十二卷,为学者所称,后师古注《汉书》,亦取其义耳。"颜注《汉书》共一百二十卷,其释文多有纠正前人谬误、发明创见者,故史家赞其"解释详明,深为学者所重",④故能"大显于时"。⑤

(二)究秦、隋之失

　　唐王朝是在隋末农民战争的废墟上建立的。一个"甲兵强盛""风行万里"的隋王朝为什么仅隔两代就"率土分崩""子孙殄灭"了呢?⑥ 这对亲睹其事、记忆犹新的唐太宗来说,不能不引起震惧。有鉴于此,他最重视《隋书》的修撰,让著名史学家、政治家魏征担任主编。魏征深体太宗的意图,以史论形式总结了隋亡的原因,又将亡隋与亡秦作了比较,指出:"隋之得失存亡,大较与秦相类。"⑦故唐太宗以隋亡为鉴的同时,亦以秦二世而亡为鉴。他曾对侍臣说:"秦始皇初平六国,据有四海,及末年不能善守,实为可诫。"⑧秦、隋为什么二世而亡,这是发人深思的问题,贞观君臣

---

① 《新唐书·敬播传》。
② 《新唐书·刘伯庄传》。
③ 《新唐书·秦景通传》。
④ 《旧唐书·颜师古传》。
⑤ 《新唐书·颜师古传》。
⑥ 《旧唐书·魏征传》。
⑦ 《隋书》卷七,《后论》。
⑧ 《贞观政要》卷十,《慎终》篇。

究秦、隋之失，自然偏重于此。

唐太宗虽将秦皇与炀帝相提并论，然而，对他们的评价并非一概而论。太宗心目中的秦始皇首先是削平六国的雄主，其次才是肇始秦亡的暴君。他曾对魏征说："秦始皇，亦是英雄之主，平定六国，以后才免其身，至子便失其国。"①故他盛赞秦始皇创业的丰功伟绩。贞观初，他对侍臣说："周武平纣之乱，以有天下，秦皇因周之衰，遂吞六国，其得天下不殊，祚运长短若此之相悬也？"直至贞观六年，他对侍臣还说："周秦初得天下，其事不异。"②把秦之统一与周武伐纣平列，而纣为无道昏君，武王伐纣一向被儒家高度赞扬为圣王创业的楷模。据此可知，唐太宗是视秦始皇是个应运天人的创业圣君的。这比起唐初不少大臣一概骂倒秦始皇，甚至把他统一六国也说成是"六国无罪，秦氏专任智力，蚕食诸侯"的一大罪状，③显得高明得多。唐太宗对秦始皇的评价是，既看到他是创业之君，又看到他是亡秦之源，唐太宗曾从始皇为太子择师失策这个角度，阐明了秦亡起自始皇、成于二世的观点："太子保傅，古难其选。……秦之胡亥，始皇所爱，赵高作傅，教以刑法。及其篡也，诛功臣，杀亲戚，酷烈不已，旋踵亦亡。"④而对于隋炀帝的统治，没有片言只语的赞扬。可见，唐太宗察秦、隋之失是加以区别的。

其次，考察隋帝得失时，唐太宗也作了具体分析。隋炀帝固然是亡国暴君，然而不能因此完全归罪于他，因为作为隋初创业之君的文帝也负有责任。贞观二年，他对黄门侍郎王珪说："隋开皇十

---

① 《魏郑公谏录》卷四。
② 《贞观政要》卷三，《君臣鉴戒》篇。
③ 《贞观政要》卷八，《辩兴亡》篇。
④ 《贞观政要》卷六，《杜谗邪》篇。

四年大旱，人多饥乏。是时仓库盈溢，竟不许赈给，乃令百姓逐粮。隋文不怜百姓而惜仓库，比至末年，计天下储积，得供五、六十年。炀帝恃此富饶，所以奢华无道，遂致灭亡。炀帝失国，亦此之由。"[①]从隋初"富饶"之得，反而导致隋末"奢华无道"之失中，深刻总结了隋亡始自文帝而终于炀帝的历史教训。

（三）考晋初之得失

贞观年间的官修正史，前有五朝史，魏徵已写了史论。后有《晋书》，唐太宗为《晋书》亲自撰写了四篇史论。即陆机与王羲之的传论为文人立言，表明他晚年重文的雅兴。晋宣帝、武帝的两纪史论，有明显的政治意图。因为西晋结束了三国以来几十年的分裂局面，建立了统一王朝，然而十分短暂，不久就发生了中原地区的大混战，此后便形成了东晋和十六国、南朝与北朝的长期对峙。唐太宗作为唐初的创业之君，很想对晋初的创业之君的治国得失进行考察，于是他选取了西晋王朝的奠基人司马懿与完成统一事业的司马炎当作主要的研究对象，然后把自己的研究心得写成史论，这就是两帝纪"制曰"的由来。

唐太宗在《宣帝纪制》里赞扬了司马懿"文以缵治，武以棱威"的经国大才、"用人如知己，求贤若不及"的识人才华以及"情深阻而莫测，性宽绰而能容"的豁达能耐。然而指责他未能"竭诚臣节"，所谓"受遗二主，佐命三朝"，受君厚恩而"曾无殉生之报"，反而"天子在外，内起甲兵，陵土未干，遽相诛戮"。即乘曹芳离宫谒陵时，发动军事政变，史论不禁严厉责问："贞臣之体，宁若此乎！"当然，司马懿这种作法绝非忠臣所为；然而，他不愿被曹爽夺权才发动兵变。这

---

① 《贞观政要》卷八，《辩兴亡》篇。

场宫廷政变是曹魏宗室集团与司马氏勋戚集团之间争夺权势的斗争，不能片面指责一方。而唐太宗从维护皇权出发，视为逆臣作恶："虽自隐过当年，而终见嗤后代。"唐太宗在《宣帝纪》史论里反映了他的忠君思想，是有政治背景的。贞观晚年，他受到功臣侯君集谋反与诸子结党夺嫡之争的刺激，对功臣的防范加深了。他指责司马懿"见嗤于后代"，无异是借鉴历史警告李唐功臣，千万不可有亏臣节。

晋武帝司马炎的史论，是唐太宗对一个开国君主是非得失、功过成败的经验总结。他以宽仁、雄略赞扬了晋武帝的创业君主的帝风，肯定了他统一中国后出现的"民和俗静、家给人足"的小康局面，然而好景不长："曾未数年，纲纪大乱，海内版荡，宗庙播迁……为天下笑"；继而，唐太宗探其原委云："其故何哉？良由失慎于前，所以贻患于后。"以及"居治而忘危"、"委寄失才"，"藩翰变亲而成疏，连兵竞灭其本"。正确地分析了司马炎识不及远、立嫡不才的失策；还特别指出了分封宗室导致骨肉相残、严重削弱皇权是造成晋亡的乱源。从史论中可以看出，唐太宗想吸取晋朝所以由治而乱、由安而危的历史教训。一是治而忘危，二是疏而失慎，三是封藩贻患。唐太宗对晋武帝所作的史论，既是对自己晚年政治上懈怠的警惕，也是对后继者李治的告诫，联系他于贞观二十二年春作《帝范》以赐太子，作为李治修身治国的借鉴，可知《武帝纪》史论是《帝范》的补充教材。寄望于李治记取晋代"失慎于前"、"贻患于后"的教训，以免落得一个"海内版荡，宗庙播迁"的悲剧。

第三节　进步的历史观

唐太宗喜欢论前朝历史，察安危之道，通古今之变，就今人之鉴。他的史论有不少有益的见解，反映了他进步的历史观。

（一）今胜于昔的进化史观

唐太宗虽然处处以史为鉴，但不是拜倒在古人脚下，而是立足于现实的致治，故无今不如昔的感叹，而有今胜于昔的远见。贞观九年，唐太宗对公卿阐述了自己的功业说："朕观古先拨乱之主皆年逾四十，惟光武年三十三。但朕年十八便举兵，年二十四定天下，年二十九升为天子。此则武胜于古也。……贞观以来，手不释卷，……行之数年，天下大治而风移俗变，子孝臣忠，此又文过于古也。"①言辞之间虽不免自夸，然而列举的功业是符合事实的。故编著《贞观政要》的唐代著名史家吴兢，在卷一《政体》篇末增添了一大段有关"贞观之治"的史迹，最后的画龙点睛之笔是："此皆古昔未有也"，总结了唐太宗今胜于古的勋业。

（二）注重人事的进步史观

唐太宗总结前代君主乱政亡国的经验教训，力避天意作祟的迂腐说教，多从人事而致王朝治乱出发。总结的重点因人因事而异，大体上有以下三种情况。

其一，着眼于君主酷掠角度。

贞观九年，唐太宗对魏征说："顷读周、齐史，末代亡国之主，为恶多相类也。齐主深好奢侈，所有府库，用之略尽，乃至关市无不税敛。朕常谓此犹如馋人自食其肉，肉尽必死。人君赋敛不已，百姓既弊，其君亦亡，齐主即是也。"②

其二，着重于游幸扰民角度。

---

① 《贞观政要》卷十，《慎终》篇。
② 《贞观政要》卷八，《辩兴亡》篇。

贞观十三年,唐太宗同魏征谈到:"隋炀帝承文帝余业,海内殷阜,若能常处关中,岂有倾败? 遂不顾百姓,行幸无期,径往江都,不纳童纯、崔象等谏诤,身戮国灭,为天下笑。虽复帝祚长短,委以玄天,而福善祸淫,亦由人事。"①

其三,着重于决策失慎角度。

贞观二十二年,《晋书》修成,唐太宗在晋武帝史论里指出:"良由失慎于前,所以贻患于后",把晋之由治而乱归之于武帝谋事不周而埋下了祸根。从这里可以引申出,封建统治者如能处置得当,则可避免"海内版荡,宗庙播迁"的厄运。也反映了他的国之治乱不由天意,而由人事的进步史观。

(三)引古证今的功利主义

唐太宗是杰出的封建政治家,他引古证今时,有鲜明的政治观点,古为今用极为明显,反映了他的功利主义。

废立太子前后,唐太宗由于爱憎倾向不同,对历史上的帝王废嫡立庶就有不同的评价。贞观十年以前,他对太子承乾没有废弃之心,故他征引史籍多以嫡庶需有定分为鉴。如贞观初,他以隋文帝废立失序导致祸乱为鉴说:"隋太子勇抚军监国,凡二十年间,固亦早有定分,杨素欺主罔上,贼害良善,使父子之道一朝灭于天性。逆乱之源,自此开矣。隋文既混淆嫡庶,竟祸及其身,社稷寻亦覆败。"②贞观六年,他又以汉高祖曾有废立太子之举而贬之云:"孝惠为嫡嗣之重,温恭仁孝,而高帝惑于爱姬之子,欲行废立"。③然而,从贞观十年后的大约六七年时间内,由于唐太宗有废立太子

① 《贞观政要》卷十,《行幸》篇。
② 《贞观政要》卷六,《杜谗邪》篇。
③ 《贞观政要》卷十,《慎终》篇。

之意,他就对历史上帝王废立失序的事件隐讳不言,而且提出了与传统的皇位嫡长继承制相戾的兄终弟及制的主张。如贞观十二年正月,①他对大臣说:"国家立太子者,拟以为君。人之脩短,不在老幼。设无太子,则母弟次立。"②这里虽没有直接援引历史,然而兄终弟及亦有殷人传承可循。

对于汉高祖杀戮功臣,由于唐太宗不是泥古不化,也有不同的评价。当他强调君臣共治时,就指责刘邦屠杀功臣的不端。如贞观六年,他对侍臣说:"萧何、韩信,功业既高,萧既妄系,韩亦滥黜,自余功臣黥布之辈,惧而不安,至于反逆。"③当他限制功臣不法行为时,又为刘邦杀戮功臣辩护。贞观八年,在一次宫廷宴会上,尉迟敬德因坐次在李道宗之下,怒殴道宗,几至伤目。太宗以史为鉴说:"卿居官辄犯宪法,方知韩、彭夷戮,非汉祖之愆。"④

(四)强调克己寡欲的君道史观

唐太宗曾在《金镜》里说:"多营池观,远求异宝,民不得耕耘,女不得蚕织,田荒业废,兆庶雕残,见其饥寒不为之哀,睹其劳苦不为之感,苦民之君也,非治民之主也。薄赋轻徭,百姓家给,上无暴敛之征,下有讴歌之咏。屈一身之欲,乐四海之民。爱国之主也、乐民之君也。"⑤唐太宗接受隋亡于虐民的教训,想做治民之主、乐民之君,故十分强调克己寡欲的君道史观。贞观初,他曾对大臣说:"为君之道,必须先存百姓,若损百姓以奉其身,犹割股以啖

---

① 《贞观政要》卷七《礼乐》篇原作贞观十三年,《资治通鉴》卷一九五系此于贞观十二年正月,今从《通鉴》系年,引文仍用《政要》。
② 《贞观政要》卷七、《礼乐》篇。
③ 《贞观政要》卷十、《慎终》篇。
④ 《旧唐书·尉迟敬德传》。
⑤ 《全唐文》卷十、《金镜》。

腹,腹饱而身毙。若安天下,必须先正其身,未有身正而影曲,上治而下乱者。"①唐太宗的"存百姓"与"正其身"的君道观的特点是,尽量缩小君民之间的对立,强调指出两者之间互相依存的一面。他的思想逻辑可归结为:封建王朝的长治久安是取决于百姓的能否生存,而百姓的存亡又取决于君主的自身能否克己寡欲。把国治、民存、君贤三者有机地联系在一起,并最后立足于君贤。这种观点虽然夸大了君主个人的作用;然而,它又承认君主的安危、王朝的兴亡是依存于民心的向背的。唐太宗能自发地认识到君与民之间既对立又统一的辩证关系,就可缓和对立一面的矛盾的激化,把相互依存的一面作为认识历史、指导现实的君、民关系的主要方面,这是他倡导克己寡欲,以存百姓,以正其身的君道观的历史原因。也是他在《金镜》里宣扬"为君之道,处至极之尊,以亿兆为心,以万邦为意"的现实原因。

(五)形成进步史观的社会与历史条件

首先,能自发地认识到人民力量的制约作用。

隋末唐初的风云巨变,使唐太宗亲身经历了隋亡唐兴的历史现实,耳闻目睹了人民群众在社会变革中的巨大作用,因而对他们在社会变革中所发挥的力量有较为客观的认识。贞观六年,他对侍臣说:"隋主残暴,身死匹夫之手,率土苍生,罕闻嗟痛。"②他看到了天下百姓不为隋亡而哀,说明他领悟了人民群众厌弃隋主。由于太宗即位以来采取了一些顺应民心的措施,故唐初饥馑,"百姓虽东西逐食,未尝嗟怨,莫不自安。"③从而使他看到了民心向唐

---

① 《贞观政要》卷一,《君道》篇。
② 《贞观政要》卷一,《政体》篇。
③ 《贞观政要》卷一,《政体》篇。

的趋势。由此,他提出了"天子者,有道则人推而为主,无道则人弃而不用"的光辉见解。① 所谓"人推"与"人弃",就是指隋亡与唐兴不由天意而由人事的意思,也就是贞观君臣反复引用的:"君,舟也,人,水也。水能载舟,亦能覆舟"的另一表述形式。这说明唐太宗通过社会实践活动,看到了人民群众在帝王废立与朝代兴亡中所起的重大作用。

其次,能有效地运用历史对比的总结方法。

中国是文明古国,古代的浩瀚史籍多数都记载了王朝的典章制度与政治上的重大变革。唐太宗探究前代史事,目的明确,通常使用正反对比的方法,从中获得教益。如他在《帝京篇序》中指出:"予以万几之暇,游息艺文。观历代之皇王,考当时之行事,轩昊舜禹之上,信无间然矣。至于秦皇、周穆、汉武、魏明,峻宇雕墙,穷侈极丽。征税殚于宇宙,辙迹遍于天下。九州无以称其求,江海不能赡其欲。覆亡颠沛,不亦宜乎。予追踪百王之末,驰心于千载之下,慷慨怀古,想彼哲人。庶以尧舜之风,荡秦汉之弊,用咸英之曲,变烂曼之音,求之人情,不为难矣。"唐太宗指出周、秦、汉、魏一些君主暴敛于民是造成国家"覆亡颠沛"的根源。表明自己"慷慨怀古",并非为古而古,而是让历史上的"尧舜之风"发扬光大。暗示贞观之治的取得是由于善于总结历史上正反两面教训的结果。

第四节　历史的局限性

唐太宗毕竟是封建帝王,他的历史观不能不受到阶级的制约,

---

① 《贞观政要》卷一,《政体》篇。

带有历史的局限性。

（一）夸大帝王将相作用的唯心史观

唐太宗重视人事的作用,当然具有合理的内核,但把人的作用、特别是帝王将相的作用无限夸大,说成起了决定性的、成为历史的主宰,这就走向了反面。贞观五年,他对侍臣说:"今天下安危,系之于朕"。① 贞观十三年,魏征上疏时也说:"社稷安危,国家治乱,在于一人而已。"②系天下安危于一人,显然是高度重视帝王作用的表现,也是中国封建专制主义中央集权制度之下皇帝具有至高无上权力的反映,然而它无限夸大了个人在历史上的决定作用,势必陷入英雄创造历史的唯心史观的窠臼。唐太宗在夸大所谓圣君作用的同时,还夸大了贤相的作用。隋唐的宰相权重,宰相善恶、好坏无疑能促进或阻碍历史发展的作用,但把宰相存亡说成国之治乱所倚就过头了。贞观初,他说到隋初名相高颎时说:"高颎有经国大才,为隋文帝赞成霸业,知国政者二十余载,天下赖以安宁。……及为炀帝所杀,刑政由是衰坏。"③这无疑也是唯心史观的流露。

（二）宣扬天命论与封建正统史观

唐太宗虽然注重人事,但是在当时的历史条件下不可能完全摆脱天命论的束缚,以致形成了矛盾的史观。如他一方面强调李唐立国,得自万众归心,群臣效力;另方面也不排斥天命所归。如

---

① 《贞观政要》卷一,《政体》篇。
② 《贞观政要》卷十,《慎终》篇。
③ 《贞观政要》卷六,《杜谗邪》篇。

武德年间,秦王李世民在《告柏谷坞少林寺上座书》中云:"我国家膺图受箓",贞观初在《放宫女诏》中说:"朕嗣膺宝历"。另外,他在解释西晋创业强调人事的同时,亦乞灵于天命,认为晋武帝是"武皇承基,诞膺天命。"[①]在解释人臣逢凶遇咎时,亦有归于天命作祟的例子。如他倾心赞美文辞深雅的陆机,就为《晋书·陆机传》写了史论。陆机为东吴名将陆逊之孙、陆抗之子,出身江左名门,少有奇才,胸怀异志。因遭晋灭吴,断了袭位之路,遂想钻营权门获至高官,投靠成都王司马颖,卷入八王之乱,受到山东郡姓士族排挤,终因士族集团内部权力分配不均,导致陆机被诬遇害于河桥军中。《晋书》陆机本传述其死因,明系于人事。但是唐太宗解释祸之肇始,却归咎于其祖陆逊火烧连营、大败刘备于西陵之战,竟归之天命。他说:"然则三世为将,衅锺来叶;诛降不祥,殃及后昆。是知西陵结其凶端,河桥收其祸末,其天意也,岂人事乎!"[②]谬哉!有时甚至荒唐地把天命看得重于人事。如贞观三年,"有刘恭者,颈有'胜'文,自云'当胜天下',坐是系狱。上曰:若天将兴之,非朕所能除;若无天命,'胜'文何为!"[③]意即李唐立国是应乎天命的。他拿不出有力的思想武器去战胜对方,只好来个以五十步笑一百步,可见封建唯心史观的天命论在思想上是何等贫乏。

　　天命论又与封建正统史观在思想上有某种联系,唐太宗没有抛弃封建正统史观的桎梏,就是他不可能完全摆脱天命论束缚的反映。唐初封建统治者认为李唐创业承自周隋天统。武德初,令狐德棻建议高祖修六代史时说:"陛下既受禅于隋,复承周氏历

①　《晋书·武帝本纪·制曰》。
②　《晋书·陆机传·制曰》。
③　《资治通鉴》卷一九三。

数,国家二祖功业,并在周时。如文史不存,何以贻鉴今古?"高祖于是下诏云:"梁氏称邦,跨据淮海,齐迁龟鼎,陈建皇宗,莫不自命正朔"。① 李渊认为南朝的梁、陈以及北朝的高齐都"自命正统",实是伪统,只有周隋才是真正正统所在。武德君臣为什么厚此薄彼,实与李氏承基有关。因为唐之二祖李虎、李昞发迹于西魏、北周,而北周受禅于西魏;而隋又受禅于北周;李渊继又受禅于隋。李唐肇基当上承周隋,故视北齐、南梁、南陈均非正统。唐太宗即位后,仍然坚持这一封建正统史观,故他对所谓正统所在的周与非正统所在的齐、梁、陈是不容混淆的。贞观六年,唐太宗命高士廉等撰氏族志,士廉初修时仍把崔民幹列为第一等,唐太宗大为不满,认为山东旧族崔、卢、李、郑在唐初无有冠盖,南北朝分裂时虽有冠盖,不过那是小国的高官,不能与当今"天下一家"的大唐勋官相比。为此,他嘲弄说:"齐家惟据河北,梁、陈僻在江南,当时虽有人物,偏僻小国,不足可贵。"②"偏僻小国"岂止北齐、梁、陈,北周何尝不是! 但是唐太宗只字不提割据关中的北周,其原因是父、祖的发迹,都肇自北周。如果将周、齐一视同仁,何异贬低自己祖宗的门第,那就不能从祖宗血统方面压倒魏晋时期的山东郡姓。基于此,他必须抬高北周的朝代规格,把周与齐、梁、陈区别开来,来个泾渭分明。这个原则直到贞观晚年仍一如既往,如他在贞观二十年追叙十年前修五朝史时云:"至梁陈高氏,朕命勒成。惟周及隋,亦同甄录",③字里行间仍然透露出他认为正统所在的周、隋与非正统所在的齐、梁、陈是不能混淆的。正因为这样,李唐对周、隋后裔非常优待,视为国宾,封为介公、酅公,列为全国第一等

---

① 《旧唐书·令狐德棻传》。
② 《旧唐书·高士廉传》。
③ 《唐大诏令集》卷八一,《修晋书诏》。

姓氏,直至武后颁《姓氏录》时还是不变。凡遇朝廷喜庆典礼,两家都被邀参加。如皇帝元旦、冬至受群臣朝贺时,"介公、酅公位于道西",宴会时"介公、酅公在御座西南"。①

---

① 《新唐书·音乐志》。

第十五章　抑佛崇道的宗教思想

唐太宗对佛、道两教基本上是予以宣扬、并加以利用的。当然,随着形势的转变,有所侧重。贞观十年以前是佛、道并重,十一年开始则抑佛崇道,晚年又转向关心佛事,反映了他在不同时期的思想变化与对宗教采取开放有节的政策。

第一节　从尊佛到抑佛

唐初抑佛始于李渊。李渊因接受傅奕的灭佛主张,态度比较激烈,然而终未实行。贞观中,唐太宗曾一度抑佛,但态度比较缓和,佛教仍能布道。

(一)武德晚年的灭佛辩论

魏晋以来,由于封建统治者的大力提倡,佛、道两教都有广泛的传播,尤以佛教发展为快。后周武帝鉴于佛教势盛,于建德三年(公元五七四年)采取灭佛的举措,大河上下佛寺纷毁;南朝自侯景乱梁后,佛法盛极转衰。然而,隋朝初立,文帝大张佛法,多营佛寺,广度僧尼,普立佛塔,众译佛经,佛教复盛。炀帝继位,佛教势力由盛而炽。随着东都的营建,洛阳亦为高僧萃聚之所;继之运河的开通,江都亦成为南方佛教中心。

身为隋官的李渊在崇佛的气氛中,自然不能摆脱隋代佛教迷

350

信的影响。大业初,他为荥阳太守,时值李世民九岁患疾,他"为太宗疾祈福",世民病愈。于大海佛寺"造石佛一躯,刊勒十六字以志之。"①晋阳起兵军次华阴时,李渊又临佛寺祈福。据裴寂九年后回忆:"昔创义师,志凭三宝,云安九五,誓启玄门"。②及即帝位,遂造像立寺,行斋弘佛。其时朝廷中不乏隋代旧臣,如裴寂、萧瑀等多崇佛法。李渊在他们的影响下,继承了隋代崇佛政策。武德初年,李渊在颁布禁止屠宰耕牛的诏中,赞扬"释典微妙,净业始于慈悲。道教冲虚,去其残杀"。③行文虽然带有利用佛道教义而为己诏立论的用意,然而,他把佛教排在道教之前,反映了他佛先道后的尊佛倾向。武德二年,他在长安聚集的高僧中,选立十个老年学问僧,称为十大德,管理一般僧尼,加强了对佛教机构的整顿,也是利于佛教的发展的。

武德三年(公元六二〇年),李渊改变了尊佛的倾向,转向崇道,立老子庙于晋州,追尊老子为皇祖。道教的地位随着统治者的吹捧而提高了,然而,并未达到排佛的程度。

排佛始于武德七年,由于太史令傅奕接连上了排佛十一疏,朝廷中发生了多次大辩论,才使佛、道地位发生了微妙的变化。

傅奕好老庄、尊儒学,早已有意于辟佛,他曾搜集魏晋以来驳佛言论撰为《高识传》十卷。他的立论宗旨仍申华夷之辩、张忠孝之义,其理论依据并没有跳出前人窠臼。然而,他学识渊博,"尤晓天文历数",④故说理透彻,谴辞雄辩。其中揭露佛法祸害,尤为

---

① 《旧唐书·张仲方传》。又《全唐文》卷三,李渊《草堂寺为子祈疾疏》云:李渊为郑州刺史任内,为世民患病,祈"此寺求佛,蒙佛恩力,其患得损,今为男敬造石碑像一铺,……弟子李渊一心供养。"与上引记载有异,存疑。
② 《法琳别传》卷上。
③ 《唐大诏令集》卷一一三,《禁正月五月九月屠宰诏》。
④ 《旧唐书·傅奕传》。

深切。

"佛在西域,言妖路远,汉译胡书,恣其假托。故使不忠不孝,削发而揖君亲;游手游食,易服以逃租赋。演其妖书,述其邪法,伪启三涂,谬张六道,恐吓愚夫,诈欺庸品。凡百黎庶,通识者稀,不察根源,信其矫诈。乃追既往之罪,虚规将来之福。布施一钱,希万倍之报;持斋一日,冀百日之粮。遂使愚迷,妄求功德,不惮科禁,轻犯宪章。……且生死寿夭,由于自然;刑德威福,关之人主。乃谓贫富贵贱,功业所招,而愚僧矫诈,皆云由佛。窃人主之权,擅造化之力,其为害政,良可悲矣!"①高祖十分重视傅奕"除去释教"的疏文,下令百官详议。赞同傅奕的是太仆卿张道源,其他朝臣几乎都持异议,反对最烈的是中书令萧瑀,他指责傅奕"非圣"、"无法",建议高祖"请置严刑"。② 然而,高祖却支持傅奕的主张,改变了以往尊佛的倾向,趋向崇道,其明显的迹象是,于同年十月驾临终南山,谒老子庙。次年,他又亲临国子监,宣布道第一、儒第二、佛第三,明确地表达了他抑佛崇道的主张。及至武德九年(公元六二六年)四月,③高祖以长安寺院、道观"不甚清净"为辞,下诏大量裁减寺观与沙汰僧道。诏中重申佛教祸国蠹民之害,至于道教则轻轻一笔带过。可见,高祖意在限制佛教势力的过分膨胀。指出一些不肖之徒"妄为剃度,托号出家,嗜欲无厌,营求不息。……驱策田产,聚积货物";更有甚者"亲行劫掠,躬自穿窬",干出种种犯法勾当。这些佛门子弟之所以如此作恶而又无视国法,当是"交通豪猾"之故。可见,僧、俗地主已同流合污,势必严

---

① 《旧唐书·傅奕传》。
② 《旧唐书·傅奕传》。
③ 《旧唐书·高祖纪》书为其年五月,《新唐书·高祖纪》、《通鉴》卷一九一,均纪为四月,今从后者。

重损害了国家的经济利益。诏书最后规定："京城留寺三所,观二所。其余天下诸州,各留一所。余悉罢之。"①法定佛、道所留寺观数量基本一样,当然以裁减佛寺居多,抑佛的意图十分明显。不久,适逢政变,未及实行。

武德晚年李渊为什么一反初年的崇佛政策,当与形势变化有关。武德初,唐与突厥一度结盟,军事行动处于相对的静止状态。自武德六年以降,突厥贵族频繁入扰,唐王朝损兵折将,为了加强防御,只得多设据点,凭险拒守。武德八年四月"复置十二军,……简练士马,议大举击突厥。"②九年用兵更多,自然耗财猛增。而唐初财赋本来拮据,又加当时"天下僧尼,数盈十万",③享受"调课不输、丁役俱免"的特权,④使财赋、兵源更显不足。李渊废佛当与用兵、赋敛有关。傅奕上疏排佛正好切中时弊。对此,司马光早有卓见:"上(高祖)亦恶沙门、道士苟避征徭,不守戒律,皆如奕言。"傅奕曾建议将十万僧尼还俗,"请令匹配,即成十万余户,产育男女,十年长养,一纪教训,可以足兵。"⑤明代的吾谨在《唐神尧罢浮屠、老子法议》中说得更为透彻:"(李渊)所以废之者,时以习其道者不事徭赋,以空吾之户口而已矣,固非恶其道而废之也。"⑥指出高祖废佛目的是出于增加国家编户与徭赋,当非出于反对佛教教义,故与傅奕意图不同,这决定了他的排佛态度不是坚定的,一旦当群臣反对,也就寝而不行了。

综观高祖对佛教的态度是兼收利用与控制有效的。当统一战

---

① 《旧唐书·高祖纪》。
② 《资治通鉴》卷一九一。
③ 《旧唐书·傅奕传》。
④ 《法琳别传》卷上。
⑤ 《资治通鉴》卷一九一。
⑥ 《明文海》卷七六。

争中僧众有力可借时,则予利用;当僧势嚣张时,则予抑制。这与隋主大造佛寺、广置佛像、普度僧尼、众建佛塔相比,高祖则无一项斯举。特别是诏汰天下浮屠,具有卓识,后人谓"高祖独能毅然而废之,是不可谓其不贤于人也。"①当有所据。

(二)贞观中的抑佛诏令

唐太宗执政之初,为了争取僧道徒众的支持,曾一度改变了其父抑佛尊道的作法。于玄武门之变的当天,就迫使高祖撤销了"四月辛巳,废浮屠、老子法"的禁令,②并申明,"至六月四日敕文,其僧尼道士女冠,宜依旧定。"③"旧定"者,即恢复当年四月抑佛前的佛先道后的排列位次。

贞观元年,唐太宗以虔信佛教的姿态向傅奕提出诘难:"佛道玄妙,圣迹可师,且报应显然,屡有征验,卿独不悟其理,何也?"傅奕解释,佛是胡神,起自西域,后传中国,"于百姓无补,于国家有害",④唐太宗听了,颇以为然。可见,他虽尊佛,但并不佞佛;而且尊佛观点也不强烈。

傅奕以儒黜佛的进步思想,反映了唐初统一的中央集权国家的政治需要。唐太宗注重治世,势必反对出世与抑制南北朝以来日益膨胀的佛教势力。然而,他鉴于当时政局未稳,并没有马上抑佛,而是因势利导,利用佛教教义作为巩固封建统治的精神武器。贞观二年五月下敕云:"章敬寺是先朝创造,从今以后,每至先朝

---

① 《明文海》卷七六;吾谨《唐神尧罢浮屠,老子法议》。
② 《新唐书·高祖纪》。
③ 《唐会要》卷四七,《议释教》。
④ 《旧唐书·傅奕传》。

忌日,常令设斋行香,仍永为恒式。"①为隋代所立佛寺设斋行香,目的是借此笼络隋臣。次年,唐太宗开译经馆,任命西突厥的波罗颇迦多罗主持,并度僧三千人。同年闰十一月,他又利用佛教的超度亡灵说教,大搞念佛拜忏的法坛迷信,下诏宣扬"释教慈心,均异同于平等。是知上圣恻隐,无隔万方,大悲弘济,义犹一子。"为了所谓"济其营魂",决定于晋阳起兵以来,作战之处,"为义士、凶徒殒身戎阵者,立寺刹焉。"②于是在他决战取胜的戎场建造七所佛寺,如在战败宋金刚的晋州立慈云寺,镇压窦建德的氾水营等慈寺,平刘黑闼的洺州建昭福寺等等。

由上可知,贞观初,唐太宗对待佛教的态度比较缓和。究其原因,当与他个人的战斗经历与政治生涯有关。武德四年,他平定王世充之乱,曾得力于嵩山少林寺僧兵之助,事后接见过立功的长老,表彰他们的功绩云:"法师等并能深悟机变,早识妙因,克建嘉猷,同归福地,擒彼凶孽,廓兹净土",还说李唐王朝受到"彼岸之惠",当攻克东都之后,使僧、俗人等"各安旧业"。③既然作了许愿,即位后就需兑现,于是采取缓和朝廷与佛教势力之间的紧张关系。贞观初他下的《度僧于天下诏》即可知一般,诏令赞扬佛教"慈悲为主,流智慧之海;膏泽群生,翦烦恼之林"。于是下令"其天下诸州有寺之处,宜令度人为僧尼,总数以三千为限。"规定所度僧尼"务须精诚德业"。只要德业可称,"无问年之幼长,其往因减省还俗及私度白首之徒,……通在取限"。④所谓"往因减省还俗",指武德末年采取抑佛而沙汰的僧尼,只要品行端正,还可皈

① 《唐大诏令集》卷四九,《杂录》。
② 《唐大诏令集》卷一一三,《为殒身戎阵者立寺刹诏》。
③ 《全唐文》卷十,《告柏谷坞少林寺上座书》。
④ 《全唐文》卷五。

依。与其父相比,显然对佛教势力有所妥协。

然而,唐太宗毕竟是封建政治家,他对佛教的宽容是有原则、有限度的。

首先,他搞的设斋行香、译经度僧、造寺慰灵等等举措,并非单纯出于精神麻醉,而都带有某种政治意图。以设斋行香而言,或因"追维抚育之恩",以尽孝道;①或因申明"思旧之情",以彰君恩。②至于译经度僧,或出某种政治利益与战略需要,如贞观初,太宗为解除东突厥侵扰的近忧,曾为来自西突厥的波罗颇迦多罗立场译经,交好西突厥,以获远交近攻之利。或出某种夙愿,附会佛祐病愈,宣示从此"休征。"③至于营建寺院,或为士兵身陷战场,以慰生灵;或为思念慈训,祈福双亲,以致舍宅造兴圣寺,度地建宏福寺等等。

贞观初,唐太宗虽下令剃度少许僧人,但并非出于滥增僧众,实是作为简择僧人的一个补充手段。如他在《度僧于天下诏》中指出,僧徒中"或假托神通,妄传妖怪;或谬称医筮,左道求财;或造诣官曹,嘱致赃贿;或钻肤焚指,骇俗惊愚。"凡此种种,有一于此,即"大亏圣教",所在官司都需加以"清整"。④"清整",带有整顿含意,实是强调官府加强对佛教势力的干预,以进行组织整顿,将不逞僧徒予以沙汰。同时他又加强思想控制,令用《佛遗教经》加以约束,使其遵行戒律。唐太宗说:"《遗教经》者,是佛临涅槃,所说诫劝弟子,甚为详要,末俗缁素并不崇奉。"为此,"令所司差书手十人,多写经本,务在施行,所须纸笔墨等,有司准给。其官宦

---

① 《全唐文》卷十,《宏福寺施斋愿文》。
② 《全唐文》卷九,《为故礼部尚书虞世南斋僧诏》。
③ 《全唐文》卷八,《诸州寺度僧诏》。
④ 《全唐文》卷五。

五品以上及诸州刺史各付一卷,若见僧尼行业与经文不同,宜公私劝勉,必使遵行。"①旨在加强政治对佛教的控制。

其次,他对佛教的宽容并非宽大无边,而是有法可依。凡僧尼违犯禁令者,罪不在赦,甚至处以极刑。如贞观三年,大括隋恭帝义宁年间私度的僧尼,不出首者处以死刑,不可谓不重。他的这个意志在尔后颁行的《唐律》"私入道"律文中也有曲折的反映:"诸私入道及度之者,杖一百。已除贯者,徒一年;本贯主司及观寺三纲知情者与同罪。若犯法合出观寺,经断不还俗者,从私度法。"②《唐律》颁于贞观十一年,对私度僧道处刑比贞观初的敕令为轻。可见,唐太宗即位初,虽废武德毁佛之诏,但检括僧尼的禁令仍严。其原因诚如清末法学家薛允升所说的:"僧道得免丁差。僧道多则户口少,自然之势。此辈不耕不业,衣食于民,岂可听其私自簪剃,以虚户口耶,故特禁之。"③由此看来,唐太宗在贞观初严禁非法私度僧道,虽无高祖废佛激烈,然而,从控制国家户口来看,两者亦有殊途同归之处。

唐太宗虽对佛教采取较为缓和的态度,但并没有影响尊道。贞观初,道教领袖仍能得到崇礼与信任。如"贞观五年,太子承乾有疾,敕道士秦英祈祷,得愈,遂立为西华观。"④立观宏道,借此表彰道教神祐的灵验,这与大业初李世民有疾,李渊祈福于佛寺比较起来,似乎唐初太宗信道超过隋末其父信佛。但也与道教介入政治有关,如道士王远知参与秦王夺位的预谋活动就是一例:"武德中,太宗平王世充,与房玄龄微服以谒之,远知迎谓曰:'此中有圣

---

① 《全唐文》卷九,《佛遗教经施行敕》。
② 《唐律疏议》卷十二,《户婚上》。
③ 《唐明律合编》卷十二,《辑注》。
④ 《唐会要》卷五十,《观》。

人,得非秦王乎?'太宗因以实告,远知曰:'方作太平天子,愿自惜也。'太宗登极,将加重位,因请归山。至贞观九年,敕润州于茅山置太受观,并度道士二十七人。"唐太宗还亲降玺书,赞扬他"道迈前烈,声高自古",并忆及前功:"朕昔在藩朝,早获问道,眷言风范,无忘寤寐。"[1]王远知能预密谋,秦英能出入宫廷,说明道教徒能介入政治,并得到信任。

从贞观初的宗教政策来看,唐太宗既不愿造成佛教的独尊局面,也没有采取道先佛后的举措。他采取的是平衡佛、道,并重两教的作法,但实际上难以办到。因为魏晋以来,佛、道反复辩论诘难,门户之见极深,历年积怨,势同水火,都想压倒对方而凌驾天下。隋时由于统治者的大力提倡,佛教势力大大超过道教势力,实际上处于独尊地位。唐自武德九年以来,傅奕多次上疏辟佛,李渊有意袒护,才使双方力量对比发生某些变化。道教领袖以为有机可乘,遂乘机发动攻势,如清虚观道士李仲卿著《十异九迷论》、刘进喜作《显正论》,斥责佛法、贬低佛教。由于当时形势不利于佛教,故佛教领袖没有立即摆开阵势还击。贞观前期,僧人利用唐太宗缓和、宽待佛教的政策,由名僧释法琳发难作《辩正论》反驳道书。此后佛、道双方又接连发生唇枪舌战,但都未能动摇佛教的优势地位,直至贞观十一年初佛教地位仍高于道教地位。

唐太宗虽居于深宫,但对佛教的情况十分了解。他知道"在外百姓,大似信佛",至于朝臣中的虔诚信徒,他更了如指掌,这就迫使他采取谨慎的作法,不会轻易抑佛。而佛教势力遭到武德末年的政治打击以后,一直窥测方向,力图恢复往昔的一尊地位。他们深知,教主非涉足政界得到皇帝的大力支持,难以如愿。于是教

① 《旧唐书·隐逸·王远知传》。

主指使信佛朝臣,并通过朝臣上表太宗,企图促使太宗礼拜高僧。贞观八年,太宗窥破佛教的这个阴私作法,曾对长孙无忌言及:"上封事欲令我每日将十个大德,共达官同入,令我礼拜。观此乃是道人(即僧人)教上其事。""大德"者,是佛教对高僧的尊称,其实就是长安的佛教界领袖。上封事官员建议朝廷大官偕同十名高僧入朝,令太宗在金殿礼拜,借机讲经说法,借此定于一尊。这显然是当时佛教势力妄图恢复梁武佞佛的幻想。然而,他们看错了人,英主唐太宗绝非昏庸的梁武帝可比,贞观名臣亦非梁武邪臣可类。当即遭到重臣魏征的激烈反对:"佛道法本贵清净,以遏浮竞。昔释道安如此名德,符永固与之同舆,权翼以为不可。释惠琳非无才俊,宇文帝引之升殿,颜延之云:'三台之位,岂可使刑余之人居之。'今陛下纵欲崇信佛教,亦不须道人日到参议。"①魏征出身道士,自然反对佞佛,作为政治家的唐太宗当然也不会让佛教介入政治。然而,从上封事官员与魏征的言论纷争中,可以看出佛、道两教为了发展各自的势力,在政治上展开了明争暗斗的迹象。

由上可知,唐太宗直到贞观八年还是"崇信佛教"的,然而,他不大相信佛教的善恶报应谬论。同年,长孙皇后身患重疾,太子承乾建议曲赦囚徒,剃度为僧,祈求佛祐。皇后反对说:"若修福可延,吾素非为恶;若行善无效,何福可求。"②这多少也反映了唐太宗的思想。

及至贞观十一年二月,唐太宗颁发了《道士女冠在僧尼之上诏》,才使佛道地位发生了转折,这标志着唐太宗以诏令形式宣告了抑佛的开始,无疑是对佛教的重大打击。诏中回顾了佛教传入

---

① 《唐会要》卷四七,《议释教》。
② 《旧唐书·后妃传·长孙皇后传》。

中土,凌驾他教,风靡朝野的种种流弊云:"佛法之兴,基于西域,爰自东汉,方被中华。神变之理多方,报应之缘匪一。洎乎近世,崇信滋深,人冀当年之福,家惧来生之祸。……始波涌于闾里,终风靡于朝廷。"①唐太宗认为这是前代遗留下来的弊病,为了革除"前弊",贬僧尼于道士,女冠之下。

唐太宗以诏令的形式确定了道先佛后的地位,形势显然对道教有利。于是道教领袖再次发动攻势。贞观十三年,道士秦英指责法琳所撰的《辩正论》对教主老子出语不逊,攻其诽谤皇祖。唐太宗为此亲下《诘沙门法琳诏》,指出"周之宗盟,异姓为后;尊祖重亲,实由先占。何为追逐其短,首鼠两端?广引形似之言,备陈不逊之喻。诽毁我祖祢,谤讟我先人。如此挟君,罪在不恕。"②于是逮捕法琳,问罪图圄。法琳于狱中往复辩答,尽力取悦旨意,后虽免于一死,但放逐蜀中,仍病卒于途。

配合抑佛诏令的第二个举措是,唐太宗往往对尊佛官员予以廷辱或非难。如大臣张亮好佛,他就故意怂恿张亮出家,张亮不愿出家,遭到训斥。崇佛至深的萧瑀为此自请出家,太宗马上批准。然而不久,萧瑀变卦了,唐太宗责其出尔反尔。特于贞观二十年十月下手诏数其罪,并乘机表达了自己抑佛的见解:"朕于佛教,非意所遵。虽有国之常经,固弊俗之虚术。何则?求其道者未验福于将来,修其教者翻受辜于既往。至若梁武穷心于释氏,简文锐意于法门,倾帑藏以给僧祇,殚人力以供塔庙。"及至侯景之乱,武帝被俘饿死台城。于此,唐太宗得出结论云:"子孙覆亡而不暇,社稷俄顷而为墟,报施之征,何其谬也!"③唐太宗把佞佛与亡国联系

---

① 《唐大诏令集》卷一一三。
② 《全唐文》卷六。
③ 《资治通鉴》卷一九八。

起来,有力地驳斥了佛教善恶报应的虚妄,发泄了对崇信佛教的大臣的深刻不满,明确地表达了他的抑佛主张。

第二节 崇道尊祖

贞观中,唐太宗抑佛,同时也是崇道的开始,主要原因出于宗教上的华夷门户之见与政治上的东西门阀之争。

(一)求仙长生,"事本虚妄"

唐初的道教继承了前代的道教以老子为教祖,以清虚、无为为教义的义理部分及以求仙长生为诱饵的方术迷信部分。唐太宗对道教的两部分内容是采取分别情况、区别对待的方针的。一般说来,贞观中前期他对道教的方术迷信是嗤之以鼻的。如贞观元年十二月,他对侍臣言及:"神仙事本虚妄,空有其名。秦始皇非分爱好,遂为方士所诈,乃遣童男女数千人随徐福求仙药,方士避秦苛虐,因留不归。始皇犹海侧踟蹰以待之,还至沙丘而死。汉武帝求神仙,乃将女嫁道术人,事既无验,便行诛戮。据此二事,神仙不烦妄求也。"①他还说:"忠良可接,何必海上神仙乎。"②为了表示自己不重蹈秦皇、汉武妄求神仙的覆辙,甚至咏诗自言壮志:"之罘思汉帝,碣石想秦皇。霓裳非本意,端拱且图王。"③抒发霓裳求仙不是自己的本意,真正的意愿是要认真地励精图治,建立强盛统一的中央集权国家,反映了他在贞观前期批判道教方术的进步思想以及生气勃勃的政治进取精神。

———————————

① 《旧唐书·太宗纪》。
② 《全唐诗》卷一,《帝京篇·序》。
③ 《全唐诗》卷一,《春日望海》。

由上可见,唐太宗对神仙方术迷信的祸国,同他对佛教妖佞的害国一样地表示深恶痛绝。对此,长孙皇后是最为了解的。贞观八年,他曾说:"道、释异端之教,蠹国病民,皆上素所不为。"①

(二)"老君垂范",义在清虚

唐太宗对道教方术采取贬黜的态度(晚年又有变化),与此形成对照的,则是对道教教义与教祖采取尊崇的态度。他赞扬道教教义是"老君垂范,义在于清虚",甚至把教义吹得神乎其神,同创物兴邦联系起来:"然则大道之行,肇于遂古,源出无名之始,事高有形之外。迈两仪而运行,包万物而亨育,故能兴邦致泰,反朴还淳。"如此神通广大,当非佛教力所能及。为了抬高道教的身价,他还宣扬道教的清静、无为教义对他治理天下的妙用:"天下大定,亦赖无为之功,宜有改张,阐兹玄化。"②相形之下,他认为佛教教义无益于治,甚至某些帝王由于佞佛还带来了亡国的惨祸。

唐太宗既然颂扬道教教义,必然膜拜道教教主。对此,已有其父肇源在先。李渊因自己与道教追尊的教祖老子李耳同姓,就附会教祖为皇祖。武德三年,他曾依托方士吉善行面见老子,胡诌皇祖,因以立庙:"晋州人吉善行,自言于羊角山见白衣老父,谓善行曰:'为我语唐天子,吾为老君,吾而(尔)祖也。'诏于其地立庙。"范祖禹据此予以评论云:"唐之出于老子,由妖人言,而谄谀者附会之。高祖启其源,高宗,明皇扇其风。又用方士诡诞之说,跻老子于上帝,卑天诬祖,悖道甚矣,与王莽称王子乔为皇祖叔父,何以异哉!"③究其实,岂独高宗、玄宗煽其风,太宗则已煽风在先了。

---

① 《资治通鉴》卷一九四。
② 《唐大诏令集》卷一一三,《道士女冠在僧尼之上诏》。
③ 《唐鉴》卷一。

早在贞观四年二月,唐太宗在庆祝平定突厥所下的大赦诏中,就把取胜颉利归之于"上玄"与"清庙":"斯皆上玄降祐,清庙威灵。岂朕虚薄,所能致此。"①所谓"上玄",指上天;"清庙",指三清庙,唐初三清殿位于皇宫西面凌烟阁侧,这就是把皇祖老子神化为上帝的证明,故"跻老子于上帝",太宗早已垂范在先了,岂待玄宗?!至于"唐之出于老子",太宗在贞观十一年二月的诏中也有明言:"朕之本系,起自柱下"。"柱下",即柱下史。传说老子曾为周朝柱下史,这是太宗追认老子为皇祖的自白。同年七月,他"修老君庙于亳州,宣尼庙于兖州,各给二十户享祀。"②这是继高祖始立庙于晋州的又一举措。唐太宗在老子出生地修建庙宇,③自然是尊道的表现。值得注意的是,老君庙位列孔庙之前,就含有道一、儒二、佛三的用意。这只要回顾一下五个月前颁的《道士女冠在僧尼之上诏》云:"自今以后,斋供行法,至于称谓",不言而喻,佛列道后了。

(三)"敦本"九州,"尊祖"万代

唐太宗崇道的原因,据他自己解释有两点,即"庶敦本之俗,畅于九有;尊祖之风,贻诸万叶。"

所谓"敦本",是指中国土生土长的道教,应该视作本教,作为唐人首奉的本宗,并应在全国畅通无阻。唐太宗发此议论,是有针对性的。他认为佛是胡神,佛经是"殊方之典",佛教是"异方之教"。而老子是天神上帝,道藏是中土之经,道教是华夏之教。夷

---

① 《唐大诏令集》卷八三,《贞观四年二月大赦诏》。
② 《旧唐书·太宗本纪》。
③ 老子生于苦县,苦县在唐属亳州真源县。具体论证见《新唐书·地理志》及《史记·老子韩非列传》唐张守节《正义》引李泰《括地志》。

狄之教传入中国,可以传播,但不能过分膨胀,以至压倒华夏本教,否则就是本末倒置了。然而,魏晋以来不应发生的事竟然发生了:"由是,滞俗者,闻玄宗(道教)而大笑;好异者,望真谛(佛教)而争归。……遂使殊方之典,爵为众妙之先;诸华之教,反居一乘之后。流遁忘反,于兹累代。"①唐太宗不去探究人们为什么闻道教而大笑、望佛教而争归的社会原因,却从华夷之别的教派纠纷大做文章,仅是重弹了魏晋以来辟佛的儒、道两家所发的滥调罢了,立论并不显得高明。不过,从中也反映了他受到傅奕的辟佛言论以及宗教上的华本夷末的门户之见影响。

至于"尊祖",则有政治意图,可说直接与他修订《氏族志》有关。贞观六年,唐太宗指示高士廉等人"刊正姓氏",高士廉起初没有领会唐太宗的"欲崇重今朝冠冕"的隐约示意,仍把山东老牌士族崔氏干排为第一等,与李唐皇族并列。这一方面固然反映了高士廉没有摆脱传统的门阀观念的束缚。另方面,也使唐太宗感到数祖为典的族谱对修订《氏族志》的重要性。因为高士廉之所以把黄门侍郎崔氏干与贵为四海之主的唐太宗并列第一等,唯一的解释是他囿于崔氏远祖的所谓高贵血统。而气度雄豪的唐太宗既然君临天下,那么在夸耀血统方面岂甘屈居臣下。除了崇重今朝冠冕之外,还需追尊远叶祖先,这样他就稳操胜算了。为此,他于正式颁布《氏族志》之前,抢先进行了崇祖的准备活动。贞观十一年二月他颁《道士女冠在僧尼之上诏》,用意正在于此。诏中跻老子于上帝,诏末则提出"尊祖之风,贻之万叶";同年七月又修老子庙于亳州,给祭祀二十户。这两个神化老子的举措,已把他攀附冒牌始祖抬高到无以复加的地步。随后于次年正月诏颁《氏族

---

① 《唐大诏令集》卷一一三,《道士女冠在僧尼之上诏》。

志》。崇道尊祖不前不后,恰好选在重颁《氏族志》之前,时间的紧密衔接决非出于偶然的巧合,实际上这是他抬高关陇士族门阀的重要步骤,目的是想凭借皇权使关陇士族无论从冠冕或血统上均凌驾于山东士族之上。这由赐给老子庙二十户祭祀的同时,又赐给他的晋代祖先凉武昭王墓"二十户充守卫"已露端倪。[1] 一是追尊远叶始祖,一是追尊近代皇祖,远近真伪之途虽殊,但尊祖目的则归于一。

第三节 "示存异方之教"

唐太宗公开宣布抑佛崇道后,终贞观一代,佛教势力仍很强大。一方面固然与佛教固有势力强大有关,另方面也与唐太宗的"示存异方之教"的宗教政策有关。[2]

(一)"纳诸轨物",归于一统

"示存异方之教",虽然语出长孙皇后之口,但实际上表达了唐太宗对外来宗教采取开放的政策思想。他一方面允许佛教公开传教,另方面又想限制佛教,以体现道先佛后。例如《道士女冠在僧尼之上诏》中开首就提出:"老君垂范,义在于清虚;释迦遗文,理存于因果。"这与他刚即位时申明的"至六月四日敕文,其僧尼道士女冠,宜依旧定"的佛先道后排列次序就不同了。接着对两教作了比较,认为"详其教也,汲引之迹殊途;求其宗也,弘益之风齐致。"也就是说,佛、道两教是殊途同归的,不过道在佛上。可

---

① 《旧唐书·太宗本纪》。
② 《旧唐书·后妃传·长孙皇后传》。

见,他的抑佛诏与武德九年的废佛诏不一样。抑佛诏在于申明道在佛上的原因,但又指出两者并非互相排斥,而是殊途同归的;而废佛诏在于揭露佛教的种种弊端,说明革弊必需排佛的道理。由于李渊追尊道教教主老子为皇祖,就从逻辑上引申出将两教互相对立的情况,因此,这也是武德晚年对佛教政策倾向于关闭的一个原因。贞观间的宗教政策既然旨在"示存异方之教",自然趋向开放。但是,唐太宗执行开放的宗教政策并非放任自流、撒手不管,而是像他对其他学派一样,采取了兼收并蓄、融会贯通的作法,例如他寻求佛、道两教"弘益之风益致"的统一的一面是如此,将佛法纳入儒家礼教的轨道以及将不同教派纳入一乘之宗的轨道也是如此。用他的话来说,就是"纳诸轨物"。① 那么,纳入什么轨道呢?

其一,纳入儒家礼教的轨道。如贞观五年,他对侍臣说:"佛道设教,本行善事,岂遣僧尼道士等妄自尊崇,坐受父母之拜,损害风俗,悖乱礼经,宜即禁断,仍令致拜于父母。"②这就是以儒学的孝道约束佛教越轨的例子。

其二,纳入佛教一乘之宗的轨道。魏晋以来,南北长期分裂,政权更迭频繁,统治者各自利用不同的佛教流派为己服务,致使南北教派纷呈,教义阐释互异。出现了"义类差舛,……大乘不二之宗,析为南北两道,纷纭争论,凡数百年,率土怀疑,莫有匠决"的情况。③ 唐王朝统一中国后,太宗为了适应政治上统一的需要,也要求文化思想上的统一,以便结束佛教各派纷争不休的佛性问题。唐太宗支持玄奘翻译佛经,就是他试图统一佛教派别纷争的尝试。

---

① 《唐大诏令集》卷一一三,《道士女冠在僧尼之上诏》。
② 《贞观政要》卷七,《礼乐》篇。
③ 慧立:《大慈恩寺三藏法师传》。

（二）"肃成明诏"，严于直译

玄奘，俗姓陈，名祎，洛州缑氏人。十四岁出家，法名玄奘，立志深造佛学。初访当地名僧，感到不足以解惑。后到长安与成都，寻访高僧，遍读佛经，贯通各派，造诣很深。他经过研究后感到当时"南北异学，是非纷纠"，是源于各派阐释佛性教义的歧义，而这又与佛经"传译踳驳"有关。① 若想求得真谛，必须从纠谬正典入手。用唐太宗的话来说，就是他"凝心内境，悲正法之陵迟；栖虑玄门，慨深文之讹谬。思欲分条析理，广彼前闻，截伪续真，开兹后学。"②为此，他发誓亲至佛国，学习梵语，深究佛法，以正译经谬误。

贞观元年秋八月，③玄奘抱着"求如来之秘藏，寻释迦之遗旨"的夙愿，西离长安，往游西域。途中历尽艰难、备尝困苦。唐太宗对他的不畏险阻的坚强意志有过形象的描写："乘危远迈，杖策孤征。积雪晨飞，途间失地。惊沙夕起，空外迷灭。万里山川，拨烟霞而进影；百重寒暑，蹑霜雨而前踪。"④玄奘西出河西走廊，循天山北路，越葱岭至北、中印度各地，然后遍参高僧，广求佛法，瞻仰

---

① 于志宁：《大唐西域志·序》。
② 《全唐文》卷十，《大唐三藏圣教序》。
③ 关于玄奘西行首途岁月，历来说法不一。唐代辩机《大唐西域记·赞》、道宣《续高僧传·玄奘传》、《大唐内典录》、慧立《大慈恩寺三藏法师传》以及冥祥、刘轲、智升、靖迈以迄刘肃等诸作，均作贞观三年仲秋或八月。国外东方学者与日本学者亦作如是观。近人如梁启超、丁谦、陈垣与今人吕澂诸先生各持贞观元年、二年、三年与二、三年之际出国说。杨廷福先生以多年研究成果，考释"定为贞观元年秋八月"，陈垣先生在世时赞其说成为定论。详见《上海师范大学学报》社科版，一九七九年第一期《玄奘西行首途年月考释》。本文采用其说。
④ 《全唐文》卷十，《大唐三藏圣教序》。

圣迹,精究梵文。通过潜心钻研,终于尽窥瑜珈学派的底蕴,成为戒贤大师的首座弟子。唐太宗赞之曰:"鹿死苑鹜,瞻奇仰异。承至言于先圣,受真教于上贤。"①玄奘的佛学造诣为佛国所推崇,成为戒日王设法会于曲女城的论主,讲经十八日,无有诘难,佛国服膺,可谓罕闻。贞观十七年(公元六四三年)初,誉满归国。次年春夏间到达于阗,遣人上表唐太宗,申述自己的奇迹般的经历,得到唐太宗的垂青,特下敕"于阗等道使诸国送师人力鞍乘,应不少乏。令敦煌官司于流沙迎接,鄯善于沮沫迎接。"②贞观十九年正月回到长安,僧、俗士、庶倾城出观,万人空巷,焚香散花,顶礼膜拜。玄奘取经,历时十九年,③行程五万余里,带回经论六百五十七部以及若干佛像、舍利、花果种子等,为中印文化交流作出了巨大的贡献。

玄奘回到长安不久即到洛阳,唐太宗亲自召见,并留下了良好的印象。他对侍臣说:"昔荷坚称释道安为神器,举朝尊之。朕今观法师词论典雅、风节贞峻,非唯不愧古人,亦乃出之更远。"④玄奘乘机提出选贤译经的要求,唐太宗勉强依从,遂"爱吾学人,共成胜业。"⑤在长达十九年的毕生译经岁月里,虽然助手欠缺,译场屡易,困难重重,但译经事业始终未辍,到他病逝为止,共译佛经七十五部,一千三百三十五卷。

唐太宗十分关心译经,除"载令宣译"外,⑥还"手诏绸缪,中使

---

① 《全唐文》卷十,《大唐三藏圣教序》。
② 《全唐文》卷七,《答玄奘还至于阗国进表诏》。
③ 从贞观元年秋八月西离长安至十九年春正月返回长安,首尾十九年。如以西行旅途计之则为十七足岁,详见杨廷福先生《玄奘西行首途年月考释》。
④ 《大慈恩寺三藏法师传》。
⑤ 辩机:《大唐西域记·赞》。
⑥ 辩机:《大唐西域记·赞》。

368

继路。俯摘睿思,乃制《三藏圣教序》,凡七百八十言。"①可见,他为了"示存异方之教",经常通过太监将他的旨意传达给玄奘,其中就有严格按照梵文原貌进行直译的指示。玄奘以他"妙穷梵学,式赞深经"的造诣,出色地贯彻了唐太宗力求精确的翻译要求,所谓"敬顺圣旨,不加文饰,方言不通,梵语无译,务存陶冶,取正典暮,推而考之,恐乖实矣。"②从中透露出玄奘译经的严谨作风与求实态度。在太宗的关怀下,玄奘开创了忠于原著、不加文饰的译文风格,成为中国翻译史上别具一格的大师。唐太宗指示玄奘直译,带有精确阐释教义以求统一大乘诸宗的意图,这也是他为什么能应玄奘之求,毕生唯一为佛典撰写序言的原因。

(三)"异方之教","特令传授"

唐初长安不仅是唐王朝的政治中心,而且也是文化、宗教中心。当时佛学各派如三论宗、慈恩宗、律宗、禅宗、密宗等等均次第在长安形成,与唐关系密切的新罗、高丽等学问僧慕名相继至唐都游学,学成又东传朝鲜、日本。因此,长安成为西来佛教东传的中转圣地,成为国际文化交流的窗口。

唐太宗对东亚各国赴唐求法的名僧予以热情的关怀,客观上有助于加强中国与朝鲜、日本的文化交流。贞观二年,高丽沙门道登离国来到京师,唐太宗提供种种方便,使他从当时三论宗的祖师吉藏承传三论教义,学成后东赴日本,主持元兴寺,传授三论宗旨,成为日本三论宗的开创者。早年入唐游学的新罗僧人神昉精通大小乘经论,贞观十九年夏六月,奉诏参与玄奘译场,为

---

① 为《大唐西域记》作序的,有敬播、于志宁,此处所引与下引均出自志宁序文。
② 辩机:《大唐西域记·赞》。

玄奘四大上足之一。来自新罗的僧人圆测于贞观初来长安，唐太宗亲自接见，爱其聪慧，赐以度牒。贞观晚年，玄奘组织译经，拜于门下，通达瑜珈，唯识诸论。另一新罗僧人慈藏于贞观十二年率领弟子十余人到长安求学，唐太宗下敕慰抚，优礼有加。贞观十七年学成归国，唐太宗敕赐袈裟及彩缎，又求得藏经一部回国，是为朝鲜有大藏经之始。此外，禅宗与密宗亦于贞观年间传入新罗，嗣后又再传高丽与日本。贞观佛教诸宗的东传，是唐太宗"示存异方之教"的宗教政策的必然结果，客观上有助于东亚各国的文化联系。

唐太宗本着"示存异方之教"的开放政策，给予当时新传入的景教允许其合法传授的权利。景教是基督教的一个支派，五世纪创教于叙利亚，后传波斯。贞观九年，波斯景教教士阿罗本来到长安。唐太宗命宰相房玄龄迎于西郊，待如嘉宾。尔后，"翻经书殿，问道禁闱。深知正直，特令传授。"贞观十二年，准其在长安建造大秦寺一所，诏书中有"道无常名，圣无常体，随方设教，密济群生"的说教，[①]反映了唐太宗不以本土宗教排斥外来宗教的开明思想。其实，揭开唐太宗优容景教的纱幕，是出于世俗的军事与经济的利益。贞观九年，唐太宗派遣李靖率军平定吐谷浑。当时吐谷浑占据河西走廊，它是通向西域的要道。而波斯在西域后方，加强同波斯的联系，有利于巩固唐在吐谷浑的胜利成果，故波斯一区区教士来朝，竟遣宰相迎接。贞观十三年，唐太宗出兵高昌，又下诏赞扬景教"词无繁说，……济物利人"，还认为"宜行天下"，[②]赋予景教传教全国的合法权利，以换取波斯的支持。可见，唐太宗的

---

① 《唐会要》卷四九，《大秦寺》。
② 《大秦景教流行中国碑》。

"示存异方之教"的政策,带有明显的功利动机。

(四)抑佛与崇佛的分歧

唐太宗晚年对佛教的态度转向虔诚,在他驾崩之年,曾数告玄奘:"朕共师相逢晚,不得广兴佛事",[①]大有恨见相逢晚,憾不广佛事之慨。为什么会发生这个变化呢? 联系当时环境,当与玄奘东归适逢其时有关。贞观十九年前后,唐太宗因废立太子,致使骨肉相残,酿成离散悲剧;还因征辽失败,致使无数生灵身殁异域,忧生之慨萌发;又值精力衰耗,体力骤降,疾病缠身,晚嗜丹药,畏死之兆显露。凡此种种,使他顿减早年叱咤风云的锐气,精神状态陷入空虚境地,以致对道教的方术长生发生兴趣,与此相应,心萌佛教的灵魂慰藉之念。思想上的这些变化,是否意味着唐太宗晚年的抑佛宗教政策发生了转变、走向崇佛的道路呢?

宋代史学家欧阳修在《新唐书·太宗纪·赞》里不仅认为太宗晚年,而且认为早年也是崇佛的。他在对太宗一生的丰功伟绩作了充分肯定的基础上,对其一个过失——"牵于多爱,复立浮图"大加抨击。所谓"牵于多爱",欧阳修在《等慈寺碑》跋文中作了解释:"唐初用兵破贼处多,大抵皆造寺。……太宗英武智识不世之主,而牵合习俗之弊,犹崇信浮图。岂以其言浩博无穷而好尽物理,为可喜耶? 盖自古文奸言以惑听者,虽聪明之主,或不能免也。惟其可喜,乃能惑人。故予于《本纪》讥其'牵于多爱'者,谓此也。"[②]可见,"牵于多爱"云云,是指其惑于佛徒奸言,使唐太宗"崇信浮图"。

---

① 《大慈恩寺三藏法师传》。
② 《欧阳文忠公文集》卷一三八。

明代的吾谨在《唐神尧罢浮屠老子法议》一文中,进而把后世的佛道炽盛归咎于唐太宗一人。他说,唐高祖"即位九年四月,诏沙汰天下浮屠、老子法,凡僧尼皆没为平民。后太宗即位复之,遣僧人西域或(获)浮屠氏经,由是中国二法大炽。"①且不说遣僧西域显然不合史实;单以取经东归由此推论佛教炽于后代也未免武断。

问题在于欧阳修是治史严谨的史学家,为什么不分太宗对佛教有过先后不同的态度而无视太宗对宗教的开放有节政策,一味指责太宗"崇信浮图"呢? 这与他的辟佛偏见有关。他与宋祁不为玄奘立传,后世史家已多有嗤议。复又以己之好恶,不作全面、具体的分析夸大了太宗的过失。

其实,说唐太宗不排佛尚可,谓其崇佛则不可。因为唐太宗立意于"示存异方之教",必不排佛。然而他是地主阶级杰出的政治家,一生致力于治世,不让主张出世的佛教介入政治是坚定不移的宗旨,故他曾两度建议玄奘参政,即是保持政治凌驾宗教的姿态。即使在他晚年有渐不克终的苗头,但我们仍能依稀可见他对佛教作了有限的抑制。痛诋佞佛害国,祸福不验,贬逐崇佛大臣,等等,均为例证。

如何看待唐太宗晚年优礼玄奘与支持译经、能不能视为崇佛是评价唐太宗对宗教的态度的重要一环。玄奘为当代高僧,出国多历年所,其佛学造诣无与伦比。唐太宗一统四海,力倡文治,凡海内宿儒名士多在罗致之列,不减当年礼待秦府十八学士之风。唐太宗表彰儒学,旁通释典,对学问僧视若学者。晚年得"法门之领袖"玄奘法师所以有相见恨晚之慨,恐是玄奘的人品、风采、学

---

① 《明文海》卷七十六。

问使他动容所致。他赞玄奘"幼怀真敏,早悟三空之心;长契神情,先苞四忍之行。松风水月,未足比其清华;仙霞明珠,讵能方其朗润。故以智通无累,神测未形,超六尘而迥出,只千古而无对。"特别是对其真传"探赜妙门,精穷奥业"①的佛学造诣更是叹为观止。故他褒奖玄奘高风亮节、赞颂玄奘洞彻佛法,实出自对玄奘学问功底的倾倒。如他颁的《唐玄奘法师进〈西域记〉书诏》云:"省书具悉来意,法师凤标高行,早出尘寰,泛宝舟而登彼岸,搜妙道而辟法门,宏阐大猷,荡涤从罪。是故慈云欲卷,舒之而荫四空;慧日将昏,朗之而照八极。舒、朗之者,其唯法师乎。朕学浅心拙,在物犹迷,况佛教幽微,岂能仰测。请为经题非已所闻,新撰《西域记》者当自披览。"②唐太宗好学不辍,自知"至于内典尤所未闲",③故在学问僧面前,不罢九五之尊仍虚怀若谷。"学浅心拙"、"佛教幽微"云云,乃为己学不足以探究佛教哲理之谦词,并非无端迁就佛教地狱、轮回之妄言。

从上诏可见,唐太宗勉为其难进行经题一事,很难说是倡佛。其设立译场、翻译佛经亦类乎此。贞观十九年,玄奘载誉东返,即请搜罗贤俊立场译经,太宗初以不得其人为辞而不允其请:"法师唐梵俱瞻,词理通敏,将恐徒扬仄陋,终亏圣典",④后经玄奘固请乃许。贞观晚年译经虽称盛极唐初,然与前秦、后秦、杨隋相比,规模、人数均微不足道。对此,汤用彤先生予以卓议云:"夫翻译佛典,六朝视为国之大事。遑论二秦之译,门徒三千,太宗知之已熟。而隋朝兴善、上林之规式,犹近在人耳目。太宗果有心提倡,必不

① 《全唐文》卷十,《大唐三藏圣教序》。
② 《全唐文》卷八。
③ 《全唐文》卷九,《答玄奘谢御制三藏序敕》。
④ 《续高僧传》卷五,《玄奘传》。

至拒奘所请。据此可知其对于译经,非有热诚。"①

太宗晚年虽留心佛事,然而并不热衷于佛典与佛法。综观太宗一生,抑佛仍是主流。对此,唐人的看法较为公允。如长孙皇后与太宗情投意合,可说她是最了解太宗思想的心腹。贞观八年她久病不愈,太子承乾建议赦免囚徒、剃度为僧以祈福祐。她列举两条理由表示反对:一、"非惟政体靡弊",认为崇佛是乱世弊事,反之说明贞观治世决不会佞佛。二、"上所不为"②,认为太宗赦囚度僧从来不干,正说明太宗度僧是有限度、有原则的,也就是有抑制的。又如睿宗时辛替否上疏愿李旦效法太宗之抑佛云:"太宗……拨乱反正,开阶立极,得至理之体,设简要之方。……不多造寺观而福德自至,不多度僧尼而殃咎自灭。……自有皇帝以来,未有若斯之神圣者也。"所谓"不多造"、"不多度",即点出了唐太宗对营寺度僧是有节制、有限度的。而中宗、睿宗就不同了,故辛替否将此同太宗朝对比说:"贞观之时,岂有今日之造寺营观,加僧尼道士、益无用之官,行不急之务,而乱政者也。"③若太宗是崇佛的,后世大臣谏其子孙勿尊佛教时,岂以太宗作为效法的榜样?他们赞扬太宗限制建寺与度僧,其实就是赞扬他抑佛。

唐武宗会昌五年所下的排佛诏云:"……今天下僧尼,不可胜数,皆待农而食,待蚕而衣。寺宇招提,莫知纪极,皆云构藻饰,僭拟宫居。晋、宋、齐、梁,物力凋瘵,风俗浇诈,莫不由是而致也。况我高祖、太宗以武定祸乱,以文理华夏,执此二柄,足以经邦,岂可

① 《隋唐佛教史稿》第一章,《隋唐佛教势力之消长》十七页。
② 《旧唐书·后妃传·长孙皇后传》。
③ 《旧唐书·辛替否传》。

以区区西方之教,与我抗衡哉。"①灭佛的武宗将排佛的高祖与抑佛的太宗相提并论,至少说明太宗在他心目中不是崇佛的皇祖。这比起后世学者把高祖与太宗对立起来的看法要高明得多。

---

① 《旧唐书·武宗纪》。

第十六章　废立太子之争

太子称为储君,是皇位的继承者,立储是封建国家的一件政治大事。唐太宗与历代有所作为的帝王一样,十分重视培养太子。然而事与愿违,他初立的太子并非理想的储君,于是陷入了废立太子的烦恼之中,到贞观晚年竟成为他政治生涯中折腾人心的事件。最后以李承乾的被废、魏王李泰的被黜、晋王李治的被立结束了这场内争,从而对贞观、永徽的政治实践产生了深远的影响。

第一节　嫡长子李承乾

李承乾是唐太宗的嫡长子,武德二年生于长安承乾殿,因而命名。武德九年十月,唐太宗根据皇位世袭嫡长子制原则,立承乾为皇太子,时年八岁。

(一)选择师傅,培养太子

幼年的承乾以聪明、敏惠获得唐太宗的喜爱。贞观四年七月,①唐太宗选择年高望重的李纲为太子少师。李纲的教育内容大体上以儒家君臣父子之道为主,师教严肃,"每谈论发言,皆辞

---

① 《贞观政要》卷四,《尊敬师傅》篇作"贞观三年"。按《旧唐书·李纲传》、《新唐书·李纲传》和《资治通鉴》卷一九三均系此事于贞观四年,似较妥,今从之。

色慷慨,有不可夺之志"。当时年仅十二岁的承乾"未尝不耸然礼敬。"①唐太宗对承乾能虚心接受师教,表示满意,为了进一步培养他的办事能力,于同年五月"诏皇太子承乾宜令听讼诉"。②

然而,承乾生于深宫之中,长于妇人之手,成人后缺乏其父那样接触民间、目睹动乱的社会阅历,难免眼光短浅,识不及远。储君的无比尊贵地位、散漫的生活习性,使他染上了竞事奢侈、喜爱漫游的纨绔邪气。他不畏群贤,甚至还制造假象愚弄朝臣。当他养成了"饰非"的习性之后,反而坑害了他的政治前途。

唯有唐太宗使他感到畏惧,就尽量设法躲开父皇的严厉眼光,企图极力不让其父知道"其迹",这当然是不可能的。当唐太宗发现了承乾的某些劣迹后,并没有放弃培养他成为一块好料的期望。贞观五年六月,太子少师李纲病逝,唐太宗把教育的重任落到太子左、右庶子于志宁、李百药的肩上。李百药针对承乾颇为留心典籍及爱好嬉戏的特点,他写了一篇《赞道赋》,以古来储君成败之事讽谏承乾。一个偶然的机会,唐太宗在东宫看到了《赞道赋》,表示十分赏识;并派人告诉李百药,希望他善始善终地辅弼太子。李百药心领神会,加劲以渊博的学识频加讽喻,然而承乾依然故我。两年后,他只得灰心离职。

贞观七年,唐太宗又另觅名师。考虑到承乾虽有过失,然而年轻,可塑性较大,太宗认为只要有名师指点,总可匡正过失。于是物色了中书侍郎杜正伦为太子右庶子。杜正伦曾为秦府文学馆学士,贞观初以不畏触犯逆鳞而闻名朝野。唐太宗想借重他的"直道"进谏,协助太子左庶子于志宁共同辅佐。唐太宗还特意指出:

---

① 《贞观政要》卷四,《尊敬师傅》篇。
② 《册府元龟》卷二五八。

"太子生长深宫，百姓艰难，耳目所未涉，能无骄逸乎！卿等不可不极谏！"①设身处地为承乾着想的用心可谓良苦矣。

这时，承乾脚上患病，不能朝谒，失去了太宗对他教诫、监督的良机，于是群小之辈乘虚而入。引诱这个"好声色"的太子走上"侈纵日甚"的浪荡歪道，于志宁、杜正伦的直谏都不能使他回心转意。杜正伦只得向太宗作了申诉，太宗指示道："我儿疾病，乃可事也。但全无令誉，不闻爱贤好善，私所引接，多是小人，卿可察之。若教示不得，须来告我。"②唐太宗认为承乾的君德缺陷比之生理缺陷更为严重，这无疑是对的。然而承乾的病足会反过来加深了他的不怀好感。

杜正伦想不负君望，采取了从正面诱导的教育方针，着力弥补承乾"不闻爱贤好善"的缺陷。但是屡次开导都没有奏效，最后只得摊出底牌，想用其父的私嘱来威慑他，冀其震惧，改过自新。哪知承乾作表奏闻，唐太宗感到难堪，迁怒于杜正伦泄露旨意，贬为州官，以作惩罚，这反过来又加深了太宗对承乾的不满。

即使经此波折，唐太宗还未完全失去对承乾的希望，又选中当代宿儒孔颖达为太子右庶子，以匡其失。孔颖达坚守谏职，"每犯颜进谏"，面折承乾。承乾的乳母认为措辞过重，孔颖达不为所胁，反而"谏诤愈切"；并借承乾命撰《孝经义疏》之机，"因文见意，愈广规谏之道"。太宗闻讯，予以物质奖励，"以励承乾之意"，③可是承乾无动于衷。唐太宗只得另觅名师，贞观十二年，迁孔颖达为国子祭酒，遂任命著名诤臣张玄素为太子右庶子。

---

① 《资治通鉴》卷一九四。
② 《旧唐书·杜正伦传》。
③ 《贞观政要》卷四，《规谏太子》。

（二）政见不同，失宠被疏

承乾辜负了唐太宗的殷切期望，政治上失宠了，随之父子之间的骨肉之情也趋疏远了。贞观初，太宗亲自驾临东宫，了解承乾学业进展，贞观七年还时有相见，此后，就不见太宗行幸东宫或与之频相谈论的史载了。

唐太宗对承乾之所以日益疏远，固然是承乾嬉戏废学、屡教不改所致，然而更为深刻的原因还在于父子之间的政见不同。

首先，文治与武嬉不同。

唐太宗执政以来，标榜以文治国，尊贤礼士。而承乾毫不理解唐太宗的崇尚文治，也不懂储君守成重在守文的道理，一味嬉戏废学。贞观十三年以来，嬉戏越演越烈，发展到嗜好突厥的尚武风习："造五狼头纛，分戟为阵，系幡旗，设穹庐自居，……又襞毡为铠，……与汉王元昌分统，大呼刺击为乐。"由嬉戏而武嬉，由武嬉而乱国。说什么"使我有天下，将数万骑到金城，然后解发，委身思摩，当一设，顾不快邪！"①"思摩"即阿史那思摩，是突厥阿史那部落的酋长；"设"者，即突厥酋长部下的职称。武德年间思摩入唐，赐姓李氏。承乾表白自己有朝一日身为天子，却甘心屈居思摩麾下当一蕃将头领，岂不荒谬。当唐太宗以"天可汗"统率诸族君临天下时，承乾却与其父背道而驰，津津乐道"偃武修文"的唐太宗当然不爱武嬉乱国的承乾作他的后继者。

其次，纳谏与拒谏不同。

唐太宗即位后，大力倡导纳谏，并以已能纳谏也希望太子像他一样。而承乾则不喜谏臣、不纳善言。从贞观初到被废前，谏臣如

---

① 《新唐书·常山王承乾传》。

李百药、于志宁、杜正伦、孔颖达、张玄素等等，不是被赶跑，就是关系搞得过于紧张。太子左庶子于志宁在贞观七年上《谏苑》二十卷,①无非启发承乾从善如流，承乾置若罔闻。贞观十四年，"承乾广造宫室，奢侈过度，耽好声乐"，他又上书复谏。贞观十五年，承乾不顾太宗多次宣布的不违农时的政策，"以务农之时，召驾士等役，不许分番，人怀怨苦"，他上书再谏。承乾不仅"览书不悦"，而且阴遣刺客行刺。② 太子右庶子张玄素眼看承乾失德被疏越演越烈，于贞观十三年警告承乾若游猎无常，"终亏雅度"，是"败德之源"，"承乾并不能纳"。次年，张玄素上书切谏承乾要勤见僚属，承乾不仅厌听逆耳之言，而且还"遣户奴夜以马挝击之，殆至于死。"贞观十六年，张玄素针对承乾"败德日增"的逆境，再次苦口婆心，提醒他"如其积德不弘，何以嗣守成业?"③否则后果不堪设想，这无异是摊出了底牌。承乾竟对太子位危的严重警告也无动于衷，还想再派刺客行刺。他甚至说："我作天子，当肆吾欲;有谏者，我杀之，杀五百人，岂不定?"④唐太宗一再宣称纳谏治国，承乾则反其道而行之，自然唐太宗不会喜欢这样的嗣君。

第三，亲贤与疏贤不同。

唐太宗立国以来，思贤若渴，一旦发现贤才，必礼贤下士，这是促成贞观之治的一条政治经验。承乾则与其父相反，正如唐太宗所指出的："不闻爱贤好善，私所引接，多是小人"，既然不爱贤才，必然疏远正直，狎近群小之辈。贞观十四年，承乾耽情声色，疏贤

---

① 《贞观政要》卷四,《规谏太子》;旧、新《唐书·于志宁传》记述此事,均无确切年月,今据《资治通鉴》卷一九四赐金帛的记载,系于贞观七年。
② 《贞观政要》卷四,《规谏太子》篇。
③ 《旧唐书·张玄素传》。
④ 《新唐书·常山王承乾传》。

更甚。其突出表现是亲近宫嫔、宠信宦官,张玄素说他"亲嬖幸,远忠良"、"宫臣正士,未尝在侧;群邪淫巧,昵近深宫。"过了两年,承乾还是劣性未改,仍然是"望苑之内,不睹贤良。"①于志宁也针对承乾令"阉官多在左右"的疏贤作法,提出不可宠信宦官的诤谏。以"赵高作奸,秦氏锺其弊"及两汉宦官参政、造成"缙绅重足,宰司屏气"的教训作为鉴戒,要求承乾改变宦官"往来阁内,出入宫中,行路之人,咸以为怪"的现象。② 可见,承乾疏贤越来越严重。既然父子对用人政见如此相戾,当然没有共同语言。

唐太宗为了巩固"贞观之治"的政治成果,必然按照自己的模式来确立合乎他理想的接班人。承乾在文治、纳谏、用人方面不符太宗所望,也就不能维护这个成果,被疏是理所当然的。

(三)粉碎太子党的政变阴谋

唐太宗对承乾从被疏到被废有一个发展过程。大体上是,贞观七年开始被疏,然而还没有废他之意。③ 十年始萌废立之心。这年正月,他重新调整分封了子弟十七人为王;二月,除五人因年幼暂不徙州赴任外,其余十二人均下诏迁任诸州都督,但只有相州都督魏王李泰"不之官",④由张亮代行都督相州职权。唐太宗把李泰留在身边,就含有废立太子的用意在内。

---

① 《旧唐书·张玄素传》。
② 《旧唐书·于志宁传》。
③ 《唐大诏令集》卷三〇,载唐太宗于贞观九年五月《太上皇崩命皇太子承乾知军国事诏》云:"皇太子承乾年过志学,识性聪敏,频年治国,理务允谐。今欲于东宫平决,朕得尽哀庐室。"故《资治通鉴》卷一九四载贞观九年六月,唐太宗仍将"细务"委付承乾处理。承乾因有一定办事能力,"颇能听断"。可见,直至贞观九年唐太宗还未确定废承乾之举。
④ 《资治通鉴》卷一九四。

但是，由于重臣们的坚决反对废立太子，唐太宗从贞观十年初至十七年春仍然不能随意地废黜承乾。相反，有时只好重申承乾的嫡长子地位，承乾及其党羽对其岌岌可危的处境都很清楚。他们为了维护太子的皇位继承权，密谋对策，制订了暗杀与政变的两个应变计划。第一步，派出刺客纥干承基谋杀魏王泰，企图除去嗣君的争夺对手，保持太子的地位。后因此计未成，只得退而求其次，作出冒险的抉择，妄图发动宫廷政变，胁迫唐太宗放弃废立太子的决定或逼其退位。

参与承乾密谋政变的心腹有汉王元昌、吏部尚书侯君集、左屯卫中郎将李安俨、洋州刺史赵节、驸马都尉杜荷。其中李元昌、侯君集都受过太宗的指责，心怀怨望，他们与承乾同病相怜，一拍即合，极力怂恿承乾谋反。其他几人也"预其反谋"。"凡同谋者皆割臂，以帛拭血，烧灰和酒饮之，誓同生死，潜谋引兵入西宫"。①"西宫"即大内，为唐太宗寝宫，"潜谋引兵入西宫"，就是预谋发动宫廷政变。

然而，事与愿违，承乾及其党羽的计谋并没有得逞，原因是中途出了岔子。齐王李祐抢先于贞观十七年二月反于齐州，承乾闻讯，喜形于色地对纥干承基说："我宫西墙，去大内正可二十步耳，与卿为大事，岂比齐王乎！"②齐王叛乱被迅速平定，朝廷审理谋逆案件，词连纥干承基，承基被传讯时供出了承乾密谋政变的情节，唐太宗立案审理，诏令长孙无忌、房玄龄、萧瑀、孙伏伽、岑文本、马周、褚遂良等组成专门法庭进行审讯，在证据确凿，即"反形已具"的情况下，构成承乾及其党羽谋反未遂罪。汉王李元昌赐死，侯君

①　《资治通鉴》卷一九六。
②　《资治通鉴》卷一九六。

集以下皆斩,承乾因系太子减死为流,废为庶人,徙放黔州,两年后死去。

第二节　魏王李泰

李泰是长孙皇后的次子,是承乾的胞弟,贞观十年,徙封魏王。李泰幼时聪敏绝伦,稍长善作诗文,成人后爱好经籍、舆地之学,深得太宗欢心,由此得宠。

(一)魏王恩宠逾制

李泰的得宠与承乾的失宠大体上同时发生、交互消长。"时泰有宠,太子承乾多过失,太宗微有废立之意"。[①] 太宗企图废立太子始于贞观十年,到十六年六月左右,李泰谋立太子始终十分顺利,这与唐太宗的有意心许、偏袒一方大有关系。唐太宗为李泰夺取东宫,动了不少脑筋,大体上采取了以下三个步骤。

第一步,以置馆默示。

贞观十年二月,唐太宗"以泰好文学,礼接士大夫,特命于其府别置文学馆,听自引召学士。"胡三省对此特加注云:"为泰图东宫张本"。[②] 是的,唐太宗如此特加宠异,乃是仿照武德年间秦王府属另置文学馆故事。胡三省不被唐太宗表面上为李泰礼贤好学的表彰所惑,而从骨子里揭示他为李泰别立太子作张本,可谓深识。

李泰的手下文人心领神会太宗的默示,便由司马苏勖出面,

----

① 《旧唐书·韦挺传》。
② 《资治通鉴》卷一九四。

"劝泰延宾客著书,如古贤王。"于是,李泰奏请撰著《括地志》,物色著作郎肖德言等四人撰写。由于唐太宗的大力支持,经费充裕、待遇优厚,"士有文学者多与,而贵游子弟更相因籍,门若市然",[①]这是为李泰夺嫡打响了第一炮。

第二步,以语言暗示。

贞观十二年正月[②],礼部尚书王珪奏请:三品以上公卿途遇亲王时下马拜见,不符礼法规定,要求取消这一仪式。唐太宗当即以言胁之:"人生寿夭难期,万一太子不幸,安知诸王他日不为公辈之主!何得轻之!"胡三省对此深刻地分析说:"时太子承乾有足疾,魏王泰有宠;太宗此言,固有以泰代承乾之心矣。"[③]唐太宗为李泰夺嗣,千方百计抬高其地位,预先造成宠冠诸王的既成事实,好为其将来继位作准备。他预言李泰将为君主,这是以语言暗示大臣立泰为太子的作法。

第三步,以行动显示。

贞观十四年正月,唐太宗临幸魏王泰宅第,赦免雍州长安县囚徒死刑以下罪犯,蠲免延康里当年租赋,赐泰府僚属及同里老人各有等差,这是一种特殊的恩宠。四年前,李泰生母长孙皇后身患重病,承乾建议赦免囚徒以祈求福庆,唐太宗没有照办。此时此刻,唐太宗却为爱子特别开恩,其荣宠只有君主才能享有。按:唐初雍州下辖长安、万年两县,胡三省注云,"今止赦长安囚,盖延康里属长安县管。"[④]很明显,唐太宗赦免长安县囚与免除延康里民当年

---

① 《新唐书·濮恭王泰传》。
② 《贞观政要》卷七《礼乐》篇误作"贞观十三年"。据《旧唐书·魏征传》、《册府元龟》卷三二七和《资治通鉴》卷一九五,均系于贞观十二年,今从后者。
③ 《资治通鉴》卷一九五。
④ 《资治通鉴》卷一九五。

租赋,都沾上了李泰居地的恩泽。这是仿照汉高祖刘邦荣归故乡免除沛、丰徭役的作法。以皇子高攀皇帝的恩典是逾越礼制的,故旧、新《唐书》承乾本传都说这是"典赦"。显然,这是唐太宗以特异行动显示意立李泰为太子的决心表现。

唐太宗出于他的废立太子的愿望,对承乾与李泰两个同母所生的亲子,待遇大相径庭。仅就赏赐钱物来说,李泰年复一年地增加,贞观十六年初,赏赐达到了高峰。二月,①议谏大夫褚遂良上疏谏曰:"昔圣人制礼,尊嫡卑庶,谓之储君,……然庶子虽爱,不得超越嫡子。……臣伏见东宫料物,岁得四万段,付市货卖,凡直一万六千贯文,是储君料物,反少藩王。"②既然储君、藩王赏赐失序,厚此薄彼,当然有违礼制规定,这从侧面显示了唐太宗废立太子的决心。难怪魏王及其僚属如此放肆,从某种意义上说,是唐太宗处置失当造成的结果。

(二)重臣反对李泰继嗣

唐太宗为李泰谋立太子的态度如此鲜明,为什么李泰最终没有立成呢? 关键是当时的重臣持反对态度。

早在贞观十二年正月,唐太宗声称"设无太子,则母弟次立",暗示魏王泰可以取代承乾。魏征当即表示不敢苟同说:"殷人尚质,有兄终弟及之义。自周以降,立嫡以长,所以绝庶孽之窥窬,塞祸乱之源本。为国家者,所宜深慎。"③"立嫡以长",这是皇位继承

① 褚遂良谏魏王府料物逾制,《贞观政要》卷四《太子诸王定分》篇误作"贞观十三年"。又旧、新《唐书》《李泰本传》均系此事于李泰上《括地志》之后。《资治通鉴》卷一九六和《唐会要》卷四则系此事于贞观十六年二月,较为确切,今从之。
② 《唐会要》卷四,《储君》。
③ 《魏郑公谏录》卷四。

的原则。唐太宗口头上只好表示同意，并批准了三品以上大官遇亲王于途可以不下马礼拜的建议。次年，又特地任命宰相房玄龄兼太子少师，表示自己对太子地位的重视。

贞观十五年初，①为了庆祝平定高昌的胜利，唐太宗赐宴于两仪殿，与房玄龄等讨论高昌灭亡的原因。魏征当场进谏说："臣观古来帝王拨乱创业，必自戒慎。"还举出了汉高祖刘邦"将废嫡立庶"，后经谋臣张良的劝告，卒以赖之不废的历史典故，希望太宗在废立太子问题上要听取大臣们的忠言。② 慑于大臣们的呼声，唐太宗不久外出巡幸时，仍命皇太子"监国"，并留尚书右仆射高士廉辅佐。

贞观十六年，由于唐太宗处置嫡庶薄此厚彼的作法越来越明显，肱股重臣议论纷纷，他们既对魏王泰"潜有夺嫡之志，折节下士以求声誉"③的沽名钓誉作法进行非议，也对唐太宗的恩宠逾制表示不满。例如，褚遂良上疏说："庶子虽爱，不得超越嫡子，正体特须尊崇。如不能明立定分，遂使当亲者疏，当尊者卑，则佞巧之徒承机而动，私恩害公，惑志乱国。"④又如，因太宗令李泰居武德殿，魏征上书指出：陛下虽然疼爱魏王，但应该制止他的骄奢，不可让他处在嫌疑之地。武德殿在太子东宫的西面，过去元吉居住过。魏征以史为鉴，目的是提醒唐太宗要预防宫廷流血事件。

---

① 《贞观政要》卷三《君臣鉴戒》篇误作"贞观十四年"。按：《旧唐书·魏征传》和《资治通鉴》均无记载。《魏郑公谏录》卷二《谏高昌不失臣礼》及《新唐书·魏征传》虽记其事，但无确切年月。检阅史实，贞观十四年八九月平高昌。同年十二月，献俘于观德殿。至于太宗赐宴祝捷，当在此后。魏征进谏云："即位十有五年"，其时应为贞观十五年初。《魏郑公谏录》卷二王先恭校注作"十五年"较妥。《贞观政要》把平高昌和太宗赐宴的日期混同了，有误。
② 《魏郑公谏录》卷二。
③ 《资治通鉴》卷一九六。
④ 《贞观政要》卷四，《太子诸王定分》篇。

由上可知,魏征、褚遂良等大臣是从封建正统立场出发,坚决反对李泰夺嗣的,当有合乎封建礼法、以息皇位争夺的一面。但是,他们坚持的封建嫡长制,并不显得高明。须知唐太宗就是以嫡次子夺嗣继位的。他由于本人的特异经历,并不坚持嫡长子继承制,是可以理解的,正如他所说的:"国家立太子者,拟以为君。人之脩短,不在老幼。"①所以不时打着废太子、立魏王的主意,他的指导思想有合理的一面。然而,他坚主立泰,并非出于立贤,而是出于立爱。② 贞观君臣废立太子的分歧,仅是立嫡与立爱的分歧,而非立嫡与立贤的分歧。这与玄武门之变的性质是夺嗣立贤有所不同。李泰既没有往昔秦王的功业,也没有深孚众望的美德,甚至还有恃宠、逞尊、骄奢、傲物等等缺德之处,当然不可能在大臣中形成高大的形象。为此,唐太宗只得依靠行政命令人为地树立,由于有背名分,适得其反。承乾虽然不肖,然而没有坏到被废的地步。唐太宗的偏爱李泰,被重臣的坚主立嫡所抵消。贞观君臣集团没有在废立太子之争中,形成压倒一方的绝对优势,这是废立太子陷入旷日持久的争议的根本原因。

在重臣们坚主立嫡长子的舆论压力下,唐太宗不得不放弃了立魏王泰的打算,这是一个重大的转变,为了匡正承乾的君德,他诚心邀请"良佐"魏征出任太子太师,并向侍臣宣示:"方今群臣,忠直无逾魏征,我遣傅太子,用绝天下之疑。"太宗选用反对废嗣

---

① 《贞观政要》卷七,《礼乐》篇。

② 贞观十年,唐太宗对魏征等三品以上的公卿相遇李泰于途,不下马拜见的情况,曾作色大怒,反问魏征等大臣:"往年天子儿,是天子儿,今日天子儿,非天子儿耶?"由于魏征以"国家大法"进谏,才使唐太宗转怒为喜,感到"私爱"李泰的不妥。(《贞观政要》卷二《纳谏》篇)又载,唐太宗优待李泰,因他"腰腹洪大,趋拜稍难,复令乘小舆至于朝所。"(《旧唐书·濮王泰传》)爱泰之情昭然若揭。

态度最为坚决的魏征,虽然是表明自己立嫡不变的决心,同时借此消除大臣们在废立太子问题上的疑虑。当时,魏征因病初愈,上表辞退。唐太宗特下手诏晓谕:"周幽、晋献,废嫡立庶,危国忘家。及高祖几废太子,赖四皓然后安。我今赖公,即其义也。"①所谓汉高祖赖四皓而存太子,即是魏征两年前的谏语,那时太宗一点也没有听进去,而如今却作为说服魏征的有力依据,这正说明了唐太宗立嫡不废的决心。魏征不顾老病,最终接受了这个职任,说明他为了维护皇位嫡长制及预防争立储君的内乱,愿意担负起匡辅承乾的重任。

贞观十七年正月,唐太宗针对李泰党人散布的"以太子有足疾,魏王颖悟,……已有附会者"的流言蜚语,特对群臣申明:"太子虽病足,不废步履。且《礼》,嫡子死,立嫡孙。太子男已五岁,朕终不以孽代宗,启窥觎之源也!"至此,唐太宗已对众明确宣布决不以庶代嫡,杜绝了李泰党人的非分之想。同月,魏征病危,唐太宗派遣承乾心腹李安俨"宿其第,动静以闻";接着"上复与太子同至其第,指衡山公主欲以妻其子叔玉。"②这个异常的举动反映了唐太宗废立思想的转折。

承乾党人鉴于唐太宗重新坚定立嫡长制的信念,乘机发动了攻势。贞观十七年三月,李安俨上疏指出"皇太子及诸王,陛下处置未为得所。太子,国之本也,伏愿深思远虑,以安天下之情。"唐太宗答曰:"我识卿意,我儿虽患脚,犹是长嫡,岂可舍嫡立庶乎。"③

由上可知,从贞观十六年八月以后,唐太宗为防亲子与大臣结成朋党之争,以便缓和矛盾、安定政局,开始放弃酝酿达六年之久的

---

① 《资治通鉴》卷一九六。
② 《资治通鉴》卷一九六。
③ 《唐会要》卷四,《储君》。

谋立李泰作嗣的打算,重申了嫡长子或嫡长孙继承制,并且一再强调"良佐"辅弼,以塞祸乱。所以李泰在承乾谋反案发前始终未能夺嗣到手,而且到次年四月的半年多时间内,也处于不利地位。

第三节　晋王李治

李治是长孙皇后的第三子,唐太宗的第九子。贞观二年六月,生于丽正殿。五年,封晋王;七年,遥授并州都督。

(一)长孙无忌拥立李治为太子

贞观十七年四月,承乾被废,李泰、李治作为长孙皇后亲生的嫡次子,都有资格继立储君。李泰的条件比较优越,他比李治年长九岁,手下有一批党羽,尤为有利的是获得太宗的"宠异"。承乾被废后,他装出一副殷勤侍奉太宗的媚态,又以肉麻的言辞博取太宗的好感,显然是施展了不正派的手段,于是"帝阴许立泰",消息泄露,宰相"岑文本、刘洎请遂立泰为太子"。李治虽然不利条件居多,却有一个有利条件,即得到长孙无忌的大力支持:"长孙无忌固欲立晋王,帝以太原石文有'治万吉',复欲从无忌。"①唐太宗素来重人事、轻迷信,这时却迷惑于谶语之类的巫术,殊不可解。可能是高宗朝修《实录》、《国史》的史官,为了制造高宗运应天命的把戏编撰出来的。实际上促使唐太宗重新考虑立嫡的决不是"石文"图谶,而是长孙无忌的"固欲立晋王"的坚决态度。

李泰、李治既然都是无忌的外甥,为什么无忌如此薄此厚彼呢?这与他想搞外戚专权有关。须知,贞观晚年,他的权势日隆,

---

① 《新唐书·濮恭王泰传》。

大有左右朝政之势,他为了巩固既得的权益,当然喜欢扶植一个懦弱听话的外甥当储君,以便将来操纵政权。为此,他极力美化李治,将李治的懦弱赞扬为"仁孝"。一旦"仁孝"的李治嗣位,他的擅权也就没有问题了。

而李泰的情况就不同了。他于贞观十一年置馆收士,以后又有文武群官投靠门下,形成了一股政治势力;加之太宗暗示立嫡,态度不够谦恭,途遇三品以上公卿以其不下马行礼,怀恨在心,居然到太宗面前告状。他既不把三品大员放在眼里,也不争取舅父的奥援,说明大臣不支持他,无忌控制不了他。李泰如嗣位,必会重用党人,不会重用无忌。无忌不愿失势,就非扶立李治不可。

再者,这场争立太子的斗争也有一定的政治背景。李泰班底以功臣子弟为主,如柴绍之子柴令武、房玄龄之子房遗爱、杜如晦之弟杜楚客等等。论地域既有关陇集团的贵戚与士族地主的子弟,也有关东庶族地主出身的勋官子弟,如支持李泰立嫡的岑文本是南方士族地主,崔仁师是山东士族地主,只有刘洎是山东庶族地主,因此很难用庶族地主或普通地主阶层来概括。而且岑文本、刘洎只是揣测太宗立泰的旨意才提名的,他们并没有直接参与李泰集团进行"窥伺"太子的活动;只有功臣子弟才是直接参与者。在太宗看来,这些人都是纨绔子弟,他曾对房玄龄发泄不满说:"功臣子弟多无才行,籍祖父资荫遂处大官,德义不修,奢纵是好。"李泰如上台,必然会重用自己的亲信。不大可能会重用刘洎与岑文本,因为刘、岑与上述功臣子弟关系不深。可以想见,这些"德义不修,奢纵是好"的功臣子弟哪会代表庶族地主或普通地主的利益?尽管如此,这个集团与长孙无忌还是有矛盾的,因为这些功臣子弟年龄较轻、阅历较浅、职位较低,要想自己掌权,必须把长孙无忌等元老重臣赶下台去。长孙无忌想巩固自己的权势,当然也要排斥这些功臣子弟。故李泰与李治争立太子的矛盾,背后涉及功臣子弟与元老重臣的权力分配问题。

唐太宗面临两子争立,按感情来说,他一贯倾向李泰;从理智来说,他不能不择取李治。因为他于前一年已经认识到"自古嫡庶无良佐,何尝不倾败家国"的道理,从而确立了嗣君需慎择"良佐"的条件。所谓"良佐",从政治涵义来看,主要是指保证"贞观之治"的政策得以继续贯彻的问题。李泰的党羽多为不肖的功臣子弟,非属"良佐"之列;李治有长孙无忌辅弼,而长孙无忌是"贞观之治"政策的积极赞助者与推行者。有长孙无忌这样的元老重臣支持,这是李治拥有"良佐"的可靠保证。况且无忌周围形成了一个以他为代表的有势力的核心集团,其中有褚遂良、李勣等等,这对拥立李治也是有利条件,故云李治背后支持的是关陇贵族集团也不尽然。众所周知,褚遂良是江南士族地主,李勣是山东庶族地主。从成分来看,李治的"良佐"并非全是关陇集团;若从他们尔后执行的政策来看,更不能把他们说成是保守派。

唐太宗在议立太子过程中再次陷于感情与理智的矛盾之中,而这并不是马上就能自拔的。他为了争取李泰能获得元老重臣的支持,曾故意放出空气试探大臣的反映,叙述了魏王泰"自投我怀"的亲密之情,还转达了李泰乞求立为太子时的奇怪许愿:"臣惟有一子,百年后,当杀之,传国晋王。"此言一出,马上遭到褚遂良的反对:"陛下失言。安有为天下主而杀其爱子,授国晋王乎?"驳倒这一虚伪许愿是不难的,难以对付的是如何打消唐太宗感情的袒护,褚遂良干脆提出含有隐忧的看法:"陛下昔以承乾为嗣,复宠爱泰,嫡庶不明,纷纷至今。若为立泰,非别置晋王不可。"①

---

① 《新唐书·褚遂良传》。

这无异警告唐太宗,他百年之后,会有一场亲子之间的流血斗争,还可能波及两派大臣的火并,付出的代价实在太大了。故褚遂良先有"惟愿审思,无令错误也"的警告。他当时操纵朝廷动议大权,相当于以往的魏征,发言能举足轻重,促使唐太宗不得不慎重考虑。唐太宗权衡利弊,强行压抑自己的矛盾心理,"涕泗交下曰:'我不能。'"①

不久,唐太宗御两仪殿朝见群臣,等百官尽退,独留司徒长孙无忌、司空房玄龄、兵部尚书李勣议立太子。情绪异常激动,顾谓三人曰:"我三子一弟,所为如此,我心无惨。"三子者,承乾谋反,泰、治争立;一弟者元昌赐死,为此感到痛心。"因自投于床,抽佩刀欲自刺",长孙无忌急忙趋前扶住,夺刀递给李治。这一行动再次显示了长孙无忌坚立李治的态度。唐太宗不得不第一次喊出"我欲立晋王"的呼声,长孙无忌马上抓住此话,宣告"谨奉诏。有异议者,臣请斩之。"唐太宗还在犹豫,推说:"未知物论何如?"长孙无忌以"召问百僚,必无异辞"打消他的犹豫;又以"臣负陛下万死",发誓以死辅佐李治,才使唐太宗"建立遂定"。②

懦弱的李治被立为太子,并非出于太宗的一厢情愿,可以说极大程度上是由长孙无忌等元老重臣促成的。正如唐太宗对李治所说的:"汝舅许汝,宜拜谢。"③李治为人仁弱,唐太宗早已窥破。对其没有类己的英武果断作风,很不满意。尽管已经立了李治,思想上仍有反复,曾一度暗中向长孙无忌提出立李恪为太子的想法。李恪是太宗第三子,年龄稍大于李泰。贞观十年徙封吴王。唐太宗看中李恪,主要原因是李恪"有文武才","英果"类己。不用说

---

① 《旧唐书·褚遂良传》。
② 《旧唐书·长孙无忌传》。
③ 《旧唐书·长孙无忌传》。

又遭到长孙无忌的抵制，说"晋王仁厚，守文之良主，且举棋不定则败，况储君乎？"①唐太宗被败亡吓住了，只得屈从。

在李治立嫡前后，长孙无忌为什么有回天之力，能改变太宗的立嫡意向呢？一个原因是唐太宗素来强调君臣共治，他一向颇为尊重股肱大臣的意见。君臣一体、共理天下的思想约束了他的独断独行。另一个原因是贞观后期的权力中心转移到元老重臣手里。魏征死后，政治动议权转到褚遂良手里；政治决策权转到长孙无忌手里。

为什么会发生权力的转移呢？这是由废立太子的党争引起的。唐太宗受到现实政治斗争的刺激，十分注意防范大臣，特别是功臣的朋党之争。房玄龄因子参与李泰谋嫡之故，遭到太宗猜忌。据吴兢记载，"贞观十七年，太宗谓侍臣曰：'自古草创之主，至于子孙多乱，何也？'司空房玄龄曰：'此为幼主生长深宫，少居富贵，未尝识人间情伪，治国安危，所以为政多乱。'太宗曰：'公意推过于主，朕则归咎于臣。……隋炀帝录宇文述在藩之功，擢化及于高位，不思报效，翻行弑逆，此非臣下之过欤？朕发此言，欲公等戒勖子弟，使无愆过，即国家之庆也。'"②宇文化及是隋相宇文述之子，借父资荫选为右屯卫将军。唐太宗以此为鉴，无异影射自己录房玄龄在秦府之功，使他位居宰相，又擢其子房遗爱于驸马都尉，却不思图报，反树党人与朝廷作对，有何不同。他针对房玄龄说的："欲公等戒勖子弟，使无愆过"，就是对房遗爱参与李泰党羽活动表示了深刻的不满，间接地也是对房玄龄发泄了他的猜嫌之情。其实，唐太宗问的是创业君主后裔何以多乱的问题，玄龄对以后世

---

① 《新唐书·郁林王恪传》。
② 《贞观政要》卷三，《君臣鉴戒》篇。

君主不肖,当然是切题的。以前唐太宗也是这样看的,如贞观十一年,他对房玄龄说:"古来帝王,生于深宫,及其成人,无不骄逸,是以倾覆相踵,少能自济。"[①]可见,房玄龄的对答不过重述了六年前唐太宗的原话而已。然而,经过承乾、李泰党争之变后,太宗却改变了看法,把责任归咎于臣下。其原因是有不少功臣子弟参与太子废立的党争活动,由子弟涉及功臣,房玄龄难免身处嫌疑之地,唐太宗当然就不像往日那样信用不贰。而长孙无忌及其子弟都没有介入或插手承乾与李泰的党争,又兼国戚的特殊身份。这两个优越的条件正是唐太宗特别信任他的根源。

由于唐太宗的倾心信任,长孙无忌已大权在握,当太宗询问他立李治、百官会有什么反应时,长孙无忌竟敢包打保票。后来当太宗临终之际,顾谓李治说:"无忌、遂良在,国家之事,汝无忧矣。"[②]他深知李治庸懦,非有"良佐"重臣,不足以成大事;而无忌、遂良正是君之"良佐"。正如王船山所说的:"长孙无忌之勋戚可依也,褚遂良之忠贞可托也。"[③]这是最终促使唐太宗立李治为嗣的根源。

(二)加强教育,保证政策的延续

贞观十七年四月,李治立为皇太子后,太宗选用了一批元老重臣,组成一个阵营强大的"辅佐"班子。史称:"东宫僚属皆盛选重臣"。[④] 如以长孙无忌为太子太师,房玄龄为太子太傅,萧瑀为太子太保,李勣为太子詹事兼太子左卫率,李大亮为右卫率,于志宁

---

① 《贞观政要》卷四,《尊敬师傅》篇。
② 《旧唐书·褚遂良传》。
③ 《读通鉴论》卷二十。
④ 《旧唐书·李大亮传》。

和马周为太子左庶子,苏勖和高季辅为太子右庶子,张行成为太子少詹事,褚遂良为太子宾客。针对李治仁弱缺点,命刘洎、岑文本、褚遂良、马周更替到东宫与太子谈论,以提高李治的学识与决断能力。在太子辅臣中有三人值得特别注意,一为长孙无忌以太子太师位居三师之首,是辅臣里地位最高的代表人物。二是李勣以太子詹事同中书门下三品,欧阳修说明此职"谓同侍中、中书令也,而'同三品'之名盖起于此。"①史传表明李勣没有积极参与拥立李治为储君的活动,太宗为什么特加垂青呢?因为李治为晋王时遥领并州大都督,李勣是并州大都督府长史。唐太宗以下属故旧关系,期望李勣尽心辅弼,曾说:"我儿新登储贰,卿旧长史,今以宫事相委,故有此授。"②三为褚遂良以谏议大夫兼太子宾客。胡三省注云:"太子宾客,正三品。古无此官,唐始置,掌侍从规谏,赞相礼仪。"③次年,又擢升为"以宰相兼宾客。"④可见,李勣的"同三品"与褚遂良的"太子宾客"都是职衔宰相、因人而设以示特殊恩宠的举措,说明唐太宗此时早已虑及自己死后辅佐李治的人选了。

除了精选师傅、盛选重臣辅弼太子外,唐太宗还从以下两方面采取了改进教育的措施。

第一,他亲自随时教诲李治。如"尝令太子居寝殿之侧",⑤以便朝夕相见,频加教导。同时,他改变了教育的方法。过去经师充任太子侍讲,多从抽象的经义出发,讲的仅是经书内容,方法是照本宣科。唐太宗改变这种教条教学法,采取经义结合民间利病之

① 《新唐书·百官志序》。
② 《旧唐书·李勣传》。
③ 《资治通鉴》卷一九七。
④ 《新唐书·百官志》。
⑤ 《贞观政要》卷四,《尊敬师傅》篇。

事进行君道教育,也就是采取"遇物必有诲谕"的生动教学法。如当李治端起饭碗时,对他指点"稼穑艰难"的道理,接着进而告诉他为了"常有此饭",必须"不夺其时",从平凡的家常便饭中引申出重农政策。见李治乘马,问他如何才能常有马骑?当李治说自己不知时,他开导"不尽其力,则可以常有马也"。唐太宗比喻劳动人民是主人胯下的奔马,反映了他奴役人民的意识,当然不对。不过,主张君主少用民力来看,也透露了他存百姓必存自身的剥削有节的君道观。见李治乘船时,又借喻了舟与水、君与民相依相存的道理①。唐太宗抓住日常衣食住行的生活琐事,寓以深刻的为君治国哲理,教育方法生动活泼,易于收效。

第二,唐太宗还通过书面方式总结自己的统治经验,进行教育。贞观二十二年,他亲撰《帝范》十二篇,从《君体》、《建亲》、《求贤》、《审官》、《纳谏》、《去谗》、《戒盈》、《崇俭》、《赏罚》、《务农》、《阅武》、《崇文》等篇目来看,是想系统地总结自己君临天下的统治经验,颁赐太子李治,作为他即位时效法的榜样。正如他在《帝范后序》中说的:"此十二条者,帝王之纲,安危兴废,咸在兹焉。古人有云:非知之难,惟行之不易。行之可勉,惟终实难。"唐太宗以抓帝王之纲的成功经验,循循善诱李治,要他知行合一、善始慎终。为此,他在《帝范序》中告诫李治必须居安思危、小心谨慎:"战战兢兢,若临深而驭朽;日慎一日,思善始而令终。"②并郑重地指出:"脩身治国,备在其中。一旦不讳,更无所言矣。"唐太

---

① 《贞观政要》卷四《教戒太子诸王》篇记述此事,误作"贞观十八年"。据《资治通鉴》卷一九七和《册府元龟》卷一五七,均系于贞观十七年闰六月。是年四月,诏立李治为皇太子,太宗说:"近自建立太子,遇物必有诲谕",故当以贞观十七年为妥。

② 《全唐文》卷十。

宗在这份留给李治的政治遗言中,对自己进行了恰如其分的评价,认为自己并非"尽善尽美"的全人,而是一个功大于过、益多于损的君主,告诫李治勿以他的"深过""而法之"。① 教育李治学他的长处,不失有识之见。

总之,唐太宗之所以精心培养太子,目的是为了保证"贞观之治"政策能延续下去,不至于中断。任何一个封建统治者寻找自己的接班人时,都会考虑已行政策的继承性问题,唐太宗当然也不例外。贞观二十三年,他病情恶化、处于弥留之际时,特召长孙无忌、褚遂良、李勣三人面托后事,对他们说:"卿等忠烈,简在朕心。昔汉武帝寄霍光,刘备托诸葛,朕之后事,一以委卿。太子仁孝,卿之所悉,必须尽情辅佐,永保宗社。"②"永保社稷",就要善于守成,延续太宗行之有效的政策。前一年,他在《帝范》里对李治也提出守成的要求:"汝无我之功勋,而承我之富贵,竭力为善,则国家仅安。"③

唐太宗对嗣君与辅臣的期望很深,嗣君虽然并不理想,然而辅臣却十分称职。高宗即位初,实际执政的长孙无忌顺应民心,并贯彻太宗的"辽东行事并停"④的遗诏;立即宣布"罢辽东之役及诸土木之功"⑤。继续推行了贞观晚年一度中断过的休养生息政策,为继承"贞观之治"创造了有利的条件。永徽初,股肱大臣的政见一致,是形成政治稳定的重要因素,均田令的继续贯彻,促使经济进一步的繁荣;以诗赋取士的推行,扩大了进士科的人选;《唐律疏

---

① 《资治通鉴》卷一九八。
② 《旧唐书·褚遂良传》。
③ 《资治通鉴》卷一九八。
④ 《唐大诏令集》卷十一,《太宗遗诏》。
⑤ 《资治通鉴》卷一九九。

议》的颁布,完善了贞观法制;平定西突厥的叛乱,维护了唐王朝的统一。这一切都说明了高宗初年在政治、经济、文化、法律、军事方面的成果比贞观时期扩大了,故封建史家称之为"永徽之治",或与"贞观之治"相提并论。唐睿宗景云年间,一个名叫韩琬的官员上疏指出:"贞观、永徽之间,农不劝而耕者众,法不施而犯者寡,俗不偷薄,器不行窳,吏贪者士耻同列,忠正清白者比肩而立;罚虽轻而不犯,赏虽薄而劝;位尊不倨,家富不奢;学校不励而勤,道佛不惩而戒;土木质厚,裨贩费蚩。"①"永徽之治"正是"贞观之治"的继续与发展,从某种意义来说,是高宗"良佐"保持贞观政策稳定性的结果。对此,司马光予以赞扬道:"唐太宗不以天下大器私其所爱,以杜祸乱之源,可谓能远谋矣!"②其实,司马光此言失据,综观全局,唐太宗偏爱居多,只是发现李泰行为不端又遭重臣反对,才忍痛割爱。当他发现李治仁弱时,又想另立所爱。如此动摇,正说明他溺于"私爱"。不过,最后还是确立以"良佐"匡辅李治,这才不失"远谋"。

总之,太宗晚年在长孙无忌的力争之下,终于确定李治为嗣。高宗虽然懦弱,毕竟不是秦二世、隋炀帝之流的亡国之君,基本上是个守成嗣君,否则不会出现"永徽之治"。在他长达三十余年的统治期间,承太宗之勋业,把贞观盛世继续推向前进,终于实现了太宗生前严于防范的二世而灭与期望守而勿失的宿愿,从这个大局来看,高宗在历史上应有他的地位。

---

① 《新唐书·韩思彦传附子琬传》。
② 《资治通鉴》卷一九七。

第十七章　宫闱生活与爱好

　　作为帝王,唐太宗当然过着封建特权式的宫廷生活,皇后虽只一个,妃嫔则为数甚多,史书记载生过儿子的后妃宫人就有长孙皇后、杨妃(隋炀帝女)、阴妃、韦妃、杨妃、杨氏、王氏与燕妃等。此外,还有不育或虽育生女的妃嫔,加在一起,可说妻妾成群。在个人爱好方面,唐太宗具有广泛的兴趣,是个武则擅长弓马、文则喜爱诗书的多才多艺的君主。

第一节　后妃群中

　　唐太宗在建立功业的过程中,得力于长孙皇后的配合与协助。长孙皇后是个有见解、识大体的女性,与唐太宗的政治思想十分合拍,是太宗的贤内助。晚年又有贤妃徐氏,也得到太宗的器重。

(一)长孙皇后

　　长孙皇后是在唐太宗即位初册封的。在太宗施政的前十年,"常与后论及赏罚之事"。国之赏罚,事关大局,唐太宗将国家大事与她商讨,说明赏识皇后的政治素养与才干。长孙皇后并不恃才骄人,数以女流之辈自谦,语以"岂敢豫闻政事"而退让;经唐太宗再三坚持,她才勉从君命。

　　长孙皇后最突出的政治见解是防范外戚专权。胞兄长孙无忌与唐太宗起事前有"布衣之交"，后又以玄武门夺嫡之功，位列"佐命元勋"，唐太宗对之信任备至，"委以腹心"、"引入卧内"①。长孙皇后对此殊遇惴惴不安，多次向唐太宗表明心迹："妾既托身紫宫，尊贵已极，实不愿兄弟子女布列朝廷。汉之吕、霍，可为切骨之戒，特愿圣朝勿以妾兄为宰执。"她还担心唐太宗不允其请，"又密遣无忌苦求逊职"。唐太宗曾一度应允，后又依据功勋与才干仍授无忌宰相之职。长孙皇后生前力避裙带之嫌。难得的是临终还念念不忘："又妾之本宗幸缘姻戚，既非德举，易履危机，其保全永久，慎勿处之权要。"②历史上的后妃得宠时，依凭裙带风加重本家族父兄的权势是不乏其例的。长孙皇后以汉代诸吕与霍氏专权导致乱政而身败名裂，作为"切骨之戒"，不失远见卓识。

为了防止外戚干政，必须制止后妃与其父兄的政治勾结、挫其权势。长孙皇后为了总结历史经验，曾撰文对东汉明帝马皇后不能抑退外戚专权进行非议。马皇后德行、人品均称东汉一代后妃中的佼佼者，她知书、达礼、孝亲、事君、节俭，言政多与长孙皇后相埒，史称贤后。汉章帝即位尊为皇太后，还晋封马太后的三个兄长为列侯，马太后虽对其姻戚"车如流水，马如游龙"的权势排场加以训诫，③然而最终仍同意家兄接受封爵、参与政事。为此，长孙皇后著文："论驳汉明德马皇后，以为不能抑退外戚，令其当朝贵盛，乃戒其龙马水车，此乃开其祸源而防其末事耳。"④她认为皇后的外家贵盛是乱政的祸源，总结了东汉外戚专权的历史教训，这不仅以之自勉，亦以之勉人。贞观之治的政治特点是没有出现外戚

---

① 《旧唐书·长孙无忌传》。
② 《旧唐书·文德皇后传》。
③ 《后汉书·马皇后传》。
④ 《旧唐书·文德皇后传》。

干政的局面,不能说与长孙皇后的远见卓识无关。

作为皇后,具有位居宫廷妃嫔之上的大权,然而长孙皇后并不恃权骄人,而是母仪宫廷、妥善处置。例如对宫人义存体恤。宫人平时作宫内杂役,贱如奴隶。唐太宗有时易动肝火,往往以非罪谴怒宫人。长孙皇后在唐太宗盛怒之下,只得顺着他的性子,不过提出了让她究治的要求,宫人到她手里,只拘留不搞刑讯。等待唐太宗余怒尽息,慢慢为她们申诉冤屈,得到宽免,由是宫闱之中,刑无枉滥。又如对非亲生子女与亲生子女一视同仁。唐太宗有一女儿名叫豫章公主,不幸早年丧母,长孙皇后以亲母相待,"收养之,慈爱逾于所生"。她对亲生儿子,不加溺爱,经常教育,训以"谦俭"之道。嫡长子承乾贵为太子,常感"器用"不足,通过乳母请求增加,她不允所请,认为"为太子,患在德不立,名不扬,何患无器用邪!"再如长孙皇后对患病的妃嫔极为温存、体贴,也被宫中传为美谈。"妃嫔以下有疾,后亲抚视,辍己之药膳以资之,宫中无不爱戴。"①从而改变了武德年间宫廷混乱、妃嫔倾轧的糜烂之风,这也体现了她的政治才干。

在宗教观方面,长孙皇后与唐太宗一样是个不崇奉佛教的政治家。贞观八年,皇后随唐太宗闲住九成宫时身患重病,御医遍诊,药物治尽,病体不见好转。太子承乾入侍母后,建议祈求佛祐:"请奏赦囚徒,并度人入道,冀蒙福助。"皇后耐心解释:"若修福可延,吾素非所恶,若行善无效,何福可求。"点出了修行佛事并无灵验的教训,说明她没有沾染上当时朝野上下迷信佛教因果报应的陋习,是难能可贵的。至于承乾建议"奏赦囚徒",是因人废法的破坏法制的行为,长孙皇后反对废弃国法为己修善,指出"赦者国

① 《资治通鉴》卷一九四。

之大事,……岂以吾一妇人而乱天下法?"①尽管大臣一再请求,唐太宗也允大臣所请,但她坚持不弃国法。

长孙皇后反迷信思想的另一表现是崇尚薄葬。如她临终时的遗言说:"妾生既无益于时,今死不可厚费。且葬者藏也,欲人之不见。自古圣贤,皆崇俭薄,惟无道之世,大起山陵,劳费天下,为有识者笑。但请因山而葬,不须起坟,无用棺椁,所须器服,俭薄送终,则是不忘妾也。"②当时上自勋戚下至士庶风行厚葬,破费资财,伤风败俗,且有逾越葬礼等级者。唐太宗为此曾颁布诏令严格加以制止,长孙皇后亲自作出表率,唐太宗基本照办,"因九嵕山为陵,凿石之工,才百余人,数十日而毕,不藏金玉、人马、器皿,皆用土木。"③这是对当时厚葬歪风的惩革。

长孙皇后协助唐太宗创立"贞观之治",有开创之功。可惜她享年不永,于贞观十年六月就与世长辞了,年仅三十六岁,十一月葬于昭陵。肃宗上元元年,被尊为文德顺圣皇后。

长孙皇后毕竟是封建时代后妃的楷模,她的贤惠,当然不会超出这个限度。在她生前曾编纂历史上妇女"得失事为《女则》三十卷",④作为效法古贤砥砺自己的借鉴。当时她自谦编撰缺乏条贯,不愿出示。直至她去世,宫内尚仪局司籍官员才进呈御前,唐太宗阅后不胜感慨,把书宣示大臣说:"皇后此书,足以垂范后世。"并由此联想浮篇,感到心酸,若有所失地道:"不复闻规谏之

---

① 《旧唐书·文德皇后传》。
② 《旧唐书·文德皇后传》。
③ 《资治通鉴》卷一九四。
④ 《旧唐书·文德皇后传》云:"后尝撰古妇人善事,勒十卷,名曰《女则》,自为之序。"《新唐书·文德皇后传》云:"后尝采古妇人事著《女则》十篇"。《资治通鉴》卷一九四则云:"后尝采自古妇人得失事为《女则》三十卷"。今从后者。

言,失一良佐,故不能忘怀耳!"①

(二)贤妃徐氏

唐太宗的贤妃徐氏,名惠,从小聪明好学,四岁能口诵《论语》、《毛诗》,八岁能做一手好文。此后"遍涉经史,手不释卷"。唐太宗喜她知书善文,纳为才人,欣赏她"挥翰立成,词华绮赡"的才学,很快晋位婕妤,再迁充容。

贞观晚年,唐太宗频繁发动战争,不免重役于民。她于贞观二十二年上疏进谏,指出近年以来,"力役兼总,东有辽海之军,西有崑丘之役,士马疲于甲胄,舟车倦于转输",警告唐太宗"人劳乃易乱之源",希望他"减行役之烦,增湛露之惠"。

这篇近千字的疏文写得结构严谨,声情并茂,论据充实,真切感人。《旧唐书》本传全文照录,绝非偶然。自从魏征死后,贞观晚年中直谏大臣就数马周、褚遂良最为突出了。然观史迹,马周、褚遂良忙于辅佐李治,超擢宰相后,政治地位的骤变,直谏之举也不如前。相形之下,作为宫内的嫔妃能关心政事,骨鲠上疏,可见其难能可贵了。故深得唐太宗的赞赏:"善其言,优赐甚厚。"②

(三)"乱伦"之诮

唐太宗也与历代封建帝王一样,广占众媛,这是君权、夫权压迫的反映,对此,不能苛责唐太宗。然而,他的行为也有不够检点之处,以致被后世史家讥议。如他与裴寂合谋,安排晋阳宫女私侍高祖;诛元吉,纳其妃为己妃。宋代学者颇多非难,如史学家范祖

---

① 《资治通鉴》卷一九四。
② 《旧唐书·贤妃徐氏传》。

禹在《唐鉴》里说:"太宗手杀兄弟,曾不愧耻,而复纳元吉之妃,恶莫大焉。"①理学家朱熹也有类似指责:"除害之志固善矣,而不免窃取宫人,私侍其父,其他乱伦逆理之事,往往皆身犯之。"②朱熹等人非议唐太宗"乱伦",不免偏颇。岂独太宗,前有其父兄、后有其子皆然。对此,不能以宋代道学家的伦理观念衡量之,这点恐与李唐的婚姻观念深受胡族影响有关。朱熹也察觉到:"唐源流出于夷狄,故闺门失礼之事不以为异。"③这种夷狄源流表现在以下三方面。

从政治来看,李渊祖父李虎为西魏柱国,曾被鲜卑拓跋氏赐姓"大野氏"。④ 李渊父亲李昞,仕鲜卑族宇文氏的北周为官;李渊仕鲜卑化的汉人杨隋政权为官。父祖几辈与鲜卑的政治渊源不可能对唐太宗没有影响。

从地域来看,李唐发家陇西,陇西从秦、汉以来一直是胡、汉杂居地带,特别是北朝时期,随着民族融合的发展,风俗习惯互相影响,既有鲜卑人的汉化,也有汉人的鲜卑化。

从婚姻来看,北朝以来,陇西李氏世为贵族,多与鲜卑上层联姻。如高祖母为独孤氏,太宗母为窦氏,即鲜卑贵族纥豆陵氏,高宗母为长孙氏,都是汉化的鲜卑族姓。而鲜卑婚制在其未汉化以前是比较自由的:"以季春月大会饶乐水上,饮宴毕,然后配合。"⑤东汉时鲜卑人还停留在对偶婚阶段,魏晋南北朝时鲜卑族虽受到中原汉化的影响,然而对偶婚的残余仍然保留,这对陇西李氏不能

① 《唐鉴》卷六。

② 《龙川文集·朱文公经济文衡》。

③ 《朱子语录》——六,《历代类》,转引《唐代政治史述论稿》第一页。

④ 《旧唐书·高祖本纪》

⑤ 《后汉书·鲜卑传》。

没有影响。再者,唐初与突厥关系密切,李渊曾称臣于突厥,李世民与突厥可汗有结拜兄弟之盟,他或多或少会受到突厥的"父兄死,子弟妻其群母及嫂"的婚俗影响。[①] 他纳弟妃为己妃,在鲜卑化的汉人或汉化的鲜卑人以及突厥人看来是正常的,然而在具有正统的儒家思想的汉人看来是粗野的,特别是强调封建伦理的宋代理学家看来,就会大惊小怪了。其实,这种落后的婚俗反映到带有胡族血统与胡族气质的唐太宗父子身上,是不足为奇的。故"乱伦"的指责不免夸大,顶多是行为不够检点。

不过,要指责的是他的选美。唐太宗逞其淫威,一生中曾罗致了不少美女与才女。贞观十一年,武则天时年十四,"上闻其美,召入后宫,为才人。"[②]才女徐惠比武则天约小三岁,估计于稍后入宫。甚至有的已有婚约的美女,也被强选。贞观八年,[③]唐太宗得悉隋代通事舍人郑仁基有一个"容色绝姝,当时莫及"的年轻貌美的女儿,[④]动了占有之心,于是下诏礼聘郑女作为充华女官。魏征闻讯郑女曾许配书生陆爽,如果强聘入宫,无异拆散郑女的美好姻缘。他乘册封使者未行之机马上进谏,具告原委。唐太宗得知,十分难堪,只得下诏自责,命令停发册使、收回成命。然而房玄龄等大臣揣测唐太宗意犹未尽,于是上疏迎合,借口"大礼既行,不可中止"。陆爽在官方压力下,只得违背心愿上表否认这个婚约。

① 《隋书·突厥传》。
② 《资治通鉴》卷一九五。
③ 《贞观政要》卷二《纳谏》篇云:"贞观二年,隋通事舍人郑仁基女年十六七",《资治通鉴》卷一九四贞观八年史事下云:"帝聘通事舍人郑仁基女为充华"。今从《通鉴》。因为,贞观初,唐太宗曾两次放还宫人,任其择偶。时又值百废待举、励精图治之际,唐太宗较少恋及女色。贞观五年以后,天下已趋大治,贪图享受思想滋长,选美之举才时有出现。据此,以贞观八年为妥。
④ 《贞观政要》卷二,《纳谏》篇。

唐太宗居然又动起脑筋来了,他故意询问魏征,陆爽为什么自言无有婚约? 魏征逆旨解释:"彼以为陛下外虽舍之,或阴加罪谴,故不得不然。"[1]在魏征的据理力争下,只得作罢。这说明唐太宗能虚心纳谏,比起隋炀帝来,不至在贪图女色方面走得过远。

唐太宗还接受了魏征谏阻外来的女子。贞观五年十一月,"新罗献美女二人,魏征以为不宜受。"[2]其理由是"蕃夷献女,诚不足怪,但今日受纳,实非其时,道路传闻,必生横议,若微亏圣德,悔不可追。"[3]唐太宗高兴地遣还了新罗美女。唐太宗虽然多方罗致美貌淑女,然而在忠直大臣的劝导下,晚年也有收敛。

第二节　喜爱弓马

唐太宗以马上取天下,在武力统一中原与边疆的过程中,多得力于骑射战术,故始终喜爱弓马,这既是他尚武兴趣的流露,也是他加强武备的表现。

(一)善射爱弓

生于北地、长于戎马的唐太宗,从小就形成了英武的性格,喜弓善射就是这种性格的反映。晋阳起兵后,东征西讨,出生入死,弓箭从不离身。他所发射的箭,比通常用的箭大一倍,命中率高,威力大,能"射洞(即穿)门阖"。[4] 房玄龄赞扬他"箭穿七札,弓贯

---

① 《资治通鉴》卷一九四。
② 《资治通鉴》卷一九三。
③ 《魏郑公谏录》卷二。
④ 段成式:《酉阳杂俎》卷一。

六钧"，①虽属溢美之辞，亦可见其善射概况。例如，武德二年十一月，李世民和宋金刚相持于柏壁，有一次为敌军所包围，"世民以大羽箭射殪其骁将，贼骑乃退。"②胡三省注曰："史言世民不惟有天命，亦武艺绝人。"武德三年七月，秦王世民率军围攻洛邑，在慈涧遭到敌将单雄信的袭击，几为所败。"太宗左右射之，无不应弦而倒，获其大将燕顾。"③左右开弓，武艺确实高超。武德四年十月，平定东都后，"秦王建天策府，其弧矢制倍于常"。后来在讨伐刘黑闼的战斗中，曾"为突厥所窘，自以大箭射却之。突厥得箭，传观，以为神。后余大弓一、长矢五，藏之武库，世宝之，每郊丘重礼，必陈于仪物之首，以识武功云。"④由上可见，秦王李世民的显赫战功是跟他善射大箭分不开的。"朕以弧矢定四方，用弓多矣"，⑤这是经验之谈。平定天下后，太宗仍经常骑射，《出猎》一诗反映了他使兽惊鸟飞的娴熟弓法："雕戈夏服箭，羽骑绿沈弓。怖兽潜幽壑，惊禽散翠空。"⑥为示他对弓的特殊爱好，又作《咏弓》诗一首："上弦明月半，激箭流星远；落雁带书惊，啼猿映枝转。"⑦

他正式即位后，虽然不必亲操大箭，驰骋战场，但是喜欢弓箭，不减当年。武德九年九月，他在显德殿庭院中亲自担任警卫将卒"习射"的教练。每天有数百人参加，射中者赏以弓刀与布帛。当时朝臣进谏说："今引裨卒之人，弯弧纵矢于轩陛之侧，陛下亲在

---

① 《旧唐书·房玄龄传》。
② 《资治通鉴》卷一八八。
③ 《旧唐书·太宗本纪》。
④ 《新唐书·刘黑闼传》。
⑤ 《贞观政要》卷一，《政体》篇。
⑥ 《全唐诗》卷一。
⑦ 《全唐诗》卷一。

其间,正恐祸出非意,非所以为社稷计也。"①唐太宗不听,并自告奋勇地说,以后只要有空,就乐于充当教练。贞观元年,他广泛搜罗良弓,选择其中的十余只,与巧匠一道研究制作的道理。巧匠认为这些弓木心不正,脉理皆邪,并非良弓。唐太宗虚心听取,表示要好好学习。同年十月,因"上好骑射",孙伏伽进谏说:"陛下好自走马射的,以娱悦近臣,此乃少年为诸王时所为,非今日天子事业也。"②这个批评显然是一种误会,却从中透露了唐太宗对骑射的癖好。

(二)嗜好良马

善于骑射者,总是喜欢弓又酷爱马的。唐太宗很有一套识别与驾驭良马的本领,并精通骑兵战术。他参与统一战争时,每战必乘骏马,冲锋陷阵。武德四年五月,在虎牢战役中,窦建德军中有个名叫王琬的,乘隋炀帝所御骢马,出来挑战。秦王世民一看,赞叹说:"彼之所乘,真良马也。"③于是,由将领们冲入敌阵,把王琬连同骢马都擒获归来。这匹良马就成了唐太宗的坐骑之一,取名黄骢骠,至贞观晚年还随他远征,可惜途中死亡,他"颇哀惜之,命乐工制《黄骢叠曲》"。④ 可见,他爱良马感情之深。

唐太宗爱马成癖,留下了一些咏马的诗篇,其中以《咏饮马》为上乘。其云:"骏骨饮长泾,奔流洒络缨;细纹连喷聚,乱荇绕蹄萦。水光鞍上侧,马影溜中横;翻似天池里,腾波龙种生。"⑤诗从

---

① 《旧唐书·太宗本纪》。
② 《资治通鉴》卷一九二。
③ 《旧唐书·尉迟敬德传》。
④ 《新唐书·礼乐志》。
⑤ 《全唐诗》卷一。

动态畅写了饮马的各种态势，最终以"翻似天池"、"腾波龙种"作结，宛若天马行空，神妙无比，倘没有爱马的深沉感情、相马的丰富经验，焉能如此绘声绘色。

喜马必爱，爱之则养。唐太宗即位初就在宫中建筑马苑，专门饲养心爱的良马。一次他"特爱"的一匹"骏马"，"无病而暴死"，"太宗怒养马宫人，将杀之。"长孙皇后以春秋时齐国晏子谏齐景公勿以马死杀人的历史典故，提醒唐太宗："陛下尝读书，见此事，岂忘之耶?"①终于使太宗释宫人不问。骏马暴毙，养马失职，罪不至于死。唐太宗以情坏法是不对的，不过，从中也可窥见他爱马的深切。

骏马立功，不仅生前受荣，而且死后雕刻主人墓侧让人凭吊，这本是突厥酋长墓葬的习俗，表明他们尚武爱马的风貌。唐太宗嗜好良马也受突厥风习的影响，在他晚年选中的六匹常乘破敌战马最为得意，不仅生前爱之形影不离，而且死前还遗命雕刻六匹骏马以装饰昭陵，号称"昭陵六骏"。对六骏赐名为飒露紫、特勒骠、拳毛䯄、白拳䯄、青骓、什伐赤。飒露紫、什伐赤皆为平王世充时所乘战马，分别身中一箭与五箭。特勒骠为平刘武周部将宋金刚时所乘。拳毛䯄平刘黑闼时所乘，共中九箭。青骓平窦建德时所乘，身中五箭，白蹄乌平薛仁果时所乘。六骏雕像前据说由唐初著名画家阎立本所绘，唐太宗按图作赞，以酣畅的笔触赋其战功云：拳毛䯄为"月精按辔，天驷横行；弧矢载戢，氛埃廓清。"什伐赤为"瀍涧未静，斧钺伸威；朱汗骋足，青旌凯归。"白蹄乌为"倚天长剑，追风骏足；耸辔平陇，回鞍定蜀。"特勒骠为"应策腾空，承声牛汉；入险摧敌，乘危济难。"飒露紫为"紫䴙超跃，骨腾神骏；气詟山川，威凌八阵。"青骓

---

① 《贞观政要》卷二，《纳谏》篇。

为"足轻电影,神发天机;策兹飞练,定我戎衣。"①昭陵六骏出于无名氏雕刻家之手,采取圆雕和浮雕相结合的雕刻形式完成的。造型粗犷,雄健有力,神态生动,质感强烈。六骏形象各不相同,或原地待命,或轻步徐行,或驰骋战阵,或腾空飞跃。这些杰作摆脱了北朝以后承袭的佛教雕刻的呆板与俗气,它既是唐初雕刻艺术的高度成就,又是唐太宗爱马成癖与他驰誉战场的真实写照。

(三)性喜围猎

爱好弓马的唐太宗性喜围猎。围猎需有娴熟的骑射技术;反过来,骑射技术也需借围猎得以巩固与提高。唐太宗即位后,多次在宫苑或猎场内围猎,显示了他高超的骑术与射术。

飒露紫——唐太宗昭陵六骏之一

---

① 《全唐文》卷十,《六骏图赞》。

410

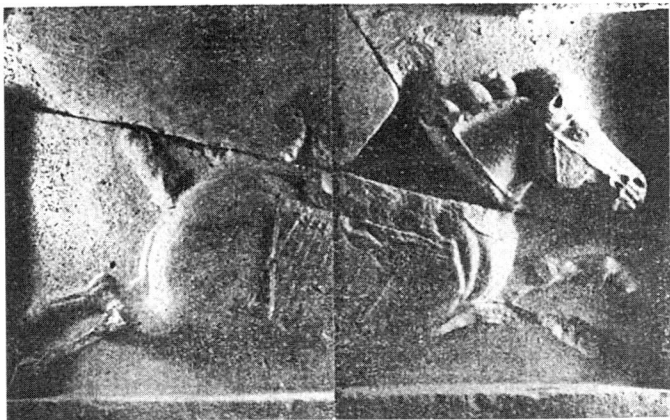

什伐赤——唐太宗昭陵六骏之一

　　武德七年,建成、世民陪同高祖打猎。建成有一匹"肥壮而喜蹶"的胡马,他不怀好意地怂恿世民说:"此马甚骏,能超数丈涧,弟善骑,试乘之。"世民为了不示人以弱,"乘以逐鹿",劣马难驯,蹶腿掀人,李世民机智地"跃立于数步之外,马起,复乘之,如是者三。"①始终没有被悍马掀翻在地,足见他有驾驭劣马的技巧。

　　贞观十一年十月,唐太宗东幸洛阳苑中围猎。洛阳苑在东都城西,周围有一百二十六里,是个规模巨大的狩猎场所。唐太宗与侍从驰马野兽群中,忽"有群豕突出林中,上引弓四发,毙四豕。"②得一雄豕兽性大作,直扑太宗马前,慌得在旁陪猎的吏部尚书唐俭翻身下马,与豕格斗。太宗从容"拔剑断豕,顾而笑曰:'天策长史,不见上将击贼耶? 何惧之甚!'"③原来,武德四年十月,秦王被

---

① 《资治通鉴》卷一九一。
② 《资治通鉴》卷一九五。
③ 《大唐新语》卷一,《规谏》。

任为天策上将,当时唐俭为天策府长史,随秦王驰杀于敌将之中,时隔十五年,唐太宗仍然英姿勃勃,显示了他的骑术与剑术仍不减当年。

群臣对于唐太宗的射猎多持反对态度。一是为他的安全考虑,如孙伏伽、虞世南、魏征均有谏阻。其实,唐太宗骑射高明,又有侍从,生命安全是有保障的。二是为他的扰民担忧。如贞观十一年八月,唐太宗面对多数谏疏劝其克制围猎时解释说:"上封事者皆言朕游猎太频。今天下无事,武备不可忘,朕时与左右猎于后苑,无一事烦民,夫亦何伤!"①围猎不忘武备,可谓太宗的战略眼光远大。综观史籍,贞观四年初平突厥,于年底始有围猎。贞观五年春正月,《通鉴》载"上大猎于昆明池,四夷君长咸从。"无疑显示四夷,具有不忘武备之意。但帝王外出围猎,所经之处需供给酒馔与修桥筑路,必然惊扰、奴役百姓,故"无一事烦民"是开脱之词。不过,唐太宗尽量不妨农事也是事实。贞观十四年十月他到同州射猎,当时正值秋后丰收,刘仁轨上言:"今秋大稔,民收获者什才一二,使之供承猎事,治道葺桥,动费一二万功,实妨农事。"②太宗接受了刘仁轨提出的秋收完毕出猎的建议,终于推迟了一个月。可见,他在臣下的提醒下,还能克制自己,不妨农事。故他选择农暇出猎,这有《出猎》一诗作证:"楚天云梦泽,汉帝长杨宫;岂若因农暇,阅武出辕嵩。"诗中进一步阐述了围猎是为了布阵练兵,不忘武事:"三驱阵锐卒,七萃列材雄;寒野霜氛白,平原烧火红。"故贞观一代,唐太宗尽管频有出猎,但由于围猎时间绝大多数安排在

---

① 《资治通鉴》卷一九五。
② 《资治通鉴》卷一九五。

十至十二月的冬闲季节，①这有他写的"金鞍移上苑，玉勒骋平畴"的《冬狩》一诗作证，②所以基本上没有造成扰民之害。

唐太宗外出围猎，左右有猎手陪同，名曰"百骑"。据《新唐书·兵志》载："贞观初，太宗择善射者百人，为二番于北门长上，曰'百骑'，以从田猎。"所谓"二番于北门长上"，即在玄武门担任宿卫的卫士，一年中有两个月轮番为唐太宗充当围猎助手。唐太宗于贞观十一年八月对谏臣解释的"朕时与左右猎于后苑"，即指这些"以从田猎"的"百骑"。接着《新唐书·兵志》又云唐太宗于贞观中从"飞骑"中精选一批"百骑"："十二年，始置左右屯营于玄武门，领以诸卫将军，号'飞骑'。其法：取户二等以上，长六尺阔壮者，试弓马四次以上、翘关举五、负米五斛行三十步者。复择马射为'百骑'，衣五色袍，乘六闲驳马，虎皮鞯，为游幸翊卫。"《资治通鉴》卷一九五亦有类似记载，贞观十二年"十一月，③丁未，初置左右屯营飞骑于玄武门，以诸将军领之。又简飞骑才力骁健、善骑射者，号百骑，衣五色袍，乘骏马，以虎皮为鞯，凡游幸则从焉。"不过，《新唐书·兵志》提及唐太宗曾先后两置"百骑"，贞观十二年所置的"百骑"是从"飞骑"中精选出来的，是"飞骑"的一部分。

---

① 据《旧唐书·太宗本纪》载，从贞观四年至十六年共外出围猎九次，时间均在十至十二月。如贞观四年"冬十月辛丑，校猎于贵泉谷。甲辰，校猎于鱼龙川"。贞观五年十二月"癸卯，猎于骊山。"七年"十二月丙辰，猎于少陵原"。十一年冬十一月"乙未，狩于济源"。十二年"十月己卯，狩于始平"。十三年十二月"壬辰，狩于咸阳"。十四年闰十月"甲辰，狩于尧山"。十六年冬十一月"丙辰，狩于岐山"。十二月"甲辰，狩于骊山"。此外，贞观二十二年正月"己卯，搜于华原"一次。又《资治通鉴》记载太宗围猎时间，与《旧唐书·太宗本纪》不尽相同，今姑存疑。

② 《全唐诗》卷一，《冬狩》。

③ 《旧唐书·太宗本纪》云贞观十二年"六月庚子，初置玄武门左右飞骑。"《通鉴》则系于同年十一月，不过将左右屯营飞骑并提，今从《通鉴》。

而"飞骑"是贞观十二年"始置"或"初置"的,由它衍化的"百骑"是贞观初"百骑"的沿袭,并非"始置"或"初置"。故《新唐书·兵志》与《通鉴》并不冠以"始"、"初"之词。这说明"百骑"与"飞骑"既有联系又有区别。再者,前后"百骑"亦有联系也有区别。联系者,指其"以从田猎"的职责不变;区别者,指其时间的先后、身份的良贱有异。《旧唐书·王毛仲传》云:"初,太宗贞观中,择官户蕃口中少年骁勇者百人,每出游猎,令持弓矢于御马前射生,令骑豹文鞯,著画兽文衫,谓之'百骑'。"王毛仲曾任玄宗为太子时的"知东宫马驼鹰狗等坊"事,玄宗即位又"检校内外闲厩,知监牧使","天子才之"。① 可见,王毛仲善于养马,必知与养马有关的"百骑"之类的掌故。所谓"官户蕃口"是指不入户等的贱民,他们的身份比官奴婢略高一等。按官奴婢赦宥放良的次序是"一免为番户,再免为杂户,三免为良人。"②"番户"即指分番服役的官户之类。这就与《通鉴》所说的"百骑"对象是"才力骁健"的户等、《新唐书·兵志》具体指出是"取户二等以上"的富家子弟的身份有异。显然,《通鉴》与《新唐书·兵志》是不会搞错的。据此,《旧唐书·王毛仲传》载的贞观中的"百骑"身份在时间上有误,正确的年限应是贞观初。

贞观初既有"百骑",为什么贞观中又复立"百骑"呢?据我们推测,事隔十来年,原先的"百骑"少年已成中年了,不能胜任围猎,故以新代旧,然其职责没有大变。总之,唐太宗爱好围猎不是纯粹出于个人癖好,而是与他"武备不可忘"的战备观念有关的。

---

① 《新唐书·王毛仲传》。
② 《唐六典》卷六,《都官郎中员外郎》。

第三节　诗文与书法

唐太宗是一位杰出的政治家,也是一位诗人兼书法家。他在《金镜》中说:"夫立身之道,在乎折衷,不在乎偏射。"故他"虽以武功定天下,终当以文德绥海内;文武之道,各随其时。"①他重视文化、文艺的作用,也是他倡导以文治国的一个方面。基于此,他成为唐代一个具有较高文化素养的君主。

(一)"属文赋诗"

唐太宗初以武功立国,不暇于学,而"晚始向学,多属文赋诗,天格赡丽,意悟冲迈"。② 由于他喜欢舞文弄墨,生前写了不少诗文,清人将他的诗文编入《全唐文》、《全唐诗》中,有文七卷、赋五篇,诗一卷六十九首。

李世民的散文多属政论、史论、诏敕之类,其中《帝范前、后序》、《金镜》等为其代表作品。散文多用骈俪文体,尚未摆脱六朝以来的绮丽文风,故注重辞藻、语多用典、讲求对偶、排列工整。在一定程度上束缚了思想的发挥与感情的活跃。但是,作为一代开国有功之君,凭着他丰富的政治经验与艰难的统治历程,具有比较深厚的生活根基,故政论言之有物、有的放矢,其中不乏巧思警句。如《帝范后序》总结自我一生功过,恰如其分,语多励人:"吾即位以来,所缺多矣。奇丽服玩、锦绣珠玉,不绝于前,此非防欲也。雕楹刻桷,高台深池,每兴其役,此非俭志也。犬马鹰鹘无远不致,此

---

① 《旧唐书·音乐志》。
② 《新唐书·邓世隆传》。

非节心也。数有行幸,以亟劳人,此非屈己也。斯数者,吾之深过,勿以兹为是而取法焉。但我济育苍生,其益多;平定寰宇,其功大。益大损小人不怨,功大过微德未亏。"①唐太宗以君道自励,以慎终自勉,以史事鉴今,以帝范训子,以忠谏察臣,以正直垂节。内容多涉戒奢、防骄、纳谏、任贤,宣扬王道,探究人事,励精图治、拨乱反正,开创了富有时代特色的贞观文风,直接为"贞观之治"的政治服务。在太宗的倡导与实践下,出现了贞观宫廷文坛的盛况。卢照邻指出:"贞观年中,太宗外厌兵革,……内兴文事。虞(世南)、李(百药)、岑(文本)、许(敬宗)之俦以文章进,王(珪)、魏(征)、来(济)、褚(亮)之辈以材术显。咸能起自布衣,蔚为卿相,雍容侍从,朝夕献纳。我(唐)之得人,于斯为盛。……变风变雅,主体不拘一途;既博既精,为学遍游百氏。"②可见贞观文坛之盛。

唐初诗作流传后世最多的当首推唐太宗。唐太宗生于北国、长于隋末,且爱好文学,自然易受南北诗风的熏陶。气度雄豪类近北诗刚劲之风,贵族世家又性喜南诗柔媚之咏。唐初政治上一统,亦要求南北诗风冶于一炉。唐太宗在《帝京篇序》中指出:"释实求华,以人从欲,乱于大道,君子耻之",要求文艺像政治一样,"节之于中和,不系之于淫放"。"中和"者,糅合南北文风取长补短也。也就是李延寿、魏征所说的:"各去所短,合其两长,则文质炳炳,尽美尽善矣。"③然而统一南北文风,历时既短,亦非朝夕可成。就其倡导者贞观君臣而言,也未能如愿。故南朝崇尚绮丽文风的余波,仍能殃及唐初文坛。使唐太宗的文艺理论与创作实践产生

---

① 《全唐文》卷十。
② 卢照邻:《南阳公集序》。
③ 《北史·文苑传序》、《隋书·文学传序》。

脱节，故他的诗作注重繁富词藻之形式，缺乏感人的思想激情。虽然如此，但其内容并不颓废、萎靡。不过，艺术形式上的拘谨，也确实削弱了诗作的感染力。

唐太宗的近半数诗，为宫廷咏物之作；此外为叙事、写景以及从京城到地方巡游的帝王生活的描绘。他善于抒发政治情怀，也有成功的寓情于景的篇章。《帝京篇》与《春日望海》就是这方面的代表作。

《帝京篇》组诗共十首，以首写长安宫殿始，末以反省戒骄终。首尾连贯，层次历历，为其精心杰作。如开篇："秦川雄帝宅，函谷壮皇居；绮殿千寻起，离宫百雉余。连甍遥接汉，飞观回凌虚；云日隐层阙，风烟出绮疏。"不仅对仗工整，而且气魄宏大。末首六句较为集中地阐述了他的治国惠民的政治思想："人道恶高危，虚心戒盈荡；纳善察忠谏，明科慎刑赏；奉天竭诚敬，临民思惠养。"指出治国不善，可能危及国家覆灭，因此必须保持清醒的头脑，警惕政治上的自满与生活上的放荡。励精图治还需明察臣下的直言规劝，择善而从；明确法律条文，才能赏罚分明。末了还假托天命以敬天临民、剥削有节而称明君。

《春日望海》是一首五言二十句的古诗。前十句主要写景，展现春晨"沧海"的浩瀚和日出的壮丽。作者用"地纪"、"天潢"、"三岭"、"八荒"形容祖国山河磅礴的气势。又以"拂潮云布色，浪穿日舒光。照岸花分彩，迷云断雁行"四句渲染日出海景的壮观，不禁心潮起伏，由即景转入抒情，寄托政治抱负："怀卑运深广，持满守灵长"，意即谦谨执政，深谋远虑，守成防骄，才能长保江山。下面再从自然的沧桑剧变想到社会的时势运转，由此追思历史上秦皇、汉武的功业，转而批评他们出海求仙的虚妄，最后以"端拱且图王"作结，表明自己搞好国家治理的决心。

唐太宗不仅能作诗,而且也能评诗。如他曾命令"藻思沉蔚,尤工五言"的李百药和作他的《帝京篇》,阅后"叹其精妙",还手诏赞之:"卿何身之老而才之壮?何齿之宿而意之新?"[1]又如他读了杨雄的《甘泉赋》、《羽猎赋》,司马相如的《子虚赋》、《上林赋》,班固的《两都赋》等等,都认为失之"文体浮华,无益劝戒"。[2]

作为政治家的唐太宗,他的作品具有显著的政治色彩,故他的文艺观明显地反映了文以载道与文以载德的特点。

贞观文坛盛行君臣唱和、应制奉答、赴宴酬咏之风,其中不乏歌功颂德、摹写宫廷篇章,但在唐太宗强调诗贵劝戒、大臣力主体尚雅正的诗论制约下,并无卿卿我我的儿女艳情之作,宴会唱和也多抒发政事。如唐太宗有一次在洛阳宫宴饮群臣,兴之所致,即席赋《尚书》诗一首,中云:"纵情昏主多,克己明君鲜。减身资累恶,成名由积善。"诗意认为明君治世积善,不妨适情娱乐,流露得意神情。魏征便赋《西汉》一首,以汉高祖艰难创业,讽劝太宗不应及时行乐:"夜燕经栢谷,朝游出杜原;终籍叔孙礼,方知天子尊。"太宗闻之赞曰:"魏征每言,必以礼约我。"[3]贞观君臣诗作贯穿君道、以礼约束,是文以载道的显例。

唐太宗不重文名,注重修身,以昭君德,形成了文以载德的文艺观。由于他喜作诗文,日积月累,遂成宏篇。所谓"听览之暇,留情文史。叙事言怀,时有构属,天才宏丽,兴托玄远。"[4]贞观十

---

① 《大唐新语》卷八,《文章》。
② 《大唐新语》卷九,《著述》。
③ 《大唐新语》卷八,《文章》。
④ 《旧唐书·邓世隆传》。

二年三月,①著作佐郎邓世隆奏请编录太宗诗文集行世,太宗"不许",认为"朕之辞令,有益于民者,史皆书之,足为不朽。若为无益,集之何用! 梁武帝父子、陈后主、隋炀帝皆有文集行于世,何救于亡! 为人主患无德政,文章何为!"②唐太宗恪守自己的诺言,生前始终不刊文集,这是他文以载德的文艺观的反映。他还明确主张诗以言志,文以载德。他在《帝京篇序》中说:"予追踪百王之末,驰心千载之下。慷慨怀古,想彼哲人。"以尧、舜明君为法,以秦汉之弊为鉴,不至海,不封禅,不求仙,不巡游,"故述《帝京篇》以明雅志云尔。"

文以载德文艺观的形成,是唐太宗吸取隋亡教训的结果。贞观二年,他对大臣谈到自己读了隋炀帝文集的感想时说:"朕观《隋炀帝集》,文辞奥博,亦知是尧、舜而非桀、纣,然行事何其反也!"魏征乘机进谏:"炀帝恃其俊才,骄矜自用,故曰诵尧、舜之言而身为桀、纣之行,曾不自知以至覆亡也。"唐太宗深有感触地回答:"前事不远,吾属之师也。"③以炀帝的美文败德为鉴,不务虚名。可知败德之君,留文于世,徒然贻笑后人,从而吸取德盛才能文茂的正面教训,采取不刊文集的审慎态度。

(二)"尤善飞白"

唐太宗爱好书法,注意培养书法人才。贞观元年在隶属门下

---

① 《旧唐书·邓世隆传》云:"贞观十三年,世隆上疏请编录御集,太宗竟不许之。"《新唐书·邓世隆传》曰:"(贞观)十三年,世隆上疏,请加集录,帝谦不许。"《贞观政要》卷七《文史》篇则曰:"贞观十一年,著作佐郎邓世隆表请编次太宗文章为集……竟不许。"《资治通鉴》卷一九五系此事于贞观十二年,"三月,辛亥,著作佐郎邓世隆表请集上文章。"由于《通鉴》系年外,还有月份与日期,较准。故从《通鉴》。
② 《资治通鉴》卷一九五。
③ 《资治通鉴》卷一九二。

省的弘文馆里"诏京官职事五品以上子嗜书者二十四人,隶馆习书,出禁中书法以授之。"①唐代科举取士有明书一科,工书也是进身之阶,这与唐太宗重视书法艺术有关。

王羲之是晋代杰出的书法家,擅长真、行、草书,尤善行书。唐太宗最喜爱王羲之的书法。贞观间,他"博购王羲之故帖"以及其他名家真迹,②曾收得"古今工书钟、王等真迹,得一千五百一十卷。"③他大力搜求王羲之的墨迹不外两途。一是重金大量购买,即所谓"博购",不惜"出御府金帛,重为购赏,由是人间古本,纷然毕进。"④二是设计诈骗。唐初辩才和尚据有王羲之的名帖《兰亭序》真迹,他不愿出让这稀世之珍,于是秦王指使肖翼到辩才处骗取。所谓"太宗为秦王时,见搨本,惊喜,乃贵价市,……终不至焉。及知在辩师处,使肖翊(翼)就越州求得之。……以武德四年入秦府。"他赚取到手后,视为国宝,不肯轻易示人。"贞观十年,乃搨十本以试近臣"。生前他与真迹形影不离,死后还要殉葬。"帝崩,中书令褚遂良奏:'兰亭先帝所重,不可留,'遂秘于昭陵。"⑤

酷爱王帖的唐太宗除了把墨迹当作艺术品欣赏外,还临摹钻研,工力甚深。房玄龄赞其"笔迈锺、张",⑥说笔力超过前朝书法家锺繇、张芝,未免言过其实,然亦并非毫无所据,故见其工力非浅,而能衍化而成"飞白"。所谓"太宗工羲之书,尤善飞白"。"飞

① 《新唐书·百官志》二。
② 《新唐书·褚遂良传》。
③ 《唐会要》卷三五,《书法》。
④ 《太平广记》卷二〇九。
⑤ 《隋唐嘉话》卷下。《唐会要》卷二〇云:昭陵"内设东西厢,列置石函,内装铁匣,藏钟、王墨迹。"
⑥ 《旧唐书·房玄龄传》。

白"是枯墨用笔的一种书法艺术,字体苍劲老练,因笔画中丝丝透白,故有此名。贞观十七年,唐太宗"赏宴三品以上于玄武门,帝操笔作飞白字赐群臣,或乘酒争取于帝手,(刘)洎登御座引手得之。"①可见,太宗的"飞白"书法也有他的独到之处,以致成为群臣争夺的目标。当时也有人临摹太宗书法的,如他的女儿晋阳公主"临帝飞白书,不能辨。"②唐太宗以"飞白"赐人时还赋予政治意义。如贞观二十一年,他为报答马周辅政之劳,"以神笔赐周飞白书曰:'鸾凤凌云,必假羽翼。股肱之寄,诚在忠良。'"③

唐太宗在书法实践的过程中,还十分重视技法的钻研。《全唐文》里辑有他写的《笔法论》《指法论》两篇、《笔意论》三篇。从初学与深造角度均作了精辟分析。他认为"初书之时,收视反听,绝虑怡神,心正气和则契于元妙。心神不正,字则倚斜;志气不和,字则颠仆,如鲁庙之器也。"接着指出了点、画、擎、竖、戈、环、波等笔法要诀。又说:"字以神为精魄",写字需有神韵,只有"思与神会,同乎自然",才能求得化境。但从下里巴人而趋登堂入室,需经过一番磨炼、领悟的功夫:"故其始学得其粗未得其精。太缓者,滞而无筋;太急者,病而无骨。横毫侧管则钝,慢而多肉。竖笔直锋,则干枯而露骨。及其悟也,心动而手均。圆者中规,方者中矩。粗而能锐,细而能壮。长者不为有余,短者不为不足。"④

唐初王羲之的书法盛极一时,唐太宗十分钦佩王羲之的卓越书法艺术。他说:"学书者,先须知有王右军绝妙得意处。真书,乐毅论;行书,兰亭;草书,十七帖。"然后意会王羲之书法精髓,达

---

① 《旧唐书·刘洎传》
② 《新唐书·诸帝公主·晋阳公主》。
③ 《旧唐书·马周传》。
④ 《全唐文》卷十,《笔法论》。

到神形兼备："学书之难,神彩为上,形质次之,兼之者便到古人。"①唐太宗爱书及人,专为《晋书》撰写王羲之传论,评其书法"尽善尽美",赞其"点曳之工,裁成之妙,烟霏露结,状若断而还连,凤翥龙蟠,势如斜而反直,玩之不觉为倦,览之莫识其端,心慕手追,此人而已。"他对王书爱不释手、誉其神妙无穷,是魏晋书林中的佼佼者。他虽对钟繇书法也有好评,然而"论其尽善,或有所疑","其余区区之类,何足论哉!"唯对王书"心摹手追",是何等的倾倒,直至形成自己的独特风格。

岂独唐太宗师法王帖自成一体,唐初诸家无不如此。贞观书法所以继隋之后在艺术上造诣很高,还与唐太宗推广王羲之书法有关。他曾指示著名书法家欧阳询、赵模、褚遂良等临摹王书手迹。由于唐太宗推崇王羲之的真书、行书、草书,故产生了一场书法革新活动。唐以前虽已出现楷书、行书、草书,然而官方公文仍沿用隶、篆书体,书写既费劲,又难辨认,显然不能适应贞观时代办事讲究效率的需要。唐太宗顺应时代与文字由繁到简的发展趋势,凭借王羲之的威望,推动唐初的书法改革。昭陵现存的几十处的墓碑与墓志铭,绝大多数是用楷书、行草书撰写的,从而统一了南北朝以来南师王帖、北宗魏碑的自立门户局面,使王书成为全国书体的正宗。

唐太宗鼓励书法创新,还出现了"欧、虞、褚、薛"四大名家。他们的笔法都是从师法王书入手,精于隶、楷、行、草,融会贯通,自成一格。

欧阳询"初学王羲之书,后更渐变其体"。② 虞世南从小拜同

---

① 《全唐文》卷十,《笔意论》。
② 《旧唐书·欧阳询传》。

郡"善王羲之书"的智永为师,"妙得其体,由是声名籍甚。"①褚遂良则是王帖杰出的鉴赏家。当时唐太宗以重金"博购"王帖,天下莫不争献,其中自然不乏鱼目混珠者,唐太宗指示褚遂良鉴定,珠目无不分明,此后竟"无舛冒者"。② 褚遂良的鉴赏水平当基于他宗法王帖的深厚功力。薛稷是魏征的外孙。"魏征家富图籍,有虞、褚旧踪,稷锐意模仿,笔态遒丽,当时无及之也。"成为贞观、永徽之后"罕能继者"的后起之秀。③ 人谓薛稷"少则服膺虞监,长则祖述右军",可见他也是近法虞世南,远宗王羲之的。

唐太宗对生前的三大书法家中最认可的是虞世南,赞其书法为"五绝"之一,"尝命写《列女传》以装屏风"。④ 对于虞世南的书法理论亦很推崇,尝引其书论云:"未解书意者,一点一画,皆求象本,乃转而取拙,岂是书耶。纵仿类本,体样夺真,可图其字形,未可称解笔意。此乃类乎效颦,未入西施之奥室也。"⑤由于唐太宗的提倡,虞体风行一时。虞死后,褚遂良书法大行于世,所谓"贞观永徽之际,虞世南、褚遂良时人宗其书迹"。⑥ 欧阳询的官位仅是主管更鼓的率更令,位轻职微,但因书法有所创新,被太宗列入十八学士之中,以示荣誉,以资鼓励。欧氏"初仿王羲之书,后险劲过之,因自名其体。"名曰"率更体"。他的刚劲清秀书法不仅为海内所宗、"人以为法",而且还名扬海外,高丽亦慕名"遣使求之"。⑦ 这些名家在师承王书的基础上都有创新,其中与唐太宗提

---

① 《旧唐书·虞世南传》。
② 《新唐书·褚遂良传》。
③ 《旧唐书·薛稷传》。
④ 《旧唐书·虞世南传》。
⑤ 《全唐文》卷一,《笔法论》。
⑥ 《旧唐书·薛稷传》。
⑦ 《新唐书·欧阳询传》。

唐太宗撰并书《温泉铭》

御书《晋祠铭》

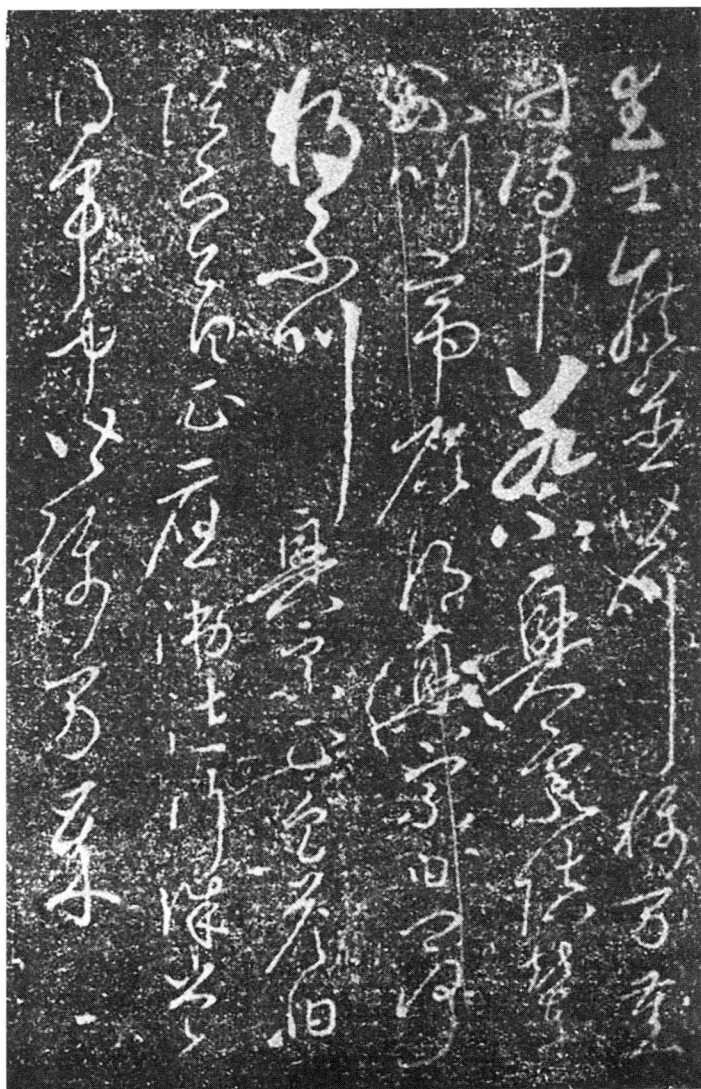

唐太宗《屏风帖》（部分拓本）

倡继承与革新书法的思想是分不开的。

第四节　晚嗜丹药

（一）健康不佳

唐太宗晚年随着功业的隆盛与年岁的增高,也与历史上一切有所作为的封建帝王一样,愚蠢地追求长生、服食丹药。直接的原因当与其情绪的消沉与健康状况的恶化有关。从史籍上可知,唐太宗在贞观十六年以前多次外出围猎,精神焕发,骑射娴熟,说明他有充沛的精力与健康的体魄。① 然而,从贞观十七年开始直至二十三年临终的七年当中,仅见外出围猎一次的记载,②这从中透露了一个信息,即他的健康状况趋向下降。究其原因,太子承乾被废,魏王泰被黜,对他的思想刺激很深,一度产生了自杀的念头,精神上的郁郁寡欢影响了身体健康。以前很少服药的唐太宗,这时开始服食药石了。当时太子右庶子高季辅上疏陈述政事得失,唐太宗认为其言有益于国,"特赐锺乳一剂,谓曰:'卿进药石之言,故以药石相报。'"③元戈直注曰:"钟乳,产于石,食之使人通气生胃。"由此可知,唐太宗这时已患了消化不良症。

影响唐太宗健康状况下降的另一个事件,是贞观十九年征伐的失败,秋末"辽东还,发定州,在道不康",④所谓"不康",是指

① 《资治通鉴》卷一九四:贞观十年六月史事云,此前唐太宗"得疾,累年不愈",可能指早年的"气疾",但体质还是好的。
② 《资治通鉴》卷一九八载贞观二十二年正月"己卯,(太宗)畋于华原。"新、旧《唐书·太宗纪》同。
③ 《贞观政要》卷二,《纳谏》篇。
④ 《旧唐书·刘洎传》。

"病痏"。年底退至并州，以作休整，次年二月起程，三月返京。据胡三省注云："并州至京师一千三百六十里"，由于长途跋涉，归程劳累，再加战争失利，心情郁闷，到京后再次病倒。"上疾未全平，欲专保养"，为此下诏太子李治处决军国大事，李治于听政之暇，"则入侍药膳，不离左右。"同年十月病虽愈，然而体仍虚。返至灵州，又"冒寒疲顿"，打算于年底前，"专事保摄"。至次年正月，"上疾新愈"。一场感冒竟然需要三个月的"保摄"，其虚弱可想而知。到二月，唐太宗又"得风疾"，直至十一月"疾愈，三日一视朝"。① 可见，唐太宗自贞观十九年秋冬以来，连续一年多患病，当时除早年的"气疾"外，又患"病痏"、胃病、感冒、风疾等多种疾病。② 积极的药物治疗未见好转，便滋生了对超自然力量的迷信的消极想法，寄托于方士的丹药，希望能收奇效。于是从贞观二十年年底开始服食丹药了。

（二）服丹暴亡

贞观二十一年正月，高士廉去世，唐太宗因死者系开国元勋兼贵戚的关系，极为哀痛，决定亲临其家吊丧，行至中途，被长孙无忌挡驾。长孙无忌劝告："陛下饵金石，于方不得临丧，奈何不为宗庙苍生自重！"③服药不得临丧的禁忌，似非医方所立，当为方士的玄言诫语，"金石"则为方士所炼的丹药无疑。可见，唐太宗至迟在贞观二十年底已经吞服丹药了。

然而，国内的方士丹药并不见效。又进一步欲求国外的方士丹药。大臣为了迎合太宗的这个心理，于是向他推荐了一名印度

---

① 《资治通鉴》卷一九八。
② 《资治通鉴》卷一九九云唐太宗临终前，还得利（痢）疾。
③ 《资治通鉴》卷一九八。

方士。贞观二十二年，王玄策借兵吐蕃、泥婆罗，大败中天竺帝那伏帝国，俘其国王阿罗那顺与方士那罗迩娑婆寐。同年五月，王玄策将方士进献唐太宗。这个方士"自言寿二百岁，云有长生之术"，这个谎言打动了唐太宗幻想长寿的急切心理。于是"深加礼敬，馆之于金飚门内，造延年之药。令兵部尚书崔敦礼监主之，发使天下，采诸奇药异石，不可称数。"经过近一年的炼制，"药成，服竟不效"，①以致丹药中毒暴亡。

这个教训直至高宗咸亨年间还在某些大臣中记忆犹新，当时东台侍郎郝处俊谏阻高宗勿服胡僧炼成的"长年药"时说道："昔贞观末年，先帝令婆罗门僧那罗迩娑婆寐依其本国旧方合长生药，……历年而成，先帝服之，竟无异效，大渐之际，名医莫知所为"。②

所谓长生药，纯属谎言。设使唐太宗不服丹药，还可多活若干年。然而服食之后，病情急剧恶化，名医束手无策，以致提前结束了唐太宗的生命。宪宗时大臣李藩曾云："文皇帝服胡僧长生药，遂致暴疾不救。"③所谓"暴疾"，即指丹药中毒；"不救"，指无法抢救。可知中毒之深、药性之烈。正如清代史学家赵翼所说的："太宗之崩，实由于服丹药也。"④方士丹药害人已有明验，胡僧理应治罪，但是可笑的是，大臣对这个曾夺去太宗生命的天竺方士不治其罪，竟"放还本国"。⑤据郝处俊解释，"时议者归罪于胡人，将申显戮，又恐取笑夷狄，法遂不行。"⑥出于担心天竺传为笑柄，对饵药

---

① 《旧唐书·天竺传》。
② 《旧唐书·郝处俊传》。
③ 《旧唐书·宪宗本纪》。
④ 《二十二史札记》卷十九。
⑤ 《旧唐书·天竺传》。
⑥ 《旧唐书·郝处俊传》。

毒帝致死的胡僧,不加刑典,未免迂腐可笑。

回顾贞观初年,唐太宗一再嗤笑秦皇祈求神仙、冀其长生的荒唐,说:"神仙事本虚妄,空有其名。秦始皇非分爱好,遂为方士所诈"。① 贞观五年,他反对图谶迷信,认为"此诚不经之事,不能爱好"。② 直至贞观十一年二月下节葬诏时还说:"夫生者天地之大德,寿者修短之常数。生有七尺之形,寿以百龄为限。含灵禀气,莫不同焉,皆得之于自然,不可以分外企也。虽复回天转日之力,尽妙穷神之智,生必有终,皆不能免。"③讲得何等精彩! 不料晚年竟重蹈秦皇的覆辙,这是历史的悲剧,一代英主也不能摆脱阶级与历史的局限性。终于在贞观二十三年三月发病,五月去世,享年五十二岁,八月安葬于昭陵。

(三)营葬昭陵

昭陵的营建制度的思想酝酿,始于贞观九年五月高祖的遗诏:"其服轻重,悉从汉制,……园陵制度,务从俭约。"④然而,高祖安葬时,太宗为了博取孝名,改为"务从隆厚",由于事先没有预建陵寝,故"程限既促,功役劳弊",于是虞世南上书诤谏,指出有史为鉴,高坟厚垅,珍物毕备,反为死者之累,实非孝也。遂建议采取"汉文霸陵,既因山势,虽不起坟,自然高显。……明器所须,皆以瓦木,合于礼文,一不得用金银铜铁。"群臣也支持世南的建议:"请遵遗诏,务从节俭",唐太宗才"颇有减省"。⑤ 既然已有乃父

---

① 《册府元龟》卷四六。
② 古写本《贞观政要》卷六,《慎所好》。
③ 《唐大诏令集》卷七六,《九嵕山卜陵诏》。
④ 《旧唐书·高祖本纪》。
⑤ 《旧唐书·虞世南传》。

430

薄葬的先例,太宗自然也不敢逾越等级。稍后预建昭陵时,唐太宗下诏云自己"提剑指麾,天下大定,氛祲清祲,区宇平一,反浇弊于淳朴,致王道于中和,此朕之宿志"。①"宿志"于"淳朴",未免溢美,设使初无虞世南之诤谏,太宗能否下此节葬诏也很难说。

贞观十年十一月,遵长孙皇后临终遗言,务从俭约送终,唐太宗下葬皇后于昭陵时,才予薄葬,并阐明自己的心迹,"亦复如此",并亲自选定长安附近的醴泉县西北六十里的九嵕山作为陵地,撰文刻石,"当使后世子孙奉以为法",这是因山为陵的开始。次年正月,唐太宗言参照汉代预筑皇陵制度,于二月预作山陵,还拟定送终之制"因山为陵,容棺而已",②名义上"务从俭约",实际上它比"堆土成陵"更为扰民。他选择险峻的九嵕山层峰而修石宫,山势不厌其高,凿石不厌其深,列置石刻不嫌其多。因此"务从俭约"不过是遁词,为了使"奸盗息心"才是目的。③须知昭陵营建了十二年,预建陵园不断扩大,封域面积最终达一百二十里,如此规模,岂止"容棺"。至于防止盗墓也没有如愿。正如范祖禹所说:"太宗虽为终制以戒子孙,而昭陵之葬,亦不为俭。及唐之末,不免暴露之患。岂非高宗之过乎。"④李治不遵父诫,固然负有责任,然而太宗晚年奢靡之风已有抬头,趋向厚葬也在所难免。不过,唐太宗毕竟是英主,临终时是作了一些限制的。其后玄宗朝太监高力士进入太宗陵墓寝宫,"见梳箱一,柞木梳一,黑角篦一,草根刷子一",不禁赞曰:先帝"随身服用,唯留此物。将欲传示子孙,永存节俭。"玄宗闻讯,亲往视之,见物"肃敬如不可胜","即命

---

① 《唐大诏令集》卷七十六,《九嵕山卜陵诏》。
② 《资治通鉴》卷一九四。
③ 《唐会要》卷二。
④ 《唐鉴》卷四。

昭陵玄武门（历史照片） 采自《古都西安》

史官书之典册"。^①

　　昭陵有功臣陪葬之制。功臣陪葬起自高祖献陵,但是,形成制度而颁定明诏的却在贞观时代。贞观十一年二月下诏:"自今以后,功臣密戚及德业佐时者,如有薨亡,宜赐茔地一所,及以秘器、使窀穸之时,丧事无缺,所司以此营备,称朕意焉。"^②同年十月太宗又"诏勋戚亡者皆陪葬山陵"。胡三省注云:"凡功臣密戚请陪

---

　　① 《容斋续笔》卷十四,《帝王训俭》。
　　② 《旧唐书·太宗本纪》。

陵葬者听之,以文武分为左右而列。"①据宋王溥《唐会要》卷二十一所载,陪葬者有一百五十五人。另据《金石萃编》统计,计一百六十六人。现知陪葬墓有一百六十七座。其中以功臣占大多数,还包括少数民族将领十五人。这反映了唐太宗对辅弼重臣的荣宠,体现了他君臣共治天下的思想。

昭陵还列少数民族首领石刻像。高宗为了弘扬太宗的武功,命雕刻家造像十四座,表现其归附、擒伏的形象。他们是突厥族四尊、吐蕃赞府、高昌王麴智勇、焉耆王龙突骑支、薛延陀真珠毗伽可汗、吐谷浑河源郡王慕容诺曷钵、于阗王尉迟信、新罗王金真德、林邑王范头黎,婆罗门阿罗那顺等。清人林侗考察昭陵后描绘石像云:"皆深眼曷鼻,弓刀杂佩,壮哉诚异观也。"②夷像石雕,一方面体现了唐太宗"天可汗"的尊严,另一方面也体现了唐初是统一的多民族的国家。

以昭陵为中心的陵墓建筑以及陪葬的臣僚与归附的外蕃君长的墓、像等等,围绕昭陵布局,构成了完整的墓葬群,显示了唐太宗卓越的文治武功,礼赞了贞观极盛的统一政治局面。所谓"厉精治术,安缉夏夷,九服同轨,六合一家",③信哉斯言,殆非虚语。

---

① 《资治通鉴》卷一九四。
② 《唐昭陵石绩考略》。
③ 《唐大诏令集》卷六十五,《封建功臣诏》。

附录　历史上对唐太宗和"贞观之治"的评价与讨论

评价历史人物如同任何科学研究一样,是长期的艰辛的过程。只有在前人探索的基础上,才能更好地前进。不了解过去的研究成果,就无法迈开新的步伐。

(一)

关于唐太宗与"贞观之治",历代封建史家以及一些政治家、思想家都说过不少话。不能因为他们的评论从总体上看是非科学的,就不去注意了,那是形而上学。事实上,他们有不少的真知灼见,往往确切地道出了唐太宗的一些特点。因此,我们还必须加以研究。

早在唐玄宗时期,如何评价"贞观之治"的问题就开始被提出来了。经历武则天称帝的曲折过程,唐玄宗重振李唐王朝,"依贞观故事,有志者莫不想望太平。"[①]史称,开元时期,"贞观之风,一朝复振。……与民休息,比屋可封。"[②]可见,"贞观之治"已经被视为太平盛世的典范,封建统治者竭力加以效仿。

正是在这种情况下,吴兢编撰了一部重要文献《贞观政要》。

---

① 《隋唐嘉话》卷下。
② 《旧唐书·玄宗本纪·史臣曰》。

这部书不是一般的历史研究著作,而是封建政治的教科书。但是,吴兢在《序言》中第一次对唐太宗的历史地位作了这样的评价:"太宗时政化,良足可观,振古而来,未之有也。……庶乎有国有家者克遵前轨,择善而从,则可久之业益彰矣,可大之功尤著矣,岂必祖述尧、舜,宪章文、武而已哉!"这里,极力美化唐太宗的"仁政",把它跟尧舜之治、文武之治等同看齐。在儒家思想占统治地位的封建社会里,评价可谓极高的了。

随着《贞观政要》的流传,唐太宗更成为封建帝王的楷模。例如,唐宪宗即位之初,"读列圣实录,见贞观、开元故事,竦慕不能释卷",①决心像唐太宗那样理政。又如,唐文宗"在藩时,喜读《贞观政要》,每见太宗孜孜政道,有意于兹。"②再如,唐宣宗大中元年,雅好儒士,留心贡举,采纳众议,"当时以大中之政有贞观之风焉。"③当然,中唐以后,唐王朝已经由盛而衰,阶级矛盾十分尖锐。时代不同了,想学唐太宗的那一套,也是学不成的,再也不可能出现什么升平治世了。

至于一般士人是怎样评论唐太宗的呢? 唐代不少著名诗人在自己的诗篇里,吐露了对唐太宗的仰慕之情。杜甫曾多次到昭陵访古,写下一些诗篇,其中说:"草昧英雄起,讴歌历数归。风尘三尺剑,社稷一戎衣。翼亮贞文德,丕丞戢武威。圣图天广大,宗祀日光辉。"④这里描绘出唐太宗的英伟形象,讴歌了他在创建唐王朝中的业绩。杜甫的长诗《北征》,反映了安史之乱后的社会残破

①　《旧唐书·宪宗本纪·史臣曰》。
②　《旧唐书·文宗本纪·史臣曰》。
③　《旧唐书·宣宗本纪》。
④　《杜工部集》卷十,《重经昭陵》。

景象,引起诗人对贞观盛世的向往:"煌煌太宗业,树立甚宏达。"①刘禹锡不仅注意到唐初的武功,而且特别赞美唐太宗的"偃武修文"措施。"惟唐以神武定天下,群慝既夷,骤示以文。韶英之音与钲鼓相袭。故起文章为大臣者,魏文贞以谏净显,马高唐以智略奋,岑江陵以润色闻,无草昧汗马之劳,而任遇在功臣上。唐之贵文至矣哉!"②这里揭示了贞观时期用人致治的道理。

　　白居易作《新乐府》歌颂唐太宗:"太宗十八举义兵,白旄黄钺定两京,擒充戮窦四海清,二十有四功业成,二十有九即帝位,三十有五致太平。"据陈寅恪先生考证,这首诗取材于《贞观政要》。③白居易还作诗说:"……我有一言闻太宗。太宗常以人为镜,鉴古鉴今不鉴容。四海安危居掌内,百王治乱悬心中。"④可见,唐太宗"以人为镜",虚己纳谏,是为诗人所津津乐道的。值得注意的,白居易写有一篇《为人上宰相书》,文中详细摘录了贞观前夕太宗与魏征讨论"大乱之后"如何"致理"的材料(看来也是取用《贞观政要》),说:"于是太宗卒从文贞之言,力行不倦。三数年间,天下大安,戎狄内附。……斯则得其时,行其道,不取于渐之明效也。"⑤这里,诗人颇有眼力,看到了贞观前夕的那场辩论,对于唐初"天下大治"的实现具有重大的意义。

　　李贺写有《马诗》二十三首,其中一首云:"唐剑斩隋公,拳毛属太宗。莫嫌金甲重,且去捉飘风。"⑥拳毛騧是著名的昭陵六骏

　　①　《杜工部集》卷二,《北征》。
　　②　《刘禹锡集》卷一九,《唐故相国李公集纪》。
　　③　参见《元白诗笺证稿》第五章。
　　④　《全唐诗》卷四二七,《百炼镜·辨皇王鉴也》。
　　⑤　《白氏长庆集》卷二七。
　　⑥　《李贺诗歌集注》卷二。

之一,原是秦王李世民平刘黑闼时所乘。诗人通过这首《马诗》,歌颂了唐太宗早年驰骋沙场的武功。李贺还在《致酒行》一诗中写道:"吾闻马周昔作新丰客,天荒地老无人识。空将笺上两行书,直犯龙颜请恩泽。"①可见,唐太宗慧眼识马周的故事,在唐代是广为流传的。

由上可见,诗人们的赞美诗往往是比较具体的,比那种笼统地颂扬"贞观之治"是"仁政",要深刻些。大概终唐之世,对于唐太宗总是一味地赞扬,不允许也不可能出现贬斥的评论。五代后晋时,刘昫等编撰《旧唐书》,说:"贞观之风,到今歌咏。"②这是有事实根据的。

(二)

宋代以后,对唐太宗及其"贞观之治"的评价基本上是肯定的、歌颂的,同时开始对他的个人品行有所非议了,对贞观政事的得失也有所评论了。

北宋著名的治唐史专家范祖禹在《唐鉴》中指出:"太宗以武拨乱,以仁胜残,其材略优于汉高,而规模不及也。恭俭不若孝文,而功烈过之矣。迹其性,本强悍勇,不顾亲,而能畏义而好贤,屈己以从谏,刻厉矫揉,力于为善,此所以致贞观之治也。夫贤君不世出,自周武、成、康,历八百余年而后有汉,汉历八百余年而后有太宗,其所成就如此,岂不难得哉!人主之所行,其善恶是非在后世,当其时不可得而辨也。故凡太宗之行事,其善与不善,臣皆举其大略矣。"③这里显然是从唯心史观与封建伦理标准出发,来评价唐

---

① 《李贺诗歌集注》卷二。
② 《旧唐书·太宗本纪·赞曰》。
③ 《唐鉴》卷六。

太宗的"善恶是非",因而不可能得出科学的结论。但是,敢于指出唐太宗的"不善"之处,也就避免了一味颂扬所造成的弊端。

的确,在唐代要讲唐太宗的"恶"与"非",是"不可得而辨"的事。只有唐王朝被推翻之后,又经历五代十国的分裂局面,到了宋朝,才有可能去总结唐朝的兴亡历史,从中找到了唐太宗的"善与不善"两个方面。范祖禹编《唐鉴》是这样做的,欧阳修、宋祁等撰《新唐书》也是这样做的,司马光主编的《资治通鉴》也不例外。

那么,唐太宗的"善"的方面是些什么呢? 第一,认为唐太宗是英明的君主。如宋神宗说:"如唐太宗,亦英主也。"①南宋洪迈在《容斋续笔》中指出:唐太宗是"唐之明主,所言所行,足以垂训于后。"②第二,歌颂"贞观之治"是儒家理想中的"仁政"。编《新唐书》的史臣们赞叹说:"盛哉,太宗之烈也! 其除隋之乱,比迹汤、武;致治之美,庶几成、康。自古功德兼隆,由汉以来未之有也。"③显而易见,这种评价是从《贞观政要·序》演化而来的。吴兢认为,贞观政绩是"振古而来"所未有的。宋代苏辙同意此说,也认为"自三代以下,未见其比。"④但是,欧阳修、宋祁等只说"由汉以来未之有也,"这要比吴兢的意见慎重些。此外,宋代曾巩评论说:"代隋者唐,更十八君,垂三百年,而其治莫盛于太宗之为君也。"又说:唐太宗有天下之志,有天下之材,又有治天下之效。就唐朝三百年来看,贞观时期确实是最突出的太平盛世。曾巩还认为,"唐虞之治"五百年后有"成汤之治",又五百年后有"文武之治",又千余年后有"贞观之治","然而又以其未备也,不得与

---

① 《困学纪闻》卷一四,《考史》注。
② 《容斋续笔》卷一六,《唐二帝好名》。
③ 《新唐书·太宗本纪·赞曰》。
④ 《栾城后集》卷十,《历代论》四,《唐太宗》。

先王并而称极治之时。"①也就是说,在曾巩看来,"贞观之治"要比先王之治略逊一筹。上述种种评论,虽然有所差异,但是把"贞观之治"看成是儒家的理想政治,则是一致的。自宋、元至明、清,封建统治者之所以歌颂唐太宗,一个重要的原因就在于宣扬儒家的"仁政"。不少帝王如明朝宪宗、清朝康熙、乾隆皇帝等,都曾极力推崇《贞观政要》,把唐太宗视为治天下的圣君。

值得注意的是,南宋朱熹别有一番议论:"太宗之心,则吾恐其无一念之不出于人欲也,直以其能假仁借义,以行其私。而当时与之争者,才能知术既出其下,又不知有仁义之可饬。是以彼善于此,而得以成其功耳。"②原来,朱熹认为,"人欲"的泛滥,使世道越来越坏。两汉不如三代,唐又不如汉。唐太宗"无一念之不出于人欲",只是假借仁义,以行其私,才取得成功。这里,朱熹是在阐述他的社会历史观,但无意之间却揭露了"贞观之治"是"仁政"的说教。事实上,唐太宗是私欲强烈、雄心不已的封建君主。口头上谈什么"仁义",行动上却并非如此。有的同志指出:"'贞观之治'在于'治',而不是旧史家们溢美的所谓'仁政'。"③这种意见是很对的。

至于唐太宗的"不善"的方面,又是些什么呢?宋、明以来,主要指以下两点。第一,指质唐太宗杀兄弟,不知礼义。司马光认为:"立嫡以长,礼之正也。"唐太宗通过玄武门之变,夺得皇位,给后世王位的继承问题带来不良的影响。"夫创业垂统之君,子孙之所仪刑也,彼中、明、肃、代之传继,得非有所指拟以为口实

———————————

① 《元丰类稿》卷九《唐论》。
② 《龙川文集》附录朱文公《论理欲系义利邪正之间·答陈同甫》。
③ 参见宋家钰:《略说唐初的"立法"与"守法"》,一九七八年十月二十四日《光明日报》。

乎!"①范祖禹批评唐太宗"不顾亲"、"不知义"。说:"秦王世民杀皇太子建成,……太宗之罪著矣。"②朱熹认为:"唐有天下,虽号治平,然亦有夷狄之风。三纲不正,无君臣父子夫妇,盖其源出于太宗。"③这些意见,反映了宋代以后封建伦理观念的加强。但是,也有个别人唱反调,如在托名李贽撰的《史纲评要》中,说:"建成、元吉自家讨死。太宗杀之,不为过也。""盖此天下乃太宗上献之高祖,非高祖下传之太宗者也,岂与世及之常例乎?夫何俗儒不晓,尚有以长之说。"④此书作者究竟是谁,不得而知。作为一家之言,说明了封建社会后期在伦理观念上的分歧,因而对唐太宗的个人品质的评价截然不同。

第二,批评唐太宗"好大喜功",⑤贪图享乐。这种意见,最早似来自欧阳修、宋祁等人。范祖禹批评唐太宗,"恭俭不若孝文"。⑥ 洪迈认为:唐太宗的言行,"大要出于好名"。⑦清初姚文燮在《昌谷集注》中,提到唐太宗贞观十八年置温泉宫,说:"太宗自好游幸,乃徒切责子弟,而大兴离宫,遂令后世流连于此,不一而足。"⑧清康熙年间,吴楚材等编辑《纲鉴易知录》,对唐太宗作了一番赞扬后,说:"惜其好尚功名,而不及礼乐,父子、兄弟之间惭德多矣。"⑨

---

① 《资治通鉴》卷一九一,《臣光曰》。
② 《唐鉴》卷二。
③ 《近思录》卷八。
④ 《史纲评要》卷一七,《唐纪》。
⑤ 《新唐书·太宗本纪·赞曰》。
⑥ 《唐鉴》卷六。
⑦ 《容斋续笔》卷一六,《唐二帝好名》。
⑧ 《昌谷集注》卷一。
⑨ 《纲鉴易知录》卷四二。

由上可见,宋、明以来,评论唐太宗者颇多。但是,他们无例外地离开隋末唐初的历史条件与阶级关系,着眼于唐太宗的个人品质,孤立地进行评价。尽管有些意见也符合历史实际,然而,就他们的历史观来说,全都属于历史唯心主义的范围。

(三)

解放以前,自一九○○年至一九四九年,据统计,关于唐太宗的研究论文只有七篇,题目如《唐太宗之精神及其事业》、《贞观之治与长孙皇后》、《唐太宗的筹边政策》等等。① 值得注意的,一九四三年五月六日重庆《新华日报》上发表了黎苏的文章,题为《也谈唐太宗》。可见,这一时期,在唐史研究中并不重视这个课题。

解放后,史学工作者试图运用马克思主义和毛泽东思想,对唐太宗及其"贞观之治"进行历史的、阶级的分析,从而开拓了很多前人从未涉及的新方面,使之成为唐史领域中研究较多并取得一定进展的问题之一。②

三十多年来,关于唐太宗的专著只有一本,即万钧的《唐太宗》。③ 有关论文包括文章小品,则几乎年年都有些。粗略统计一下,一九六六年前,计有十五篇。自一九六六年至一九七六年,计有八篇。粉碎"四人帮"后,特别是近四五年,论文猛增至数十篇,出现了前所未有的盛况。下面,分五个阶段,回顾解放后关于唐太宗及"贞观之治"的研究简况。

第一阶段,一九五三年至一九六二年,基本上是以"让步政策"理论来评价唐太宗的历史作用。

---

① 参见《中国史学论文索引》第一、二编。
② 参见《历史研究》编辑部编:《唐太宗与贞观之治论集》前言。
③ 据一九六六年五月三日《天津日报》披露,漆侠有专著《唐太宗》。

最早的一篇论文,是季铿(即汪篯)的《唐太宗"贞观之治"与隋末农民战争的关系》,载于一九五三年五月三十日《光明日报》。作者强调用阶级斗争的观点来研究历史,反对把历史归结为帝王将相行动结果的历史唯心论,这个研究方向是正确的。只有这样,才能从根本上区别于封建时代旧史家的评论。至于较为全面评价唐太宗的论文有二篇,一是史苏苑的《略论唐太宗》,二是韩国磐的《论唐太宗》。此外,岑仲勉的《隋唐史》、吕思勉的《隋唐五代史》、吴枫的《隋唐五代史》、韩国磐的《隋唐五代史纲》等,对于唐初贞观时期的史实都有切实的考订与分析。

这十年中,关于唐太宗的研究取得了较大的成绩。几乎一致地肯定唐太宗是"历史上的杰出的军事家、政治家","是中国封建帝王中最杰出的历史人物之一";"贞观之治"是我国封建社会里最突出的"治世"、"盛世"。一九五八年,虽然一度"批判"帝王将相,在历史人物评价问题上出现了"左"的倾向,但也还是认为唐太宗"扮演过封建帝王的一个开明的角色"。

从理论上说,这阶段基本上是用"让步政策"观点来分析"贞观之治"形成的原因。很多同志谈到,伟大的隋末农民起义是逼使唐太宗进行改革、推动唐朝经济与文化发达的根本动力。没有隋末农民战争的沉重打击,封建统治者不会作出向农民让步的措施,因此也就不会出现"贞观之治"。"贞观之治"的实质是:用相对减轻对农民的剥削与压迫的方法,以求巩固统治权。这种让步政策,在当时的具体历史条件下,比较有利于农民,有利于社会生产力的发展。因此,应该肯定它的积极意义。但另一方面,让步政策有极大的局限性,不能把唐太宗时期的农民生活理想化。

显而易见,上述分析基本上是对的。"让步政策"论的提出,正是试图运用马克思主义关于阶级斗争是历史发展的真正动力的观点,来解释"贞观之治",主观愿望是良好的。但是,把唐初政策措施概括为"让步政策"是否确切,这是可以讨论的学术问题。其实,封建统治阶级在不同的阶级斗争形势下都会主动地调整自己的政策措施。例如,隋朝并不是在农民大起义后建立的,隋初也曾制定与执行了轻徭薄赋的政策,促进了农业生产的发展。可见新王朝初期的政策调整,未必尽是以农民战争的压力作为前提。当然,唐朝是经历隋末农民大起义后建立的封建国家。唐初的调整政策,主要是根据隋朝被农民大起义所推翻的历史经验而制定的。因此,不是什么"被迫"或"不得不"采取的,而是主动地、自愿地实行的。从这种角度看,概括为"让步政策"似有欠妥之处。

第二阶段,一九六二年至一九六五年,关于唐初政权性质的讨论,对唐太宗的阶级地位作了新的探讨。

一九六二年三月十六日《文汇报》发表了韩国磬的《略论唐太宗的选用庶族地主》,引起了一场争论。此文认为:唐高祖时的政权"仍然是世族政权",而唐太宗则"从地主各阶层特别是庶族地主中挑选人才,从而很大程度地扭转了唐高祖时重用士族的情况"。怎样认识唐初政权的性质,涉及当时政治情况、阶级关系、主要社会矛盾以及封建统治阶级的内部斗争等一系列问题。于是,分歧产生了,各有各的见解。

在颇为热烈的讨论中,吴泽、袁英光的《唐初政权与政争的性质问题》,提出了新的见解:"李世民在长期的军事斗争和政治实践中,体验到必须依靠新兴地主官僚集团势力,才能战胜以建成为首的官僚集团势力,于是逐步从旧世族官僚集团中分化出来,走上新兴地主官僚集团的政治道路。"玄武门之变是地主阶级内部新兴地主官僚集团和旧世族官僚集团两大阶层势力的矛盾斗争。有的同志表示异议,认为"李唐政权是一个代表整个地主阶级利益的政权,我们说它是主要代表新兴的庶族地主的利益,不过意味着李唐政权的一些措施,对地主阶级中的庶族地主更为有利一些而已。"①

此外,还有两部专著值得重视:一是沈起炜的《隋唐史话》,对唐太宗的事绩也作了通俗的评介。二是范文澜的《中国通史简编》第三编(即隋唐部分),认为"唐太宗想造成以唐宗室和大臣为主体的新士族集团,以便于李氏的长远统治。"

总之,关于唐太宗的阶级地位的不同意见,完全是正常的学术争鸣,有利于深入的研究。我们认为,无论在李渊时代还是在李世民时代,其政权性质是一样的,都是封建地主阶级政权。如果以为任用的宰相大多是世族出身就断言是"世族政权",以为宰相大多是庶族出身就断言是"庶族政权",那么,人们难免讥之为唯出身论。事实上,在纷繁复杂的历史现象中,一个人的家庭出身与所代表的阶级或阶层的利益有时是一致的,有时则是大相径庭。坚持阶级分析的方法,重要的在于对历史人物的思想行动作具体的分析。例如,唐太宗固然是出身于关陇世族,但他作为一个封建皇帝,代表了整个封建统治阶级的利益,包括世族和庶族地主的利益。"贞观之治"之所以维持了长期的安定局面,跟唐太宗善于团结各个地主集团,善于处理各阶层的关系,是密切相关的。在用人问题上,李世民和李渊相比较,有手段上高低之分,决无性质上根本对立。他们采取的都是士庶并用的原则。当然,李渊比较守旧,而李世民则富于进取,比较注意提拔庶族地主中的有用之才。如果由此而断言一个是旧世族政权,一个是新兴地主政权,也似欠

---

① 齐陈骏:《试论隋和唐初的政权——与吴泽、袁英光两同志商榷》,载《历史研究》一九六五年第一期。

妥当。

第三阶段，一九六六年至一九七三年，由于开展讨论"贞观之治"的出现是"让步政策"还是"反攻倒算"的问题，"让步政策"论遭到挞伐，唐太宗的历史地位几乎被全盘否定。对唐太宗的评价也就走向了极端：有的同志认为李世民在贞观年间所实施的一系列措施，构成了唐代一整套封建剥削制度。它只能阻碍着社会生产力的发展，阻碍着中国社会的前进。在客观上也不会起到什么对农民"让步"的效果或什么"进步作用"。有的甚至说，唐太宗是一个比大暴君隋炀帝更阴险、更狡猾的统治者。隋炀帝是一个黑心狼，唐太宗就是一个笑面虎。

我们认为，"让步政策"论和"反攻倒算"说，从不同角度探讨农民战争后新王朝的政策措施，是有助于历史研究的。后者着重于揭露封建统治者剥削与压迫的一面，防止人们不适当地美化"贞观之治"之类的历史现象。但是，评论古人古事，一定要坚持历史主义，不能用革命义愤来代替科学分析。我们肯定唐太宗和"贞观之治"，并不是赞扬其对劳动人民的剥削与压迫，而是历史地估价其对社会生产力发展的促进作用。

第四阶段，一九七四年和一九七五年，由于"四人帮"大搞所谓"儒法斗争"，对唐太宗的评价也纳入了"评法批儒"的轨道。

"四人帮"大搞"儒法斗争"的反革命政治野心，已经揭露无遗了。当时由于这股反动思潮的影响，唐太宗也被戴上"法家"的桂冠。认为他是封建社会中期继承秦皇、汉武以来的法家路线的一个代表者；推行了一条抑制豪强兼并，加强中央集权，发展农业生产，抵抗突厥贵族军事集团的侵扰的法家路线。

从现存的史料中，看到的只是唐太宗尊崇儒学的一面，本书已经作了论述。把唐太宗说成是"法家"，似无事实根据。

第五阶段,粉碎"四人帮"后,特别是近几年,史学工作者在马克思主义的唯物史观的指引下,把关于唐太宗及"贞观之治"的研究推向了新的高度和深度,取得了丰硕的成果。较早论及"贞观之治"的,是宋家钰的《略说唐初的"立法"与"守法"》,刊于一九七八年十月二十四日《光明日报》。尔后,论述唐太宗的文章遍于各地报刊。其中最重要的一篇,当推汪篯的《唐太宗》,发表于《北京大学学报》一九七九年第二期。这篇遗稿,写于六十年代初期,可以说是解放后最全面最详细地评论唐太宗的文章,很有参考价值。一九八一年,《历史研究》编辑部编了《唐太宗与贞观之治论集》。该书选编了解放后公开发表的各种角度的论文十六篇,总结了建国三十年来关于唐太宗及"贞观之治"研究的主要成果。近一、二年,文章少了些,值得注意的是胡如雷的《论唐太宗》,刊于《中国史研究》一九八二年第二期。此外,在通俗宣传方面,王焕斗在一九八〇年四月《人民日报》上连续发表了几篇《贞观史话》,以采访唐昭陵博物馆的生动材料,介绍了贞观时期政治、经济、文化和对外关系等各方面的情况,读来趣味盎然。

　　总的看来,对唐太宗及"贞观之治"的评价基本一致,都予以充分的肯定。"唐太宗是我国古代一位杰出的封建帝王,是我们中华民族伟大的历史人物之一;贞观时期是封建社会中有名的'盛世',也是我国历史上辉煌的一页。"[1]这个论断是公允的。同时,也都指出由于阶级与历史的局限,唐太宗也犯有一些罪过与错误,不能把"贞观之治"理想化。具体地说,以下七个方面的探讨有了新的进展。

　　第一,关于"贞观之治"与隋末农民战争的关系。不少文章重

---

[1]　《唐太宗与贞观之治论集》前言。

446

申并补充了"让步政策"论的观点,认为唐太宗实行的"让步政策",如轻徭薄赋等,是隋末农民战争的直接结果,是农民战争推动历史前进在统治阶级政策上的折现。但是,也有文章不同意"被迫让步"的说法,认为封建统治者会主动调整政策,以适应生产发展,缓和阶级矛盾。因此,在有无"让步政策"上,至今仍然存在分歧。还有的同志提出新的见解:农民战争本身并不直接创造社会生产力和物质财富,而广大农民在战后努力参加生产,以其本身的劳动创造了物质财富,才是造成"贞观之治"的根本原因。唐初统治阶级的政策,对"贞观之治"也起着重要的作用。

第二,关于唐太宗的政治思想。有的文章认为:稍微减轻剥削和压迫的方法,收揽民心,以巩固自己的统治,这是唐太宗的政治思想的核心。而有的同志说:唐太宗的政治理论的核心是儒家传统思想中的"仁义",是孟子以来所强调的"仁政",是儒家的"君道"观。还强调指出:唐太宗不仅是一个在实践上特别成功的政治家,而且是一个在政治理论上有所建树的理论家。至于对纳谏与求谏的分析,文章尤多,一致肯定其进步意义,同时注意不可把纳谏与民主混为一谈,不可把唐太宗的"虚己纳谏"现代化。

第三,关于唐太宗的用人政策。太宗之善于用人,这是古今所公认的事实。近几年来,对唐太宗的用人特点与方略作了较多的探讨。如有的同志概括为:任人唯才,各尽其用。选贤任能,不拘一格。随才委任,宗室、士庶并用。开科取士,广揽俊彦。铨叙考核,黜滥陟贤。鼓励致仕,崇奖礼让等等。通过这些方略,任用了大量有才能的人,使各项政治措施得以顺利实施,促成了"贞观之治"。但是,对于唐太宗所用的人才是士族为主,还是庶族为主,又或是士庶并用,这个问题六十年代有过争论,可惜近几年未作深入的探讨,而只是简略地提及罢了。

第四,关于唐初立法思想与《唐律》。过去,研究这方面的不多。近几年开始重视起来,文章不少。其中,值得重视的是杨廷福的著作《唐律初探》。作者认为,《唐律》是隋末阶级斗争的产物。唐初统治者为了重建和巩固封建政权,维护地主阶级长治久安、"长守富贵"的根本利益,力求励精图治。统治者考虑到大乱之后亟须休养生息,安定秩序,发展生产,缓和矛盾,于是采取一系列措施来予以保证,而《唐律》即是其中的重要手段。所谓"贞观之治"的出现,与《唐律》的制订是分不开的。此外,还有的文章阐述了唐初立法的特点,如注重划一性,强调稳定性,注意简约性等等。

第五,关于唐太宗的民族政策。一般都取肯定的态度,如有的同志指出:贞观年间是我国历史上民族关系较好的时代。以唐太宗为首的统治集团,顺应历史潮流,对民族问题作了妥当处理,促进了民族和睦团结,为国家统一和经济文化发展创造了有利的条件,在历史上起了一定的进步作用。贞观时处理民族问题的做法的特点有:承认少数民族在国家中的合法存在,甚至给予一定的照顾,相对尊重少数民族的风俗、习惯与生活方式,如此等等。对于民族政策的局限性,评论上有一定的分歧。有的同志只说,唐太宗还存在着大汉族主义思想的劣根,贞观民族政策远远未能摆脱大汉族主义思想的羁绊。而有的同志则认为,唐太宗实行的是"以汉族为正统,其他少数民族为附庸的大汉族主义的民族统治政策。"照此说来,当然不是什么"未能摆脱"羁绊的问题了。

第六,关于唐太宗对历史经验的总结。千百年来,一直传诵着唐太宗"以古为镜"的故事。然而,很少有专门文章分析唐太宗如何总结历史经验,为什么要"以古为镜"。近几年来,这方面的文章有好几篇,认为:李世民"是一位好论今古的历史学者";"论古说今,讽喻时政,已成为贞观之时的风尚"。具体地说,贞观君臣采取了三种方式来总结历史经验：一是以古颂今，二是以古喻今，三是以古讽今。这样做，归根到底是为了知封建统治阶级之兴，明封建统治阶级之替，是为了巩固李唐政权。然而，"以古为镜"，仍不失为留给后世的一条历史经验。

第七，关于《贞观政要》的研究。在封建社会里，此书备受封建统治者推崇，几乎被当作必读的教科书。近代以来，注重此书者不多，研究此书者更少。然而，要研究"贞观之治"，不可不读这部重要文献。随着对唐太宗的历史研究的深入，如何运用历史唯物主义来剖析《贞观政要》，就成了一个新的课题。在这方面，吴枫的《评〈贞观政要〉》，值得一读。作者对《贞观政要》成书的时代背景与主要内容，做了较为全面的分析。既肯定这部古典文献的重要的史料价值，又指出"这部书是歌功颂德有余"，不加以考察与批判，"则所得出的结论，将是不全面的，甚至是错误的。"这是很对的意见。不仅如此，《贞观政要》的流行本未经细细的校勘，史实错误甚多。据我们初步检查，多达五十五处。有的年代错了，有的人名错了，有的官名错了。所以，治唐史引用此书资料，务必鉴别。

由上可见，近四五年来，关于唐太宗及"贞观之治"的研究，进展较快。即使在"让步政策"、纳谏用人等老问题上，具体研究也比从前深入一步了。尤其可喜的是，各种意见自由讨论，努力探索科学真理，这反映了史学研究领域的新气象。略显不足的是，对唐太宗的阶级和历史的局限性分析不够。一般都是在文章的末尾几笔带过，有的甚至回避不提，缺少实实在在的剖析。

（四）

回顾上述五个阶段的情况，可以清楚地看到，三十多年来，评价唐太宗及"贞观之治"，曾经历了一些折腾。近四五年，才重新走上正常的道路。要全面地、正确地评价唐太宗，就必须坚持历史唯物主义。而要运用好历史唯物论，以下几点应该注意。

第一，要给杰出的帝王将相立传，肯定其历史地位。

研究历史，不讲帝王将相，是片面的。过去有种说法，要打破王朝体系，突出阶级斗争，其结果只肯定农民战争一条"红线"，其他什么帝王将相，统统被骂倒了。这实际上是把祖国历史抹黑了。诚然，封建社会历史是阶级斗争的历史，农民阶级反对地主阶级的革命战争是历史前进的动力，但是只讲矛盾的一方，不讲另一方，那是形而上学。帝王将相作为地主阶级的政治代表，当然不可能超越剥削阶级的立场，不可能成为劳动人民利益的代表者。但是，就帝王将相的历史作用来说，仍然有好坏之分，有进步与反动之别。这里，最主要的评价标准，就在于他们的政策措施是否有利于社会经济文化的发展与繁荣。

像唐太宗这样的封建帝王，处于隋末"大乱"到唐初"大治"的历史时代中，提出治国以"安民"为本，采取了"静为农本"的政策措施，如"轻徭薄赋"、"不夺农时"、"与民休息"等等，有利于恢复与发展农业生产；他还对学术文化采取兼容并蓄的方针，吸取并融合各族和各国文化，为我国唐代文化的"黄金时代"的到来作出了贡献。特别是他的一些开明言行，如纳谏与用人等，在封建专制主义的黑暗夜空里，犹如闪烁的流星。因此，我们说唐太宗是个好皇帝，杰出的地主阶级政治家。为之立传，决不是赞扬任何的封建毒素，而是充分肯定他的历史地位和进步作用。可是，三十多年来，为唐太宗立传工作做得不够，唯一的一本还是解放初期的。今后，应该有各种不同体裁的传记，以飨读者。

第二，要正确运用马克思主义的阶级分析方法。

正确地评价历史人物，如果离开了马克思主义的阶级分析，是不可能做到的。在阶级社会中，一切的人都是作为阶级的人而存在的。任何成为社会力量的杰出人物，也都是社会关系的产物。因此，"知人论世"，就必须对当时的社会背景和经济关系、阶级关系作具体的研究。

过去不少封建史家也充分肯定唐太宗及"贞观之治"，什么"贞观之风，到今歌咏"，什么"千载可称，一人而已"，如此等等。他们把唐太宗说成是"忧怜百姓"的圣主、为民操劳的帝王；把"贞观之治"说成是天下熙熙的"仁政"，并归结为唐太宗"聪明神武"的结果。所有这些，完全离开了时代背景与阶级关系的分析，陷入了唯心史观的泥坑，因而从根本上说是反科学的。

当然，在极"左"思想的影响下，把阶级分析法当作贴标签，那也是无助于正确评价历史人物的。例如，以为唐太宗是封建帝王，是封建统治阶级的头子，就断言是更狡猾、更毒辣、更阴险的地主阶级的代表者，对社会历史的发展不可能有什么进步作用。这里，也是背离了马克思主义的阶级分析。

其实，唐太宗的所作所为，代表了经历过农民大起义风暴的封建统治集团的立场与利益。从客观上说，因为隋末农民战争沉重地打击了封建专制主义的毒焰，新建立的中央集权官僚机构比较地简洁而开明。从主观上看，唐太宗及其僚属们以隋亡为鉴，认真总结历史教训。为了"长保富贵，荫及子孙"，[①]一方面在经济上实行"轻徭薄赋"等政策，用来调整"君民关系"，缓和封建统治集团与广大人民群众之间的矛盾；另一方面，在政治上采取"兼听纳谏"等措施，用来协调"君臣关系"，疏通地主阶级各种力量之间的关系。

---

① 《魏郑公谏录》卷三。

由于各种经济关系处理妥当，各种阶级关系获得协调，就为"贞观之治"那种"长治久安"局面奠定了政治经济基础。我们今天肯定唐初"贞观之治"，是以历史唯物主义的科学分析为前提的。

第三，要作一分为二的分析。

"知人论世"既不溢美又不苛求，既不乱捧又不全盘抹杀，就必须对历史人物进行"一分为二"的认真分析。说好一切皆好，说坏一切皆坏，这种评价历史人物的做法是不对的。其实，我国古代比较严肃的封建史家也不是如此评论的，而往往是既有褒又有贬。例如，宋代的范祖禹，就对唐太宗的"善恶是非"举其大略，加以评略。尽管他是从唯心史观出发，但不是一味地歌功颂德，也就在某些分析上比较地客观些。

当然，我们今天评价唐太宗，决不能以古人之是非为是非，以古人之善恶为善恶，应当作一分为二的科学分析。唐太宗的主要方面是肯定的，他是我国历史上杰出的政治家与军事家，对历史发展产生了积极的影响，他的开明言行至今不失为珍贵的历史遗产。但是，决不能把唐太宗美化，甚至把他说成一个讲"民主"的皇帝。屈己纳谏与择用贤才确实是历史上罕见的，但就在这两个方面，唐太宗还是有专制横行的一面，有耍弄权术与诡计的地方。当我们肯定唐太宗的历史作用的时候，不可忘记他是封建专制主义的帝王，不可掩饰他的阶级与历史的局限性。

解放后三十多年来，很多同志试图运用马克思主义观点全面地评价唐太宗，取得了较大的研究成果。本书对于史学界的有关著作与论文，将尽量地加以参考，择善而从。凡是采纳别人重大学术观点的地方，一般都在附注中说明，不敢掠人之美。至于一些细小之处，或者不谋而合，或者彼此歧异，恕不一一注明。这里，谨向原作者们致谢，并殷切地希望同志们对本书提出批评。

后　记

二十三年前,《光明日报》《史学》周刊发表了我们的第一篇文章。二十年来,互相切磋学术,成了我们长期共同的习惯。这里献给读者的,是我们合作的第一部专著。

从一九七八年起,研习较多的是汉唐史。我们准备在专题研究、撰著论文的基础上,先编写《唐太宗传》。经过四年的努力,一九八一年底完成了初稿。我们把它寄给人民出版社,得到该社中国历史编辑室首肯,张作耀、吕一方、张秀平同志,以十分负责的态度,逐章逐节地审阅,提出了宝贵的意见。一九八三年三月开始,我们进行了修改,有些章节重新改写,或者补充了较多的史料,九月底完稿。尔后,张秀平同志从文字、标题及内容等方面,对全书作了推敲与润色,并建议绘制地图和增加插图,花费了大量的时间。这里,首先要向编辑同志致以衷心的谢意。

本书第一、二、三、四、五、八章及附录,许道勋执笔。第七、九、十、十一、十二、十四、十五、十六、十七章,赵克尧执笔。第六、十三章,各人起草一半,后由许道勋作文字上整理。本书所附地图多幅,均为我们提供草图,由人民出版社地图组同志代绘。一些插图则是张秀平同志协助提供的。

本书的写作,受到杨廷福教授的鼓励,得到黄世晔、余子道同志的关心与支持。对此,我们表示深深的感激。

赵克尧　许道勋

一九八四年二月于复旦大学历史系

责任编辑:于宏雷

图书在版编目(CIP)数据

唐太宗传/赵克尧,许道勋 著.-2 版.-北京:人民出版社,2015.3
　(2021.3 重印)
　(中国历代帝王传记)
ISBN 978－7－01－014458－0

Ⅰ.①唐…　Ⅱ.①赵…②许…　Ⅲ.①李世民(599~649)-传记
　Ⅳ.①K827＝421

中国版本图书馆 CIP 数据核字(2015)第 019164 号

唐太宗传
TANGTAIZONG ZHUAN

赵克尧　许道勋　著

人民出版社 出版发行
(100706　北京市东城区隆福寺街 99 号)

北京新华印刷有限公司印刷　新华书店经销

2015 年 3 月第 2 版　2021 年 3 月北京第 2 次印刷
开本:850 毫米×1168 毫米 1/32　字数:338 千字　印张:14.5　插页:1

ISBN 978－7－01－014458－0　定价:55.00 元

邮购地址 100706　北京市东城区隆福寺街 99 号
人民东方图书销售中心　电话 (010)65250042　65289539